儒家典籍與思想研究

第十四輯

北京大學《儒藏》編纂與研究中心　編

圖書在版編目 (CIP) 數據

儒家典籍與思想研究．第十四輯 / 北京大學《儒藏》編纂與研究中心編．—北京：北京大學出版社，2022.8

ISBN 978-7-301-33320-4

Ⅰ．①儒… Ⅱ．①北… Ⅲ．①儒家－文集 Ⅳ．①B222.05-53

中國版本圖書館 CIP 數據核字 (2022) 第 160171 號

書　　名	儒家典籍與思想研究（第十四輯） RUJIA DIANJI YU SIXIANG YANJIU (DI-SHISI JI)
著作責任者	北京大學《儒藏》編纂與研究中心　編
責任編輯	陳軍燕
標準書號	ISBN 978-7-301-33320-4
出版發行	北京大學出版社
地　　址	北京市海淀區成府路 205 號　100871
網　　址	http://www.pup.cn　　新浪微博：@北京大學出版社
電子信箱	dianjiwenhua@163.com
電　　話	郵購部 010-62752015　發行部 010-62750672　編輯部 010-62756694
印 刷 者	北京虎彩文化傳播有限公司
經 銷 者	新華書店
	787 毫米 ×1092 毫米　16 開本　24.75 印張　397 千字
	2022 年 8 月第 1 版　2022 年 8 月第 1 次印刷
定　　價	88.00 圓

《儒家典籍與思想研究》編委會

目　録

儒家典籍與思想研究（第十四輯）
北京大學出版社，2022 年 8 月

•專人專書•

永樂本《周易兼義》再討論*

顧永新

【内容提要】 明永樂二年刻本《周易兼義》屬於十行本系統，至於所從出之底本則有宋刻和元刻十行本兩種可能性。本文隨機選取《周易》上、下經各若干卦及《説卦》爲例，通過對異文進行量化分析，發現永樂本和元刻十行本不同的異文具有明顯的互補性和排他性，可以推知二者並無直接的承繼關係，永樂本具有明顯優長且淵源早的異文，知其出自宋刻十行本。此外，永樂本行款及版刻用字也保留了宋刻本的部分特徵，亦爲佐證。永樂本刊刻質量粗劣，校對尚且不及，不存在校以善本或理校的可能性。《永樂大典》本疏文與元刻十行本和永樂本的關係，同樣具有互補性和排他性，可推導出《大典》本疏文的底本爲宋刻十行本，恰可證實永樂本據以翻刻的底本是宋刻十行本的結論。

【關鍵詞】 永樂本　元刻十行本　宋刻十行本　《周易兼義》　《永樂大典》

筆者嘗撰寫《〈周易〉注疏合刻本源流系統考——基於乾卦經傳注疏異文的完全歸納法》一文，根據八行本與十行本的標誌性特徵——疏文所出位置及其内容分合乃至標示起止語之有無和具體文字，明確提出明永樂二年甲申（1404）刻本《周易兼義》[採用 2013 年國家圖書館出版社《原國立北平圖書館甲庫善本叢書》（第 1 册）影印本，簡稱永樂本] 雖然行款是八行十八字，但實際上屬於十行本系統；並通過對乾卦異文進行量化分析，發現永樂本同於十行本而不同於八行本者佔 75.4%，同於八行本而不同於十行本、明顯優長者佔 24.6%，可知永樂本的淵源早於元刻元印十行本（採用 2014 年中華書局《柏克

* 基金項目：國家社會科學基金後期資助重點項目“《周易》文獻學研究”（批准號 20FZWA003）、教育部人文社會科學重點研究基地北京大學中國古文獻研究中心重大項目“儒家經典整理與研究・《周易》經傳注疏定本（附校勘記）”（批准號 19JJD750001）。

萊加州大學東亞圖書館藏宋元珍本叢刊》影印本，簡稱元刻十行本），故而推定永樂本的底本是宋刻十行本①。後有學者提出不同觀點，認爲僅憑乾卦異文進行判斷缺乏代表性。鑑於此，筆者利用本人主持的“《周易》校讀會”集體校勘的成果②，擬對永樂本的問題再進行討論，希望能夠得出相對接近歷史真實的結論。

本文隨機選取《周易》上、下經各若干卦及《説卦》爲例，以日本足利學校遺蹟圖書館藏南宋初兩浙東路茶鹽司刻八行本《周易注疏》爲底本（採用1973年汲古書院影印本），校以宋元刻經注本、宋刻單疏本、元刻元印及明代修補十行本、明清“十三經注疏”彙刻本等，對永樂本和元刻十行本的全部異文進行量化分析。其中，涉及永樂本和元刻十行本的異文總數爲1493例，二者同者1260例，佔84.4%；異者233例，佔15.6%③。所謂同者，其中既有十行本明代修補版乃至明清刻諸注疏本所産生的大量異文，及少許宋刻經注本/單疏本顯誤，永樂本、元刻十行本並同於八行本；又有八行本顯誤或永樂本、元刻十行本顯誤者，永樂本、元刻十行本皆不同於八行本。這一方面説明永樂本確屬十行本系統，與八行本呈現出明顯的系統性差異；另一方面也説明在十行本系統内部永樂本與元刻十行本具有親緣關係，而非其他明代修補本。需要説明的是，我們説永樂本與元刻十行本具有親緣關係，並不能遽爾説明後者爲前者所從出，而只能説明二者屬於十行本系統内部的同一個子系統；這種親緣

① 北京大學《儒藏》編纂與研究中心編《儒家典籍與思想研究》第九輯，北京：北京大學出版社2017年版。

② 2015年，筆者始致力於《周易》經傳注疏的校勘，獨立完成乾卦校勘記，2016年上半年延請章莎菲同學審讀，後又不斷進行修訂（後正式發表在《版本目録學研究》第八輯，北京：北京大學出版社2018年版）。其間，2016年下半年筆者根據校勘乾卦所得之異文，運用完全歸納法進行量化分析，撰寫了前揭《〈周易〉注疏合刻本源流系統考》一文。2017年上半年筆者組建“《周易》校讀會”，擬系統校勘《周易》經傳注疏，理論框架和校勘體例均採用本人乾卦校勘記，參校本、前人校勘成果及相關異文資料亦一併沿用。校勘方法則摹效劉向校讎舊式，實行“集體校勘”（創意來自章莎菲同學），由具體負責某卦的同學逐句誦讀底本經傳注疏文字，所謂“一人持本”；其他成員每人各持參校本若干，報其異文，所謂“一人讀書”。在此後的校勘實踐中，筆者又會同校讀會諸位同學進一步優化條例，統一格式，並增補個别參校本和前人校勘成果。本文統計數據所取材各卦及《説卦》的具體負責者分别是章莎菲、朱明數、种方、劉兆軒、王翊、杜以恒、張億、李佳媛、胥純瀟、喻細濤、李雁雲、劉斌、李紳、高虹飛、邱明、顧永新等。在此謹向上述諸位同學以及其他先後參加校讀會的同學致以崇高的敬意，以申謝悃。

③ 今存元刻元印十行本並非初印本，所以漫漶、斷版、版裂之處不一而足，爲求統計科學計，由於類似物理原因造成的無法確認或疑似的異文均未納入統計。

關係存在着兩種可能性，一是永樂本據元刻十行本翻刻，一是二者同出一源，亦即皆據宋刻十行本翻刻。而爲了證實究屬哪種可能性，則須對二者不同的異文進行量化分析才能作出正確的判斷。現將永樂本異於元刻十行本的異文列表於下（表一）：

表一

卦名/《易傳》篇目	永樂本異於元刻十行本的異文	永樂本顯誤或迥異於其他宋元刻本的異文	元刻十行本顯誤或迥異於其他宋元刻本的異文	二本並誤或文本淵源各自不同的異文	永樂本或元刻十行本缺文
坤	9	3	6	0	
蒙	8	5	3	0	
需	6	4	2	0	
訟	9	3	5	0	1
師	3	2	1	0	
小畜	6	4	2	0	
履	6	2	4	0	
泰	6	4	2	0	
否	6	1	5	0	
同人	8	3	4	1	
大有	12	8	3	0	1
謙	3	1	2	0	
隨	5	4	1	0	
蠱	4	1	2	1	
臨	2	0	2	0	
觀	8	6	2	0	
噬嗑	2	2	0	0	
賁	2	1	1	0	
剝	0	0	0	0	
頤	6	3	0	3	
大過	5	2	2	1	
習坎	7	5	2	0	

續表

卦名/《易傳》篇目	永樂本異於元刻十行本的異文	永樂本顯誤或迥異於其他宋元刻本的異文	元刻十行本顯誤或迥異於其他宋元刻本的異文	二本並誤或文本淵源各自不同的異文	永樂本或元刻十行本缺文
咸	4	3	1	0	
遯	4	0	4	0	
大壯	13	11	2	0	
晉	9	5	4	0	
明夷	7	3	4	0	
損	6	4	2	0	
益	4	3	1	0	
井	6	3	1	1	1
鼎	16	6	9	1	
艮	13	6	7	0	
巽	7	6	1	0	
《説卦》	21	17	3	0	1
合計	233	131	90	8	4
佔比		56.2%	38.6%	3.4%	1.7%

不難看出，以宋刻經注本/單疏本和八行本爲參照系[①]，永樂本異於元刻十行本的異文明顯地呈現出兩種傾向：永樂本顯誤或迥異於其他宋刻本者佔56.2%，其中元刻十行本基本上都同於宋刻經注本/單疏本和八行本；元刻十行本顯誤或迥異於其他宋刻本者佔38.6%，其中永樂本基本上都同於宋刻經注本/單疏本和八行本。永樂本和元刻十行本並誤或分別具有不同的宋刻本的文本淵源者僅佔3.4%，知其不具有典型意義；異文的主體部分爲前揭兩種類型，比例約爲四六開，而且呈現出明顯的互補性和排他性。申言之，元刻十行本是

① 今傳世宋元刻經注本有單純經注本［南宋淳熙撫州公使庫刻本（簡稱撫本）、天禄琳琅舊藏南宋孝宗朝浙刻本（簡稱天禄本）］、經注附《釋文》本［南宋初建陽坊刻本（簡稱建本）、元相臺岳氏荆谿家塾刻本（簡稱岳本）］和纂圖互注本（臺灣“央圖”藏宋刻本），單疏本和八行本亦皆有宋刻本。因爲岳本是據南宋廖瑩中世綵堂本覆刻的，所以本文籠統地稱作宋刻經注本/單疏本和八行本。

者則永樂本非，永樂本是者則元刻十行本非[1]，這完全可以説明二者之間並無直接的承繼關係，否則不會具有如此鮮明的互補性，這樣基本上就可以否定上述第一種可能性；换言之，認定一本據另一本翻刻的顯著特徵之一即不僅沿襲其是者，誤者亦皆沿襲，而近四成的元刻十行本誤者永樂本均不誤，這絶非偶然，證明永樂本並非據元刻十行本翻刻。而永樂本與元刻十行本又具有親緣關係，這只能推導出上述第二種可能性，亦即二者同出一本（根據元刻十行本係據宋刻十行本翻刻的規律知爲宋刻十行本），此是彼非者和此非彼是者分别爲此本或彼本是者尚仍底本之舊，彼本或此本非者則是在翻刻過程中新産生的異文，底本多不誤（當然，也存在着底本已誤，永樂本仍之，而元刻十行本校改者。説詳下文）。

下面，我們分别説明元刻十行本和永樂本顯誤或迥異於其他宋刻本的異文的構成及其特點，進一步證明永樂本和元刻十行本並無直接的翻刻關係。這兩種類型的異文都具有以下三個共同特點：其一，無論是永樂本還是元刻十行本的異文，其非者大體都以顯誤爲主；其二，其是者基本上皆可與宋刻經注本/單疏本和八行本相印證，知其源流有自；其三，異文構成以疏文爲絶對大宗，注文較少，至於經、傳文更是鳳毛麟角。

一、元刻十行本顯誤或迥異於其他宋刻本的異文

元刻十行本顯誤或迥異於其他宋刻本的異文，以形近而譌的誤字爲主，如亨誤享（坤卦辭疏標示經文起止語“坤元亨利牝馬之貞”、謙卦辭疏“故曰亨也”、鼎《彖傳》疏“此就六五釋元吉亨”“而獲大亨也”、習坎卦辭疏“維心亨者”）[2]、主誤王（坤卦辭疏“先迷後得主利者”）、下誤少（坤卦辭疏“下文又云東北喪朋”）或誤二（坤《文言》疏“下云義以方外”）、合誤台（坤《彖傳》疏“坤厚載物，德合无疆者”）、失誤夫（師初六注“失律而臧”）、含誤合（履《大象》疏“但此履卦名含二義”）、不誤个（泰上六疏“卑不上承”）、上誤止（泰上六疏“不與上交”、艮《彖傳》疏“上下適應”）、厄誤巳（否《大象》疏“辟其陰陽厄運之難”）、擁誤權（大有《彖傳》疏“剛健則物不擁滯

① 本文所謂是非，並非着眼於文本内容之正誤、切當或通洽與否，而是以這個異文是否具有早期宋刻本的文本淵源爲據，淵源有自者爲是，於古無徵者爲非。

② 元刻十行本顯誤或迥異於其他宋刻本的異文，均不同於宋刻經注本/單疏本和八行本及永樂本，爲避免繁複，不再一一注明永樂本及其他宋刻本的異文信息。

也”）、交誤夾（大有六五疏“與之交接也”）、具誤其（大有上九注“故《繫辭》具焉”）、若誤君（蠱卦辭疏“人若犯者”）、云誤去（觀《大象》疏“故云先王也”）、象誤彖（賁六二疏“故《象》云與上興也”）、大誤太（大過九二注“大過至衰而己至壯”、上六注“處大過之極”）、末誤未（咸九五注“其志淺末”）、求誤未（遯初六注“危至而後求行”）、二誤三（遯六二疏“六二居中得位”）或一（《説卦》“乾天也”節疏“乾二求得坤氣爲離”）、无誤五（晉九四疏“无業可安”）、免誤先（晉九四疏“能走不能免人”）、各誤名（損卦辭疏“各自爲義”）、不誤下（損九二注“剛不可全削”、《説卦》“神也者妙萬物而爲言者也”節疏“无所不成”）、山誤止（艮《大象》疏“故曰兼山艮也”）、止誤心（艮六二疏“而强止之”）、而誤面（艮六四疏“入上體則不分而身全”）等。其中又多爲增減或易换偏旁者，如行誤往（蒙初六疏“若以刑人之道出往行之”）、測誤則（蒙卦辭疏“人則莫測其淺深”）、辯作辨（訟初六疏“其辯明者”“以訟必辯析分明”）、唯誤准（訟上九疏“唯不利涉大川”）、得誤行（履九四疏“故終得其吉也”）、離誤雖（否九四疏“離，麗也”）、通誤進（同人卦辭疏“乃得亨通”）、貪誤貧（同人九三注“貪於所比”）、攻誤功（同人九四疏“欲攻於三”）、拯誤極（蠱《彖傳》疏“拔拯危難”）、當誤常（遯《大象》疏“君子當此遯避之時”）或反是（艮《彖傳》疏“不可爲常”）、難誤雖（遯初六注“難可免乎”）、蕃誤番（晉卦辭疏“蕃多而衆庶”）、喻誤踰（明夷初九疏“借飛鳥爲喻”）、渝作偷（隨初九注“故官有渝變”）、凝誤疑（鼎《大象》注“凝者”“凝命者”“君子以正位凝命者”“布嚴凝之命”）、此誤仳（艮卦辭疏“此是象山之卦”）、則誤財（巽九二疏“則入於過咎”）等。此外，還有音同（近）而譌的異文，如：

1. 蒙六五疏“巽，亦順也”，元刻十行本亦誤以。
2. 明夷九二注“示行不能壯也”，元刻十行本示作是。

除形近或音同（近）而譌的異文，由於其他原因致誤的異文如下所示：

1. 坤《大象》疏“地體方直”，元刻十行本體作勢。
2. 需六四疏“穴之與血各隨事義也”，元刻十行本血作位。
3. 履卦辭注“履虎尾而不見咥者”，元刻十行本而作有。
4. 履《彖傳》疏“故得吉也”，故作无。
5. 否《大象》疏“以居禄位”，元刻十行本禄作行。
6. 否六三疏“唯羞辱也”，元刻十行本也作已。

7. 否九四疏“疇離祉者”，元刻十行本祉作位。

8. 謙上六注“可以征邑國而已”，元刻十行本征邑國作邑一國。

9. 臨卦辭疏“從建丑至于八月建申之時”，元刻十行本八作七。

10. 臨六四注“則得无咎也”，元刻十行本則作乃。

11. 觀《彖傳》疏“由在下觀效在上而變化”，元刻十行本上在字誤作有。

12. 明夷《彖傳》疏“不爲邪諂”，元刻十行本諂作一。

13. 明夷六四疏“能順其旨”，元刻十行本旨作正。

14. 井九五注“居中得位”，元刻十行本位作既。

15. 艮《彖傳》疏“所以施止須得所”，元刻十行本得作是。

16. 《説卦》“乾天也”節疏“故曰中女”，元刻十行本中作男。

較之永樂本，元刻十行本脱文、衍文、乙文數量相對較少，尤其是脱文甚少。如下所示：

脱文

1. 小畜六四疏“三不能害己”，元刻十行本脱能字。

2. 鼎九二疏“不我能即，吉也”，元刻十行本吉下脱也字。

衍文

1. 小畜六四疏“三不害己，故得其血去除”，元刻十行本誤重己字。

2. 晉初六疏“未受命者”，元刻十行本者上有也字。

乙文

1. 訟九二疏“則无災眚”，元刻十行本災眚作眚災。

經、傳文的異文有三：

1. 需九二《小象》“以吉終也”，元刻十行本吉終乙作終吉。

2. 習坎九五爻辭“祇既平”，元刻十行本祇作祗。

3. 益上九爻辭“或擊之”，元刻十行本擊誤撃。

此外，還有純屬技術原因造成的異文，如大壯《彖傳》注“大者謂陽爻”，元刻十行本大作一；大壯九四注“而上陰不罔己路”，元刻十行本上作丄。不難看出，一和丄分别是大、上二字筆畫殘泐所致，或係刊刻之時遺漏、削落筆畫，或係刷印之時偶一剝落，總之恐非有意改篡。

分析上述異文，可以初步得出以下結論：1. 元刻十行本顯誤或迥異於其他宋刻本的異文，永樂本皆不與之相同，而是悉同於其他宋刻本，明顯更早，這足以説明永樂本所從出之底本絶非元刻十行本，只能是宋刻十行本，否則不會出現如此大面積且各卦分佈較爲平均、不見於元刻十行本的優長且淵源早的異文。2. 元刻十行本刊刻質量較好，較之永樂本舛誤數量明顯減少，尤其是脱文的數量甚少，這符合元刻十行本據宋刻十行本翻刻，行款及每行起訖基本保持一致的規律性（永樂本改變十行本行款，故脱文較爲普遍）。3. 元刻十行本的異文構成以顯誤爲主，不過其中一些異文雖然於古無徵，未見有宋刻本淵源（本文所謂“非”），但如果從文義來講，往往義可兩通，如“示行不能壯也”，示作是；“地體方直”，體作勢；“則得无咎也”，則作乃；“能順其旨”，旨作正等。設如永樂本係據元刻十行本翻刻，則這類義可兩通者當亦從之，而永樂本並不與之相同，故可反推二者絶無直接的承繼關係。4. 二三互譌、亨作享、下誤不等例出現頻率較高，説明這些譌誤都是元明時期刻本習見的，尤其是在十行本系統内部具有一定的普遍性。5. 與永樂本不同，元刻十行本當經過一定程度的校改（説詳下文）。總之，近四成永樂本是而元刻十行本非的異文足以説明前者淵源明顯早於後者，前者所從出之底本不可能是後者，只能是更早的宋刻十行本。

二、永樂本顯誤或迥異於其他宋刻本的異文

永樂本顯誤或迥異於其他宋刻本的異文，以誤字爲主，致誤原因又以形近而譌者居多，如小誤少（需九二疏“而小有言”）或反是（頤六四疏“又寡欲少求”）①、云誤天（訟九五疏“今九五《象》辭云訟元吉”）、文誤又（訟九五疏“故賁卦云柔來而文剛”）、西誤酉（小畜卦辭疏“由在我之西郊”）、下誤不（泰上六疏“下既不從”、觀卦辭注“則下觀而化矣”）、大誤太（同人初九疏“含弘光大”）、二誤三（同人九三疏“今九三欲下據六二”）或反是（大有上九注“爻有三德者”、大壯上六注“有應於三”、明夷《彖傳》疏“三分事紂”、艮六四疏“九三施止於分體”）、亨誤享（大有九三疏“故云公用亨于天子”、鼎《彖傳》注“而下以大亨養聖賢也”、習坎卦辭疏“内亨外闇者”）、於作爲（隨《彖傳》疏“逆於時也”、艮九三疏“施止於限”、習坎《象傳》注“恃於

① 永樂本顯誤或迥異於其他宋刻本的異文，均不同於宋刻經注本/單疏本和八行本及元刻十行本，爲避免繁複，不再一一注明元刻十行本及其他宋刻本的異文信息。另外，如小和少、大和太、亨和享等，古書多通用，但永樂本致誤的原因只是由於形近而譌，當無文字音義上之考量。

險也”、《説卦》“震爲雷”節疏“其於稼也爲反生”、《説卦》“爲蕃鮮”疏“其於馬也爲善鳴”、《説卦》“其於木也爲堅多心”疏“其於馬也爲美脊”)、夫誤天(大有初九注“以夫剛健爲大有之始”、謙上六《小象》注“夫吉凶悔吝”)、吉誤言(頤六四注“然後乃得全其吉而无咎”)、脊誤春(咸九五疏“在脊曰脢”)、二誤一(大壯《彖傳》疏“就二體釋卦名”、大壯六五疏“二雖應己”)或反是(《説卦》“以至於命”節疏“謂一、三與五也”)、固誤周(大壯上六疏“但艱固其志”)、主誤王(明夷初九疏“主人有言者”)、是誤足(損《彖傳》疏“則是損於剛亢”)、雨誤兩(鼎九三注“雨者”)、止誤上(艮《彖傳》疏“既時止即宜止”上止字)等。其中又多爲增減或易换偏旁者,如能誤態(蒙《彖傳》疏“能以蒙昧隱默”)、彊誤疆(需《彖傳》疏“非但得乾之剛彊而不陷”、小畜九二疏“既彊牽連”、否《彖傳》疏“外禦剛彊”、大有九二疏“車材彊壯”)、帥誤師(師六五注“柔非軍帥”)、云誤雲(小畜《彖傳》疏“必云在西郊者”)、往誤住(小畜《彖傳》疏“貴於上往”)、伐誤代(同人上九疏“哀六年吴伐陳”)、揚誤楊(大有《大象》“君子以遏惡揚善”)、壯誤莊(大壯卦辭、《彖》辭及相應注、疏以及大有九二疏“車材彊壯”)或誤狀(《大象》疏“故於大壯”)、哲誤晳(大有九四疏“象曰明辯晳也者”)、孚誤浮(觀卦辭疏“悉有孚信而顒然”“故云有孚顒若”)、洽誤治(習坎《彖傳》疏“若化洽平治”)[①]、乾誤乹(大壯《大象》疏“乾天主剛健”)、幹誤斡(大壯六五注“能幹其任而己委焉”)、咎誤处(大壯六五疏“故得无咎”)、斯誤斯(大壯上六注“以斯決事”)、故誤敌(明夷六四疏“故曰獲心意也”)、境誤撓(損《象傳》疏“境有順逆”)、待誤行(益九五疏“不待疑問”)、五作伍(井《象傳》疏“由於二五也”)、治誤冶(井九三疏“治去穢污之名也”)、妄誤忘(鼎六五《小象》注“所受不妄也”)、腸作腨(艮六二疏“腓,腸也”)、覡誤現(巽九二疏“巫謂巫覡”)、乘誤剩(巽六四疏“雖以柔乘剛”)、耦誤藕(《説卦》“參天兩地而倚數”節注“兩,耦也”)、諸誤者(《説卦》“故曰成言乎艮”節疏“故云蓋取諸此也”)、晦作悔(《説卦》“既成萬物也”節疏“了无晦跡”)、冰誤水(《説卦》“乾天也”節疏“取其西北寒冰之地也”)、馵誤馬(《説卦》“爲蕃鮮”節疏“爲馵足”)、絜作潔(《説卦》“其究爲躁卦”節疏“故絜白也”)、羸誤贏(《説卦》“爲羸”)等。

---

① 諸如此類的異文,除了由於形近而造成的偏旁譌誤外,當亦有涉上下文而誤的因素。本文只是聚焦於異文本身,對於其他因素的認定從略。

此外，永樂本致誤也存在音同或音近字互譌的現象。例如：

1. 履六三疏“以其志意剛猛”，永樂本志誤至（隨六二注“豈能秉志違於所近”同）。

2. 履上九疏“履道已成”，永樂本已誤以（大過九五疏“但使枯楊生華而已”同）。

3. 晉卦辭疏“此卦明臣之昇進”，永樂本明誤名。

4. 巽九二注“故曰用史巫”，永樂本史誤使。

5. 巽九五疏“民迷固久”，永樂本固作故。

6.《説卦》“天地定位”節疏標示起止語“注‘作《易》’至‘民用’”，永樂本民作明。

除形近或音同（近）而譌外，永樂本還有一些由於其他原因造成的誤字，例如：

1. 坤六二爻辭疏“地體安靜”，永樂本安作定。

2. 訟卦辭注“皆惕”，永樂本皆作能。

3. 觀《彖傳》注“不以刑制使物”，永樂本使誤所（《説卦》“坎爲水”節疏“取其使曲者直爲矯”同）。

4. 賁《彖傳》疏“往无大利”，永樂本无誤止。

5. 損卦辭疏“今行損用信”，永樂本行作則。

6. 鼎九三注“虛中以待物者也”，永樂本以作而（“耳宜空以待鉉”同）

7. 巽《彖傳》疏“雖上下皆巽”，永樂本雖作須。

8.《説卦》“昔者聖人之作易也”節疏“生成變化”，永樂本成誤神。

分析致誤原因，或涉上、下文而誤，或係同義或近義詞互譌，或係詞性或句子成份相同詞互譌，不一而足。

除誤字佔比最大外，其他類型的異文數量較大者還有脱文，如：

1. 坤《文言》“積善之家”節疏“由辯之不早辯者”，永樂本脱之字。

2. 蒙上九疏“能擊去衆陰之蒙”，永樂本脱能字。

3. 泰初九疏“拔茅茹者”，永樂本脱茅字。

4. 大有九二疏“堪受所積之物”，永樂本脱受字。

5. 隨《彖傳》“而天下隨時”，永樂本脱而字。

6. 蠱《彖傳》疏“此則假外象以喻危難也”，永樂本脱象字。

7. 觀《彖傳》疏“今大觀在於上”，永樂本脱“今大觀”三字。

8. 觀《彖傳》疏“不爲而成”，永樂本脱成字。
9. 頤六五疏“居貞吉也”，永樂本脱吉字。
10. 咸上六疏“舊説字作滕徒登反”，永樂本脱反字。
11. 大壯上六注“剛不害正”，永樂本脱剛字。
12. 晉九四疏“故曰晉如鼫鼠”，永樂本脱鼠字。
13. 益六三注“求益者也”，永樂本脱也字。
14. 艮卦辭注“艮者”，永樂本脱者字。
15. 巽《彖傳》疏“非大通之道”，永樂本脱通字。
16. 習坎九五注“爲坎之主而无應輔可以自佐”，永樂本脱而字。
17. 《説卦》“雷以動之”節疏“斗柄指東南之時”，永樂本脱東字。
18. 《説卦》“乾爲馬”節疏“離爲文明”，永樂本脱離字。

較之脱文，衍文和乙文相對較少，各有5例和4例。如下所示：

1. 需九三疏“由我欲進而致寇來”，永樂本上有此字。
2. 師卦辭疏“必有咎害”，永樂本害下衍罪字。
3. 噬嗑九四疏“以斯治物”，永樂本治下衍道字。
4. 晉初六疏“乃得无咎”，永樂本下有也字。
5. 井上六注“處井上極”，永樂本井下有之字。

1. 蒙九二注“物莫不應”，永樂本物莫乙作莫物。
2. 泰九二疏“中行謂六五也”，永樂本六五乙作五六。
3. 噬嗑六五注“能行其戮者也”，永樂本能行乙作行能。
4. 《説卦》“巽爲木”節疏“爲近利，取其躁人之情”，永樂本利取乙作取利。

值得注意的是，永樂本經傳、注疏“无”字基本上都作“無”，但明顯是後來剜改的，痕跡十分明顯（當然也有個别遺漏）。但在通改“無”的過程中出現了誤將其他文字改作“無”的情形。例如：

1. 泰九三疏“地體將下”，永樂本體誤無。
2. 晉上九疏“過亢不已”，永樂本亢誤無。
3. 益《彖傳》疏“此取譬以釋利涉大川也”，永樂本取誤無。
4. 鼎上九注“則靡所不舉”，永樂本舉誤無。

上述異文基本上都是注、疏文，另有個别經、傳文譌誤者，如：

1. 坤《文言》“敬義立而德不孤”，永樂本孤誤狐。
2. 大有九二爻辭“大車以載”，永樂本大誤太。
3. 大過九三《小象》“不可以有輔也”，永樂本脱以字。
4. 損九二爻辭“利貞，征凶”，永樂本脱利字。

通過對上述異文進行分析，可以初步得出以下結論：1. 上述130餘例異文絶大多數都是永樂本顯誤（義可兩通者甚少，如隨九五注“而處隨世”，永樂本世作時），而元刻十行本均不誤，二者呈現出明顯的差異性；不管永樂本與元刻十行本親緣關係的兩種可能性（永樂本據元刻十行本翻刻和二者同出宋刻十行本）的哪一種，都只能推導出永樂本的這些舛誤是在翻刻過程中由於無意之失造成的，絶非有意妄改（因爲有意改是爲非於理必無），知其所從出之底本大多不誤（個别異文宋刻十行本已誤，元刻十行本曾有校改），足可證明永樂本之拙劣、粗陋且完全未經校改。2. 較之元刻十行本，永樂本刊刻質量粗劣，不但注、疏文舛誤頗多，甚至連經、傳文亦有譌舛，這在元刻十行本的明代修補版乃至明清刻諸注疏本之中都是不多見的，無論宋元刻本，足見其粗劣、拙率之至。3. 從異文類型來看，多爲形近而譌，兼有音近（同）、義近互譌等，尤其脱文較之元刻十行本明顯增多，知其寫版率易，失於校對，故而致誤。4. 諸如彊誤疆、於作爲、一二三互譌、壯作莊、亨作享等異文出現頻率較高，這也可進一步説明這些異文都是在刊刻過程中由於技術原因造成的，並非底本已然。5. 至於剜改時誤將他字改作“無”字（當然，也存在着另一種可能性，即先誤作无，後剜改作無），亦可知其草率從事，粗製濫造。總之，永樂本刊刻質量粗率、低劣，雖然淵源很早，但絶非好的刻本。不過，其舛誤恰如前人評價宋刻本所云“有跡可循”，因爲基本上都是顯誤，無意錯譌造成的，極易識别。或曰永樂本早於元刻十行本的異文是參校善本的結果，此説於理不合。很難想像這樣一個刊刻粗劣、失於校對的刻本，它會校以善本？如果有暇或有意識校勘何以産生如許低劣的舛誤？而且“參校善本”的目的居然是要把大多是者改成非者、少數非者改成是者，如此“高水平”的校勘從學理上講也是不可能的。

三、結語

除上述永樂本和元刻十行本的互補性異文外，還有個别異文是二者並誤，但誤字不同，如同人《彖傳》注“故特曰同人曰”，宋刻經注本作特同，元刻十行本特誤持，永樂本特誤待。蠱卦辭疏“利在拯難”，宋刻單疏本作拯同，元刻十行本拯誤拯，永樂本拯誤極。或淵源各有不同，分别可與早期宋刻本的文本相對應，如頤六四爻辭“虎視眈眈”，撫本、岳本、元刻十行本同，永樂本則同於天禄本、建本眈眈作耽耽（疏文“恒如虎視眈眈然”“如虎視眈眈”同）。井九五注“體剛不撓”，岳本、永樂本同，元刻十行本則同於撫本、天禄本、建本撓作橈。鼎九四注“則已絜矣”，撫本、天禄本、建本、元刻十行本同，永樂本同於岳本絜作潔。上述兩種類型的異文所佔份額既小，或爲形近而譌，或爲異體字或古今字，但永樂本與元刻十行本也同樣表現出特異性，顯現出二者並無直接的翻刻關係。

此外，永樂本和元刻十行本都有個别缺文之處。如訟《大象》注“物有其分”，永樂本此句下直至疏“水流東注”上兩行空白；大有《大象》注“成物之美，順夫天德”，永樂本“成物”至“順夫”六字空白，元刻十行本皆不缺，説明這是永樂本在刊刻過程中造成的缺文。至於井初六疏“人既非食”，元刻十行本“人”字處爲空格，而永樂本不缺，亦可證明永樂本絶不出自元刻十行本。從二本技術層面亦可知其並無直接的翻刻關係，如《説卦》“觀變於陰陽而立卦”疏“‘卦則雷風相薄，山澤通氣，擬象陰陽變化之體’者”，單疏本同，實爲提示語（因爲已有標示起止語“注‘卦則雷風’”）；十行本脱“者”字，實際上變成逕録注文以爲標示起止語：元刻十行本和永樂本處理的方法不盡相同，前者“躰（體）”字下空一格，後者則標示○，作爲疏文分段之標識則一也。這也顯現出二者的同與不同。

除單純的異文外，二本行款上亦存在着明確的差異性，如卷首孔穎達《周易正義序》，署“國子祭酒上護軍曲阜縣開國子臣孔穎達奉/勑撰定”，卷端署“國子祭酒上護軍曲阜縣開國子臣孔穎達奉/勑撰正義”，永樂本二“勑”字皆提行，表現出早期版本的特徵，而元刻十行本皆不提行①。卷首“八論”末尾

① 本文完成之後，筆者曾延請張麗娟教授審讀，謹志衷心謝忱。麗娟教授認爲，這兩例永樂本提行均處在行末自行提行處，所以不能説一定是提行，元刻十行本行款乃至每行起訖一般都是悉仍宋刻十行本之舊，此二處當保存宋刻十行本的原貌。我們考察了元刻十行本“五經正義”其餘四經卷首序和卷端題署，《尚書》《春秋左傳》兩處“勑”字並提行，《毛詩》卷首序無題署，卷端提行；《禮記》卷首序提行，卷端不提行（之所以不提行是因爲删省“奉勑”“正義”四字，只保留“撰”字）。由此可見，元刻十行本四經凡遇“勑”字盡皆提行，係因襲宋刻十行本舊式，則《周易》兩處皆不提行出於校改還是有可能的。

題，元刻十行本作“周易正義卷之一”，與單疏本同；而永樂本作“周易正義序”，當爲早期版本的原始樣貌，可知注疏合刻之初行款尚且粗糙[①]。考案各卷末尾題亦皆倣此，元刻十行本基本上都是統一的，均作“周易兼義卷第（卷一、八第作之）幾”，而永樂本頗有參差，除卷三、五、六、七、八、九相同外，卷一作“周易兼義上經乾傳卷之一”，卷二作“周易兼義上經卷之二”，卷四第作之，知其尚不統一、規範，當爲早期注疏合刻之原始樣貌，而元刻十行本整飭、統一顯係經過校改。揆之情理和人類的認識過程，慣常都是從不統一進化爲統一，所以不存在相反即永樂本校改的可能性。總之，行款亦爲永樂本源出宋刻十行本而非元刻十行本之堅證，足以與前揭異文的分析結果相互印證。另外，永樂本卦形多有譌舛者，如節、兑、既濟等等，而元刻十行本皆不誤，這也是永樂本刊刻粗劣、未經校改而元刻十行本經過校改的顯證。

另外，我們還從版刻用字上發現了足以説明永樂本源出宋本的旁證。永樂本基本上不避宋諱，但個别字似保留避諱痕跡，如歸妹上六爻辭“（承）筐”不缺筆，《小象》“（承虚）筐（也）”缺筆。《釋文》歸妹“（承）匡”及音義“（鄭作）筐”皆缺筆。我們還發現，永樂本用字有與南宋淳祐刻本《周易要義》同者，其中既有同於元刻十行本者如含、面、會、舍、損、圓；又有不同於元刻十行本者，如健作健，這個字形不見於《周易》的其他版本類型（經注本、單疏本和八行本、十行本）[②]；災作灾（乾《文言》疏“亢龍有悔，窮之灾者”）；商作商（《釋文》“商兑”“商旅”）[③]；隨“丈夫”或作丈或作丈（元刻十行本統一作丈），《要義》兼有作丈和丈者；元刻十行本虎字頭均爲標準字形，永樂本均作虍，如虎、虜、虐、虚、據，《要義》與之同[④]。此外，永樂本個别不同於元刻十行本的異體字淵源甚早，如突作宊，宊見於《龍龕手

① 日系古鈔單疏本《周易正義》“八論”尾題或作“周易序　并八論”，或作“周易正義八論之終”，知其並不同於南宋刻單疏本；而日系古鈔本源出北宋刻單疏本（説詳拙作《日系古鈔〈周易〉單疏本研究》，《歷史文獻研究》第45輯，揚州：廣陵書社2020年版），故可推知永樂本的淵源甚早。

② 《集韻》卷三平聲二僊“乾（健）”，“一曰易卦名健也”（《中華再造善本》影印國圖藏南宋刻本）。“健”見於去聲二十五願（同上）。十行本《周易兼義》嘉靖補版有極個别例外，例如卷三大畜《彖傳》“能止健大正也”及注文健作健。

③ 宋孫奕《履齋示兒編》卷二二“字説・集字二”引《字譜・總論訛字》，“俗書字體分毫點劃訛失”舉例即有商作商（南京：鳳凰出版社2017年版，第297頁）。

④ 虍《履齋示兒編》卷一八“字説・畫譌”稱虎字等皆從虍，“而俗皆從”虍（同上書，第237頁）。

鑑》，後世字書多分别宊、突爲二，唯《集韻》云：“突或省作宊。”《釋文》佞作倿，《干禄字書》云：“佞正，倿俗。”倿字見於《魏吴郡王蕭正表墓誌》和《伍子胥變文》。有意思的是，徤、商、虎、褜、據、靣、會、舍、損等字形又見於南宋嘉定五年（1212）鮮于申漕司刻本《周易集解》，亦非偶然。總之，永樂本確實保留了宋本的一些早期特徵。

綜上所述，無論是從永樂本和元刻十行本的異文構成方式，還是從具體的異文本身，乃至行款、版刻用字，都顯示出永樂本所從出之底本並非元刻十行本，也就是説，只能推導出二者同出一源，亦即永樂本和元刻十行本據以翻刻的底本都是宋刻十行本。退一步講，假如永樂本係據元刻十行本翻刻，那麽第二種類型異文即永樂本非而元刻十行本是者固然可以得到解釋，可以認定爲刊刻過程中無意錯譌造成的異文；但第一種類型異文即永樂本是而元刻十行本非者則無法解釋，永樂本當沿襲其誤，不可能皆不之從。如上所述，“參校善本”的可能性是不存在的，理由很簡單，永樂本刊刻相當粗劣、草率，所以才會出現第二種類型如許多的舛誤，很難想像這樣一個刊刻敷衍輕率、舛誤連篇累牘的刻本還會校以其他善本，於情於理皆所不合；而且，設如確曾參校善本，那麽就不會出現更大量的、第二種類型的舛誤，否則豈非自相矛盾？那麽，是否存在在刊刻過程中發現底本顯誤而做理校的可能性呢？雖然我們不能完全排除，但基本上也是不能成立的，主要原因也是如此粗劣的刻本並無理校的跡象，而且異文數量較大，所佔份額高，分佈較爲平均，絶非少數幾例，所以不可能僅通過理校即可實現。同樣地，設如確曾經過理校，那麽就不會出現第二種類型衆多顯誤的異文。總之，永樂本據元刻十行本翻刻的可能性是不存在的，那麽就只剩下永樂本和元刻十行本皆據宋刻十行本翻刻這一種可能性。因爲永樂本刊刻粗劣，元刻十行本相對較好，所以二者顯誤或迥異於其他宋刻本的異文比約爲六比四；但畢竟二者所從出之底本都是宋刻十行本，所以才會出現元刻十行本非而永樂本是或元刻十行本是而永樂本非的異文，説明底本基本上不誤，永樂本和元刻十行本的舛誤大都出現在翻刻過程中。當然，這並不是説永樂本是者加上元刻十行本是者就等於宋刻十行本，因爲宋刻十行本本身也必定存在一定數量的舛誤，雖然從總體上講可以包括二本是者，但必定存在底本有誤而元刻十行本校改，永樂本因襲底本的情形（説詳下文）。或曰“永樂本與元刻十行本同誤的校例要遠遠多於永樂本文字勝於元十行本的校例”，這是自然的，也是正常的，這也正好説明二者同源，具有親緣關係；二者不同的異文只佔全部異文總數的 15.6％，絶大多數當然是二者相同的異文，據此上述兩種可能性都可以得到解釋，所以並無特異性。二者同屬一個系統，與同樣是注疏合刻本的八行本具有系統性的差異，所以如果不是二者大多相同而不同於八行本，那就是不正常的。因爲宋刻十行本畢竟是建陽坊刻本，本身是以經注本爲基礎加入疏文獨立構成的，不同於以單疏本爲基礎加入經、注文構成的八行本。也正是因爲宋刻十行本是獨立重構而成的，而且編刊的時間也比較早①，所以在行款上表現出比較原始、粗糙的特徵（《釋文》作爲附録整體附經别行也是其早期特徵之一），版刻用字亦然，永樂本恰好都保存了下來，這也雄辯地證明其據以翻刻的底本是宋刻十行本而非元刻十行本。

總之，通過對坤卦以下衆多卦以及《説卦》的異文進行量化分析，結論與前揭拙作基於乾卦異文所得出者是一致的，亦即永樂本所從出之底本實爲宋刻十行本，近四成永樂本是而元刻十行本非的異文即爲顯證。因爲永樂本刊刻質量粗劣，舛誤滿紙，校對尚且不及，遑論以其他善本校勘或理校？而且，假如校以善本或理校的話，這種“校勘”還要把底本是者改錯，非者改正，這也是不可能做到的。

附帶説明一下，今傳永樂本除本文用以校勘的平館本外，尚有臺灣中研院史語所藏本，以及國圖藏本（《略例》《釋文》）。我們比對三本，發現史語所本先《略例》後《釋文》，國圖本同，平館本反是。國圖本刷印時間最早，如《略例·明象》“明辯卦體所由之主”之“辯”字，平館本幾乎全泐，史語所本殘存下半，而國圖本雖已漫漶，但尚可辨識。“則非其中爻”之“中”字，平館本殘存上三分之一部分，史語所本雖有漫漶，但仍殘存太半，而國圖本字畫清晰、完整。“故陰爻雖賤”之“陰”字，前二本幾近漫滅，全不可辨，而國圖本十分清晰。《略例》尾題後另葉有刊記“永樂甲申歲刊”，平館本版框斷裂，“刊”字左偏旁殘泐，而國圖本版框及“刊”字嚴整、清晰。史語所本和平館本相比較，後者更晚，如卷四、七頗多漫漶處，而前者基本上都清晰可辨。總之，國圖本雖然不是初印本（《略例·明象》“陰苟隻焉”之“隻”字處有斷版，三本幾乎相同。《略例》8b 有斷版，平館本和國圖本基本相同，而史語所本係經墨筆描補而成），史語所本次之，平館本刷印時間最晚。

① 張麗娟《今存宋刻〈周易〉經注本四種略説——兼論十行本〈周易兼義〉的經注文本來源》，《歷史文獻研究》第 45 輯，揚州：廣陵書社 2020 年版，第 33 頁。筆者認爲宋刻十行本《周易兼義》的刊行時間當可上推至紹興中，甚至更早（《正經注疏合刻早期進程蠡測——以題名更易和内容構成爲中心》，《文史》2020 年第 2 輯，第 103 頁）。

四、餘論

近有學者討論《永樂大典》的文本來源，提出兩種可能性，其中一種可能性，疏文的底本是宋刻十行本，經、注文、《釋文》的底本是纂圖互注本[1]。因爲文中論及永樂本，所以本文也只好旁及《大典》本，略作補充説明。從《大典》本疏文與經傳、注文的組合方式來看，根據前揭拙作提出的八行本與十行本的標誌性特徵——疏文所出位置及其内容分合乃至標示起止語、提示語之有無和具體文字[2]，知其疏文出自十行本系統當無疑義。筆者又以上述永樂本異於元刻十行本的異文校以《大典》殘本保留比較完整的坤、泰、同人、賁、兑卦，共得疏文之異文 13 例，除 1 例永樂本和元刻十行本相同而不同於《大典》本（兑六三疏“而以不正求説”，《大典》本同，永樂本、元刻十行本求作來）外，餘者《大典》本分别同於永樂本或元刻十行本而不同於另一本的異文均爲 6 例，如下所示：

同於永樂本者：

1. 泰初九疏“拔茅茹者”，元刻十行本同，永樂本、《大典》本缺茅字。

2. 同人九三疏“今九三欲下據六二”，元刻十行本同，永樂本、《大典》本二誤三。

3. 同人卦辭疏“處非近狹”，永樂本、《大典》本同，元刻十行本狹誤狄。

4. 同人卦辭疏“乃得亨通”，永樂本、《大典》本同，元刻十行本通誤進。

5. 同人九四疏“欲攻於三”，永樂本、《大典》本同，元刻十行本攻誤功。

6. 賁卦六二疏“故《象》云與上興也”，永樂本、《大典》本同，元刻十行本象誤彖。

---

① 杜以恒《〈永樂大典〉引〈周易〉經注疏釋文底本問題初探》。

② 在“《周易》校讀會”後來的校勘實踐中，我們逐漸注意到十行本删省提示語的這一個標誌性特徵，所以在 2017 年下半年筆者起草的“標示起止釋例”（後稱“標示起止問題模板”）這一讀書會文件時已經添加了這一點。

同於元刻十行本者：

1. 坤六二疏“地體安靜”，元刻十行本、《大典》本同，永樂本安誤定。

2. 泰九二疏“中行謂六五也”，元刻十行本、《大典》本同，永樂本六五乙作五六。

3. 泰九三疏“地體將下”，元刻十行本、《大典》本同，永樂本體作無。

4. 同人初九疏“含弘光大”，元刻十行本、《大典》本同，永樂本大誤太。

5. 賁《彖傳》疏“往无大利”，元刻十行本、《大典》本同，永樂本无作止。

6. 兑九五疏“九五處尊正之位”，元刻十行本、《大典》本同，永樂本處作居。

有意思的是，雖然《大典》本注文另有所本，但校以永樂本和元刻十行本，亦呈現出與疏文近似的規律性，如同人九三注“貪於所比”，永樂本、《大典》本同，元刻十行本貪誤貧；兑《彖傳》注“説而違剛則諂”，元刻十行本、《大典》本同，永樂本而作以；同人《彖傳》注“故特曰同人曰”，元刻十行本特誤持，永樂本特誤待，皆爲特字形近而譌，《大典》本則作特不誤。《大典》本或同於永樂本，或同於元刻十行本，或不同於二者，皆爲優長之異文。

總之，《大典》本疏文同於元刻十行本和永樂本者參半，同樣具有互補性和排他性，與前揭永樂本和元刻十行本的關係如出一轍，而且其是者多爲具有宋刻單疏本文本淵源者。也就是説，《大典》本所從出之底本以包含二本優長的異文爲主，這與上文所論宋刻十行本與二本的關係及其異文構成是完全一致的，所以據此可推導出《大典》疏文所從出之底本爲宋刻十行本。這裏，有必要澄清一個邏輯關係，那就是《大典》本存在着不同於永樂本的異文並不能據以説明永樂本即不出於宋刻十行本，因爲永樂本雖然源出宋刻十行本，但並不等於宋刻十行本，如上所述，異文之中佔有份額較大的恰是永樂本顯誤或迥異於各本者，事實上其底本大多不誤，舛誤基本上都出現在翻刻過程中。雖然《大典》本同於二本顯誤或迥異於其他宋刻本的異文所佔份額甚少，但畢竟還是存在着的（泰初九疏“拔茅茹者”，缺茅字；同人九三疏“今九三欲下據六二”，二誤三，皆與永樂本同），這就可以印證上文論及的兩點，一是宋刻十行本並不等於永樂本和元刻十行本二本優長異文之和，也就是説，其中不可避免地包含着永樂本個别顯誤的異文；二是元刻十行本在翻刻過程中確實經過校改，上述二例，即爲顯證。另外，我們認爲《大典》據宋刻十行本迻録文字的過程中亦有校改，一方面這應該是《大典》的纂修宗旨和目的所決定的，另一方面《大典》纂修有其嚴密的組織結構、編纂體例和嚴苛的懲戒措施，所以對於底本舛誤當有所校訂[①]。例如前揭兑六三疏"而以不正求説"，永樂本與元刻十行本求並作來，説明其所從出之宋刻十行本亦當作來，而《大典》同於宋刻單疏本作求，恐係據單疏本校改。總之，通過對《大典》文本來源的考索，恰可證實前揭永樂本所從出之底本是宋刻十行本的結論。

（作者單位：北京大學中國古文獻研究中心）

① 参見郭伯恭《永樂大典考》第三章"纂修諸人考略"（《國學小叢書》本，上海：商務印書館1938年版，第16—85頁）和顧力仁《〈永樂大典〉及其輯佚書研究》第二章"《永樂大典》之纂修"第二節"纂修機構之組織及其纂修過程"，臺北：文史哲出版社1985年版，第23—29頁）。顧力仁指出，《大典》是在《文獻大成》基礎上完成的，所以實際上先後歷時六年（永樂元年至六年），"故以'時促'而斷言《大典》必定是體例不純、編纂草率之説，不攻自破矣"（《〈永樂大典〉及其輯佚書研究》第三章"《永樂大典》之體制及其内容"第五節"《大典》之優劣得失及其批評"，第127頁）。所以完全否定《大典》編纂過程中所做的校定工作的觀點是站不住脚的。

儒家典籍與思想研究（第十四輯）
北京大學出版社，2022 年 8 月

日本關西大學藏南宋刻本《尚書注疏》考辨

李佳傑

【内容提要】 日本關西大學藏南宋建安刻巾箱本《尚書注疏》是目前所見唯一一部經、注、疏、釋文、重言、重意、互注合刻本《尚書》，大約刊於宋光宗至宋亡之間，當是在已佚的宋刻十行本《附釋音尚書注疏》的基礎上，加入天禄琳琅舊藏宋刻本《纂圖互注尚書》的重言、重意、互注部分而成。它是現存的和宋十行本《尚書注疏》最接近的版本，可以幫助我們理清宋魏縣尉宅刻本《附釋文尚書注疏》、宋十行本《附釋音尚書注疏》、元刊明修十行本《附釋音尚書注疏》之間的關係，與其他版本共同揭示了南宋時期經書刊刻與圖書市場的豐富性，具有十分重要的版本價值與校勘價值。

【關鍵詞】 關西大學　《尚書注疏》　宋刻本　版本校勘

日本關西大學藏南宋建安刻巾箱本《尚書注疏》與傳世諸經的體例皆不相同，是目前所見唯一一部經、注、疏、釋文、重言、重意、互注合刻的版本。關於它的刊刻時代、文本來源以及文獻價值，學術界尚未有專文探討。

關西大學藏的這部《尚書注疏》與傳世的幾部宋元時期《尚書注疏》刻本的面貌有着鮮明的差異。現存諸刻本中，較早的有南宋刻單疏本（日本宫内廳藏，以下簡稱爲“單疏本”）、南宋兩浙東路茶鹽司刻八行本（國圖、日本足利學校各藏一部，以下簡稱爲“八行本”）、南宋福建魏縣尉宅刻本（臺灣“故宫”藏，以下簡稱爲“魏縣尉宅本”）、蒙古平水刻本（國圖藏，以下簡稱爲“平水本”）以及元刊明修十行本（北京市文物局等藏，以下簡稱爲“十行本”）等。它們有的只包含孔穎達的疏文，如單疏本；有的爲經文、僞孔安國傳、孔穎達疏合刻本，如八行本；最多也不過像魏縣尉宅本、平水本、十行本那樣，將經文、注文、疏文和陸德明的釋文合刻在一起。然而，關西大學藏的這部

《尚書注疏》(以下簡稱爲“關西本”),則在經、注、疏、釋文之外,又加上了南宋時期纂圖互注本經書特有的“重言”“重意”“互注”等部分,這種情況歷代各家目録都未曾記載過,到目前爲止獨一無二,值得珍視。

在文字内容上,關西本也有着自己的特點。據關西大學圖書館官網上的資料,該書書衣上貼有長澤規矩也於日本昭和三十九年(1964)所作的記録,其中“目録事項”後稱:“此本與十行本的祖本,哪個本子最早的問題,應再考察。”① 這説明該版本與十行本之間的聯繫已經引起了長澤規矩也的注意。經過考辨,我們不僅證實了長澤規矩也的猜想,而且可以發現關西本與已佚的宋刻十行本《尚書注疏》有着密切的關係,能補充宋元《尚書注疏》版本史上的一大空白,具有重要的校勘價值。

本文主要圍繞以下四個問題對關西本進行討論:一、關西本的刊刻時間。二、關西本的綴合方式。三、關西本的文本淵源。四、關西本的文獻價值。

一、關西本的刊刻時間

據資料顯示,關西本是由其舊藏者中村幸彦在尋找有關長澤規矩也的資料時,從福岡的舊書店購得的。全書共二十卷二十册,尺寸爲13.2×11.1釐米,板框尺寸爲10.6×8.5釐米,竹紙,半葉八行,行十七字,小字雙行,四周雙邊,雙黑魚尾,細黑口,有書耳記篇名。除書前有孔穎達《尚書正義序》外,前後無序跋、牌記,版心無字數、刻工等信息,書中亦無題跋與藏書印。據長澤規矩也在書衣上的記録,“這本書在各目録上没有登載”,他將該書定爲“南宋中葉刊本”。

整體來看,關西本的版式、字體、刀法、俗字等呈現出濃厚的南宋建安坊刻本色彩。其避諱亦不甚嚴格,如卷二《堯典》關西本第十頁五行注“欽,敬也”、五行注“化而以敬明文思之四德”的“敬”字,卷九《盤庚上》第一頁四行書序“將治亳殷”、四行注“盤庚治亳殷”的“殷”字,卷一三《大誥》第三十五頁八行經文“矧肯構”、八行注“況肯構立屋乎”、九行釋文“構,古候反”的“構”字,都完整不缺筆。但宋孝宗的“眘”字和宋光宗的“惇”字則多有避諱,如卷三《舜典》第三頁三行經文“慎徽五典”、四行注“舜慎美篤行斯道”、第四頁四行疏“慎徽至弗嗣”的“慎”字,卷四《臯陶謨》第二

① 原文日文,由筆者同學薛林浩君翻譯,深表感謝,下同。

十八頁三行經文“惇敘九族”、四行釋文“惇，《切韻》都昆反”的“惇”字，卷一八《君陳》第二十一頁四行注“言人自然之性敦厚”、十二行疏“自然之性皆敦厚矣”的“敦”字都缺末筆。至於寧宗以下的諱名，《尚書注疏》中多無其字，寧宗的嫌名“郭”字、理宗的嫌名“馴”字，闞西本又並不避諱。考慮到闞西本的避諱實在不嚴，我們只能將它的刊刻時間上限確定在宋光宗在位期間（1189—1194），其時間下限則無法依據避諱字來確定。

那麽，闞西本的刊刻時間下限是什麽時間，它會不會出自元刊明修十行本，或者是元代翻刻的産物呢？這種可能性是很低的。首先，闞西本有十行本不具備的内容。杜澤遜教授在《十行本〈尚書注疏·君奭〉書後》一文中，曾羅列十行本《君奭》脱漏的二十四條又兩半條釋文，這些條目平水本、魏縣尉宅本、宋刻本《監本纂圖重言重意互注點校尚書》（以下簡稱爲“纂圖重言本”）均不脱，淵源自十行本的明嘉靖李元陽本、明萬曆北京國子監本、清嘉慶阮刻本均脱[①]。而闞西本雖脱漏了這二十四條又兩半條中的十六條又兩半條，十行本第二十五頁孔傳下的兩條釋文“造，才老反，一音七到反。鳴鳥，馬云：鳴鳥謂鳳凰也，本或作鳴凰者，非”則不脱，第二十三頁孔傳“爲胥附、奔走、先後、禦侮之任”下的六條釋文“散，素但反。顛，丁田反，又音田；南宫括，工活反。南宫，氏。括，名也。馬本作南君；胥附，《毛詩》作疏附……《詩》傳云：武臣折衝曰禦侮”則只脱去了“胥附，《毛詩》作疏附”以後的部分。如果闞西本處於元刊明修十行本的下游，那它應該不會産生這種半脱半不脱的現象，因此，它只能位於元刊明修十行本的上游。其次，作爲坊刻本的闞西本之所以要將經、注、疏、釋文與“以供士人帖括之用”的重言、重意、互注部分匯於一書[②]，無非是想打造出一個最全的讀本，以超過市面上流行的所有版本，帶有很强的商業目的性。而纂圖互注本經書盛行的時間是南宋中後期，在元明以後便因“科舉考試以程朱理學爲主，經書古注因缺乏科舉考試的助力而市場萎縮”不再刻行[③]，迄今也未見對元刻纂圖互注本經書的記載。所以，闞西本不大可能産生在元代之後。

綜上，長澤規矩也對闞西本刊刻時間的判斷是正確的，資料所限，我們也只能將闞西本的刊刻時間限定在宋光宗至宋亡之間。它的刊刻自然在它的底本

---

① 杜澤遜《微湖山堂叢稿》，上海：上海古籍出版社 2014 年版，第 30—34 頁。

② “以供士人帖括之用”，見葉德輝《書林清話》卷六，北京：中華書局 1957 年版，第 148 頁。

③ 張麗娟《宋代經書注疏刊刻研究》，北京：北京大學出版社 2013 年版，第 227 頁。

之後，而它的底本是何書，則是我們要重點探討的問題。至於關西本與元刊明修十行本的關係，儘管我們認爲關西本並非脱胎自元刊明修十行本，但並未否認兩者的相似度，這將在下文進行闡述。

二、關西本的綴合方式

所謂綴合方式的問題，即是要考察關西本的各部分内容分别來自哪類版本，是以怎樣的方式綴合到了一起。在南宋中葉，市面上通行的《尚書》版本主要有白文本（如國圖藏宋刻遞修本《八經》之《尚書》一卷）、單經注本（如李盛鐸舊藏本《尚書》十三卷）、經注附釋文本（如宋建安王朋甫刻本）、纂圖互注本（經、注、釋文、纂圖、重言、重意、互注合刻，如纂圖重言本）、單疏本、經注疏合刻本（如八行本）、經注疏附釋文本（如魏縣尉宅本）等七種類型。對關西本來説，每一種綴合方式都是有可能的，但就便捷程度而言，顯然“纂圖互注本＋疏”“經注疏附釋文本＋重言重意互注”兩種模式最爲便利，其次是“經注附釋文本＋疏＋重言重意互注”，以及“經注疏合刻本＋釋文＋重言重意互注”。

就現存的《尚書》諸版本來説，單疏本與其他版本組合形成關西本，即“纂圖互注本＋疏”或“經注附釋文本＋疏＋重言重意互注”等模式的可能性不大。原因如下：

（一）關西本的疏文存在大段脱文，而脱文的情況與經注疏附釋文本接近。

據《尚書注疏校議》，《説命中》：“惟天聰明，惟聖時憲，惟臣欽若，惟民從乂。”孔傳：“憲，法也。言聖王法天以立教，臣敬順而奉之，民以從上爲治。”疏：“傳‘憲法’至‘爲治’。正義曰：憲，法。《釋詁》文。人之聞見在於耳目。天無形體，假人事以言之。聰謂無所不聞，明謂無所不見。惟聖人於是法天。言聖王法天以立教於下，無不聞見，除其所惡，納之于善。……故從乂也。”八行本、平水本均是如此，單疏本也與這段疏文相同。魏縣尉宅本則脱“言聖王法天以立教……惟聖人於是法天”，計注文二十字、疏文五十二字（包括“疏”字），合計七十二字。其後的十行本、李元陽本、北監本、毛晉汲古閣本皆脱[①]。關西本也脱漏了這七十二個字，與魏縣尉宅本、十行本同。

（二）關西本的疏文有衍文，衍文的情況也與經注疏附釋文本接近。

據《尚書注疏校議》，《盤庚中》監本卷九第十七頁三行經：“予念我先神

① 杜澤遜《尚書注疏校議》，北京：中華書局2018年版，第29頁。

后之勞爾先，予丕克羞爾，用懷爾然。”孔傳：“言我亦法湯大能進勞汝，以義懷汝心。而汝違我，是汝反先人。”疏：“故知神后謂湯也。下高后、先后，與此神后一也。神者言其通聖，高者言其德尊。此神后言先，於高后略而不言先。其下直言先后，又略而不言高，從上省文也。”單疏本、八行本、平水本皆如是。魏縣尉宅本“於高后略而不言先”下衍“其下直言先后，又略而不言先”十二字。永樂本、十行本正德修版均沿魏縣尉宅本衍此十二字①。此十二字關西本亦衍，與魏縣尉宅本同。

如果關西本是單疏本與其他版本結合形成的，怎麽會産生這樣的脱、衍現象，又怎會與經注疏附釋文本的錯誤如此雷同？同樣的，上述的兩種錯誤八行本也不具有，因而“經注疏合刻本＋釋文＋重言重意互注”的組合方式也站不住脚。我們認爲，“經注疏附釋文本＋重言重意互注”，應是關西本最有可能的綴合方式。但關西本的編輯者在拼合經注疏附釋文本與重言、重意、互注的時候，也有可能參校了其他的《尚書》版本，這是合乎情理的。

三、關西本的文本淵源

如上文所述，關西本最有可能是在某個經注疏附釋文本的基礎上增添重言、重意、互注部分而成的，因此，這裏所説的淵源有二：一、經、注、疏、釋文的源頭。二、重言、重意、互注的源頭。

（一）經、注、疏、釋文的源頭。

宋元時期的經注疏附釋文本《尚書》現存主要有三種②，即魏縣尉宅本、平水本、元刊明修十行本。在上文的例證中，我們可以看到，關西本與魏縣尉宅本、元刊明修十行本相近，與平水本相遠。事實的確是這樣，平水地處山西，與生産關西本的福建位置懸隔，且平水本的體例是將陸德明釋文附於每卷之末，與把釋文拆散到每節傳文下方的關西本相悖，平水本對《經典釋文》原書的改動也不大，因此，它不會是關西本的底本。

關西本和魏縣尉宅本、元刊明修十行本的確有很多相似之處。在分卷上，關西本與魏縣尉宅本、元刊明修十行本相同，與單疏本、八行本不同；在文本

① 杜澤遜《尚書注疏校議》，第30頁。

② 據張麗娟《宋代經書注疏刊刻研究》第419頁，除此三本外，日本天理圖書館尚藏有金刻本《尚書注疏》一種，有陸德明釋文，僅存十八、二十兩卷。

上，參考《尚書注疏彙校》，我們能發現不少關西本與其餘宋本皆異、獨與魏縣尉宅本及元十行本相同的例子。如卷二《堯典》關西本第二十九頁十六行疏："周天二百六十五度四分度之一。""二"，其餘諸本皆作"三"，只有魏縣尉宅本、元十行本、永樂本、阮本作"二"，與關西本同。再如卷一〇《高宗肜日》關西本第十七頁十四行疏："是胤德爲嗣。""德"，其餘諸本皆作"得"，只有魏縣尉宅本、元十行本、永樂本、阮本作"德"，與關西本同。又如卷一六《君奭》關西本第三十七頁十二行疏："故閎、散、泰、南宫皆是，夭、宜生、顛、括皆名也。""是"，其餘諸本皆作"氏"，只有魏縣尉宅本、元十行本、阮本作"是"，與關西本同①。那麼，關西本會不會以魏縣尉宅本爲底本，同時是元刊明修十行本的祖本呢？我們認爲並非如此。

先來看關西本與魏縣尉宅本的區别。其一，如本文第二部分所指出的，兩個版本在脱文、衍文上有些地方相當雷同，這揭示了兩者密切的淵源。但是，某些文字魏縣尉宅本無、關西本有的情況也普遍存在。例如卷二《堯典》關西本第三十一頁十五行釋文："胤，引信反。馬云嗣也。""馬云嗣也"四字，魏縣尉宅本無，元十行本等各本皆有。同頁十六行釋文："徐往付反，一音于。""一音于"三字，魏縣尉宅本無，元十行本等各本亦有。這種釋文上的差異還有很多。再如卷三《舜典》關西本第七頁十三行經："肆類于上帝。"十五行注："王云：上帝，天也。馬云：上帝，太一神，在紫微宫。天之最尊者。""王云"至"尊者"二十二字，八行本、李盛鐸舊藏本、魏縣尉宅本均無，王朋甫本、武英殿本作釋文，其餘諸本與關西本同。又如卷四《大禹謨》關西本第三頁十五行疏："'爲君難，爲臣不易'，《論語》文。能知爲君難，爲臣不易，則當謹慎恪勤。"各本均與關西本同，唯魏縣尉宅本脱"《論語》文。能知爲君難，爲臣不易"十二字，等等。這些内容未必是關西本校補得來的，因爲經注疏附釋文本經書對《經典釋文》以意去取、改易是普遍存在的情況，如果關西本是以魏縣尉宅本作爲底本，那它大可不必特意改動這些釋文，而應該是它的底本原本就有這些文字。

其二，在體例上，關西本與魏縣尉宅本亦有不同，最典型的是釋文附入的體例。在卷一《尚書序》中，魏縣尉宅本的釋文分出於各句之下；關西本則除了序文"悉以書還孔氏……藏之官府，以待能者"一段外，均總出於一節之下，這點與元十行本相同。如"漢室龍興，開設學校，旁求儒雅，以闡大猷。

① 杜澤遜《尚書注疏校議》，第47—48頁。

濟南伏生，年過九十，失其本經，口以傳授。裁二十餘篇。以其上古之書，謂之《尚書》。百篇之義，世莫得聞”下的釋文，關西本於“世莫得聞”下出釋文：“校，户教反。《詩》箋云：鄭國謂學爲校。闡，尺善反，大也，明也。濟，子禮反，郡名也。伏生，名勝。過，古卧反，後同。傳，直專反，下‘傳之’同。‘二十餘篇’即馬、鄭所注二十九篇是也。”（見圖一）而魏縣尉宅本將此段分爲六個部分：“校……韓國謂學爲校（“鄭”作“韓”）”在“開設學校”句下，“闡，尺善反，大也，明也”在“以闡大猷”句下，“濟，子禮反……伏生，名勝（“郡名”前有“濟南”二字）”在“濟南伏生”句下，“過，古卧反，後同”在“年過九十”句下，“傳，直專反，下‘傳之子孫’同（“傳之”下有“子孫”二字）”在“口以傳授”句下，“即馬、鄭所注二十九篇是也（“即”上無“二十餘篇”四字）”在“裁二十餘篇”句下（見圖二）。至於爲什麽關西本序文“悉以書還孔氏……藏之官府，以待能者”一段的釋文格式與魏縣尉宅本相同而與元十行本不同，經檢，發現關西本、元十行本的這一段剛好處在一個筒子頁上，有可能關西本的底本剛好缺了這一頁，關西本的編者於是用魏縣尉宅本代替，補上了這一頁。“卷一内容爲‘尚書序’，並無注文，故釋文散入方式可能因編輯者不同而有所不同”①，王朋甫本、纂圖重言本這一卷的釋文散入

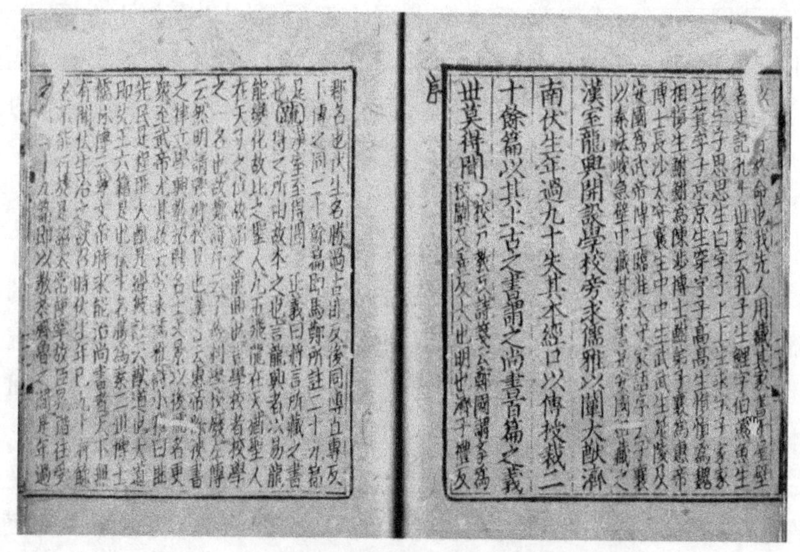

圖一　關西本《尚書注疏》卷一第二十至二一葉

（日本關西大學中村幸彦文庫藏本）

① 張麗娟《宋代經書注疏刊刻研究》，第400頁。

方式與魏縣尉宅本、元十行本、關西本皆爲不同，在這樣的情況下，關西本卷一的體例竟與元十行本如此接近，這也印證了它應與元十行本同源，而不是將魏縣尉宅本作爲底本。

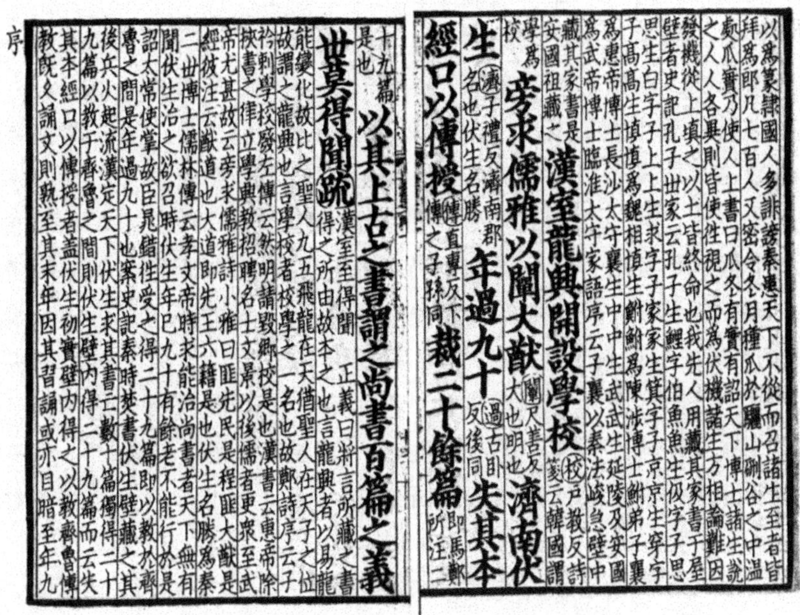

以爲篆隸國人多誹謗秦懲天下不從而召諸生至者皆
拜爲郎凡七百人又密令冬月種瓜於驪山硎谷之中溫
處瓜實乃使人上書曰瓜冬有實有詔天下博士諸生說
之人人各異則皆使往視之而爲伏機諸生方相論難因
發機從上填之以土皆終命也我先人用藏其家書于屋
壁者史記孔子世家云孔子生鯉字伯魚魚生伋字子思
思生白字子上上生求字子家家生箕字子京京生穿字
子高高生慎慎爲魏相慎生鮒鮒爲陳涉博士鮒弟子襄
爲惠帝博士長沙太守襄生中中生武武生延延陵及安國
爲武帝博士臨淮太守家語序云子襄以秦法峻急壁中
藏其家書是安國祖藏之**漢室龍興開設學校**（校）戶教反詩箋云韓國謂
學爲校**旁求儒雅以闡大猷**（闡）尺善反大也明也**濟南伏**
生（濟）子禮反濟南郡名也伏生名勝**年過九十**（過）古卧反後同**失其本**
經口以傳授（傳）直專反下傳之子孫同**裁二十餘篇**即馬鄭所注二
十九篇是也**以其上古之書謂之尚書百篇之義**
世莫得聞（疏）漢室至得聞　正義曰將言所藏之書得之所由故本之也言龍興者以易龍
能變化故比之聖人九五飛龍在天猶聖人在天子之位
故謂之龍興也言學校者校學之一名也故鄭詩序云子
衿刺學校廢左傳云然明請毀鄉校是也漢書云惠帝除
挾書之律立學興教招聘名士文景以後儒者更衆至武
帝尤甚故云旁求儒雅詩小雅曰匪先民是程匪大猷是
經彼注云猷道也大道即先王六籍是也伏生名勝爲秦
二世博士儒林傳云孝文帝時求能治尚書者天下無有
聞伏生治之欲召時伏生年已九十有餘老不能行於是
詔太常使掌故臣晁錯往受之得二十九篇即以教於齊
魯之間是年過九十也案史記秦時焚書伏生壁藏之其
後兵火起流漢定天下伏生求其書亡數十篇獨得二十
九篇以教于齊魯之間則伏生壁內得二十九篇而云失
其本經口以傳授者蓋伏生初實壁內得之以教齊魯傳
教既久誦文則熟至其末年因其習誦或亦目暗至年九
序

圖二　宋魏縣尉宅刻本《附釋文尚書注疏》
卷一第十二葉（臺北故宫博物院藏本）

其三，關西本對起訖語有所改動，而魏縣尉宅本未改。如卷二《堯典》關西本第三十三頁六行經文“九載績用弗成”下疏文開頭的起訖語作“帝曰疇咨若予至九載績用弗成”，而單疏本、八行本、魏縣尉宅本、平水本均作“帝曰疇咨至弗成”，元十行本以下始作“帝曰疇咨若予至九載績用弗成”，與關西本同。這一起訖語很有可能是在關西本、元十行本的底本那裏率先改動，其後在兩者身上得到了繼承。

其四，魏縣尉宅本的一些訛誤，關西本不誤。如卷五《益稷》關西本第三頁五行疏文：“人既皆得食矣，又勸勉天下徙有之無。”其餘諸本皆與關西本同，只有魏縣尉宅本“得”下無“食”字，“勸”作“勤”。又如卷九《盤庚中》關西本第二十頁三行疏文：“故《論語》云：愛之能勿勞乎?”其餘諸本皆與關西本同，魏縣尉宅本則作“愛人能物勞乎”，與關西本、元十行本異。再如卷一一《牧誓》關西本第二十七頁十二行經“昏棄厥遺王父母弟不迪”下

注：“王父，祖之昆弟。”其餘諸本皆與關西本同，只有纂圖重言本“祖”作“毋”，魏縣尉宅本“祖”作“毋”。這些訛誤既有可能是關西本在翻刻魏縣尉宅本時修改的，也有可能關西本的底本本來就不誤，但根據上面的證據綜合分析，我們更傾向於關西本並非從魏縣尉宅本中産生。

我們再來討論關西本與元刊明修十行本的差異。首先，兩者最顯著的是行款和書名的差别。關西本爲半葉八行，行十七字，小字雙行，行十七字；元刊明修十行本爲半葉十行，行十七字，小字雙行，行二十三字。關西本每卷卷首、卷尾的題名均爲“尚書注疏”，元刊明修十行本則除卷一二尾題作“附釋文尚書注疏”外，其他各卷首尾皆題作“附釋音尚書注疏”。正如張麗娟老師在辨别元十行本不會出自魏縣尉宅本時所指出的，元刻十行本雖是元泰定年間統一刊行的一套叢書，但各經刊刻體例、題名形式等並不統一；雖統稱“十行本”，實際上其中的《爾雅注疏》爲半葉九行。這説明元刻十行本只是按照最簡便的方式，照原樣翻刻宋刻底本。“若元刻十行本以魏縣尉宅本爲底本，完全可以像《爾雅注疏》一樣刻成半葉九行，不必費力改變行款。”[①] 同理，若元十行本真來自關西本，又何必大費周折地將八行改成十行，並删去原書中的重言、重意、互注呢？

其次，元十行本有比關西本多出來的内容。以卷二《堯典》爲例，關西本第十六頁十三行釋文：“毨，先典反。”王朋甫本、纂圖重言本、魏縣尉宅本、平水本、武英殿本、四庫全書本與關西本同，十行本、永樂本、閩本、監本、汲古閣本則作“毛毨，下先典反”，多“毛”“下”二字[②]。再如關西本第三十二頁九行釋文：“洪，户工反”、第三十三頁二行釋文：“圮，皮美反。戾，力計反”，第四十一頁一行釋文：“妻，千計反”、三行釋文：“嬀，居危反。汭，如鋭反”、四行釋文：“嬪，毗人反。”王朋甫本、纂圖重言本、魏縣尉宅本、平水本、武英殿本、四庫全書本與關西本同，元十行本、永樂本、北監本等則在“户”“皮”“力”“千”“居”“如”“毗”上都多出了“音”字。據張麗娟研究，元十行本相當尊重宋十行本的原貌，“即使遇到宋十行本脱字，元刻十行本需補入的時候，也只是在行間擠入，絶不破壞底本原有版面安排”[③]。但我們在這些字上面看不到剜補的痕跡，這説明這些多出來的文字是元十行本的底本原有的。

因此，關西本也不是元十行本的底本。兩者雖然關係很近，但不是因襲關

① 張麗娟《宋代經書注疏刊刻研究》，第 396 頁。

② 杜澤遜《尚書注疏校議》，第 54 頁。

③ 張麗娟《宋代經書注疏刊刻研究》，第 395 頁。

係，而應是同源關係。兩者的底本很相似，甚至可能是同一種，在翻刻的過程中，又各自産生了脱訛，這才導致了本文第一部分與此處提到的此脱彼不脱的現象。

綜上，我們可以將魏縣尉宅本、關西本、元十行本的關係總結如下：三個版本有着深厚的淵源，但魏縣尉宅本並非關西本、元十行本的底本，關西本也不是元十行本的底本。關西本的底本與魏縣尉宅本的關係非常密切，兩者或許相互沿襲，或許是配合刊刻，但較魏縣尉宅本而言，關西本的底本少了許多脱誤。至於這個底本是不是元十行本的底本，即“今已不存的宋刻十行本《附釋音尚書注疏》”①，我們不能確定，但這個版本應與宋十行本《尚書注疏》相當接近。

其實，從刊刻的行款上也能找到關西本同宋十行本的相似之處。現存的宋刻十行本《附釋音毛詩注疏》的釋文出字不加墨圍標識，在注文與釋文之間、疏文各段之間以小圓圈作爲間隔標識，而疏文起訖語與疏文正文之間，則只空一格，無任何符號作標識（見圖三）。這與關西本的情況是一樣的。魏縣尉宅本在使用小圓圈、空一格的情況上與宋十行本、關西本一致，但釋文出字有墨圍作爲標識（見圖四）。而元刻十行本的釋文出字不加墨圍標識，除了在注文與釋文之間及疏文各段之間以小圓圈標識外，在疏文起訖語與疏文正文之間，一般也加一小圓圈標識（見圖五）。如果關西本的底本的確是宋刻十行本《尚書注疏》，那麼在關西本上，我們能看到從魏縣尉宅本到宋十行本，再到元十行本的行款變動的痕跡。

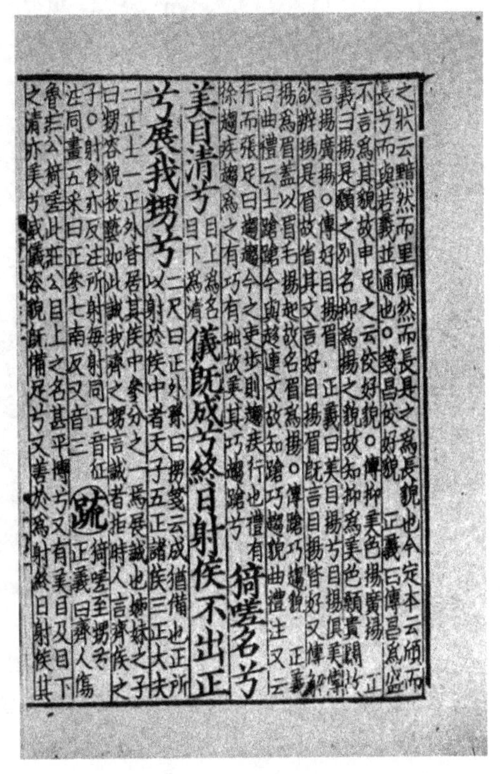
猗嗟名兮
美目清兮
儀既成兮終日射侯不出正
兮展我甥兮
疏

圖三　宋劉叔剛刻十行本

《附釋音毛詩注疏》卷五之二第十四葉

（日本足利學校遺跡圖書館後援會影印本）

① 張麗娟《宋代經書注疏刊刻研究》，第396頁。

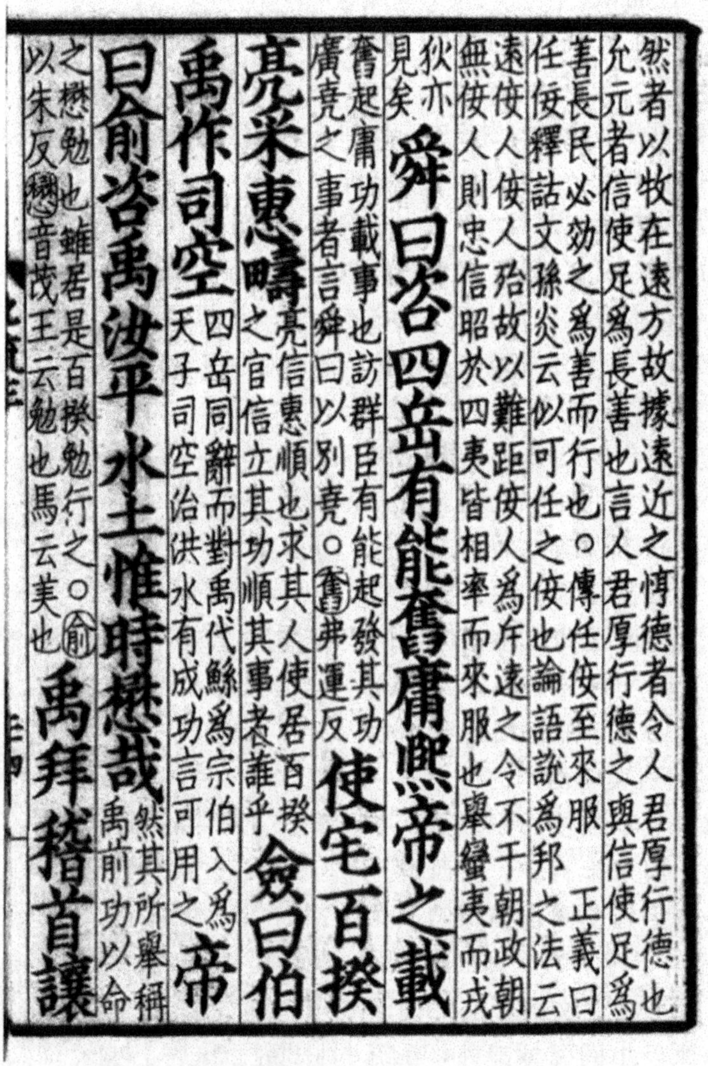

然者以牧在遠方故據遠近之惇德者令人君厚行德也允元者信使足爲長善也言人君厚行德之與信使足爲善長民必効之爲善而行也○傳任佞至來服　正義曰任佞釋詁文孫炎云似可任之佞也論語說爲邦之法云遠佞人佞人殆故以難距佞人爲斥遠之令不干朝政朝無佞人則忠信昭於四夷皆相率而來服也蠻夷而戎狄亦見矣　舜曰咨四岳有能奮庸熙帝之載奮起庸功載事也訪群臣有能起發其功廣堯之事者言舜曰以別堯○奮弗運反　使宅百揆亮采惠疇亮信惠順也求其人使居百揆之官信立其功順其事者誰乎　僉曰伯禹作司空四岳同辭而對禹代鯀爲崇伯入爲天子司空治洪水有成功言可用之　帝曰俞咨禹汝平水土惟時懋哉然其所舉稱禹前功以命之懋勉也雖居是百揆勉行之○俞以朱反懋音茂王云勉也馬云美也　禹拜稽首讓

圖四　宋魏縣尉宅刻本《附釋文尚書注疏》
卷三第二十四葉（臺北故宮博物院藏本）

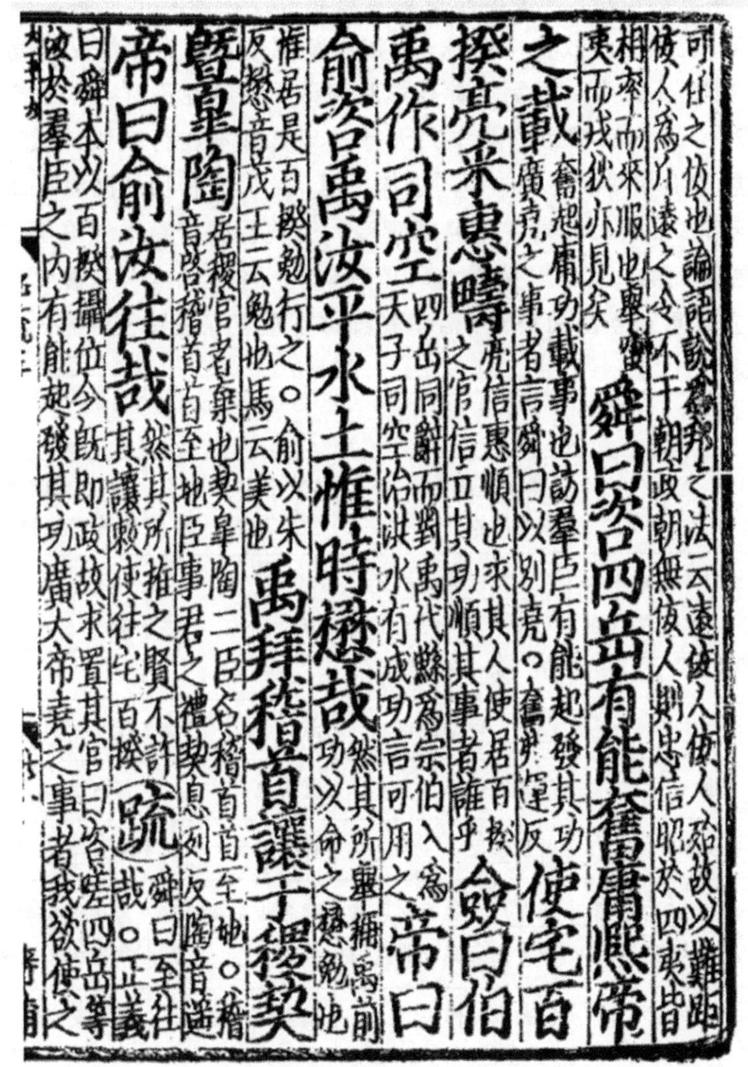
可任之佞也論語說蠻貊之邦云遠佞人佞人殆故以難距佞人為片遠之令不干朝政朝無佞人則忠信昭於四夷皆相率而來服也蠻夷戎狄亦見矣舜曰咨四岳有能奮庸熙帝之載奮起庸功載事也訪羣臣有能起發其功廣堯之事者言舜曰以別堯○奮弗運反使宅百揆亮采惠疇亮信惠順也求其人使居百揆之官信立其功順其事者誰乎僉曰伯禹作司空四岳同辭而對禹代鯀為宗伯入為天子司空治洪水有成功言可用之帝曰俞咨禹汝平水土惟時懋哉然其所舉稱禹前功以命之懋勉也惟居是百揆勉行之○俞以朱反懋音茂王云勉也馬云美也禹拜稽首讓于稷契暨皋陶居稷官者棄也契皋陶二臣名稽首首至地○稽音啓稽首首至地臣事君之禮契息列反陶音遙帝曰俞汝往哉然其所推之賢不許其讓敕使往宅百揆疏舜曰至往哉○正義曰舜本以百揆攝位今既即政故求置其官曰咨嗟四岳等汝於羣臣之內有能起發其功廣大帝堯之事者我欲使之

圖五　元刻明修十行本《附釋音尚書注疏》卷三第二十一葉

（《中華再造善本》影印本）

（二）重言、重意、互注的源頭。

關西本的重言、重意、互注部分從何處來？據查，現存的宋刻纂圖互注重言重意本《尚書》總共有四種，分别是《纂圖互注尚書》十三卷圖一卷，此本爲天禄琳琅舊藏，今已不全，芷蘭齋藏卷一、二，哈爾濱圖書館藏卷五、六，中國國家圖書館藏卷七至卷一三；《纂圖互注尚書》十三卷圖一卷，宋建安宗氏刻本，日本京都市藏；《婺本點校重言重意互注尚書》十三卷，爲瞿氏鐵琴銅劍樓舊藏，現藏臺北故宫博物院；《監本纂圖重言重意互注點校尚書》（即"纂圖重言本"）十三卷，爲劉承幹嘉業堂舊藏，現藏地不詳，《四部叢刊》有影印①。其中，日本京都市的藏本與天禄琳琅舊藏本在行款版式及釋文出字、"重言"等標識上相同，雖並非相同版本，但"之間有密切的淵源關係。"②

兹以《第二批國家珍貴古籍名録圖録》所載芷蘭齋藏本《纂圖互注尚書》的卷一《堯典》第一半葉（見圖六）爲對象③，將關西本、《纂圖互注尚書》《婺本點校重言重意互注尚書》《監本纂圖重言重意互注點校尚書》進行對校，結果如下表：

表一

條目性質	關西本	《纂圖互注尚書》（芷蘭齋藏本）	《婺本點校重言重意互注尚書》	《監本纂圖重言重意互注點校尚書》
釋文	○釋文凡十六篇十一篇亡五篇見存（在"堯典第一"下）	○陸德明音義曰凡十六篇十一篇亡五篇見存（在"虞書"下）	無	無
釋文	傳即註也	○陸曰傳即註也	無	無
釋文	○昔古也	○昔古也	昔古也	昔古也
釋文	著張盧反	著張盧反	著張慮反	著張慮反
重意	昔在帝堯聰明文思景命昔在文武聰明齊聖	昔在帝堯聰明文思景命昔在文武聰明齊聖	冏命昔在文武聰明齊聖	昔在帝堯聰明文思冏命昔在文武聰明齊聖
釋文	○遁本又作遯	○遁本又作遯	遁本又作遯	遁本又作遯
重言	若稽古四重見舜典大禹臯陶又周官唐虞稽古微子之命惟稽古	若稽古四重見舜典大禹臯陶又周官唐虞稽古微子之命惟稽古	若稽古四又舜典大禹謨臯陶謨	若稽古四本篇舜典大禹謨臯陶謨各一○又周官唐虞稽古又微子之命惟稽古

① 張麗娟《宋代經書注疏刊刻研究》，第417—418頁。

② 同上書，第200頁。

③《第二批國家珍貴古籍名録圖録》第二册，北京：國家圖書館出版社2010年版，第201頁。

續表

條目性質	關西本	《纂圖互注尚書》(芷蘭齋藏本)	《婺本點校重言重意互注尚書》	《監本纂圖重言重意互注點校尚書》
釋文	○放方往反注同徐云鄭王如字	○放方往反注同徐云鄭王如字	放方往反注同	放方往反注同徐云鄭王如字

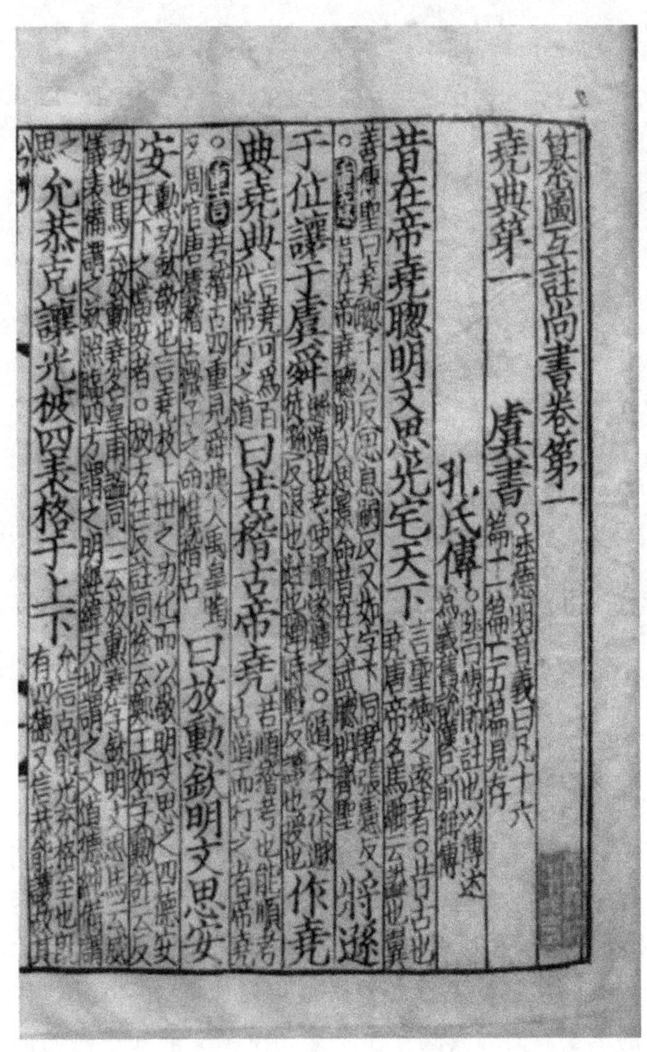

圖六　宋刻本《纂圖互注尚書》卷一第一葉(芷蘭齋藏本)

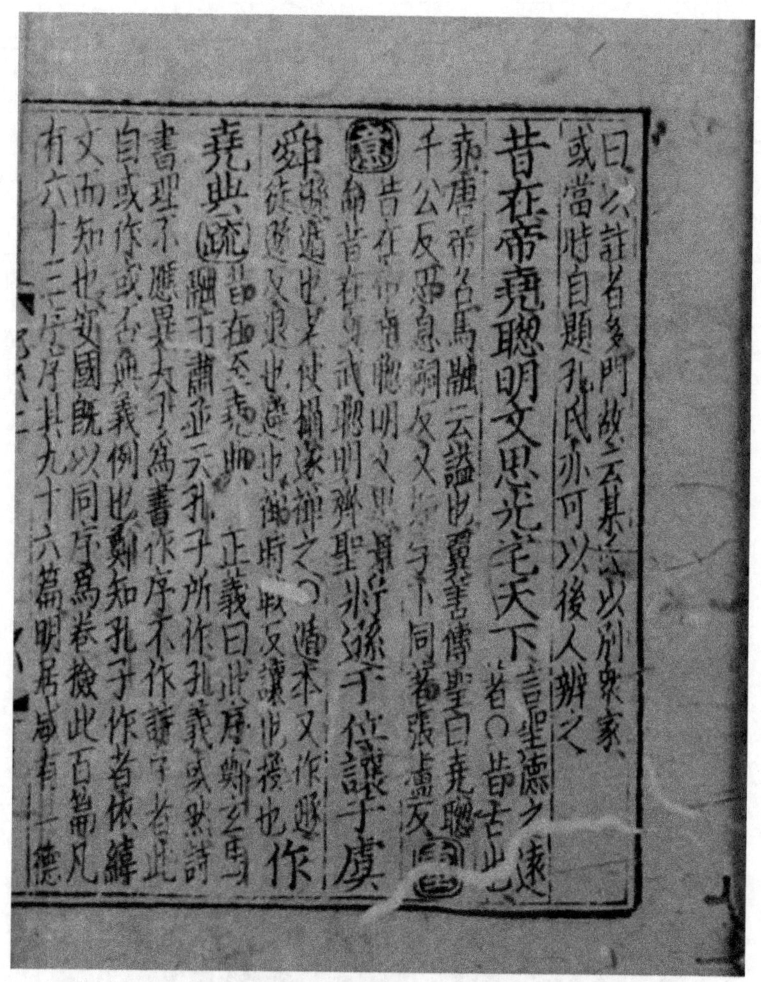

曰公註若多門故云某云以別衆家
或當時自題孔氏亦可以後人辨之
昔在帝堯聰明文思光宅天下言聖德之遠著○昔古也
堯唐帝名馬融云謚也翼善傳聖曰堯聰
千公反思息嗣反又如字下同著張盧反
（重意）昔在帝堯聰明文思景命昔在文武聰明齊聖將遜于位讓于虞
舜遜遁也老使攝遂禪之○遜本又作遯
徒遜反遁也遜[illegible]反讓也授也作
堯典（疏）昔在至堯典○正義曰此序鄭玄馬
融王肅並云孔子所作孔義或然詩
書理不應異夫子爲書作序不作詩序者此
自或作或否無義例也鄭知孔子作者依緯
文而知也安國既以同序爲卷檢此百篇凡
有六十三序序其九十六篇明居咸有一德

圖七　關西本《尚書注疏》卷二第六葉

（日本關西大學中村幸彦文庫藏本）

由上表可知，關西本的重言、重意部分與天禄琳琅舊藏宋刻本《纂圖互注尚書》是非常相像的，甚至連“冏命”誤作“景命”的錯誤，兩者也相同（見圖七）。其他兩種書的重言、重意則都與關西本有些差距。因此，關西本的重言、重意、互注部分，應當來自天禄琳琅舊藏宋刻本《纂圖互注尚書》，或是一個與之相近的本子。而《纂圖互注尚書》在釋文前加小圓圈的方式同魏縣尉宅本、關西本、元十行本相似，“凡十六篇十一篇亡五篇見存”的釋文在“虞書”下與魏縣尉宅本相同，“著，張慮反”作“著，張盧反”的錯誤和關西本、元十行本一致，這也提示了我們該版本可能與魏縣尉宅本、宋十行本有着很直接的關係，值得我們進一步研究。

由上可知，關西本經、注、疏、釋文部分與宋刻十行本《附釋音尚書注疏》關係緊密，重言、重意、互注部分則與天禄琳琅舊藏宋刻本《纂圖互注尚書》相近。它當是在宋十行本的基礎上，加入《纂圖互注尚書》的重言、重意、互注而成。天禄琳琅舊藏宋刻本《纂圖互注尚書》“乃光宗時刊”①，現存的宋刻十行本經書也大多避諱至“敦”字②，關西本只能産生在與它們同時或稍後的時代。

四、關西本的文獻價值

綜上，關西本的文獻價值主要體現在以下三個方面：

一是理清了魏縣尉宅本、宋十行本、元十行本之間的關係。自從魏縣尉宅本在故宫舊藏中被發現以來，由於它和元刻十行本頗爲相似，很多學者都懷疑魏縣尉宅本爲元十行本所從出。但關西本的出現向我們證明，元十行本和魏縣尉宅本間並不存在直接的繼承關係，元十行本和關西本應該擁有一個非常相近的底本，這個底本與魏縣尉宅本關係密切，但又有自己的增補、改動，而它很有可能就是已經失傳的宋刻十行本《附釋音尚書注疏》。

二是保留了宋十行本《附釋音尚書注疏》的面貌。儘管關西本的本質是將兩種書拼湊而成的科舉讀物，商業目的很純粹，但由於它的底本與宋十行本十分相近，客觀來講，它是現存的和宋十行本《尚書注疏》最接近的版本，可以幫助我們瞭解宋十行本的情況，擁有重要的校勘價值。由於它坊刻本的屬性，其俗字使用也很顯著，如稱作称，與作與，無作无，亂作乱，屬作属，處作処，禮作礼，數作数，舉作夆，覺作竟，晝作昼，體作体，等等，且正俗字交替使用。而且，關西本在翻刻的過程中，增加了很多新的脱誤。以卷一《尚書序》爲例，關西本第八頁十四行疏文：“則蒼頭在獲麟前二十七萬六千餘年。”“頭”當作“頡”，其餘各本皆不誤。又如關西本第十頁三行釋文：“昊，金天氏，名摯，字青陽。”“昊”下當有“胡老反，少昊”五字，其餘各本皆不脱。

① 葉德輝《書林清話》卷六，第148頁。

② 國圖藏宋刻本《監本附音春秋穀梁注疏》二十卷，亦屬宋十行本，“慎”字缺筆避諱，“敦”字僅見卷九僖三十二年注“敦其交好”，未避諱。參見張麗娟《宋代經書注疏刊刻研究》第359頁。

再如關西本第十三頁十五行疏："孔意以墳典是尚書外物。""外物"上其餘各本皆有"丘索是尚書"五字。這些問題都是使用關西本時所需要注意的。

三是與其他版本共同揭示了南宋時期經書刊刻與圖書市場的豐富性。宋刻《尚書》的版本，我們一直認爲只有白文本、單經注本、經注附釋文本、纂圖互注本、單疏本、經注疏合刻本、經注疏附釋文本等七類，關西本的出現則向我們證明了經、注、疏、釋文、重言、重意、互注合刻本的存在，這是此前的目録都没有登載過的。它提示我們，南宋時期經書版本的情況可能比我們想象的更加複雜，也許還有别的組合形式消失在了歷史長河中。

五、餘論

作爲一個新發現的版本，關西本的相關研究很少，它的身上還存在着很多問題。譬如，身爲一個商業目的很明確的讀本，關西本爲什麽不在卷首尾的題名上添加些"監本""互注""附音"之類的廣告語來吸引讀者，而僅是"尚書注疏"？既然關西本添加了"重言""重意""互注"部分，那它有没有添加"纂圖"，如果有，它的"纂圖"部分又去了哪裏？相較於其他版本，關西本的内容最全面，商業優勢也最明顯，爲什麽它反而銷聲匿跡，歷代各家都没有提到過它？我們猜想，很有可能關西本的廣告語、牌記、序跋與"纂圖"部分都放在了卷一前的第一册，而第一册早已亡佚；至於它爲什麽在中國銷聲匿跡，則是由於它問世的時間實在太晚，産生後没過多久南宋便滅亡、科舉廢止，它自然也没能流傳開來。當然，這些問題目前只能停留於猜想，還有待進一步的探討。而它是不是真的出自宋十行本，它與《纂圖互注尚書》的關係究竟如何，這都是研究關西本時所繞不開的。相信未來學者們研究、利用關西本時，一定能對這些問題擁有更加深入、全面的認識。

（作者單位：山東大學儒學高等研究院）

儒家典籍與思想研究（第十四輯）
北京大學出版社，2022 年 8 月

《周禮義》的早期文本輯佚及相關問題

楊韶蓉

【内容提要】 本文重點梳理了《周禮義》早期文本輯佚的歷史，並對王安石是否解《考工記》以及《永樂大典》本《周禮義》有無《考工記》、《周禮義》的《永樂大典》輯本是否闕《地》《夏》二《官》等有關《周禮義》文本及輯本方面涉及的老問題進行了更爲細緻深入的考論探究，同時提出並討論了王安石不解《考工記》與其“闕疑”思想的關係、王安石不解《考工記》與宋人“《冬官》不亡説”的關係以及全祖望《周禮義》《永樂大典》輯本的示範意義等重要問題，希望藉此基本理清《周禮義》文本及輯佚的相關問題，進而爲準確認識《三經義》、推動相關研究走向深入提供必要的依據。

【關鍵詞】 《周禮義》 《永樂大典》 《考工記》 王安石 全祖望 輯佚

《三經義》這部曾經取代《五經正義》《七經義疏》，在北宋中後期衡文取士達六十年之久的國家教科書，曾被王應麟視爲北宋經學風向標的代表，被元祐時人視爲“沉酣《六經》，貫通理致，學者歸嚮”“有天下公論所在”的新經學著作，在北宋經學史與宋學研究不斷走向深入的今天，無疑具有重要的研究價值。與此同時，作爲一部佚籍，由於其亡佚較早，學者僅得見殘篇斷簡、零辭賸義，既難窺其全貌，更難究其義例思想，加之受歷史上對王安石學術評價聚訟紛擾現象的影響，長期以來造成了一種事實上對《三經義》文本本身缺乏審慎客觀的認識與評價的局面，嚴重制約着相關方面的研究。因此，對《三經義》文本進行更爲深入細致的研究對打破這一局面、推動相關研究走向深入至爲重要，而對《三經義》中鈔出輯本最早、同時也是王安石經學主要代表的《周禮義》的輯佚歷史、輯佚文本以及涉及的相關學術論題進行細緻的梳理與研究就顯得尤爲迫切和必要。鑒於此，本文在充分吸收前人研究成果的基礎上，不僅重點梳理了《周禮義》的早期輯佚史，進一步討論了王安石是否解《考工記》以及《永樂大典》本《周禮義》有無《考工記》、《周禮義》的《永樂大典》輯本是否闕《地》《夏》二《官》等《周禮義》文本、輯佚涉及的老問題，而且進一步提出並探討了王安石不解《考工記》與其“闕疑”思想的關係、王安石不解《考工記》與宋人“《冬官》不亡説”的關係以及全祖望《周禮義》《永樂大典》輯本的示範意義等重要問題，希望藉此基本理清《周禮義》文本及輯佚的相關問題，進而爲準確認識《三經義》的文本形態、文本源流、學術特質、思想内涵等提供必要的依據，爲推動北宋經學史與宋學研究走向深入盡一點綿薄之力。

一、《周禮義》的早期文本輯佚

宋神宗熙寧八年（1075）六月十九日，王安石提舉的國子監經義局經過兩年多時間的修撰，完成了《詩義》《書義》和《周禮義》三經的訓釋，由中書送國子監鏤板刊行，廣泛頒賜“宗室、太學及諸州府學”①，以作爲配合熙寧四年二月以來所頒“貢舉新制”的官方教科書。後雖經元祐議更貢舉之變，受到一定的輿論衝擊，但自紹聖至靖康前的三十年間（1094—1126），伴隨着“三舍法”的推行，《三經義》專行於場屋、校學，影響遍及天下。靖康禍起，先有楊時等倡王安石“學術之謬”，指其著爲“邪説”②，後有高宗君臣“天下之禍兆於安石”之論③，再有淳祐罷王安石從祀孔廟，定王安石爲“萬世罪人”④，終南宋之世，雖國無明詔禁黜《三經義》，但其影響已漸趨衰亡，其文本遂於元、明之際相繼散佚。

《三經義》的文本輯佚始於清代前期學者從《永樂大典》中廣蒐佚籍的學術實踐，其中《周禮義》《永樂大典》輯本的鈔出，爲學者得見這部曾作爲國家科舉教科書達六十年之久、在北宋發生過重要影響的經學著作提供了可能。

---

① （宋）李燾《續資治通鑑長編》（後簡稱《長編》）卷二六六“熙寧八年七月癸酉”條，北京：中華書局 2004 年版，第 6525 頁。

② （宋）汪藻《靖康要録》卷六“靖康元年五月三日”條，王智勇箋注，成都：四川大學出版社 2008 年版。

③ （南宋）李心傳《建炎以來繫年要録》卷二四，北京：中華書局 1988 年版，第 494 頁。

④ 《宋史》卷四二《理宗本紀二》，北京：中華書局標點本 2004 年版，第 822 頁。

1.《周禮義》的兩部《永樂大典》輯本

《永樂大典》成書於明成祖永樂六年（1408），全書計 22937 卷（含目録 60 卷）①，11095 册②，因主要據明初文淵閣所藏宋、元兩朝内府舊藏編成，其中保存下來的故籍十分豐富。雍正一朝，設館修書文事日盛，《永樂大典》副本由皇史宬移儲翰林院敬一亭，學者因有較爲便利的機會接觸這部前朝鉅帙，也就有機會發現其中保存下來的佚籍，並由此掀起了從《永樂大典》中輯録佚籍的學術熱潮，其中《周禮義》就是較早從《永樂大典》中輯出的佚籍。

（1）全祖望初輯本

清前期，經顧炎武、黄宗羲等一代學者對學術史和“八股”流弊的全面反思，尚古求實的學風漸起，學者已普遍不滿足於明代以來爲科舉之用所類編的“剿襲鈔撮，……於經義毫無發明”的各類《大全》，渴望看到“能自出己見，發揮經義”的宋元舊籍，正所謂“薄今愛古，棄虚崇實”者③，這從較早關注《永樂大典》、乾隆元年（1736）出任《三禮館》副總裁的李紱在“《三禮》館”開館之初寫給同任副總裁的方苞的信中可以清楚地看出：

> 經學廢壞，實由有明以來取士之法不依朱子《貢舉私議》，而每經束以一家之言，士子苟且記誦，旬月之間即可決科，雖聰穎者亦皆無所用心。《禮記》則《喪禮》盡遭删削，即記誦亦不能及半，《周禮》《儀禮》則束高閣而不觀矣。一二好事者剿襲鈔撮，號爲注經，實則敷衍一家之言，爲科舉講章之用而已，於經義毫無發明，則一毫無可采者也。自元以前窮經之學甚盛，士人每爲一書，多能自出己見，發揮經義，雖未必皆是，要必各有可采。蓋聖人之書冒天下之道，一家之説必不能窮，仁者見之謂之仁，智者見之謂之智，智仁合而後聖可幾，亦必衆説合而後經可解也。④

在這封信中，李紱不僅立場鮮明地批判了明以來取士之法所造成的“經學廢壞”的局面，而且對元以前自出己意發揮經義的“窮經之學”表達了强烈的尊崇贊美之情。

---

① （清）永瑢等《四庫全書總目・子部・類書類存目一・永樂大典》，北京：中華書局影印本 1981 年版，第 1165 頁。

② 張忱石《永樂大典史話》，北京：中華書局 1986 年版，第 4 頁。

③ （清）皮錫瑞著，周予同注釋《經學歷史・經學復盛時代》，北京：中華書局 1963 年版，第 299 頁。

④ （清）李紱《穆堂類稿・初稿》卷四三《荅方閣學問三禮書目》，清道光十一年奉國堂刻本。

當時學者纂輯唐、宋、元諸朝經解的舉動亦蔚然成風，在蒐集舊籍的過程中，學者們開始更爲自覺地注意到《永樂大典》的輯佚價值。

現可考見清初最早動議從《永樂大典》中刊録佚籍的學者是康熙一朝曾任内閣學士、《明史》總裁、《大清一統志》副總裁的徐乾學（1631—1694），在其《憺園文集》中，有《補刻編珠序》一文，其中就談道：

> 詹事江村高公偕余奉命校勘閣中書籍。……閣中（按此處指明初南京文淵閣）書籍，虞山錢氏以爲數代之遺編在是，而明末多燬於兵火。以余所見，萬曆時張萱《内閣書目》存者十不得一二，猶往往有宋雕舊本，并皇史宬所藏《永樂大典》，鼎革時亦有佚失，往者嘗語詹事，值皇上重道右文，千古罕遘，當請命儒臣，重加討論，以其秘本刊録頒布，用表揚前哲之遺墜於萬一。①

徐乾學對《永樂大典》保存下來的文淵閣舊藏故籍的輯佚價值十分清楚，因此才有“當請命儒臣，重加討論，以其秘本刊録頒布”的建議，但惜其有識而終未能付之行動，故在其纂輯《通志堂經解》時，爲尋王安石《周禮義》，不知《永樂大典》中其書“尚存十之二三”的情況，竟“懸千金購之而不可得”②。

雍正朝，設館修書文事更盛，因彈劾田文鏡獲罪免職、戴罪留京的前工部右侍郎李紱奉敕預修《八旗通志》《畿輔通志》等書，有機會經常接觸已移儲翰林院敬一亭的《永樂大典》，因此前已有徐乾學等人輯佚之議，故主動翻閲，查找佚籍，不僅認識到“荆公《周禮義》……現在尚存十之二三者，惟《永樂大典》一書”，而且還作出了“今世所逸之書咸在”的學術判斷③，這對其後興起的從《永樂大典》中輯録佚籍的學術熱潮具有深遠的啓發意義。

雍正十一年至乾隆元年（1733—1736），全祖望寄寓李府，李紱因每日借《永樂大典》數册回府，交予全祖望鈔輯，全祖望因此得見《周禮義》，此即其自謂“於《永樂大典》中得之，亟喜而鈔焉”之始④。乾隆元年（1736），全祖望中三甲三十六名進士，旋任翰林院庶吉士，遂有機會得以從《永樂大典》中完成《周禮義》及他書的鈔輯。據其弟子董秉純《全謝山年譜》所述，全祖望

① （清）徐乾學《憺園文集》卷一九，清康熙間刻冠山堂印本。

② （清）李紱《穆堂類稿·初稿》卷四三《荅方閣學問三禮書目》。

③ 同上。

④ （清）全祖望著，朱鑄禹彙校集注《全祖望集彙校集注·鮚埼亭集外編》卷二三《荆公周禮新義題詞》，上海：上海古籍出版社 2000 年版，第 1176 頁。

於乾隆元年已鈔成的佚書共十種（高氏《春秋義宗》，荆公《周禮新義》，曹放齋《詩説》，劉公是《文鈔》，唐説齋《文鈔》，史真隱《尚書》《周禮》《論語解》，《二袁先生文鈔》，《永樂寧波府志》）①，其中第二種就是《周禮義》。

但全祖望從《永樂大典》中輯鈔出的這部《周禮義》卻未曾刊佈，其書稿流落不知所歸。在《陳用之論語解序》中，謝山曾談到他意將王安石《周禮義》、王昭禹《周禮解》、鄭宗顔《考工記注》、陸佃《爾雅新義》和陳用之《論語解》等幾部重要的王學著作“合梓之，以見熙、豐之學之概”②，但不知何故，此願竟未見其成。謝山門人蔣學鏞在《鮚埼亭集外編·荆公周禮新義題詞》後有一段小注，云：

> 是書先生殁後歸於予，而盧月船（按指謝山門人盧鎬）復借去其半。月船未及鈔而逝世，其子祕不肯還。讀此序，爲之悵然。③

從中略可了解，謝山生前，《周禮義》雖已鈔成，但未曾刊刻傳佈，其逝後，門人亦未有一人保其全帙，這部最早的《周禮義》輯本就這樣湮没不傳了。

(2)《四庫全書》本

乾隆三十七年（1772）正月，乾隆頒詔求書，至年底，安徽學政朱筠始上奏響應，陳開館校書之策，主張從《永樂大典》中校輯“古書之全而世不恒覯者”④。乾隆從其請，於次年春二月降旨，派軍機大臣爲總裁官，於翰林等官内選定員數專司查校，詳細檢閲《永樂大典》中“未經採録而實在流傳已少、尚可裒綴成編者”⑤，拉開了編纂《四庫全書》的歷史序幕。不久，《四庫全書》館正式成立，由六皇子永瑢領銜，紀昀、陸錫熊任總纂官，劉統勛、于敏中等16人任總裁官，陸續委派的分纂官、校勘官達三百餘人。總纂、總裁可薦舉當世知名的學者充任纂修官，當時被薦徵者有周永年、戴震、邵晉涵、余集、楊昌霖5人，時號“五徵君”，“一時學者稱榮遇”⑥。

---

① （清）全祖望著，朱鑄禹彙校集注《全祖望集彙校集注·鮚埼亭集内編·卷首》，第15頁。

② （清）全祖望著，朱鑄禹彙校集注《全祖望集彙校集注·鮚埼亭集外編》卷二三《陳用之論語解序》，第1182頁。

③ （清）全祖望著，朱鑄禹彙校集注《全祖望集彙校集注·鮚埼亭集外編》卷二三《荆公周禮新義題詞》，第1176頁。

④ （清）朱筠《笥河文集》卷一《謹陳管見開館校書褶子》，清嘉慶二十年椒華吟舫刻本。

⑤ （清）永瑢等《四庫全書總目·卷首·乾隆三十八年二月初六日聖諭》，第1頁。

⑥ （清）章學誠《章氏遺書》文集三《周書昌别傳》，1922年嘉業堂刊本。

《四庫全書》的纂修，是從《永樂大典》的輯佚開始的。當時的輯佚工作主要有三方面：首先也是最主要的，就是從《大典》中蒐輯佚書；其次，則是據《大典》補葺書有殘闕者；最後則是據《大典》讎正書有訛脱者。民國間，郭伯恭依《四庫全書總目》所載製成《四庫全書依據書本一覽表》，據其統計，從《永樂大典》輯出、由《四庫全書總目》著録的佚書計 389 種，列入“存目”的計 127 種，總計 516 種。①

根據今人的研究，《永樂大典》的輯佚是由分校官、提調官、協刊官等合作完成的，當時參與《永樂大典》輯佚的有 49 人，其中 30 人爲校勘《永樂大典》纂修兼分校官，其他人分别爲協刊總目官、武英殿提調官等。② 在這 30 人中，周永年用功最勤。

周永年（1730—1791），字書昌，山東歷城（今山東濟南市）人，乾隆三十六年（1771）進士。因同鄉劉統勛之薦，乾隆三十八年充任“校勘永樂大典纂修兼分校官”，於《四庫》開館之初即參與到《永樂大典》的輯佚、葺補和讎正工作中。因此項工作大多煩而無功，當時參與者“認真者極少”③，只有周永年以“盡表遺籍”之志，竭所知能，獨任艱巨，這一點書昌摯友章學誠在其逝後爲其寫的《别傳》中記述甚詳，其云：

> 宋元遺書，歲久湮没，畸篇剩簡，多見采於明成祖時所輯《永樂大典》。時議轉從《大典》采綴，以還舊觀，而館臣多次擇其易爲功者，遂謂搜取無遺逸矣。書昌固執以争，謂其中多可録，同列無如之何，則盡舉而委之書昌。書昌無間風雨寒暑，目盡九千巨册，計卷一萬八千有餘，丹鉛標識，摘抉編摩，於是永新劉氏兄弟《公是》《公非》諸集以下，又得十有餘家，皆前人所未見者，咸著於録。好古之士，以爲書昌有功斯文，而書昌自是不復載筆矣。④

《四庫全書》收録的《周官新義》六篇十八卷，主要由周永年輯録完成。周永年於《周禮》有深湛的研究，章學誠在《别傳》中也指出了這一點，云“書昌於學，其大者溯源《官》《禮》（《儀禮》）”。《四庫》著録《大典》輯佚稿

① 郭伯恭《四庫全書纂修考·附録二》，上海書店 1992 年據國立北平研究院史學研究會 1937 年版影印，第 261 頁。

② 司馬朝軍《〈四庫全書總目〉編纂考》第一章《分纂官與〈四庫全書總目〉》，武漢：武漢大學出版社 2005 年版，第 34 頁。

③ （清）于敏中《于文襄手札》，國立北平圖書館影印本，1943 年。

④ （清）章學誠《章氏遺書》文集三《周書昌别傳》。

中，可判斷由周永年所輯的《周官》經解，除《周官新義》外，還有《周官總義》(宋易祓)、《周官集傳》(元毛應龍) 等。

《周官新義》雖然主要爲周永年所輯，但從第一歷史檔案館所編《纂修四庫全書檔案》中的史料來看，其亦是經由衆手協作完成的。如乾隆四十七年(1782) 二月“四庫全書館進呈《永樂大典》内指出錯誤並總裁等記過次數清單”中就有“《周官新義》卷三内‘眚’誤‘上生下月’。總閱李綬抽閱一分，記過一次；三分同，分校莊承籛記過六次”的記録[①]，從這條記録可以看出，《周官新義》不僅經李綬總閱，莊承籛也任分校官，並非周永年一人獨任校、閱。

《四庫全書》本《周官新義》一經鈔出，就成爲後世最主要通行本，雖非完帙，學者始可窺見王安石經學之大概。

據同爲《四庫》纂修官的程晉芳 (1718—1784)《周官新義跋》一文的記述，當時從《永樂大典》輯出“行於世”的《周官新義》有數本：

> 《周官》舊二十二卷，此吾友周書滄 (昌字之誤，按指周永年) 從《永樂大典》録出者，得十六卷，而《地官》《夏官》闕焉，末附《考工記》二卷。……余與書滄 (昌)、孔葒谷 (按指孔繼涵) 各鈔一本，嗣是永清令周筤谷 (按指周震榮) 屬鈔一本，而陳上舍竹厂 (按此人不可考) 又鈔焉。行於世者有四本 (按據其述當爲五本)，亦難得之數也。[②]

由程氏所述可以判斷，他本人與周永年、孔繼涵均曾據以周永年爲主的纂修官從《永樂大典》輯録出的《周官新義》鈔録過副本。如上所述，《四庫》館有嚴格的校、閱機制，三人所鈔爲校閱前還是校閱後的書稿，已不得而知，而周震榮、陳竹厂二人所鈔，從程文判斷，當是又據他們的鈔本轉鈔的。現存世者僅孔繼涵鈔本，藏臺灣圖書館 (原臺灣“中央”圖書館)。

2. 錢儀吉的《周禮義》補輯本

錢儀吉 (1783—1850)，字衎石[③]，浙江嘉興人。嘉慶十三年 (1808) 進士，曾累官至工科給事中，道光十年 (1830)，因公罷歸，遂絶意仕進，先後

① 中國第一歷史檔案館編《纂修四庫全書檔案》下册第八五二條，上海：上海古籍出版社 1997 年版，第 1511—1512 頁。

② (清) 程晉芳《勉行堂文集》卷五，清嘉慶二十五年冀蘭泰吴鳴捷刻本。

③ 此從《清史稿》卷四八六《文苑三・錢儀吉本傳》，北京：中華書局 2003 年版，第 13416 頁。按一般著録錢儀吉號“衎石”，據《清史稿・文苑三》，其從弟泰吉字“警石”，則儀吉字“衎石”當可信。

講學於廣東學海堂和河南大梁書院。著有《經典證文》《説文雅厭》《碑傳集》《三國晉南北朝會要》《補晉書兵志》等著作。文集《衎石齋記事稾》行世，《清史稿》有傳。

錢儀吉於道光二十五年（1845）開始纂輯經學叢書《經苑》①，因其時他在大梁書院講學，故又名《大梁書院經解》。《經苑》刻成於道光三十年，共彙輯收録唐、宋、元、明經解25種，其中的王安石《周官新義》，是他在《文瀾閣四庫全書》本的基礎上補輯的，對此，其《周官新義識後》所述甚詳：

> 往儀徵相國（阮元）撫浙時許諸生就杭州文瀾閣寫書，余録得經説十數種，此其一也，是爲《永樂大典》本，因參考諸家傳義有引王氏説而此本不及者，知胡廣等所見不獨《地官》《夏官》之有闕文也，爰爲補録，凡得百三十餘條，悉注於下，稍爲增多矣。《字説》久佚不傳，獨見於此注中，其於六書之義違戾已甚，輒依許氏書正之，庶幾學者不爲所誤爾。②

從中可以看出，《周官新義》是他早年從杭州《文瀾閣四庫全書》中鈔録出來的。

阮元任浙江巡撫是在嘉慶三年至十年（1798—1805）間，其時錢儀吉尚未赴京應舉，因其認爲《四庫》本所據《永樂大典》有闕漏，所以在近三十年的宦遊生涯中，始終堅持徵引宋元諸家傳義補輯，先後輯得一百三十多條，直到他開始刊刻《經苑》時，補輯工作還没有完成，他又將其交給他的兒子繼續完成，在《題大兒手校周官新義》一文中，他述及此事云：

> 予栞宋元諸儒經解始於乙巳七月，時大兒寶惠實佐予此本，予校補未竣，付兒終卷。③

錢儀吉對《四庫》本的補輯工作，主要是將他輯得的一百三十多條佚文嵌入《四庫》本中，並對其中屬於王安石析文所解之字又據許慎《説文解字》予以“正之”，以“注”的形式填注在佚文之中，這就是他説的“《字説》久佚不傳，獨見於此注中，其於六書之義違戾已甚，輒依許氏書正之”。這一做法不僅改變了自《大典》輯出的《周官新義》的本來面貌，而且據《説文》改王

① （清）錢儀吉《衎石齋記事稾·續稾》卷七《題大兒手校周官新義》云：“予栞宋元諸儒經解始於乙巳（1845，道光二十五年）七月。”，清光緒錢彝甫印本。後所引錢集皆據此本，不再注。

② （清）錢儀吉《衎石齋記事稾·續稾》卷六。

③ （清）錢儀吉《衎石齋記事稾·續稾》卷七。

書，也有違輯佚古書的一般原則，歷來頗受批評。

嘉慶間，張海鵬輯刻《墨海金壺》叢書時，又將錢儀吉所輯補的《周官新義》收録其中。

二、關於《周禮義》文本與輯本的幾個相關問題

1. 王安石究竟有無解《考工記》及《永樂大典》本《周禮義》有無《考工記》

熙寧八年（1075）撰成的《周禮義》無《冬官考工記》，即王安石未解《考工記》這一重要的學術信息，見録於南宋初年兩位最重要的目録學家晁公武和陳振孫的目録著作中。晁公武的《郡齋讀書志》和陳振孫的《直齋書録解題》是宋代著録《三經義》最早的兩部目録書。《郡齋讀書志》卷二《禮類·新經周禮義》下解題云：

> 右皇朝王安石介甫撰。熙寧中，設經義局，介甫自爲《周官義》十餘萬言，不解《考工記》。①

《直齋書録解題》卷二《禮類·周禮新義》解題中亦云：

> 其解止於《秋官》，不及《考工記》。②

晁《志》成書時，《三經義》俱存，且晁氏著録各書，多爲其經眼實藏，其所述書名卷數、篇目編次等亦多可信據，向爲世所重。陳《志》雖晚晁《志》三十多年，然其世《三經義》亦存。二《志》皆明言《周禮義》“不解《考工記》”，當信實可據。

《周禮》闕《冬官司空》補《考工記》一事，《隋書·經籍志》述之甚詳，云：

> 漢時有李氏得《周官》。《周官》蓋周公所制官政治法，上於河間獻王，獨闕《冬官》一篇。獻王購以千金不得，遂取《考工記》以補其處，合成六篇奏之。③

---

① （宋）晁公武撰，孫猛校證《郡齋讀書志》，上海：上海古籍出版社 2011 年版，第 81 頁。

② （宋）陳振孫撰，徐小蠻、顧美華點校《直齋書録解題》，上海：上海古籍出版社 1987 年版，第 45 頁。

③ 《隋書》卷三二《經籍志一》，北京：中華書局標點本 2002 年版，第 925—926 頁。按此説《釋文序録》亦載。

鄭玄、賈公彦均持此説。康成云：

> 此篇司空之《官》也，《司空篇》亡，漢興，購求千金不得，此前世識其事者，記録以備大數耳。①

賈公彦亦云：

> 《冬官》一篇其亡已久，有人尊集舊典，録此三十工以爲《考工記》，雖不知其人，又不知作在何日，要知在於秦前，是以得遭秦滅焚典籍，《韋氏》《裘氏》等闕也。②

事實上，在《周禮義序》中，王安石曾較爲集中地表達了他對於《周官》一經的態度與立場，他説：

> 其人足以任官，其官足以行法，莫盛乎成周之時；其法可施於後世，其文有見於載籍，莫具乎《周官》之書。……自周之衰，以至於今，歷歲千數百矣。太平之遺跡，掃蕩幾盡，學者所見，無復全經。於是時也，乃欲訓而發之，臣誠不自揆，然知其難也。③

可以看出，王安石所謂"學者所見，無復全經"，當是指李氏初獻時即闕《冬官》一事，也就是説，在王安石看來，"周公所制官政治法"當僅有《天》《地》《春》《夏》《秋》五《官》，《考工記》乃後人所補，他不解《考工記》，也就不難理解了。安石門人陳祥道、鄭宗顔均單解《考工記》，或即是爲補荆公未解之闕。

程元敏先生對"王安石不解《考工記》"的説法持懷疑態度，在《三經新義板本與流傳》一文中，程元敏先生指出：

> 晁、陳倡言安石解不及《冬官考工記》，殊可疑。……《考工記》雖非《周禮·冬官》之舊，然自漢河間獻王取以補綴《五官》之後，歷時千年，後人多視之爲《周禮》之一部分，鄭注、賈疏皆不加排斥，矧安石方尊顯《周官》，資以推行新法，理應義解全書以頒天下，如《詩》《書》二《義》之例。若但遺《考工》不解，貽人口實，中人所不爲，而謂安石爲

① （清）阮元校《十三經注疏·周禮注疏》卷三九《冬官考工記》陸德明引鄭玄語，中華書局影印本1982年版，第905頁。

② 同上書，第905頁。

③ 王水照主編《王安石全集·臨川先生文集》卷八四《周禮義序》，上海：復旦大學出版社2017年版，第1478頁。

之乎？[①]

程元敏先生質疑晁、陳之説的最主要依據，是他從《周禮訂義》《周禮詳解》等書中輯得了所謂《考工記》“安石新義佚文”20條[②]。但據筆者核考，這20條佚文或存在誤判誤輯的問題，似不可全引以爲據。

程元敏先生所輯20條佚文，見於南宋學者王與之《周禮訂義》者19條。王與之字次點，號東巖，生卒年無考，《周禮訂義》具體成書時間亦不見載，全書八十卷，前有真德秀《序》，作於理宗紹定五年（1232），後有趙汝騰《後序》，作於理宗嘉熙元年（1237）。理宗淳祐二年（1242），朝廷訪求書籍，時任温州知州的趙汝騰遂奏進此書。據趙《序》所稱，王與之在真德秀歿後曾“删繁取要，由博得約”，也就是説，《周禮訂義》當初成於紹定五年之前，改定於嘉熙元年之前。《周禮訂義》是一部搜採衆説的集義之作，館臣曾將其與李鼎祚《周易集解》、房審權《周易義海》作比。全書共計八十卷，共採舊説“凡五十一家”，其中“唐以前僅杜子春、鄭興、鄭衆、鄭玄、崔靈恩、賈公彦六家，其餘四十五家則皆宋人”[③]。據《周禮訂義序目・編類姓氏世次》，四十五家宋人中，王安石《周禮新義》及安石弟子王昭禹《周禮詳解》、陳祥道《考工解》皆採入。據王與之所訂條例，王安石《周禮新義》在《訂義》引述中作“王氏”，王昭禹《周禮詳解》在引述中作“王昭禹”，陳祥道《考工解》在引述中作“陳用之”[④]。《冬官考工記》在《訂義》中共佔十一卷（卷七〇至八〇），據筆者統計，在這十一卷的内容中，“王昭禹曰”凡134見，“陳用之曰”凡98見，均屬引述居多者，而“王氏曰”僅10見，屬引述最少者。

“王氏曰”在其他五《官》中均爲引述大宗，爲什麼在《考工記》中引述如此寡少呢？經筆者進一步比勘，發現程元敏先生所輯《訂義・考工記》中標曰“王氏曰”的内容，亦多見《訂義》其他五《官》所引，非專出《考工記》，如程元敏先生所輯得的第三條佚文（編號七二〇）“五兵之用……則乘車之人佩之”，見《訂義》卷七〇，雖引爲“王氏曰”，但與之幾同的内容，亦出現在

---

① 程元敏《三經新義輯考彙評（下）・三經新義板本與流傳》，上海：華東師範大學出版社2011年版，第791頁。後所引《三經新義輯考彙評》皆據此本，不再注。

② 程元敏《三經新義輯考彙評（下）・周禮・冬官考工記》（“安石新義佚文”七一八—七三八）。

③ （清）永瑢等《四庫全書總目・周禮訂義提要》，第152頁。

④ （南宋）王與之《周禮訂義・序目・編類姓氏世次》“國朝四十五家”中録列“天臺陳氏”，注云：“（字）用之，有《考工解》，今作陳用之。”《文淵閣四庫全書》本。

卷五三《夏官·司弓矢盾》下，也就是説，此段“王氏曰”或爲王與之引《周禮義·夏官》或其他四《官》中王安石之解義，並非一定出自《周禮義》的《考工記》。而且，程元敏先生所輯得的“安石新義佚文”中亦有“誤輯”的情況，有些並非出自“王氏曰”，如第一條（編號七一八）“民器各有宜焉，不可以不辨”，見《訂義》卷七〇，實屬“王昭禹曰”的内容。

通過以上幾個方面的比勘，基本可以作出判斷，程元敏先生從《周禮訂義》中輯得的所謂《考工記》“安石新義佚文”確實存在誤判誤輯的情況，目前尚難以作爲王安石解《考工記》的依據。

最早從《永樂大典》中輯鈔《周禮義》的全祖望在《荆公周禮新義題詞》中曾講道：

> 荆公之書，五《官》而已，有鄭宗顔者采其説，别注《考工記》二卷。今《新義》已缺其二，而《考工》尚有存者，并附之。①

“荆公之書，五《官》而已”，也就是説全祖望當時查檢到的《永樂大典》中所存《周禮義》僅《天》《地》《春》《夏》《秋》五《官》，確實無《冬官考工記》。

2.《永樂大典》本《周禮義》是否闕《地》《夏》二《官》

全祖望曾兩次談到《永樂大典》本《周禮義》闕《地》《夏》二《官》的問題。在《荆公周禮新義題詞》一文中，全祖望曾講道：

> 惜其（按指《永樂大典》本《周禮義》）《地》《夏》兩官已佚，終不得其足本也。②

後來在爲王昭禹《周禮詳解》作《跋》時又一次談道：

> 荆公《周禮》存於今者，五《官》缺《地》《夏》二種，得光遠之書，足以補之。③

前引程晉芳《周官新義跋》亦云：

> 《周官》舊二十二卷，此吾友周書滄（昌）從《永樂大典》録出者，得十六卷，而《地官》《夏官》闕焉。

① （清）全祖望著，朱鑄禹彙校集注《全祖望集彙校集注·鮚埼亭集外編》卷二三，第1176頁。

② 同上。

③ （清）全祖望著，朱鑄禹彙校集注《全祖望集彙校集注·鮚埼亭集外編》卷二七《王昭禹周禮詳解跋》，第1279頁。

四庫館臣在《周官新義提要》中也談到了這個問題，其文云：

安石神宗時所上《五事劄子》及《神宗日録》載安石所引《周官》，及楊時《龜山集》中所駁"平頒興積"一條，其文皆在《地官》中，今《永樂大典》闕《地官》《夏官》二卷，其説遂不可考。①

可見，《永樂大典》本《周禮義》確實闕《地》《夏》二《官》。

那麽爲什麽《永樂大典》中所遺存的《周禮義》會闕《地》《夏》二《官》呢？如前所述，移儲翰林院的《永樂大典》是藏於皇史宬的副本，徐乾學（1631—1694）在《補刻編珠序》中早已指出過：

皇史宬所藏《永樂大典》，鼎革時亦有佚失。②

全祖望在《鈔永樂大典記》中亦曾述及副本《大典》闕失的情況，其文云：

明成祖敕胡廣、解縉、王洪等纂修《永樂大典》，以姚廣孝監其事，始於元年之秋，成於六年之冬。……嘉靖四十一年，禁中失火，世宗亟命救出，此書幸未被焚，遂詔閣臣徐階，照式樵鈔一部。……崇禎時，劉若愚著《勺中志》，已言是書不知今貯何所。是其書在有明二百餘年以來，賴世廟得如卿雲之一見，而總未嘗入著述家之目。暨我世祖章皇帝萬幾之餘，嘗以是書充覽，乃知其正本尚在乾清宫中，顧莫能得見者。及《聖祖仁皇帝實録》成，詞臣屏當皇史宬書架，則副本在焉，因移貯翰林院，然終無過而問之者。……會逢今上（乾隆）纂修《三禮》，予始語總裁桐城方公鈔其《三禮》之不傳者，惜乎其闕失幾二千册。予嘗欲奏之今上，發宫中正本以補足之，而未遂也。③

從徐乾學"鼎革時亦有佚失"，到謝山惜其闕失"幾二千册"、欲發宫中正本以補而未遂的記述，可以看出，清初據以輯録《周禮義》的《永樂大典》副本，其實是殘缺不全的，李紱在《荅方閣學問三禮書目》中也稱其所見《永樂大典》中的荆公《周禮義》尚存者僅"十之二三"④，也充分證明了這一點。

那麽爲什麽《地》《夏》二《官》會全闕呢？關於這個問題，郭伯恭先生

① （清）永瑢等《四庫全書總目·經部·禮類一·周官新義提要》，第150頁。

② （清）徐乾學《憺園文集》。

③ （清）全祖望著，朱鑄禹彙校集注《全祖望集彙校集注·鮚埼亭集外編》卷一七，第1070—1072頁。

④ （清）李紱《穆堂類稿·初稿》卷四三。

曾於上世紀三十年代根據民國二十年（1931）國立北平圖書館得到的一部《四庫》開館時館臣檢校《永樂大典》的目録底册，製成《四庫修書時大典存缺一覽表》[①]，基本考證清楚了《四庫》開館時《永樂大典》的存缺情況。後來蕭永奎先生又在此基礎上進一步完成《四庫修書時〈大典〉内〈周禮〉注解存缺情況表》[②]，證明在《四庫》開館前，《永樂大典》"地"字韻所在的第14283—14305卷和"夏"字韻所在的第17730—17744卷均已亡佚，且《四庫全書》中收録的《周禮》之部的其他《大典》輯本均闕《地》《夏》二《官》。

《永樂大典》的編排體例，是以《洪武正韻》爲綱，"用韻以統字，用字以繫事"[③]。其所收録的《周禮》諸經解，均是按《天》《地》《春》《夏》《秋》《冬》六《官》，分録於"天""地""春""夏""秋""冬"六字韻之下的，《序文》等則是一概收録於"禮"字韻之下的。既然在《四庫》開館前，"地"字韻所在的第14283—14305卷和"夏"字韻所在的第17730—17744卷均已亡佚，則《周禮義》的《地》《夏》二《官》定佚無疑了。

程元敏先生曾就"《永樂大典》闕《地》《夏》二《官》"的説法提出質疑，認爲"文淵本《地》《夏》二《官》卷，别存安石《新義》佚文九十四條，《四庫全書考證》未言據他書補入，則必係《大典本》之所原有者。……全氏……程氏……紀氏……皆未遑深考，率爾出話言也"[④]。對此，蕭永奎先生已在《清初"大典本"〈周禮新義〉之"地夏二官"存缺考》中予以辨正。

3. 王安石不解《考工記》與其"闕疑"思想的關係

王安石不解《考工記》，當是其"闕疑"思想的一種表現。在王安石的經學思想中，有一點十分值得關注，那就是"不可强通處""當闕之"的"闕疑"思想。

宋末元初人陳櫟（1252—1335）《書集傳纂疏》與董鼎（1255—1325）《書傳輯録纂注》引《書義》内容較多，在《康誥》"惟三月哉生魄，周公初基作新大邑于東國洛，四方民大和會，侯、甸、男、邦、采衛、百工、播民，

① 郭伯恭《永樂大典考》，"國學小叢書"，上海：商務印書館1938年版，第134—146頁。

② 見蕭永奎《清初"大典本"〈周禮新義〉之"地夏二官"存缺考》，《中國哲學史》2015年第1期。

③ 周祖譔主編《明史文苑傳箋證》卷一《趙撝謙傳箋證》引《明太宗實録》，南京：鳳凰出版社2012年版，第283頁。

④ 程元敏《三經新義輯考彙評（下）·考徵·三經新義板本與流傳》，第811頁。

和見士于周。周公咸勤，乃洪大誥治"① 四十八字下，陳著於其"纂疏"中云：

王氏安石於此章無解。②

董著亦於其"纂注"中注：

王氏於此章無解。③

這兩條載記是有關《三經義》解經義例中具有"闕疑"原則的十分重要的訊息。

朱熹嘗云：

荆公不解《洛誥》，但云"其間煞有不可强通處，今姑擇其可曉者釋之"④。

並於其《文集·雜著·尚書·洛誥》題下自注云：

王氏曰：此誥有不可知者，當闕之，而擇其有可知者。⑤

這就是説，在朱子看來，在《書義》的訓釋中，有不可强通處不解、不可知者當闕的義例原則。

林之奇亦對王安石"不旁引曲取"的闕疑精神亦加以贊賞，云：

王氏（王安石）解經，每不合於義理者，不旁引曲取以爲之説，至闕之。此王氏之所長也。⑥

朱熹、林之奇於"王學"多有批判，而對此卻一致加以贊賞，説明在《書義》的訓釋中，確實貫徹了不可强通處不解、不可知者當闕、"不旁引曲取"的闕疑精神，這一點是十分難能可貴的。

王安石不解《考工記》，正是這一"闕疑"思想的體現。如果將這種"闕疑"思想置於宋人"疑經"思潮的大背景下，亦可視爲是一種獨特的"疑經"

---

① 按此四十八字標點據劉起釪《尚書校釋譯論》，北京：中華書局 2005 年版，第 1292 頁。

② （南宋）陳櫟《書集傳纂疏》卷四，《文淵閣四庫全書》本。

③ （南宋）董鼎《書傳輯録纂注》卷四，《文淵閣四庫全書》本。

④ （南宋）黎靖德輯，朱傑人等主編《朱子語類》卷第七八《尚書一·綱領》，《朱子全書》，上海、安徽：上海古籍出版社、安徽教育出版社 2002 年版，第 2636 頁。

⑤ 朱傑人等主編《朱子全書·晦庵先生朱文公文集》卷六五《洛誥》，第 3189 頁。

⑥ （南宋）林之奇《尚書全解》卷二七，《儒藏》（精華編）第 14 册，北京：北京大學出版社 2014 年版，第 436 頁。

立場。

4. 王安石不解《考工記》與宋人"《冬官》不亡説"的關係

朱彝尊曾在《經義考·周禮十·冬官考工記》後按語中詳列宋、元、明三代不以《考工記》附經的學者：

臨川王介甫、新昌黄文叔（度）均置《考工》不解，而俞氏（廷〔庭〕椿）、丘氏（葵）、何氏（異孫）、舒氏（芬）、柯氏（尚遷）、金氏（瑶）衆説紛綸，各以己見移易，蔑有以《考工記》附於經者。①

其中王安石位列此類學者之首，可見王安石在對待《考工記》的立場上，是較早主張不以《考工記》附經的學者。

但王安石不以《考工記》附經，不解《考工記》，與後來宋儒所倡的"《冬官》不亡説"卻是有着本質的差别。

"《冬官》不亡説"是南宋以後《周禮》學的重要觀點，明人王應電嘗云：

自宋以來，乃以《五官》之事聯職于司空者歸之，以爲《冬官》未嘗亡也。②

南渡後，學者多辨《考工》與《五官》之不同，前有俞廷（庭）椿作《周禮復古編》，云：

《司空》之篇實雜出《五官》之屬。③

後有王與之纂輯《周禮訂義》，於《考工記》注之最詳，以爲：

司空之屬錯雜《五官》之中，先儒莫之能辨，遂以《考工記》補之，其實《司空》一《官》未嘗亡也。④

至元人丘葵，在宋儒基礎上更進一步，著《周禮補亡》，新定《六官》之屬，從《五官》之中輯司空之屬五十四職補《冬官》。

對於這一派學者"移掇經文"的做法，後人曾斥其"任意割裂，以相補

① （清）朱彝尊撰，林慶彰等主編《經義考新校》卷一二九，上海：上海古籍出版社 2010 年版，第 2396 頁。

② （明）王應電《周禮翼傳·冬官補義》，《文淵閣四庫全書》本。

③ （南宋）俞廷（庭）椿《周禮復古編·序》，《文淵閣四庫全書》本。

④ （南宋）王與之《周禮訂義》卷七。

塞”，以爲昔者“惟《冬官》之闕，而今則《五官》俱闕也”①。館臣亦責其“淆亂《五官》，臆爲點竄”②。

在上引朱彝尊所列宋、元、明三代不以《考工記》附經的學者中，宋人俞廷椿、元人丘葵都是“《冬官》不亡説”的主要倡導者。而王安石不解《考工記》，卻不是因爲這樣的“未亡”論，而是基於他的“闕疑”精神。在王安石看來，李氏初獻《周官》時即闕《冬官》，“周公所制官政治法”當僅有《天》《地》《春》《夏》《秋》五《官》，《考工記》乃後人所補，他不解《考工記》，與《書義》不解《康誥》《洛誥》同理，乃其“闕疑”思想的一種體現，而非以爲《司空》一《官》錯雜於《五官》。朱彝尊將王安石列於不以《考工記》附經的學者之首，於此義或失於深考。

5.《四庫全書》本《周官新義》以鄭宗顔《考工記注》補《冬官》之闕同全氏例

如前所述，最早從《永樂大典》中輯鈔《周禮義》的全祖望在《荆公周禮新義題詞》中還交待了一個情況，那就是《永樂大典》本《周官新義》無《冬官考工記》，他在輯録時是以鄭宗顔的《考工記注》二卷來補《冬官》之闕的，即所謂“有鄭宗顔者采其説，别注《考工記》二卷。今《新義》已缺其二，而《考工》尚有存者，并附之”③。

鄭宗顔是王安石的學生，其所著《考工記講義》（後或稱《解》《注》），晁、陳二《志》與《宋史藝文志》皆不見著録④。《文淵閣書目》於卷二《地字號第四廚書目·周禮》中著録“《周禮王荆公解義》一部三册”，同時還著録有“《周禮鄭宗顔講義》一部一册”⑤，可見此書亦僅見於《永樂大典》内。

朱彝尊在《經義考·周禮十》中嘗著録“鄭宗顔《考工記注》一卷”，並加按語云：

---

① （清）朱彝尊撰，林慶彰等主編《經義考新校》卷一二三《周禮四·周官復古編》引徐常吉語，第 2288 頁。

② （清）永瑢等《四庫全書總目·周禮訂義提要》，第 152 頁。

③ （清）全祖望著，朱鑄禹彙校集注《全祖望集彙校集注·鮚埼亭集外編》卷二三，第 1176 頁。

④ 《四庫總目·周官新義提要》云：“安石本未解《考工記》，而《永樂大典》乃備載其説，據晁公武《讀書志》，蓋鄭宗顔輯安石《字説》爲之，以補其闕。今亦竝録其解，備一家之書焉。”《提要》所云“據《讀書志》”云云，孫猛在《郡齋讀書志校證》中已辨，云：“館臣所稱《讀書志》云云，不見衢、袁二本，蓋誤記。”，《郡齋讀書志校證》，第 82 頁。

⑤ （明）楊士奇等編《文淵閣書目》卷二，“國學基本叢書”，北京：商務印書館 1937 年版，第 30 頁。

> 萬曆重編《内閣書目》有之，葉氏《箓竹堂》作《周禮講義》，合王荆公《講義》，共一卷。①

葉盛的《箓竹堂書目》約成書於明憲宗成化七年（1471），距《永樂大典》編成不過六十年，其云鄭宗顔《考工記注》“合王荆公《講義》”，或因王安石未解《考工記》，後人以鄭宗顔《考工記注》補闕是一種約定俗成的做法。全祖望是否瞭解如《箓竹堂書目》所録以鄭宗顔《考工記注》補《周禮義》《冬官》之闕的做法已不可知，但謝山逕以鄭宗顔《考工記》二卷“附之”，至少反映了他對這一方案的肯定。

全祖望對《永樂大典》的纂修以及正本、副本的樵鈔移貯等情況極爲瞭解，前引《鈔永樂大典記》述之甚詳。此《記》亦成爲後人研究《永樂大典》的重要資料。據郭伯恭先生研究，《四庫》開館時，翰林院所儲之《永樂大典》“共缺得二千二百七十四卷，共存九千六百七十七本（按《永樂大典》共計一萬一千零九十五册）”②，其數與謝山所言“惜乎其闕失幾二千册”幾相仿，可見全祖望是當時極少數能對《永樂大典》仔細翻檢、“過而問之”的學者，這對於他準確制訂各書的輯録體例、高質量完成輯佚工作極爲重要。

全祖望對王安石門人弟子及其學術著作亦極具研究，在《陳用之論語解序》中，他嘗云：

> 荆公六藝之學，各有傳者，考之諸家著録中，耿南仲、龔原之《易》，陸佃之《尚書》《爾雅》，蔡卞之《詩》，王昭禹、鄭宗顔之《周禮》，馬希孟、方慤、陸佃之《禮記》，許允成之《孟子》，其淵源具在，而陳祥道之《論語》，鮮有知者，但見於昭德晁氏《讀書志》而已。③

所以，在輯録《周禮義》的過程中，見鄭氏之書尚存，便將兩卷《講義》附於《五官》之後，以補《周禮義》無《冬官》之闕。

這一做法亦爲後來《四庫》館臣所遵行。《四庫全書》本《周官新義》十六卷，卷首冠以王安石《周禮義序》，其中《天官》五卷，《地官》二卷，《春官》四卷，《夏官》二卷，《秋官》三卷。《考工記解》二卷是作爲“《周官新義》附卷（上下）”接於《周官新義》十六卷之後，題“《考工記》”，雖署“宋

① （清）朱彝尊撰，林慶彰等主編《經義考新校》卷一二九，第2399頁。

② 郭伯恭《永樂大典考》，第146頁。

③ （清）全祖望著，朱鑄禹彙校集注《全祖望集彙校集注·鮚埼亭集外編》卷二三《陳用之論語解序》，第1182頁。

王安石撰”，實即鄭宗顔所作。其中除《段氏》《韋氏》《裘氏》《筐人》《楖人》《雕人》六《官》本經已亡不解注“闕”，《鮑人》《磬氏》《矢人》三《官》録經文無解，其他二十一《官》皆頂格先録經文，次低一格署解義於後。解義或詳或略，詳者動輒逾百言，略者甚者僅一句數字而已。

6.《四庫全書》本《周官新義》據他書補《地》《夏》二《官》同全氏例

如前所述，《永樂大典》本《周禮義》《地》《夏》二《官》已佚，則《四庫全書》本《周官新義》中的《地》《夏》兩《官》必是館臣據他書輯補而得的。

就《文淵閣四庫全書》本《周官新義》來看，《地官》二卷，除《司禄》本經已亡不解注“闕”者外，其中《大司徒》《小司徒》《鄉師》《鄉大夫》《黨正》《閭胥》《封人》《牧人》《均人》《師氏》《保氏》《司諫》《媒氏》《司市》《質人》《廛人》《司門》《掌節》《遂人》《遂師》《縣正》《旅師》《稍人》《委人》《土均》《稻人》《山虞》《林衡》《川衡》《澤虞》《迹人》《掌炭》《掌蜃》《囿人》《廩人》《倉人》《饎人》等三十七《官》皆頂格先録經文，次低一格署解義佚文於後，各條解義皆不署出處。其餘《州長》《鼓人》《舞師》《牛人》《充人》《載師》《閭師》《縣師》《遺人》《司救》《調人》《胥師》《賈師》《司虣》《司稽》《胥》《肆長》《泉府》《司關》《遂大夫》《鄙師》《酇長》《里宰》《鄰長》《草人》《土訓》《誦訓》《卝人》《角人》《羽人》《掌葛》《掌染草》《掌荼》《場人》《舍人》《司稼》《舂人》《槀人》等三十八《官》雖無解義，皆頂格録有經文。

《夏官》二卷，除《軍司馬》《輿司馬》《行司馬》《掌疆》《司甲》五《官》本經已亡不解注“闕”者外，其餘《大司馬》《司勳》《馬質》《量人》《羊人》《司爟》《掌固》《候人》《環人》《射人》《服不氏》《射鳥氏》《掌畜》《司士》《諸子》《司右》《旅賁氏》《大僕》《祭僕》《御僕》《弁師》《槀人》《戎右》《齊右》《道右》《田僕》《馭夫》《校人》《趣馬》《牧師》《廋人》《圉師》《職方氏》《懷方氏》《形方氏》《川師》《邍師》等三十七《官》皆頂格先録經文，次低一格署解義佚文於後，各條解義皆不署出處。其餘《小司馬》《小子》《司險》《挈壺氏》《羅氏》《虎賁氏》《節服氏》《方相氏》《小臣》《隸僕》《司兵》《司戈盾》《司弓矢》《繕人》《大馭》《戎僕》《齊僕》《道僕》《巫馬》《圉人》《土方氏》《合方氏》《訓方氏》《山師》《匡人》《撢人》《都司馬》《家司馬》等二十八《官》雖無解義，皆頂格録有經文。

館臣所輯各條皆不注出處，據《四庫全書考證》中的有限材料判斷，館臣補輯《地》《夏》二《官》所依據的資料應主要是王昭禹《周禮詳解》和王與之《周禮訂義》。如《考證》於《周官新義》卷六《地官一・小司徒之職》“乃經土地而井牧其田野……以任地事，而令貢賦，凡稅斂之事”一段經文後所輯佚文考訂云：

> 按《地官解義》原本闕，間見於王氏《訂義》（按指王與之《周禮訂義》），今以校補此條，語義似未完，或由《訂義》節録，今無别本可校，姑仍其舊①。

《四庫全書考證》爲《四庫》纂修官王太岳、曹錫寶、王燕緒等人據《四庫全書》進呈本上 的“黄籤”彙編而成，共計百卷。進呈本上的“黄籤”是從館臣校閲、輯補各書過程中黏貼在各書眉端的“校籤”中選取出來的一些較爲重要的考訂内容，用黄紙謄録，進呈乾隆皇帝披覽之用，故其所記出處等考訂信息皆信實可據。

程元敏先生後來補輯的二《官》佚文，其中大部分亦皆出自宋王昭禹《周禮詳解》和王與之《周禮訂義》。程元敏先生曾復於《周禮詳解》《周禮訂義》《宣和博古圖》、楊時《龜山集》、陳埴《木鐘集》、王應麟《困學紀聞》《六經天文編》、元陳友仁《周禮集説》、明王志長《周禮註疏删翼》、何楷《詩經世本古義》，以及《宋會要輯稿》、清鄂爾泰等編《欽定周官義疏》等書中輯得《地官》佚文 64 條，《夏官》佚文 69 條，其中《詳解》和《訂義》二《書》中輯得最多，佔 70％以上，特别是《詳解》，即便從他書輯得的較完整佚文，在《詳解》中幾乎都可以找到略同的内容，這説明，王昭禹的《周禮詳解》主要是援據王安石《周禮義》而成，因此從中輯録《周禮義》當最爲有效。

陳振孫《直齋書録解題》首著録《周禮詳解》四十卷，並作解題云：“王昭禹撰。未詳何人。近世爲舉子業者多用之，其學皆宗王氏新説。”② 陳振孫主要活躍於寧宗、理宗時期，其時“《三經》猶在校，從祀猶在庭”，《三經義》許與衆説並行，其所謂“近世爲舉子業者多用之，其學皆宗王氏新説”信非虚言。全祖望深明此旨，因此他很早就有了據王昭禹《周禮詳解》輯補《周禮義》《地》《夏》二《官》的計劃。在《王昭禹周禮詳解跋》中，全祖望記述了他的這個補輯計劃：

> 荆公三經當時以之取士，而祖述其説以成書者，耿南仲、龔深甫之

① （清）王太岳等編《欽定四庫全書考證》，北京：國家圖書館出版社影印本 1991 年版。

② （宋）陳振孫撰，徐小蠻、顧美華點校《直齋書録解題》卷二，第 45 頁。

> 《易》，方性天、陸農師之《禮》，於今皆無完書，其散見諸書中，皆其醇者也。獨王光遠《周禮》至今無恙，因得備見荆公以《字説》解經之略。荆公《周禮》存於今者，五官缺《地》《夏》二種，得光遠之書，足以補之①。

此事是否完成，今已不可考見，但正如在前引《陳用之論語解序》中，謝山曾談到欲將自天一閣新鈔得的陳祥道《論語解》"細爲校讎"，並取王安石《周禮新義》、王昭禹《周禮詳解》、鄭宗顔《考工記注》、陸佃《爾雅新義》等書與《論語解》"合梓之，以見熙、豐之學之概"的計劃，這就足以説明，包括《周禮詳解》在内的傳"荆公六藝之學"諸書，在《論語解》之前至少已經完成了"校讎"環節的工作，這對從中輯補《周禮義》來説，可謂已完成了重要的文本準備工作，據此推論，《地》《夏》二《官》的輯補或已實施。《四庫》館臣主要據《周禮詳解》《周禮訂義》輯補《地》《夏》二《官》的做法，謝山應具啓發之功。

（作者單位：北京大學《儒藏》編纂與研究中心）

① （清）全祖望著，朱鑄禹彙校集注《全祖望集彙校集注·鮚埼亭集外編》卷二七《王昭禹周禮詳解跋》，第 1279 頁。

儒家典籍與思想研究（第十四輯）
北京大學出版社，2022 年 8 月

論邢昺《論語正義》對皇侃《論語義疏》的繼承、改動與發展

楊新勛

【内容提要】 北宋邢昺主持編纂的《論語正義》是在南朝梁皇侃所撰《論語義疏》的基礎上修改、加工完成的，其中有繼承，更有改動和發展。這種繼承、改動和發展主要體現在語言訓詁、名物制度、疏體完善和思想義理四個方面。南宋陳騤、朱熹對邢疏的評價並不全面，《四庫全書總目》的評價也不準確。

【關鍵詞】 訓詁　名物　疏體　思想

北宋邢昺（932—1010）主持編纂的《論語正義》（以下簡稱“邢疏”）是在南朝梁皇侃（488—545）所撰《論語義疏》（以下簡稱“皇疏”）的基礎上修改、加工完成的。晁公武《郡齋讀書志》卷四著録“《論語正義》十卷”，云：“右皇朝邢昺等撰。先是梁皇侃採衛瓘、蔡謨等十三家之説爲疏，昺等因之成此書。”① 又王應麟《玉海》“咸平孝經論語正義”條云：“至道二年，判監李至請命李沆、杜鎬等校定《周禮》《儀禮》《穀梁傳疏》及别纂《孝經》《論語正義》，從之。咸平三年三月癸巳，命祭酒邢昺代領其事，杜鎬、舒雅、李維、孫奭、李慕清、王焕、崔偓佺、劉士元預其事。凡賈公彦《周禮》《儀禮疏》各五十卷、《公羊疏》三十卷，楊士勳《穀梁疏》十二卷，皆校舊本而成之；《孝經》取元行沖疏，《論語》取梁皇侃疏，《爾雅》取孫炎、高璉疏，約而修之，又二十三卷。”②《四庫全書·論語注疏》書前提要亦言：“昺復因皇侃所採

① （宋）晁公武撰，孫猛校證《郡齋讀書志校證》，上海：上海古籍出版社 2011 年版，第 134 頁。

② （宋）王應麟《玉海》卷四一，景印文淵閣《四庫全書》本，第 944 册，臺北：臺灣商務印書館 1986 年版，第 150 頁。

諸儒之説爲之疏。"[①] 今天看來，邢疏的編纂雖以皇疏爲基礎，對皇疏有繼承，但更有改動和發展，這主要表現在四個方面。

一、邢疏在語言訓詁方面對皇疏的繼承和改動

皇疏在何晏《論語集解》的基礎上作疏，既疏經文，又疏注文，其中吸收了晉兗州别駕江熙《集解論語》及其他通儒的成果，有南朝《論語》注釋集成的性質，這應該是邢疏據之編纂的重要原因。

皇疏在語言訓詁上的許多成果爲邢疏所繼承。如邢疏《論語序》對"論語"一詞的解釋基本上是依據皇侃的《論語義疏自序》而來，只是稍加融裁而已，没有太大的變動。在古人尤其是儒家重"名"的思想意識中，邢疏這樣的因襲也意涵着對皇疏《論語》訓釋的觀念、方式和成果的大體繼承，是沿着皇疏之路展開解釋的，是皇疏的"接着説"。又如對於《論語》首章的"子曰"，何晏《集解》録馬融"子者，男子之通稱，謂孔子也"語，而皇疏云"子者，指於孔子也。子是有德者之稱，古者稱師爲子也"，釋義遠較馬融爲長，邢疏於此就襲用了皇疏。有時皇疏内容龐雜，甚至今天看來不見得合理，邢疏也襲用皇疏，如此章"學而時習之"之"時"字，皇侃以"凡學有三時"即身中時、年中時、日中時來釋"時"字，有濃鬱的南北朝"義疏"特色，邢疏於此則逕以"皇氏以爲"爲引語照搬皇疏。又如皇疏以禮樂相須的思路釋此篇《禮之用和爲貴》章，云"用樂和民心，以禮檢民跡……和即樂也，變樂言和，見樂功也"[②]，以"樂"釋"和"字，不見得合理；邢疏也是以禮樂相須的思路釋此章，且言"和謂樂也，樂主和同，故謂樂爲和"，所釋句意和字義與皇疏基本相同。又如《爲政》篇《攻乎異端》章，皇疏云"異端，謂雜書也""雜學于書史百家"，邢疏言"異端，謂諸子百家之書也"也是承襲了皇疏之意。又《里仁》篇《參乎吾道一以貫之》章，皇疏承王弼《論語釋疑》以"統"釋"貫"，言"忠謂盡中心也，恕謂忖我以度於人也"[③]，尤其是皇疏"吾教化之道，唯用一道以貫統天下萬理也"語有濃鬱的玄學意味；雖然邢疏删去了皇侃

---

① 景印文淵閣《四庫全書》本，第 195 册，第 528 頁。

② （梁）皇侃《論語義疏》，《儒藏》（精華編）本，北京：北京大學出版社 2005 年版，第 13 頁。

③ （梁）皇侃《論語義疏》，《儒藏》（精華編）本，第 65 頁。

所引的王弼言論，但仍言“貫，統也”“忠謂盡中心也，恕謂忖己度物也”①，且云“言我所行之道，唯用一理以統天下萬事之理也”，在詞語訓釋和句意理解上均一承皇疏。

皇疏與何晏集解諸家的詞語訓釋相同時，邢疏也大多同於漢魏諸家和皇侃的解釋；而當皇侃和漢魏諸家注釋不同時，邢疏則在很多時候遵從皇疏。如對於《學而》首章“有朋自遠方來，不亦樂乎”之“朋”字，皇疏在繼承包咸注言“同處師門曰朋，同執一志爲友”之下，接着言“朋猶黨也，共爲黨類在師門也”，此爲皇侃新增之義，與包咸所釋明顯不合；但邢疏亦襲皇疏而言“朋即群黨之謂”，没有顧及孔子“群而不黨”（《論語·衛靈公》）的言論和思想，在詞義辨析上不夠準確。類似例子俯拾即是，不贅。

應該説，邢疏確在皇疏基礎上編纂而成，在語言訓詁方面對皇疏的繼承是全面的；但是，這並不意味着邢疏在語言解釋方面對皇疏亦步亦趨，更不能説邢疏是皇疏的翻版，邢疏對皇疏改動也是較多的，甚至可以説是全方面的。

首先，何晏《論語序》“有不安者，頗爲改易”語，“頗”即“多”，本不難理解，但皇疏云“頗猶偏也”“若先儒注非何意取安者，則何偏爲改易”，似有爲皇疏張本之意；雖然邢疏没有解釋“頗”字，則其云“言諸家之善則存而不改，其不善者頗多爲改易之”，明顯以“頗多”釋“頗”，剔除了皇侃所加之意，而復歸於何晏語之本意。又如對於“學而第一”這一篇題，皇疏言“第者，審諦也。一者，數之始也。既諦定篇次，以《學而》居首，故曰‘學而第一’也”②，皇侃利用音訓把對“第”“一”的解釋與其對篇名、篇次的認識和其詮釋體系結合了起來③；而邢疏言“第，訓次也④。一，數之始也。言此篇於次當一也”⑤，也是改變了皇侃的字詞訓釋和立意角度，僅從排列次序上加以

① （宋）邢昺《論語注疏》，《儒藏》（精華編）本，北京：北京大學出版社 2006 年版，第 61—62 頁。

② （梁）皇侃《論語義疏》，《儒藏》（精華編）本，第 2 頁。

③ 具體可參楊新勛《論邢昺〈論語注疏〉解題對皇侃〈論語義疏〉解題的繼承、調整與創新》，《儒家典籍與思想研究》第四輯（北京：北京大學出版社 2012 年版），又見《經學蠡測》（南京：鳳凰出版社 2012 年版）。

④ “訓”，元刻明正德修本、閩本、監本、毛本、殿本、薈要本、庫本、阮校本、玉海堂本作“順”。浦鏜《十三經注疏正字》卷七六：“‘第，順次也’：‘順’，當‘訓’字誤。”阮元《十三經注疏校勘記》：“浦鏜云‘“順”當“訓”字誤’，非也。”楊按：《廣雅·釋詁三》“第，次也”，邢疏常以“某，訓某也”訓釋詞語，“第，訓‘次’也”指次序、次第，不可解作“順次”，浦鏜所疑是矣。

⑤ （宋）邢昺《論語注疏》，《儒藏》（精華編）本，第 9 頁。

認識，訓釋理性、客觀。類似的例子較多。不難看出，邢疏在一定程度上有從總體上改變皇疏語言訓詁的思想角度，進而有從語言學上進行重新訓釋的特點。

其次，既然邢疏已經突破了皇疏語言訓釋的思想角度，轉而從語言學上加以重新訓釋，那麼他在很多地方作出正確解釋，取得成績，也就很自然了，這也體現了新的進步。如對於《學而》篇首章“學而時習之，不亦樂乎”之“亦”字，皇疏云“亦，猶重也”，皇侃認爲“亦”相當於“又”，即重疊、重複；邢疏云“君子之行非一，此其一行耳，故云‘亦’也”，認爲此“亦”相當於“也”“也是”，在詞義認識上明顯更爲準確。對於《論語》中他處作此用法的“亦”字，邢疏亦均改皇疏之解，反映了邢疏在此一釋義上的統一認識。又此篇《其爲人也孝弟》章“而好犯上者鮮矣”之“犯”，皇疏同熊埋之解，釋爲“諫争”，釋義不確，且與何晏注“上，謂凡在己上者”不侔；而邢疏改用“淩犯”釋“犯”，既合注意，又與下文“作亂”相應，釋義準確。又邢疏以“是故君子務修孝弟以爲道之基本”釋此章“君子務本”，雖然“務修”云云有增字爲訓之嫌，但其釋“務”明顯優於皇疏“務，猶向也，慕也”①。又《爲政》篇《子夏問孝》章“曾是以爲孝乎”之“曾”字，皇疏云“曾，猶嘗也”，且言“誰嘗謂此爲孝乎”，於句意增“誰”字爲解，且與皇疏《八佾》篇《季氏旅于泰山》章“曾謂泰山不如林放乎”處言“曾之言則也”不一致；而邢疏承馬融言“曾，猶則也”，前後統一，雖不及王引之《經傳釋詞》卷八“曾，乃也，則也”之釋爲確②，但明顯較皇疏釋爲“嘗”爲優且顧及了解釋的統一性。類似的例子不勝枚舉。我們可以看出邢疏在詞彙訓詁上有明確的統一意識，而且在具體訓釋上注重詞義的辨析，從而使得釋義更爲準確，確實表現了語言訓詁上的進步。

二、邢疏在名物制度解釋方面對皇疏的發展和完善

何晏《集解》比較簡潔，一般不解釋典章事物，對《論語》中的人物也只是簡單介紹，不作具體解釋。皇疏在這些方面有了一些改觀，對人名、地名、

---

① 按：皇侃以“向”“慕”釋“務”明顯與其玄學思想有關，有玄學釋經的特點，詳本文第四部分所論。

② （清）王引之《經傳釋詞》卷八，清嘉慶二十四年刻本。

事物、制度等多有解釋。

如在人名方面，何晏《論語序》，皇疏就對其中的劉向、夏侯勝、王卿、王吉、魯恭王、張禹、孔安國作了一些解釋。具體到《論語》各篇，皇疏對其中涉及的孔子弟子和相關人物，也是多有簡單而具體的解釋。如《學而》篇《吾日三省吾身》章，何晏《集解》僅録馬融語“弟子曾參也”，對理解“曾子”幫助不大；而皇疏則云“蓋姓曾，名參，字子輿”，雖然十分簡單，但也包含了基本信息。之後皇疏對子夏、顔回、樊遲等也作了類似解釋。又《爲政》篇《孟懿子問孝》章，在何晏所集孔安國注的基礎上，皇疏對孟懿子又作了進一步的解釋。又《八佾》篇《王孫賈問》章，孔安國僅注“王孫賈，衛大夫也”，皇疏則云“王孫賈者，周靈王之孫，名賈也，是時仕衛爲大夫也”，解釋具體，對理解此章文意很有幫助。

應該説，皇疏在人物解釋方面較《集解》有了一些進步，但仍有遺憾：一是不少人物缺乏解釋，皇疏在這方面並不全面，遺漏尚多；二是有些解釋過於簡單，意義不大；三是有些地方解釋有誤。邢疏在這些方面則作了大量的補充、完善和訂正。

如《論語序》中，對於皇疏未介紹的蕭望之、韋賢、韋玄成、庸生、包氏、周氏、馬融、鄭玄、王肅、周生烈、孫邕、鄭沖、曹羲、荀顗，邢疏均作了解釋；在《論語》各篇中，對皇疏中未介紹的孔子弟子有若、子禽、子貢等以及相關的孟武伯、哀公、季康子等，邢疏也均加以解釋。可以説，邢疏對《論語》中涉及的所有人物均作了全面的解釋，這是《論語》學研究的一大完善。

何晏《集解》所收的孔安國、包咸、鄭玄等對人物的解釋均十分簡單，僅僅涉及身份或名字，即便如此還有很多遺漏；皇疏應該説在這方面對《集解》有所補充，補充了一些遺漏人物的解釋，對已有的解釋也作了某些深化。但是，皇疏的補充也比較簡單，其對《集解》遺漏人物的解釋大多類似《集解》，對已有解釋的深化往往也只是淺嘗輒止。而邢疏的人物解釋則有較大的改觀：一是邢疏不滿足於《集解》和皇疏已有的解釋，對這些人物，邢疏均蒐集正史、傳記、注釋及其他相關資料，對人物生平作了較爲全面的考察，使得每個人物的解釋都是一個簡單的小傳，有的也包含了一些具體的考證，澄清了一些模糊問題，而且均標注了具體的文獻出處；二是對於《集解》和皇疏未解釋的人物，邢疏也作了同樣的處理。可以説，邢疏在人物解釋方面是對《論語》學的豐富和提高，這對閲讀《論語》和《集解》有重要的參考價值。邢疏於此加以考證、標注出處之舉，反映了義疏解釋認識上的進展和嚴謹的文獻學意識，增强了注疏的學術性，有一定的進步意義。

在人物解釋方面，邢疏通過蒐羅文獻，加以考證，才進而使其能夠發現並改正皇疏在這方面的一些錯誤。如對於何晏《論語序》開篇“校尉劉向”語，皇疏言“劉向者，劉德之孫，劉歆之子”，明顯有誤；邢疏言“劉向者，高祖少弟楚元王之後，辟彊之孫，德之子，字子政，本名更生。成帝即位，更名向”，之後又言其生平和校書，不但内容翔實，而且考訂準確，糾正了劉向是劉歆之子的錯誤説法。類似的例子還有一些，限於篇幅不贅。

在職官制度方面，皇疏也有一些解釋①。如皇疏對何晏《論語序》中校尉、中尉、侯、太常、光禄大夫、散騎、常侍、領軍、駙馬、都尉均作了簡單解釋，對理解此序甚有助益。又如對《學而》篇《道千乘之國》章，《集解》只是引了《司馬法》對“千乘”的解釋，十分簡單，皇疏則對其中的步、畝、復、屋、井、通、城等概念作了解釋，對具體資料關係也進行了梳理，許多數量關係作了推算，有助於時人對先秦古制的理解。又如《八佾》篇《三家者以雍徹》章，《集解》於“徹”無説，皇疏則解釋了天子徹禮，通過對照天子、諸侯、卿之徹禮説明了三家僭越。類似之處還有一些，不贅。但也應指出，皇疏的這些解釋較爲簡單，而且更多地方没有解釋，不全面。

應該説，皇疏在典章事物方面的解釋只是在《集解》基礎上往前邁了一小步，是程度有限的發展，遠没有達到完善。邢疏則是在皇疏基礎上，通過豐富資料，對《論語》中所涉典章事物均作了比較具體的解釋，對典章制度的認識更爲全面、深入，典章制度的考釋在邢疏這裏有了長足的發展，躍升了一個臺階，甚至可以説達到了一定程度的完善。如邢疏對《論語序》中皇疏未解釋的太子太傅、前將軍、丞相、太守、司空、博士、安鄉亭侯、尚書等官職均作了具體解釋；即使對皇疏已經解釋的官職，邢疏也並非簡單重複皇疏，而是利用史傳資料和漢魏以來注家言論重加解釋。邢疏的官職解釋往往溯其歷史，明其演變，述其職責及人員，有窮其原委、内容翔實的特點，這對於準確理解《論語序》中的人物和文意是很有幫助的。又如雖然皇疏針對此序已經解釋了章句、傳、注等注釋體例，但均比較簡單；而邢疏則用較爲具體、詳細的語言進一步解釋了這些概念，又增加了對“訓解”的解釋，並且闡釋了這些概念之間的關係，具有一定的系統性，表現了學理的深入。邢疏還認識到何晏《集解》

① 按：皮錫瑞《經學歷史》云“如皇侃之《論語義疏》，名物制度，略而弗講，多以老、莊之旨發爲駢儷之文”，（皮錫瑞著，周予同注釋《經學歷史》，北京：中華書局 2004 年版，第 123 頁）所言不確。

“乃聚集諸家義理以解《論語》”之意，認爲這與同有“集解”之名的杜預《春秋左傳集解》“聚集經、傳爲之解”之名同而實異，是兩種不同的“集解”，這也是立足於學術史的認識，十分有見地。這些都表現了邢疏對漢魏以來注釋體例深入、系統的認識。又如對《論語序》中琅邪、膠東、昌邑、南郡等地名，皇疏均無解釋，邢疏均給出了具體解釋；之後對《論語》各篇所涉地名，邢疏亦作了同樣處理，表現了邢疏訓釋的一致性。

事實上，不只是人名、地名、官制、體例，舉凡《論語》中涉及的天文、星象、山川、醫藥、卜筮、禮制、文物等，邢疏均在豐富材料的基礎上作了具體、簡潔的解釋，尤其是在禮制方面，邢疏往往通過考察《周禮》《儀禮》《禮記》《左傳》以及《史記》《漢書》等典籍的記載進行了較爲詳明的考證和解釋，有時甚至不厭其煩以求明其真相，其中也不乏對皇疏訛誤的糾正。如《八佾》篇《子貢欲去告朔之餼羊》章，皇疏據鄭玄《詩》注而言“腥牲曰餼”，明顯與何晏所引鄭玄注“牲生曰餼”不合，非是。邢疏指出雖然《左傳·僖公三十三年》有“餼牽竭矣”語，餼與牽相對，以致有腥曰餼之釋，皇疏不爲無據；但據《左傳·哀公二十四年》及《禮記·聘義》鄭玄注之意，此單用之“餼”是生，而非已殺，皇疏非是，邢昺的糾正確與《論語》此處以“餼”飾“羊”的文意相合，甚是。又如《鄉黨》篇《君賜食必正席》節之“君祭，先飯”，皇疏云“祭爲祭食之物也”，邢疏改爲“于君祭時”，並引《曲禮》鄭注説明“祭先”之儀，禮義和詞義都理解得更爲準確，亦甚是。

由於資料的豐富，邢疏的認識更爲全面客觀，與皇疏相比有了質的飛躍，有些見解今天看來仍有啓發性。如清代以來有學人針對《論語》中的“子曰”“孔子曰”作文章，認爲此二稱呼不同，其中蘊含了《論語》編纂的重要信息①，而二十世紀以來的出土文獻，尤其是定州簡本《論語》證明這樣的説法並不合理，事實上邢疏已經指出“或言‘孔子曰’者，以記非一人，各以意載，無義例也”②。

三、邢疏在體例上對皇疏的發展與完善

皇疏是今知的《論語》學史上第一部“義疏”，是在漢代“訓解”和魏晉

① （清）崔述《崔東壁遺書·論語餘説》，上海：上海古籍出版社 1983 年版，第 609—617 頁。

② （宋）邢昺《論語注疏》，《儒藏》（精華編）本，第 10 頁。

“義解”的基礎上創立的新注釋體例。此疏以何晏《集解》（也可稱“注”）爲本，就其體例而言，首先是用簡潔語言總括一章大意，即檃栝章旨，皇疏往往以“此章”“此章明”引起；其次是分科段逐一解釋經文文句，往往先解釋字詞、典章、名物，後以“言”或“明”等概括、申發句意；最後是對注文的解釋，爲避免和之前經文的解釋重複，皇疏這部分文字較少，甚至有時不着一字，這在《雍也》篇《智者樂水》章得到了充分體現。

今天見到的《論語義疏》是從日本回傳的文本，最先回傳的是根本遜志據日本足利學校所藏舊鈔本的校刻本，而較好保存皇疏原有體式的是 1923 年在日本出版的武内義雄合校的大阪懷德堂排印本。懷德堂本和傳世的《十三經注疏》體式有所不同，一章之内，經文没有連接在一起，注文也没有連接在一起，而是將經文分成若干科段或句，注文插在相應科段或句的經文之下，皇疏依次散在具體的經文、注文之下，從而形成一章之内經疏與注疏交替排列的格式。這樣，由於皇疏没有將疏文集中列於經注之後，因此也就没有像《十三經注疏》中那樣的“正義曰”“釋曰”或“解云”之前的起訖語及節引的經、注文字，所以其經、注、疏的層級眉目和疏文結構遠不及《十三經注疏》清晰。但是，這並不妨礙我們認識皇疏已經形成了“疏”這一體例的結構，如其《學而》篇《道千乘之國》章及《爲政》篇《詩三百》章、《吾十有五而志于學》章等均爲典型的這種體例。可見，皇疏已經開始形成了“疏”的體例結構，爲邢疏的編纂奠定了基礎。

雖然皇疏開始形成了“疏”的體例，但是這種體例明顯有原初的特點，談不上統一和完善，遠不夠成熟，這主要體現在：一是皇疏已經出現了用“此章”領起歸納章旨的做法，但是以此來歸納章旨的篇章太少了，除了《爲政》篇歸納章旨的章數較多外，其他各篇諸章大多没有歸納章旨。這説明皇疏雖然已經有了歸納章旨之例，但並没有形成明確的統一意識，尤其没有形成以此作爲疏之體例的觀念。二是皇疏雖然有些篇章没有章旨，但其經文首句下是有“此”“此明”“此記”“此言”領起的概括解釋，這些解釋有的是檃栝章旨，但大多只是概括此章中這一科段或這一句的意思，因爲此章之後的各科段首句下往往亦有“此”“此明”“此記”“此言”領起的解釋。如皇疏《論語》首章就分三個科段明義，各科段均有“明”字引起的科段大意，但並没有歸納章旨。由於皇疏是章内分科段和句解釋的，這説明皇疏在概括一章之意時有很强的隨意性，他對章、科段、句的地位没有嚴格區分，而且似乎對科段更重視，這影響了他對章的獨立性和重要性的認識，也阻礙了他歸納章旨意識的凸顯。

唐代初年，孔穎達主持纂修《五經正義》，之後《周禮》《儀禮》《穀梁傳》《公羊傳》之疏陸續出現，至北宋初年國子監校刻群經諸疏，並別撰《孝經正義》《論語正義》《爾雅正義》。經歷了三百餘年“疏”的編纂實踐後，“疏”的體例已經高度成熟。邢昺《論語正義》，正是在此基礎上對皇侃《論語義疏》“疏”的體例加以改進、完善的[①]。雖然，當時邢昺主持編纂的《論語正義》爲單疏本，並没有完整流傳下來，今天存世的多是經、注、疏合刻本，但仍可據此認清邢疏的結構，而且也不難看出邢疏在體例上對皇疏的繼承、改進和完善。

今天邢疏諸本均以章爲單位排列經、注、疏，每章先列經文和注文，後再列邢疏，經注與疏之間以大“疏”字分開，眉目十分清晰。一章之内，邢疏分兩部分：一是疏解經文，結構是先列經文起訖語或全引經文[②]，其下首先是檃栝章旨，均以“此章”領起（《鄉黨》篇每節以“此”領起），然後是字詞和典章名物的訓釋，最後是通解全章文意，如果本章較短或文意簡單也可只有章旨，不再作字詞、名物訓釋和文意疏通；二是疏解注文，結構是先列注文起訖語[③]，然後解釋注文的字詞和名物，並引用文獻論證注文，最後對注文略作疏解和説明。這樣的體例對皇疏改動是十分明顯的，主要體現在：一是將皇疏中偶爾出現的歸納章旨普遍化，除了僅有的前後相連且内容類似的幾章不歸納其章旨外，邢疏對《論語》其他的篇章都歸納了章旨，即使短章也不例外，所有章旨絶大多數以“此章”領起（《鄉黨》篇每節以“此”領起，另有七章用“此一章”領起），置於每章疏文之首，地位非常突出，表現了邢疏在體例上非常明確的首列章旨意識。二是邢疏不再分科段來解釋某些篇章，即使是文字較長的章也不例外。分科段解釋經文是魏晉南北朝“義解”的一大特色[④]，雖然《論語》有些大的篇章可以分科段，但絶大部分篇章是不分科段的，邢疏取消這一做法無可厚非，而且這有利於章旨的歸納和其意義的彰顯，尤其是與孔穎達《禮記正義》之《禮運》《樂記》兩篇仍保留皇侃《禮記義疏》的

① 按：邢昺《論語注疏》中有頗多地方引用孔穎達《周易正義》《尚書正義》《毛詩正義》《禮記正義》《左傳正義》文字。

② 楊按：清武英殿本《論語註疏》删去了經文起訖語和所引經文。

③ 楊按：清武英殿本《論語註疏》改註文起訖語爲疏文所對應之注文，雖表面上使疏文與注文更加吻合，但並不符合疏體，且易生誤解。

④ 有關科段，可參看牟潤孫在《論儒釋兩家之講經與義疏》（牟潤孫《注史齋叢稿》，北京：中華書局 1987 年版，第 294—296 頁）一文。

科段形成對照①，表現出了更明確的體例意識；三是邢疏疏解經文時一般不概括每個經句的句意，而是先依次訓釋本章經文中的字詞和名物，然後再匯總疏通全章經文。應該説，由於《論語》大部分篇章較短，在具體疏解時，邢疏不再概括科段和句之大意，也就取消了科段、句對章體的干擾，自然形成了眉目清晰的章旨、字詞、名物、文意依次排列的體例結構，並且將這一意識貫穿全書，實現了"疏"這一體例在《論語》學中的最終完成。可見，經過努力，邢疏形成了成熟、完善、統一的"疏"體。《論語》學的"疏"體開始於皇疏，完成於邢疏。邢疏在《論語》學史上的"疏"體典範意義是值得肯定的。

四、邢疏在思想上對皇疏的繼承與改變

皇疏産生於魏晉之後的梁代，在思想内容上有重義理闡釋的特點，表現在其對《論語》的詮釋上即注重從思想内容上對《論語》各篇章意思的認識、歸納，甚至是作出新的闡釋。這從上文所談皇疏已經出現對章旨及科段、文句大意的概括中可以看到這一點。

還要指出的是，現在的研究表明，皇疏有一定的玄學色彩②。皇侃在《論語義疏自序》中稱，其本以何晏《集解》爲據，採晉人江熙所集十三家，又引取了與何晏《集解》無妨的其他通儒的解釋。今天，皇疏中所引的王弼、郭象、孫綽、熊埋、江熙等的解釋均有濃鬱的玄學色彩，這些人的言論尤其是王弼、郭象、江熙的解釋在皇疏中經常出現，不但給皇疏塗上了濃鬱的玄學色彩，而且也影響了皇侃的思想，導致了皇疏具有一定的玄學觀念和解經方式。皇疏的很多解釋也從玄學角度着手，表現了一定的玄學特點。如《學而》篇《君子不重則不威》章，皇疏言"重爲輕根，靜爲躁本。君子之體，不可輕薄也"③，不但"重爲輕根，靜爲躁本"來自《老子》第二十六章，而且從本和體

① 有關孔穎達《禮記正義》之《禮運》《樂記》兩篇仍保留皇侃《禮記義疏》的科段，可參看華喆《孔穎達〈禮記正義〉取捨皇侃疏研究》，《文史》2014 年第 3 輯。

② 具體可參閲皮錫瑞《經學歷史》、戴君仁《皇侃〈論語義疏〉的内涵思想》（《孔孟月刊》第 21 期，1977 年 4 月）、侯道慧《皇侃〈論語義疏〉中玄學思想之評論》（《孔孟月刊》25 卷第 4 期，1986 年 12 月）、閆春新《魏晉南北朝"論語學"研究》（北京：中國社會科學出版社 2012 年版）第七章第二節、姜智《皇侃〈論語義疏〉的詮釋特色》（《理論界》2012 年第 8 期）、孫少飛《詮釋學視域下皇侃〈論語義疏〉的解經思想》（《中北大學學報》2015 年第 4 期）等。

③ （梁）皇侃《論語義疏》，《儒藏》（精華編）本，第 10 頁。

相對的角度去認識“君子不重則不威”利用的正是玄學解經方式；又如《爲政》篇首章“爲政以德”，皇疏云“言人君爲政，當得萬物之性，故云‘以德’也”①，正是沿用了其下所引郭象“萬物皆得性謂之德。夫爲政者奚事哉？得萬物之性，故云德而已也”的言論和理論，反映的也是玄學的觀念，此篇《道之以政》章亦沿襲了這種解釋；又如此篇《吾十有五而志于學》章，皇疏云“此章明孔子隱聖同凡，學有時節，自少迄老，皆所以勸物也”②，明顯是用玄學的價值觀念來認識孔子，歸納章旨；再如《陽貨》篇《性相近也》章，皇疏據《周易》及老子、王弼、范甯的言論發爲性無善惡、性未涉乎用的言論，也是用玄學觀念來闡釋孔子所言之“性”；又下文所引皇疏釋“道”也是體現了一定的玄學意涵。可以説，皇侃不但用魏晉南北朝時期的玄學本末、體用的思維方式來認識《論語》的思想體系，而且用浸潤了道家玄學觀念的道、德、性、情、物等觀念來詮釋《論語》的字詞語言和思想内容。

邢疏繼承皇疏思想的一個重要體現是其所列章旨往往襲自皇疏之章旨或科段之意。當皇疏檃栝的章旨、科段大意玄學色彩不濃，尤其是較爲合理時，邢疏大多直接襲用這些章旨或科段大意，這樣的情況較多，如《爲政》篇的《詩三百》章、《吾與回言》章、《視其所以》章、《君子周而不比》章、《學而不思則罔》章、《攻乎異端》章、《人而無信》章等，邢疏均直接襲用或大體沿用皇疏。又《里仁》篇《事父母幾諫》章，邢疏言“此並下四章皆明孝事父母”，之下三章皆不再歸納章旨，此舉與皇疏此章言“此章下四章明孝”及之後三章無章旨相同，承襲之跡十分明顯。此外，還有一些邢疏沿用皇疏章旨的地方，此不贅述。有時，皇疏的章旨雖然有玄學色彩，但邢疏仍基本沿用，如上文所引《吾十有五而志于學》章，邢疏言“此章明夫子隱聖同凡，所以勸人也”，雖然邢昺已用“天之稟受度也”來釋“命”，不同於皇侃對“命”的“窮通之分”之釋，但其章旨仍來自皇疏，只是略有改變，其中保留了一定的玄學觀念是不難得見的；又如《衛靈公》篇《人能弘道》章皇疏言“道者，通物之妙也”，明顯糅合了道家的玄學觀念，而邢疏亦言“道者，通物之名，虚無妙用，不可須臾離”，亦是保留了皇疏的觀念和思路。

邢疏對皇疏思想有繼承，也有改變，特别是改變這方面更重要，更有意義，主要體現在：

---

① （梁）皇侃《論語義疏》，《儒藏》（精華編）本，第18頁。

② 同上書，第20頁。

一是邢疏對皇疏的章旨或大意有改進、提高。如《公冶長》篇《伯夷叔齊不念舊惡》章皇疏云“此美夷齊之德也”，邢疏改云“此章美伯夷叔齊之行”，更爲準確；又《述而》篇《子温而厲》章皇疏云“明孔子德也”，邢疏云“此章説孔子體貌也”，邢疏具體確切，等等，都表現了邢疏在皇疏基礎上的修正和改進，邢疏的這些改正往往使詮釋更爲準確。

二是邢疏拋棄皇疏的一些章旨或大意，重新概括了章旨。如《爲政》篇《由誨女知之乎》章，皇疏的章旨爲“此章抑子路兼人也”，比較空泛、不實，邢疏歸納的章旨爲“此章明知也”，邢疏的概括準確；又如《八佾》篇《夷狄之有君不如諸夏之亡也》章，皇疏歸納的章旨是“此章重中國賤夷狄也”，邢疏爲“此章言中國禮義之盛，而夷狄無也”，除了表現出皇侃和邢昺不同的時代詮釋角度外，邢疏的概括可能更符合《論語》原意；再如《泰伯》篇《興于詩》章皇疏言“此章明人學須次第也”，邢疏言“此章記人立身成德之法也”，邢疏的章旨優於皇疏。

三是邢疏在文意理解尤其是在對玄學的揚棄上對皇疏改動明顯。雖然邢疏有的地方保留了皇疏的玄學闡釋，但是大多時候邢疏還是揚棄了皇疏的玄學闡釋，一個突出的説明是邢疏幾乎完全删除了皇疏引用的王弼、郭象、孫綽、熊埋、江熙等的玄學言論，只是保留了數量很少的王弼、江熙的解釋，並且這些地方多無涉於玄學。邢疏改變皇疏玄學闡釋的一個重要體現是在闡釋觀念上與皇疏不同，如上文提到邢疏與皇疏對“命”的認識不同就是一個方面，皇疏講自然之命近於道家，而邢疏從天命立論，與原始儒學觀念更爲接近。此外，對仁、利、性等範疇尤其是對德的闡釋，邢疏亦明顯不同於皇疏。在剔除了玄學色彩之後，邢疏雖然也沿用本末、體用的抽象思維方式，但本質意涵上又在一定程度上向正統儒家復歸，如邢疏言“德”往往指道德、聖德，有很强的儒家倫理色彩。事實上，除了上引邢疏《人能弘道》章襲用皇疏用玄學觀念和方式解釋“道”之外，邢疏大多地方談的“道”都有濃鬱的儒家色彩，是有儒家的本質意涵和倫理價值的，如邢疏於《學而》篇《其爲人也孝弟》章言“是故君子務修孝弟以爲道之基本。基本既立，而後道德生焉”就是一個很好的説明。所以邢疏往往言仁道、孝道、儒家之道、先王之道等，將道落於人類社會、倫理價值和行爲實踐，而並非隔著一層甚至是絶對抽象思辨的自然之道。

五、餘論

南宋前期陳騤在《中興館閣書目》中曾評價邢昺《論語正義》曰“於章句、訓詁、名器、事物之際詳矣”①。無獨有偶，隆興年間，朱熹編纂《論語要義》，其所撰《論語要義目録序》亦云“本朝至道、咸平間，又命翰林學士邢昺等取皇甫侃疏約而修之，以爲《正義》，其於章句、訓詁、名器、事物之際詳矣”②。兩位著名學者幾乎同時對邢疏作出了相同的評價，頗耐人尋味。陳氏言論後被收入王應麟《玉海》和朱彝尊《經義考》，《四庫全書·論語注疏》書前提要和周中孚《鄭堂讀書記》卷一二亦承之言此書“於章句、訓詁、名器、事物之際詳矣”③。可以説此語幾乎成了邢疏學術成就的評價。今天看來，邢疏在這些方面確實做出了很大的成績，較皇疏有了明顯改進和提高，其成就並非“詳”字所能涵蓋；邢疏這方面的成績多屬於語言學、考據學領域，但其成果並不限於這些方面，邢疏在疏體和思想上的貢獻也不應忽視。

《四庫全書總目》云：“今觀其書，大抵翦皇氏之枝蔓，而稍傅以義理，漢學、宋學兹其轉關。”④ 前此，武英殿於乾隆四年（1739）校刻《論語注疏》，國子監祭酒陸宗楷於書末撰《論語注疏考證跋語》云：“要其薈萃群言，創通大義，已爲程朱開其先路矣。”時皇疏尚未回傳國内⑤，故有邢疏“薈萃群言”語，不及《總目》所言爲確，而其“創通大義，已爲程朱開其先路矣”語實開《總目》評語之先。今天看來，《總目》和陸宗楷《跋語》對邢疏的評價未免過於粗率，因爲邢疏與皇疏文本之異絶非一句“翦皇氏之枝蔓”所能説明，而邢

① 見王應麟《玉海》卷四一“咸平論語正義”條引，景印文淵閣《四庫全書》本，第944册，第142頁。

② 朱傑人、嚴佐之、劉永翔主編《朱子全書》第十二册，上海、合肥：上海古籍出版社、安徽教育出版社2002年版，第3613頁。

③ 景印文淵閣《四庫全書》本，第195册，第528頁。周中孚著，黄曙輝、印曉峰標校《鄭堂讀書記》（上），上海：上海古籍出版社2009年版，第204頁。

④ （清）永瑢等撰《四庫全書總目》，北京：中華書局1965年版，第291頁。

⑤ 皇疏約南宋中期失傳於我國，後無復稱引之者。對其回傳，武内義雄《校〈論語義疏〉雜識》（江俠庵編譯《先秦經籍考》，上海文藝出版社1990年版）云：“輸入中國約在乾隆二十六年辛巳（1761）之後，十年間事，獻此於遺書局。先收於《四庫全書》，次爲武英殿覆刻，次爲知不足齋重刊。”

疏有義理，皇疏亦有義理，邢疏與皇疏在思想、義理上是明顯不同的，這種不同更值得人們探討。

今天，更應該具體深入地全面挖掘邢昺《論語正義》的學術價值。

（作者單位：南京師範大學文學院）

儒家典籍與思想研究（第十四輯）
北京大學出版社，2022年8月 ·專人專書·

《孟子音義》影宋抄本考校

——兼論宋蜀刻大字本之刊刻質量及文獻價值

李峻岫

【内容提要】 孫奭《孟子音義》宋刻本已不傳，現存影宋抄本相較其他通行本最能存宋本舊貌，但學界對影抄本的質量優劣、訛誤來源、是否完全反映宋本原貌等問題尚缺乏深入探討。本文對現存的三部影宋抄本——毛抄本、錢抄本（存黄丕烈影刻本），以及前人較少留意的天禄琳琅舊藏影宋抄本的面貌特徵、流傳逐一進行考論；通過異文比勘，對影宋三本的異同及源流關係加以分析，並在此基礎上對其所據底本，即宋蜀刻大字本《孟子音義》的刊刻質量及文獻價值作出估量和評價。

【關鍵詞】 《孟子音義》 影宋抄本 校勘 宋蜀刻大字本

《孟子音義》二卷，北宋孫奭撰。孫奭（962—1033），字宗古，博州博平人（今山東茌平）。太宗朝九經及第，爲莒縣主簿，遷大理評事、國子監直講。真宗、仁宗朝歷任工部郎中、龍圖閣待制、兵部侍郎、龍圖閣學士，以太子少傅致仕。撰有《孟子音義》《經典徽言》《崇祀録》《五經節解》等。真宗大中祥符五年（1012）孫奭等奉詔校定《孟子》，又撰寫《孟子音義》二卷[①]。陳隋之際，陸德明所著《經典釋文》爲儒家十二部經籍及《老子》《莊子》撰作“音義”，但未收《孟子》，孫奭《孟子音義》恰可視爲對《經典釋文》之補充。該書依仿《經典釋文》之體例，以東漢趙岐《孟子》注本爲據，對唐陸善經、張鎰、丁公著三家《孟子》注，尤其是張氏、丁氏二家注正訛補缺，以注音爲主，兼有釋義、校勘。分章完全依據趙注本，所釋字詞範圍涉及《孟子》正文及趙注、章指及《孟子題辭》《孟子篇敘》。因此，《孟子音義》實際保存了唐

① 參見（清）徐松輯《宋會要輯稿·崇儒》四之四，上海：大東書局1935年版；（宋）王應麟《玉海》卷四三《藝文》“景德校諸子”條，影印光緒九年浙江書局本，南京：江蘇古籍出版社、上海：上海書店1987年版，第815頁。

宋之際趙注本的部分文字樣貌，對於校勘趙注本有不可替代的版本價值。

據史料記載，《孟子音義》最早刊行於北宋大中祥符七年（1014），由國子監刊行①。哲宗元符元年（1098），太學録鄧珫又乞選官刊正《孟子音義》②。宋元書目，如《郡齋讀書志》《直齋書録解題》《通志·藝文略》《宋史·藝文志》等皆著録《孟子音義》二卷。惜《孟子音義》之宋本流傳不廣，明清之際僅存一二，據文獻記載，爲宋蜀刻大字本③。嘉慶時黄丕烈嘗歎“欲求宋本面目，邈不可見矣”，又聽聞“宋刻真本在揚州某家，五硯樓主人曾見之”④，今則不知所在。宋蜀刻大字本《孟子》現存《續古逸叢書》及《四部叢刊》民國時影印本，另《春秋經傳集解》《周禮》及《禮記》皆有宋蜀刻大字本存世，學界一般認爲這四種經注本是孝宗時蜀學官刻經書之一，蓋即《九經三傳沿革例》所説“蜀學重刊大字本”⑤。《孟子音義》雖宋本無存，但尚存毛扆汲古閣影宋抄本（下文簡稱毛本），該本避宋諱，且避至孝宗“慎”字（詳見下文），與蜀大字本《孟子》避諱下限相同，可知二者刊刻時間大體一致，均在孝宗朝，很可能是同時刊刻。另，與毛本《孟子音義》同册的《孝經今文音義》《論語音義》二種，版式、行款、字體皆同；均避宋諱，《論語音義》避至“慎”字，且避孝宗“瑗”字諱。《古逸叢書》收録的咸豐年間潘錫爵影寫宋蜀刻大字本《尚書釋音》亦與前述三種《音義》版式、行款、字體相同⑥，避宋諱至“慎”字，不避“惇”字。另，蜀刻本《孟子音義》雖較《孟子》行款稍密（前者半頁十行，行十八字；後者半頁八行，行十六字），但從單字規格來看，仍屬大字本範疇⑦。毛

---

① （宋）王應麟《玉海》卷四三《藝文》“景德校諸子”條，第815頁。

② （宋）李燾《續資治通鑑長編》卷五〇三，第20册，北京：中華書局2004年版，第11981頁。

③ 宋本《孟子音義》在明清之際的庋藏情況，可參看顧永新《經學文獻的衍生和通俗化》（上册），北京：北京大學出版社2014年版，第292—293頁。

④ （清）黄丕烈《重雕蜀大字本孟子音義跋》，《三經音義》卷末，頁一，清嘉慶十八年士禮居刻本。

⑤ 參見張麗娟《宋代經書注疏刊刻研究》，北京：北京大學出版社2013年版，第97—103頁。

⑥ 此本之情況可參看顧永新《經學文獻的衍生和通俗化》（上册），第113—115頁。

⑦ 石祥《歷史中的“大字”與“中字”：宋元刻書實態的一個初步假説》考證《周禮》等蜀刻大字本規格，其版框高度23.5～23.8釐米、寬度16～17.2釐米，平均每字1.48×2釐米。（《歷史文獻研究》第46輯，揚州：廣陵書社2021年，第30頁）依此計算方式，毛本版框高度24.2釐米、寬度16.7釐米，平均每字1.34×1.67釐米；天禄琳琅舊藏抄本版框高度23.6釐米、寬度17.2釐米，平均每字1.31×1.72釐米，皆與蜀刻大字經注本相近。影抄本一般同大影寫原刻，因而此數據應能大致代表宋蜀刻本《孟子音義》之規格。

本《音義》卷末毛扆題識“從蜀本大字宋板影寫”，以及士禮居影刻本卷末黄丕烈跋“重雕蜀大字本《孟子音義》”云云，可證此蜀本清代學者皆以大字本視之。綜上可以推知，孝宗時蜀地除刊刻大字本群經經注外，還曾刊刻過單經之大字本《釋文》或《音義》。

清代隨着樸學之風的興起，對古注舊本日漸重視，著意恢復和保存宋元舊籍，遂湧現出多部影抄、影刻、校刻之本。現存版本中，抄本有清初毛本、清宫天禄琳琅藏影宋抄本（下文簡稱天禄本）、乾隆間《四庫全書》本（下文簡稱四庫本）、朱邦衡手校抄本等，刻本有康熙間《通志堂經解》本（下文簡稱通志堂本）、乾隆間孔繼涵《微波榭叢書》本（下文簡稱孔本）、韓岱雲刻本（下文簡稱韓本）、盧文弨龍城書院刻本（下文簡稱盧本）、嘉慶間黄丕烈影刻錢曾述古堂影宋抄本（下文簡稱黄本）、道光間許瀚校刻甘泉汪氏藏影宋本（下文簡稱許本）、咸豐間《粤雅堂叢書》本（下文簡稱粤本）等。在《孟子音義》宋刻本已無存的情況下，清代的幾種影宋抄本就顯得彌足珍貴，因其最能保存宋本原貌。其餘衆本，如通志堂本、孔本等校刻本或四庫本等抄本，雖亦直接或間接來自於宋本，但均經過不同程度的校改。

影宋抄本依宋本原貌摹寫，因其追摹宋刻，與宋本酷肖，能存古本舊貌，故爲世人所珍視。乾隆時期編纂的《欽定天禄琳琅書目》，就將“影宋鈔本”置於宋版之後、元版之前，影宋抄本的裝幀亦與宋版、金版書相同，其對影宋本價值之推重可見一斑①。毛氏汲古閣之影抄本，因其紙墨精良，毫髮畢肖，向來被視爲“下真跡一等”，是影宋抄本中的佼佼者。今傳世之毛本《孟子音義》點畫如漆，古雅精工，當爲汲古閣精抄之本。陳鱣曾見《孝經》《論語》《孟子》三種《音義》的毛抄合裝本，跋其中之一《論語音義》云，“墨妙筆精，與宋刻真本無異”②。但仔細核檢毛本《孟子音義》，其中訛誤卻不少見。關於《孟子音義》影宋本的質量，已有學者研究指出，清人即有兩種不同評價③。一種是以陳鱣爲代表的，認爲影宋本文字較其他刻本爲善。陳氏跋錢曾述古堂影宋抄本《孟子音義》（下文簡稱錢本）中提出，“今以昆山徐氏、餘姚

① 參見劉薔《天禄琳琅知見書録》，北京：北京大學出版社 2017 年版，第 271 頁。

② （清）陳鱣《經籍跋文》“宋本《論語音義》跋”條，影印别下齋校本，《國家圖書館藏古籍題跋叢刊》第 5 册，北京：北京圖書館出版社 2002 年版，第 91 頁。

③ 參見王耐剛《〈孟子〉趙注流衍研究》，北京大學 2014 年博士研究生學位論文，第 170—172 頁。

盧氏、曲阜孔氏、安邱韓氏諸刻互證，惟此本爲善”①。一種則是段玉裁《與黄蕘圃論孟子音義書》中指出的，黄本中有不少疏誤，可見其所據之蜀本“亦未盡善”②。

陳鱣所舉影宋本之善僅兩處例證，且不具代表性③，而段玉裁所述則甚爲翔實，今將段氏所列黄本之疏誤詳録如下：

> 如“鄒與魯鬨”，“張：胡弄切，鬥聲。从門下者，下降切，義與巷同。此字从鬥，丁豆切，與門不同。丁：又胡降切。劉熙曰：鬨，鬭也，構兵以鬭也。《説文》云鬭也”。孔、韓皆不誤。此刻乃作“此字从門，丁豆切”，則大失分别門、鬥二形之意。况从鬥之字凡五，皆易爲从門耶？朱竹垞《經義攷》摘取“鬨鬭聲从門下者”七字，不得其句，可笑如此。又如《告子篇》“訑訑”下，“張：吐禾切。蓋言辭不正，欺罔於人，自誇大之皃。丁云：此字音他，又達可切。《説文》云欺也。字作訑者，音怡，訑訑，自足其智、不嗜善言之皃。今諸本皆作訑，即不合注意，當借讀爲詑，音怡”。此張本作訑，丁本作詑，而丁分别从也、从㐌之不同。彼二刻（筆者按：指孔繼涵本、韓岱雲本，段氏取二本以參覈）皆不誤。此刻四詑字三譌訑，僅一不譌，學者何以知丁氏分别之意耶？又如“匹雛”下，丁作“疋”，孫氏自定云：“今按《方言》‘尐，小也’，音節蓋與疋字相似，後人傳寫誤耳。”二刻不誤。尐字見《方言》《説文》，此孫説之最善者。今此刻注内疋字凡五，尐字一，皆作疋不分，則宣公佳處不湮没耶？又如《盡心》“飲然”下，孫云：“詳此義，内顧不足而有所然也。”然字乃欲字之誤。“兩馬”下“以目久遠”，目乃日之誤。《離婁》“何難”下“赴乃、死難”，乃是難之誤。《滕文》“成覸”下“古莧切”，莧乃莧之誤。《萬章》“郤之”，郤乃御之誤。《滕文》“放勳曰”下云“或作日”，日乃曰之誤。《離婁》“厲王流於彘”，“丁音帯”，帯乃滯之誤。《公孫丑》“袒裼裸裎”不誤，而《萬章》四字皆誤从衤。又如《滕文公》“師死而遂倍之”，“丁云：義當作借，古字借用耳”，借乃偝之誤。此條彼二刻不譌。又“懲艾”下“丁廢切”，丁謂丁氏也，廢上奪一字。孔本亦奪。韓本獨云“丁：魚廢切”，

① （清）陳鱣《經籍跋文》“宋本《孟子音義》跋”條，第99頁。

② （清）段玉裁《經韻樓集》卷四，頁三七上，《皇清經解》本。

③ 參見王耐剛《〈孟子〉趙注流衍研究》，第172頁。

其所據爲完善矣。又如《離婁》“王使人瞯夫子”，瞯，古莧切，又音閑。按：瞯即覵字，从目不从日，此刻从日作𣉊。《滕文公》矙字从目，此刻亦从日作𣋋。而《盡心》“皥皥如也”，古書皆从日作皥者，此刻轉从目作皡。此皆孔、韓不誤者也。又如《滕文公》“咻之嚾也”下，“丁云：按《玉篇》音囂，召呼也”。此或孫氏不能攷正，致誤本流傳，三刻皆同耳。嚾从雚聲，斷不可音囂。今本《玉篇》㗊部云“䴢，荒貫切，呼也，與唤同”，口部云嚾“與唤同”。《集韻》亦云𠿒、嚾同字。《説文》亦云“𠿒，呼也”。然則丁氏書必云《玉篇》作𠿒，召呼也，音義同唤。下文孫氏自定乃云：“今釋注意，音歡爲便，蓋讙譁字同。”是丁意嚾即唤，孫意嚾即讙，二説不同。今孔刻《孟子注》作讙（筆者按，核孔本實作“嚾”，韓本作“讙”，蓋段氏誤記），則又用孫説改之者也。此一條疑孫之誤，非刊本之誤。又如高宗嫌名“轂”則諱之，而《梁惠王》篇“構”轉不諱，初刻必不其然，是可以見述古底本非善刻也。①

段玉裁列舉了十餘條黄本之誤，多以誤字爲主，且注意辨明原書之誤與版刻之誤。當然其中也有將黄本不誤而反認作誤字者，如《滕文公上》“放勳曰”，段氏云：“‘或作日’，日乃曰之誤。”實則細審之，黄本即作“曰”。同篇“倍之”條，段氏云：“‘丁云：義當作借，古字借用耳’，借乃偝之誤。”實則黄本即作“偝”，右半部上“北”字書寫類“昔”字上半部，故易誤認作“借”。又，《盡心上》“欿然”條，“然”未必是“欲”字之誤，其他諸本亦未有作“欲”字者。另外，“構”字多次出現，有的避諱闕末筆，有的未避諱，此亦不能作爲是否初刻本之依據。不過總的來看，黄本確實誤字頗多，並非如黄跋所説僅有“一二誤字”②。

無論陳鱣所褒揚還是段玉裁所舉證之誤字，皆是就錢本或據錢本影刻之黄本而言，毛本及其他影宋抄本是否亦存在同樣的訛誤？這些訛誤究竟是影抄導致，還是如段氏所説，“是可以見述古底本非善刻也”③，亦即是所據宋本自身的問題？换而言之，現存幾種影宋本是否能真實完整地反映宋本原貌？欲破除這些疑問，只有深入文本、校勘諸本文字才能有所解答。目前學界雖對《孟子

① （清）段玉裁《與黄蕘圃論孟子音義書》，《經韻樓集》卷四，頁三七上至三九上。
② （清）黄丕烈《重雕蜀大字本孟子音義跋》，《三經音義》卷末，頁一上。
③ （清）段玉裁《與黄蕘圃論孟子音義書》，《經韻樓集》卷四，頁三九上。

音義》的版本及校勘有所探討①，但對清宫天禄琳琅舊藏影宋抄本尚缺乏關注，對幾部影宋本之間的異同、源流及其與宋刻底本的關係鮮少探討，因此在異文比勘、版本質量、文獻價值上還有深入拓展和研究的必要。以下本文先對現存的三部影宋抄本——毛本、錢本（存黄丕烈影刻本）、天禄本的面貌特徵及流傳情況逐一進行考述；再通過校勘，列出三本之異文及其訛誤，並對勘現存幾部通行本（通志堂本、孔本、韓本、四庫本、盧本、許本、粤本），在此基礎上，對影宋三本的異同及其源流關係加以分析，並嘗試對其所據底本，即宋蜀刻大字本《孟子音義》的刊刻質量和文獻價值作出估量和評價。

一、三部影宋抄本

（一）汲古閣影宋抄本

汲古閣是明末清初江蘇常熟藏書家毛晉（1599—1659）之藏書刻書處，所藏多宋元舊槧秘籍，其刻書之規模、影響爲歷代私家刻書之首，而其影宋元抄本繕寫精良，尤爲世所重，號爲“毛抄本”。毛晉幼子毛扆（1640—1713），字斧季，繼承其父志業，所刻書、抄書仍以汲古閣爲號。

汲古閣毛扆影宋抄本是現存《孟子音義》諸本中最早據宋本原樣影抄的版本，今藏蘇州圖書館。該本爲《孝經今文音義》《論語音義》《孟子音義》三種之合裝本，封面題簽“陸德明孝經論語音義 孫奭等孟子音義 趙歧孟子篇敘 蜀本大字宋板影寫”。三種《音義》，包括《孟子音義》後附《孟子篇敘》皆據宋蜀刻大字本影寫。半頁十行，每行大字十八字，小字雙行二十五字，白口，左右雙邊。《孟子音義》版心題“孟音”及卷第、頁次。其行款格式應是原樣照録宋本。首列“孟子音義序”，次孫奭銜名。鈐毛氏“宋本”“希世之珍”“毛晉私印”“子晉”“汲古主人”“毛扆之印”“斧季”諸印，毛扆對此本的珍愛程度可見一斑。後該本又經虞山席鑑、蘇州周錫瓚香嚴書屋、汪氏藝芸書舍收藏②，鈐“席氏玉照”“席鑑之印”“萸山珍本”“長洲汪駿昌印”“雅庭”等藏

① 關於《孟子音義》的版本考察，參見顧永新《經學文獻的衍生和通俗化》（上册），第292—313頁；王耐剛《〈孟子〉趙注流衍研究》，第166—178頁。又，李愛國《孟子音義校正》（《湖北社會科學》2009年第1期，第130—134頁）選取四庫全書本、微波榭本、通志堂本、士禮居本、粤雅堂本做了校勘。

② 毛本《孟子音義》之遞藏，可參看《蘇州圖書館古籍珍本叢刊》之《三經音義·前言》，北京：國家圖書館出版社2019年版，第3—5頁。

印。（見圖一）

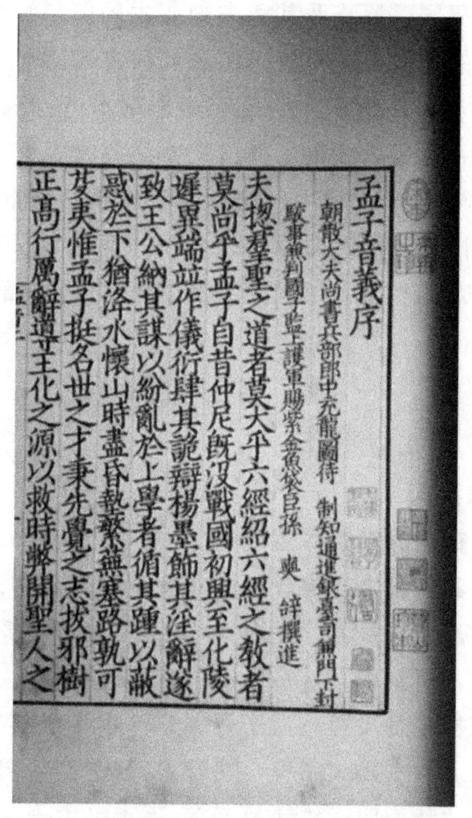

孟子音義序
朝散大夫尚書兵部郎中充龍圖待　制知通進銀臺司兼門下封
駮事兼判國子監上護軍賜紫金魚袋臣孫　奭　辞撰進
夫摠羣聖之道者莫大乎六經紹六經之教者
莫尚乎孟子自昔仲尼既沒戰國初興至化陵
遲異端竝作儀衍肆其詭辯楊墨飾其淫辭遂
致王公納其謀以紛亂於上學者循其蹤以蔽
惑於下猶洚水懷山時盡昏墊繁蕪塞路孰可
芟夷惟孟子挺名世之才秉先覺之志拔邪樹
正高行厲辭導王化之源以救時弊開聖人之

圖一　汲古閣影宋抄本《孟子音義》卷端

（《蘇州圖書館古籍珍本叢刊》之《三經音義》）蘇州圖書館藏

該本後附趙岐《孟子篇敘》一篇，末有毛扆跋，敘其得《孟子篇敘》經過："余在京師得宋本《孟子音義》，發而讀之，其條目有'孟子篇敘'，注云'此趙氏述《孟子》七篇所以相次敘之意'，茫然不知所謂。書賈又挾北宋板《章句》求售，亦係蜀本大字，皆章丘李氏開先藏書也。卷末有《篇敘》之文，狂喜叫絶，令僮子影寫攜歸，附於音釋之後，後人勿易視之也。虞山毛扆識。"可知《孟子音義》及《篇敘》皆據章丘李開先（號中麓）所藏宋蜀刻大字本影抄。毛扆《五色線跋》中自云"辛酉夏日，余訪書於章邱李氏中麓先生之後"①，

① （明）毛晉撰，潘景鄭校訂《汲古閣書跋》附編，上海：上海古籍出版社2005年版，第132頁。

因此一般認爲毛扆北上訪書的時間當是康熙二十年（辛酉，1681）前後[①]。《孟子音義下》末頁題識曰“虞山毛氏從蜀本大字宋板影寫謹藏於汲古閣”，《孟子篇敘》末行亦有同樣題識，可從側面説明二者是分别影抄的。

該本保留宋諱，“玹”“眩”“玄”“殷”“畜”“桓”“構”“彀”“慎”等字皆缺末筆，但避諱不甚嚴，如“徵”字不避諱，“構”有避有不避。《孟子篇敘》首行保留“孟子卷第十四”大題，行款不同於《音義》，爲半頁八行，小字雙行二十一字，且版心下方書“関西”二字，與影印蜀大字本《孟子》行款、格式、字體一致，可見《篇敘》亦是完全依照蜀大字本原樣抄録。

三種《音義》合裝本自明代即見著録，明楊士奇等所撰《文淵閣書目》卷一著録“《孝經論孟音義》一部一册”及“《論語音義》一部一册”[②]；明錢溥《秘閣書目》同樣既著録《孝經論孟音義》，也著録《論語音義》[③]，説明至晚明代前期即有三種《音義》合裝本，同時亦有單行本。可見毛抄三種《音義》合裝本的確淵源有自，但儘管如此，合裝本卻未必即是毛抄本之最初裝幀形態。後文論及的天禄琳琅藏影宋抄本係《孟子》與《孟子音義》同函、《音義》附後，此樣式大概頗能反映宋本《孟子》及《音義》的原始裝幀形式，即《孟子音義》附於《孟子》後，與之並行。清人書目著録中曾談及此，恰相印證。如勞權稱錢本影抄自“蜀大字本《孟子章句》後附《音義》”[④]。邵章《增訂四庫簡明目録標注續録》云：“單注季氏有北宋蜀大字本，附《音義》，最佳。”[⑤] 又，今復旦大學圖書館藏有乾隆時朱邦衡手校抄本《孟子章指》和《孟子音義》，二抄本卷端、卷末均有朱氏題識，《章指》卷端批注影宋抄本《孟子》行款，卷末題曰“乾隆丙午端午以汲古主人影宋蜀大字本比校一過”；《音義》卷端批注影宋抄本《孟子音義》行款，且稱其“附《孟子》卷末，另爲一册”，卷末題曰“乾隆丙午四月十七燈下以汲古閣影宋鈔本挍一遍”。可見乾隆丙午（1786）

---

① 《潘天禎文集》下編《毛扆書跋零拾》，上海：上海科學技術文獻出版社 2002 年版，第 285 頁。又參劉奉文《汲古後人毛斧季行年事跡考》，《北京圖書館館刊》1993 年 Z2 期，第 137 頁。

② 清文淵閣《四庫全書》本，頁三十三下、三十七上。

③ 《宋元明清書目題跋叢刊》（第四册），影印清抄本，北京：中華書局 2006 年版，第 224、225 頁。

④ （清）錢曾著，管庭芬、章鈺校證《讀書敏求記校證》卷一之上，上海：上海古籍出版社 2007 年版，第 36 頁。

⑤ （清）邵懿辰撰，邵章續録《增訂四庫簡明目録標注》卷四，上海：上海古籍出版社 1979 年版，第 137 頁。

朱氏曾借汲古閣影宋抄本《孟子》及《音義》校勘其抄本，且當時朱氏所見毛本《孟子音義》尚附於《孟子》之後。由此可知，毛本《孟子音義》原本附於影宋抄本《孟子》後，這應是毛本仿照宋蜀刻大字本而來的最初裝幀形態，亦是宋代監本之舊式。至嘉慶年間，黄丕烈影刻《孟子音義》時稱“香嚴本尚有《孝經今文音義》《論語音義》各一卷，與《孟子音義》合裝一册”①，同時之陳鱣目見此本，亦稱《論語音義》“與《孝經音義》《孟子音義》同一格式，合裝一册”②。黄、陳二人經眼時，該本皆已入藏周錫瓚處，可見周氏收藏時已同於今日所見三《音義》合訂的樣貌。合裝本蓋係毛本《孟子》與《孟子音義》分别散出後，後之藏家重新改裝的結果。毛本《音義》乾隆後期至嘉慶時期的收藏者即爲周錫瓚，推測三《音義》合訂很可能是周氏所爲③。

（二）錢曾述古堂影抄本及黄丕烈士禮居影刻本

毛扆同鄉錢曾（1629—1702），字遵王，號也是翁，家富藏書，多宋元善本，藏書室號述古堂、也是園，亦以影抄宋本聞名。所著《讀書敏求記》卷一之上著録“孫奭《孟子音義》二卷”，道光時藏書家勞權云“係蜀大字本《孟子章句》後附《音義》，此本即從此影鈔”④，可知錢曾同樣影抄過宋蜀刻大字本《孟子音義》。錢氏提要曰“《篇敘》世罕見之，藏書家宜廣其傳”云云⑤，可知錢本亦有《孟子篇敘》。陳鱣曾見此本，記録其首頁銜名格式及行款，“每半頁十行，每行大十八字，小二十五字”，與毛本相同；且該本“每後半葉格外上有‘虞山錢遵王述古堂藏書’細楷十字”⑥。

乾嘉時期，錢本在江南士人中有過借抄和傳刻。海寧吴騫跋汲古閣本《孟子注疏》云，“予求《篇敘》久而未獲，偶以新得《孟子外書》四篇攜示鮑君以文，亦出《孟子音義》抄本見示，蓋即錢氏之本，而爲武原友人吾君以方所手録也”，遂據此吾氏抄本《音義》後附《篇敘》，補抄於汲古閣本《孟子注疏》後⑦。又，《藏園群書經眼録》卷二亦著録“《孟子音義》二卷”，“影宋寫

---

① （清）黄丕烈《重雕蜀大字本孟子音義跋》，《三經音義》卷末，頁一下。按，香嚴書屋爲周錫瓚藏書樓。

② （清）陳鱣《經籍跋文》“宋本《論語音義》跋”條，第 91 頁。

③ 查今存世周錫瓚書目兩種：《琴清閣書目》（國家圖書館影印香嚴書屋稿本）、《漱六樓書目》（上海圖書館藏稿本），皆未見此三種毛本《音義》著録。

④ （清）錢曾著，管庭芬、章鈺校證《讀書敏求記校證》卷一之上，第 36 頁。

⑤ 同上書，第 37 頁。

⑥ （清）陳鱣《經籍跋文》“宋本《孟子音義》跋”條，第 98—99 頁。

⑦ （清）吴壽暘《拜經樓藏書題跋記》卷一，頁十五下，清道光二十七年海昌蔣氏刻本。

本，十行十八字，注雙行二十五字。闌外有‘虞山錢遵王述古堂藏書’小字一行，亦大末吾氏據述古堂影宋本影鈔者也。有‘大梅秘玩’朱文印（己巳）”①。傅增湘所言“大末吾氏”，即吴騫所云武原友人吾以方。大末，即大末縣，今浙江龍游，乃吾氏元代先祖吾丘衍之籍貫地。可見錢本又有吾氏抄本，後經鮑廷博收藏，吴氏、傅氏諸人所經眼。但無論是錢本原本還是吾氏抄本皆已不知所蹤，幸賴有嘉慶年間黄丕烈影刻錢本，可間接睹錢本面貌。

據黄丕烈《重雕蜀大字本孟子音義跋》，黄氏偶得錢曾述古堂藏影宋抄本而刻之，又據周錫瓚香嚴書屋藏汲古閣影宋抄本校勘，二本“同出一源”，差别微小；但《孟子篇敘》首行“孟子卷第十四”六字，“錢鈔已削之，非其舊矣”，不若毛本一仍舊觀。黄跋又云：“再香嚴本尚有《孝經今文音義》《論語音義》各一卷，與《孟子音義》合裝一册。兹就余所有刻之，餘二種尚須倩工模寫，願以異日。”因見周錫瓚藏本三種《音義》合裝一册，遂擬異日再據周藏本影寫《孝經今文音義》《論語音義》二種。據該跋，黄氏影刻述古堂藏本《孟子音義》，時在嘉慶十四年（己巳，1809）②。今存嘉慶十八年（癸酉，1813）士禮居影宋本《三經音義》，扉頁牌記云：“《孝經今文音義》《論語音義》各一卷，香嚴書屋藏汲古閣影宋鈔本，士禮居倩人影寫重雕，癸酉新秋工竣并記。”可知四年後黄氏確從周錫瓚處借得後兩種《音義》影刻之，合稱《三經音義》。《孝經今文音義》《論語音義》首頁之毛氏、席氏鈐章亦一併影刻。是黄刻《孟子音義》既有初刻單行本，又有後來與其他兩種《音義》合刻之《三經音義》本。今臺灣傅斯年圖書館藏《孟子音義》本有清道光二十九年（1849）錢綺題記，曰“余既得《三經音義》，復得此初刻單行《孟子音義》”云云③，可知傅圖藏本即爲士禮居初刻單行本。

今觀嘉慶十八年黄氏士禮居影刻本，框外左上保留書耳“虞山錢遵王述古堂藏書”十字，行款同毛本，文字樣貌亦與毛本十分接近。（見圖二）《孟子篇敘》占一整頁，首行確無“孟子卷第十四”六字，而始於小字“孟子篇敘”篇題，且版心下無“闕西”二字，與毛本不同；後半葉框外書耳亦有“虞山錢遵王述古堂藏書”十字。（見圖三）黄氏用毛本校過後，稱“卷中有一二誤字，兩本多同，當是宋刊原有，且文義顯然，讀者自辨，弗敢改易，致失其真”④。

① 傅增湘《藏園群書經眼録》卷二，北京：中華書局1983年版，第95頁。
② 以上據（清）黄丕烈《重雕蜀大字本孟子音義跋》，《三經音義》卷末，頁一至二。
③《傅斯年圖書館善本書志 經部》，臺北：中研院歷史語言研究所2013年版，第229頁。
④（清）黄丕烈《重雕蜀大字本孟子音義跋》，《三經音義》卷末，頁一上。

前引段玉裁《與黄蕘圃論孟子音義書》中曾指出，《梁惠王下》“鄒與魯鬨”條，從“鬥”之字皆誤作從“門”。朱邦衡抄本此條原作“鬥”不誤，但硃筆皆改作“門”，蓋朱氏據毛本對校時所改。黄丕烈於朱本當頁批校云：“玩注‘從門下者’、‘與門不同’云云，文理原當作‘鬥’，今硃筆所改從‘門’者皆非，疑當仍改從‘鬥’。想影鈔者誤耳，未必宋本之如是也。”足見黄氏乾隆間批校朱本時已意識到影宋本此條之誤，但後來影刻錢本時黄氏並未校改，這當然同其“弗敢改易，致失其真”的影刻原則是相關的。可見此本黄氏應是完全依照錢本原樣影刻的，即便有誤字亦未作校改，反映的應即錢本原貌①。

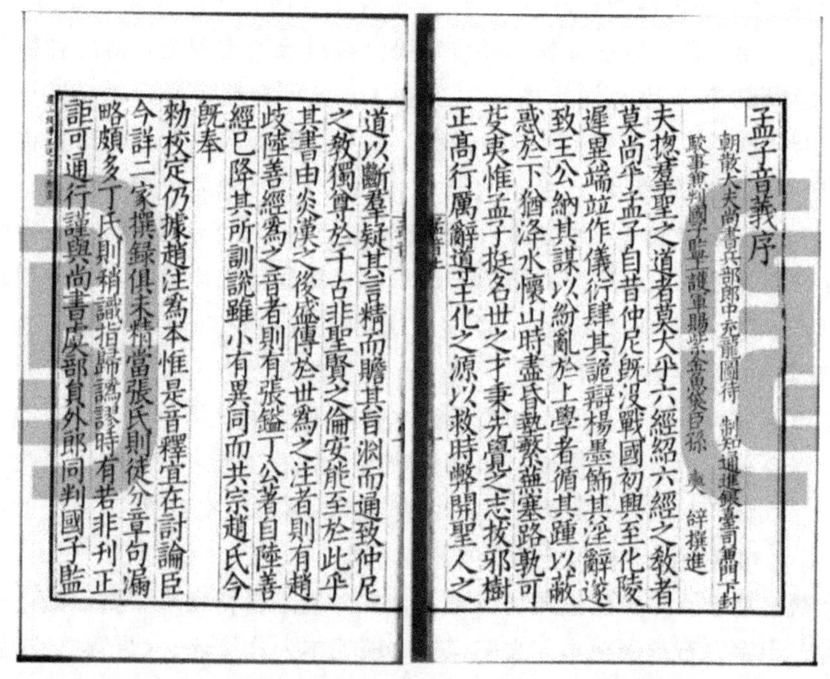
孟子音義序
朝散大夫尚書兵部郎中充龍圖待制知通進銀臺司兼門下封駁事兼判國子監護軍賜紫金魚袋臣孫奭撰進
夫總羣聖之道者莫大乎六經紹六經之教者莫尚乎孟子自昔仲尼既沒戰國初興至化陵遲異端並作儀衍肆其詭辯楊墨飾其淫辭遂致王公納其謀以紛亂於上學者循其踵以蔽惑於下猶洚水懷山時盡昏墊繁蕪塞路孰可芟夷惟孟子挺名世之才秉先覺之志拔邪樹正高行厲辭道王化之源以救時弊開聖人之道以斷羣疑其言精而贍其旨淵而通致仲尼之教獨尊於千古非聖賢之倫安能至於此乎其書由炎漢之後盛傳於世爲之注者則有趙岐陸善經爲之音者則有張鎰丁公著自陸善經已降其所訓說雖小有異同而共宗趙氏今既奉
勑校定仍據趙注爲本惟是音釋宜在討論臣今詳二家撰錄俱未精當張氏則徒分章句漏略頗多丁氏則稍識指歸譌謬時有若非刊正詎可通行謹與尚書虞部員外郎同判國子監

圖二　清嘉慶十八年黄氏士禮居刻《三經音義》本《孟子音義》首頁
（中國國家圖書館·中國國家數字圖書館網站）國家圖書館藏（善 A02069）

① 關於黄氏影刻宋本時的處理方法，可參看喬秀岩《古籍整理中的存真標準問題》，《文獻學讀書記》，北京：生活·讀書·新知三聯書店 2018 年版，第 54—55 頁。

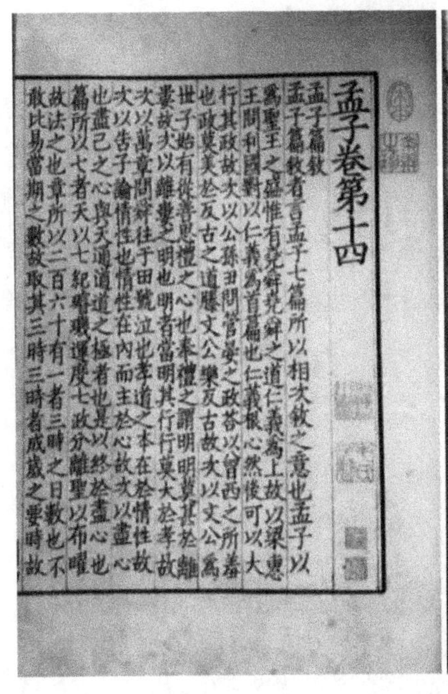

孟子卷第十四

孟子篇敘

孟子篇敘者言孟子七篇所以相次敘之意也孟子以爲聖王之盛惟有堯舜堯舜之道仁義爲上故以梁惠王問利國對以仁義爲首篇也仁義根心然後可以大行其政故次以公孫丑問管晏之政荅以曾西之所羞也政莫美於反古之道滕文公樂反古故次以文公爲世子始有從善思禮之心也奉禮之謂明明莫甚於離婁故次以離婁之明也明者當明其行行莫大於孝故次以萬章問舜往于田號泣也孝道之本在於情性故次以告子論情性也情性在內而主於心故次以盡心也盡己之心與天道通道之極者也是以終於盡心也篇所以七者天以七紀璿璣運度七政分離聖以布曜故法之也章所以二百六十有一者三時之日數也不敢比易當期之數故取其三時三時者成歲之要時故

圖三　《孟子音義》附《孟子篇敘》上半頁比較

左爲蘇州圖書館藏汲古閣影宋抄本（《蘇州圖書館古籍珍本叢刊》之《三經音義》），右爲國家圖書館藏嘉慶十八年黄氏士禮居刻本（中國國家圖書館·中國國家數字圖書館網站）

（三）清宫天禄琳琅藏影宋抄本

《天禄琳琅書目後編》卷八“影宋鈔諸部”收録：“《孟子》，一函八册。趙岐注，孫奭音義，見前。與上影鈔《孟子》（筆者按：指《後編》上條毛氏汲古閣影鈔盱郡翻刻廖本）另本，版式較闊大，鈔校工細。”① 該本今藏國家圖書館，著録爲清初影宋抄本。《孟子》趙注存卷一至卷四、卷七至卷十四，凡十二卷、六册，闕卷五、六一册；《孟子音義》二卷，一册。爲清宫藍色織錦書衣，開本闊大。每册封面，包括《音義》，皆題簽“趙注孟子”，内鈐“大三璽”及“天禄繼鑑”“乾隆御覽之寶”“天禄琳琅”諸印，《孟子音義》卷末又有“彭城仲子審定”及“曾在趙元方家”“趙鈁珍藏”“一廛十駕”印。可知該本清初曾經徐乾學次子徐炯收藏，後入藏清宫天禄琳琅，出清宫後爲近代藏書

① （清）于敏中、彭元瑞等《天禄琳琅書目 天禄琳琅書目後編》，上海：上海古籍出版社2007年版，第565頁。

家趙鈁（1905—1984）所藏，後捐與北京圖書館①。

該本《孟子》行款版式與今存影印宋蜀刻大字本相同，字體風格一致，《孟子音義》之行款版式、字體風格亦與毛本、錢本基本一致，可知也是影抄自宋蜀刻大字本。但該本《音義》後未附《孟子篇敘》。紙墨瑩潔，抄寫精審，其書寫點畫風格與毛本、錢本大同而小異，相比之下，某些字的書寫特徵更具蜀大字本特質，如徵、惴、揣等山字部首往右下歪斜，“上”字短橫上挑，“以”字第二筆點上挑連筆等，這些書風上較毛本、錢本更突出，而與影印宋蜀刻大字本《孟子》相同。（見圖四）

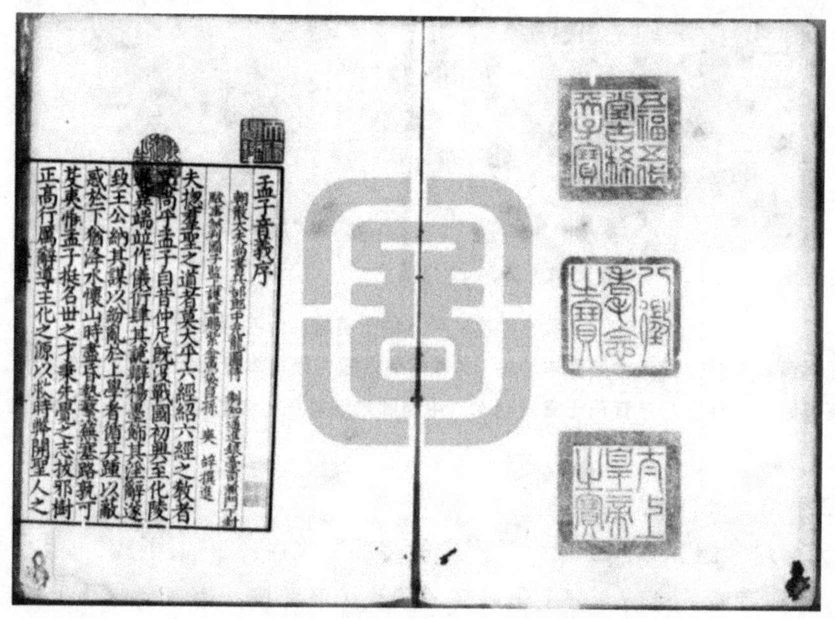

圖四　天禄琳琅舊藏清影宋抄本《孟子音義》卷端

（中國國家圖書館·中國國家數字圖書館網站）國家圖書館藏（善 05845）

按徐炯（1657—1722），字章仲，號自彊，康熙二十一年（1682）進士，官至山東提學使、直隸巡道等。繼承傳是樓藏書，勤於訪購舊籍。傳是樓抄録之書亦復不少，此本或爲徐氏家抄之本，但無徐乾學藏書印記，僅有徐炯鈐印，當非徐氏父子遞藏之書，而是康熙三十三年徐乾學去世後徐炯抄録收藏之本。今國圖藏清初影抄元相臺岳氏刻本《孝經》，有“傳是樓”“徐炯珍藏祕籍”“徐仲子”等鈐印，亦有“彭城仲子審定”印，與該《孟子音義》抄

① 參見劉薔《天禄琳琅知見書録》，第 274 頁。

本情況近似，同爲徐炯抄録收藏本。繆荃孫曾收藏，並稱其“摹寫極精”。何焯《跋孟子音義》云：“《篇敘》自世綵堂以下諸刻皆闕，毛丈斧季爲東海司寇購得章邱李中麓少卿所藏北宋本乃有之，余又傳於毛氏也。”① 按，東海司寇即徐乾學，據何氏説，則毛扆所購李開先藏本《孟子音義》後爲徐乾學所得②。那麽此抄本是否有可能爲徐炯在世時影抄傳是樓家藏之李開先傳本？惜文獻闕如，亦不得而知。

除以上三種影抄本外，今天津圖書館尚藏有一部《孟子音義》抄本。據天津圖書館館藏著録，行款版式爲半頁十行，行二十五字，白口，左右雙邊，單黑魚尾，版心中書“孟音”及卷次。鈐“徐維則讀書記”朱方印。徐維則(1867—1919)，浙江紹興人。字仲咫，號以悉（又作以孫、貽孫），繼承其父徐友蘭之藏書事業，治金石目録之學。撰有《述史樓書目》等，輯刻《鑄學齋叢書》。該本之行款版式與毛本基本相同，疑亦爲影抄宋本。因館區修繕，未能查閲。

又，前面曾提及復旦大學圖書館藏乾隆朱邦衡手校抄本《孟子音義》，該本無板框、界行，行款爲半頁十一行，行大字十六，小字雙行二十二字。其行款與上述影宋本不同，字體亦不類宋本，且很少避宋諱，抄寫筆跡較爲率意，可知非影抄之本。黄丕烈乾隆庚戌（1790）春訪朱氏，曾據戴震刻《孟子音義》（按，即孔本）校讀此本，云其爲“手鈔影宋鈔本”。惜未知所出底本究竟爲何。朱氏曾據毛本校録此本，其與毛本不同處用硃筆標示，從異文來看，其所據底本與以上所論三種影宋抄本皆有不同。另，國圖藏有一抄本，附於清康熙刻《通志堂經解》本《經典釋文》之後，半頁十一行，行大字十七，小字雙行二十三至二十四字，白口，左右雙邊，有清何煌校跋。經筆者目驗，此本當爲抄寫通志堂本《孟子音義》，亦非影宋本。

---

① （清）何焯《義門先生集》卷九，頁二上，清道光三十年刻本。

② 潘天禎先生認爲何焯所言“爲東海司寇購得”云云“蓋微言也”，實際爲徐乾學豪奪而去。（見《潘天禎文集》下編《毛扆書跋零拾》，第 286 頁。）顧永新先生認爲，徐乾學所得應包括《趙注孟子》和《音義》兩種。（顧永新《經學文獻的衍生和通俗化》上册，第 293 頁。）今存徐乾學《傳是樓宋元版書目》中未著録此本，《傳是樓書目》中則著録“《孝經釋文》一卷附《論語》《孟子音義》一本”（《傳是樓書目》“經部”，頁四八下，清陸香圃三間草堂抄本），亦不似該本。又著録“《孟子》十四卷趙岐注一本”（同前書，頁五二上），不詳何本。

二、影宋三本之文字異同及關係

爲了對影宋諸本的文本異同、異文正誤及版本關係有清晰深入的認識，本文將毛本與黄本、天禄本進行對勘，將影宋三本文字不同者列爲表一，影宋三本皆誤者列爲表二，附於文末，同時校以清代幾部通行本（通志堂本、孔本、韓本、四庫本、盧本、許本、粤本），以見諸本與影宋本之異同[①]。元盱郡翻刻宋廖瑩中世綵堂本《孟子》[②]、日本覆宋本《音注孟子》[③]皆爲附釋音本，所録孫奭《音義》保留了宋元古本面貌，對判斷異文正誤有重要的參考價值，因而作爲參校。清代學者於《音義》有數種校勘成果，如阮元《孟子音義校勘記》、繆荃孫《孟子音義札記》、《粤雅堂叢書》本曾冕士校等，本文亦加以吸收和借鑑。參校文獻情況酌情列入備注，以供讀者參考。

（一）毛本、錢本之異同及關係

表一統計毛本、黄本、天禄本文字不同者，凡 36 條。其中黄本與毛本不同者僅 3 條，即第 17 條毛本“涅”，黄本作“湼”；第 23 條毛本“瞯”，黄本作“矙”；第 27 條“音”字，毛本字殘，黄本不殘。此外，毛本、黄本還有兩種避諱字情況不同，未列入表中，即黄本“丘”字皆缺筆避諱，毛本不避，天禄本同毛本；《梁惠王章句下》“聞與”條“慎”字，毛本、天禄本缺末筆避諱，黄本不避。可見黄本（亦可説是錢本）與毛本之間差别甚小，除卻上文所述及《孟子篇敘》的個别細節不同外，二本正文部分僅極少量文字小異。

關於錢本之底本來源，上文已述及，錢本同毛本一様，亦是影抄自蜀大字本《音義》。而錢本與毛本面貌如此相近，很可能係影抄自同一本。錢曾與毛晉、毛扆父子爲世交，過從甚密。錢曾《讀書敏求記》卷二《夢粱録跋》云：

> 斧季從輦下還，解裝出書二百餘帙，邀予往視，皆祕本也。因笑曰：“僕頃游南昌，空橐抵里。途次作得詩三十餘首，每詫於人，此行可爲壯游矣。……子今搜奇覓異，捆載祕書而還，視予幾句窮途酸語，所得不已遼乎？”季歎曰：“浪跡兩年，未嘗遇一真好書人，歸而求之於子，有餘師

---

① 爲避免繁冗，避諱之異同未計入；己、已、巳版刻混用字之異同未計入。表二“汏汰”“述述”等少末點的不規範書寫亦不計入。

② 《天禄琳琅叢書》本，民國二十年（1931）故宫博物院影印。

③ 民國五至六年（1916—1917）羅振玉《吉石盦叢書二集》影印日德富氏成簣堂藏本。

矣。當悉索以供繕寫，毋煩借書一瓻。但視世之夢夢粥粥，假牧兒之蓋，而乞鄰女之光者，我兩人好尚之異同，爲何如耶?”予因次第借歸，自春徂秋，十鈔五六。《夢粱録》亦其一焉。嗟嗟，近代藏書家推章丘李氏、金陵焦氏，王孫則西亭之萬卷樓。……今斧季所購，乃中麓祕藏之物，予不敢忘其所自，遂牽連書之如此。①

可見康熙二十年前後，毛扆北上訪書返回常熟後，嘗邀錢曾觀覽，且非常慷慨地將所購秘本借給錢曾，以供抄寫，錢曾因而得以次第借歸，“十鈔五六”。《夢粱録》即爲其中之一，亦是毛扆北上所購李開先藏書。雖然《孟子音義》在錢曾書目中未注明來源，但推測很可能也是這次毛扆北上購書後，錢曾借歸“十鈔五六”中之一部。尤可注意者是，《孟子篇敘》本非《音義》原有，而是最早由毛扆據蜀大字本《孟子》抄録，附於《音義》之後。毛本之外，現存諸抄本、刻本中僅錢本（黄本）同樣有《篇敘》一文，蓋亦可爲錢本源於毛扆藏本之佐證。

（二）天禄本之異文及來源

表一 36 條中，第 4 條毛本、黄本及諸本“橈”字，天禄本作“撓”，“撓”通“橈”，“橈”爲橈屈義本字；第 12、32、35 條係天禄本字誤②；第 16 條毛本、黄本“咮”字，天禄本作“咻”，咻爲咮之異體；第 17 條天禄本“涅”字同毛本，爲俗字；第 27 條天禄本“音”字不殘，與黄本同。除以上 7 條外，其餘 29 條皆爲毛本、黄本闕誤，天禄本不誤者。所對應毛本、黄本的異文，除了殘字、闕字（第 1、3、14 條）外，大部分是形近訛字，如“丁”誤“下”、“含”誤“舍”、“洽”誤“治”、“讁”誤“讁”、“由”誤“田”、“吝”誤“各”、“桷”誤“桶”等。這其中亦包括因部首形近而致誤，如“⺮艹”“忄亻”“木米”“扌木”“目月”“日目”“礻衤”“矛予”等；或者書寫不規範，如“突”、“炙”等字少一點，以及“末未”這樣的混用字。而段玉裁列舉的黄本誤字，有四處天禄本不誤（第 7、18、23、30 條）。上述毛本、黄本的誤字，天禄本之外的其他版本亦大都得以校改，仍有版本訛誤的是第 2、6、7、10、11、19 六條。其中尤值得關注的是第 2 條，“下”，天禄本作“丁”。繆荃孫《孟子音義札記》云：

① （清）錢曾著，管庭芬、章鈺校證《讀書敏求記校證》卷二之下，第 181 頁。

② 第 12 條、32 條梱字、隗字衆本中僅天禄本誤，疑是天禄本抄録時致訛。第 35 條“曾晳”之“晳”字，爲晳字之省訛，雖然天禄本、四庫本、許本同誤，但晳、晳極易混淆，亦疑是各自抄録或版刻致誤。

“侯氏康據景北宋鈔本作‘丁子小切’，謹按全書體例，出兩字有音釋者，下一字則言‘下’以别之，若兩字中惟下字須音則不言‘下’，此條唯‘勦’字有音，不必言‘下’也，當從宋本。”① 所言甚是。諸本中僅許本、粵本不誤，同天禄本。另，繆氏所云作“丁”者是嘉、道間侯康所據“景北宋鈔本”，不知此影宋本來源，但此處異文與天禄本相同。又，第7條毛本、黄本作“筧”，天禄本作“莧”。段玉裁校曰：“筧乃莧之誤。”② 阮校亦云：“孔本作‘筧’。案，从竹非也。”③ 按《廣韻》“覸”字有“古莧切”音，覸、莧均屬襉韻，而筧屬銑韻。盱郡本《孟子》《音注孟子》本此條音注皆作“古莧”。又，《音義》《離婁下》“瞯夫”亦注音作“古莧切”。可知天禄本作“莧”是。

表二統計天禄本與毛本、黄本同誤者，凡57條。其中影宋三本誤，其他諸本皆是者21條；三本誤，其他諸本正誤參錯者33條；衆本皆誤者3條（第25、44、54條）。三本之誤，主要集中在誤字、脱文、條目先後錯置三個方面。其中脱文者有6條（第9、11、15、16、21、23），條目先後錯置者有4條（第2、35、37、45），其餘大半皆爲誤字，而尤以形近訛字爲主。不難看出，雖然表一中天禄本已經避免了一些毛本、黄本中的形訛誤字，如“衤礻”“目月”“日目”“扌木”之類的部首錯訛，但三本仍共存不少相似情形的誤字，其他如“朿束”“阝卩”“巳㔾”“門鬥”等形近之誤亦是多次出現。

綜合表一、表二可知，天禄本較毛本、黄本少了29條文字錯訛，新增誤字3條，文字質量稍優於後二者。但總體來看，三本各種闕脱訛誤確實不少，毛、黄二本各有80餘條，天禄本爲60條。那麽這種種錯訛究竟是影抄所致，還是宋本原有？從異文統計來看，毛本和黄本影刻的錢本兩種影抄本的錯訛情况基本一致，而且據上文考論，二者很可能出自同一宋本，那麽毛、錢二本共有的錯訛應該就是所據底本即宋蜀刻大字本原有的，而非抄録致誤。天禄本的文字質量稍優於二本，其異文來源存在兩種可能：一種是抄寫過程中有意校改部分誤字闕字；一種是所據底本不同與毛、錢二本，爲另一宋蜀大字印本。據元岳氏《九經三傳沿革例》記載，宋代蜀地刊刻經書中大字本有“蜀大字舊

① （清）繆荃孫《孟子音義札記》，《繆荃孫全集·雜著》，南京：鳳凰出版社2014年版，第438頁。

② （清）段玉裁《經韻樓集》卷四，頁三八上。

③ （清）阮元《孟子音義校勘記》卷上，《十三經注疏校勘記》，影印南圖藏清嘉慶阮氏文選樓刻本，《續修四庫全書》第183册，上海：上海古籍出版社2002年版，第545頁。

本”和“蜀學重刊大字本”①，天禄本的異文是否因係不同刊本而引起的文字差異？

筆者考察認爲，天禄本異文係抄寫過程中校改的可能性更大，理由如下：

一、天禄本同毛、黄本雖然有一些文字差異，但行款版式完全相同，文字特徵也大都具有高度的一致性，尤可注意者是一些細微特徵上的相同點。如《梁惠王上》“賈”字條，“賈”字上半部“襾”中多一横；“魯閧”條兩“構”字，上“構”字避諱缺末筆，下“構”字不避；《公孫丑上》“輔相”條，兩“輔”字條目標目字有末筆點，注文則無，以上三種情況三本皆同。這意味着天禄本與毛、錢二本所據底本係出同源，即便底本具體版本有别，也只能是關係極近的同一蜀本的不同印本，僅替换過一些版片或局部修版。

二、天禄本與毛、黄本的三十多條異文，分佈在不同篇卷（涉及十卷及《孟子題辭》）及版葉，呈分散性狀態，並没有集中出現在個别版葉。因此，基本可排除天禄本異文是因所據底本替换部分版片或局部修版造成的可能性。

三、天禄本《孟子音義》附於《孟子》之後，二書同函且裝幀、題簽一致，當爲同時抄録。因此，天禄本《孟子》與宋蜀刻大字本的關係應當可以爲我們判定《孟子音義》的異文來源提供借鑑。筆者將天禄本《孟子》與《續古逸叢書》影印宋蜀刻大字本核校，發現天禄本有個别文字與影印本不同，但二本的版式行款、字體風格、避諱缺筆相同，尤其在一些細微的版刻特徵上也完全一致，如多數版心下方題“關西”二字，且頁碼相同②；卷十三頁一、二版心上方有“民”字，下有“關西”，頁五版心下有“民”字；卷四末頁因正文滿頁，爲節約版片而省去卷末尾題，於末行最下端代之以“卷末”的花魚尾標識；卷十頁三上行一“聖之事”，“聖”字下空半格；卷十一頁十四下倒數行一“飲食思”三字擠刻；一些文字較爲特殊的書寫筆畫特徵也相同。鑒於上述版刻特徵尤其是細微特殊之處二本完全相同，可知天禄本《孟子》所據底本應與《續古逸叢書》影印底本同版，天禄本《孟子》呈現的個别異文應當是抄寫時有意校改或無意疏誤所致。進而可以推斷，天禄本《孟子音義》的異文也應當是抄寫時有意校改或無意疏誤所致，而非底本是不同刊本、印本造成，其底本當與毛、錢二本相同或同源。當然，天禄本的異文可能另有淵源，不排除其抄録時參據了其他校本或抄本。

---

① 《相臺書塾刊正九經三傳沿革例》，《叢書集成初編》本，上海：商務印書館 1936 年版，第 2 頁。

② 經筆者核校，全本僅兩處“關西”字影印本有而天禄本無，當爲漏抄。

三、宋蜀刻大字本《孟子音義》的刊刻質量及文獻價值

通過以上對影宋本異文的統計分析，可以推知，毛、黄本的錯訛應當大致反映了宋蜀刻大字本《孟子音義》的原有面貌，作爲影宋本祖本的宋蜀刻大字本的確疏誤較多。其中有些訛誤，如“礻衤”“扌木”“未末”“啇商”“剌刺”“棘棘”“氾汜”“郤卻”“搏摶”“慱博”“門鬥”之混用等，是版刻中較爲常見的手民之誤，在宋代版刻中固屬常見，尚不足爲怪。而其他誤字，諸如下丁、音皆、舍含、筧莧、愼傎、各吝、桶椭、仍仞、氏緜、鼏鼎、亡土、比此、育盲、目日等等，如許魚魯之訛在篇幅不大的《音義》中集中出現，則令人不得不承認，作爲影抄本底本的宋蜀刻大字本，或許正如段玉裁所云，“述古底本非善刻也”①，其刊刻質量委實不盡如人意。與《孟子音義》大概同時刊刻的宋蜀刻大字本《孟子》，從現存影印本來看，也存在不少脱誤。據筆者校勘，其中既不乏常見的版刻訛字，諸如“礻衤”“扌木”“未末”“剌刺”“郤卻”“慱博”“門鬥”混用等，也有生王、若苦、詩時、諫謀、意患、壞壞、問聞、未木、漉瀌、万方、民氏等形近誤字，還有數處脱文。其文字訛脱情形與《孟子音義》相近，惟誤字佔比較《音義》爲低。南宋孝宗時蜀刻大字本《孟子》及《孟子音義》皆當祖出北宋監本，但因缺乏蜀本之前的版本實物及相關文獻，其訛脱來源尚難以追溯，推測其誤既有承襲祖本者，也有校刻不精而新致誤者。

蜀刻大字本《孟子音義》儘管各種訛誤不少，但作爲宋本畢竟淵源較古，相比後世諸多校刻本，更接近《音義》祖本，因而其文字仍具有重要的校勘價值，值得我們加以研究利用。筆者將影宋三本與清代通行諸本相校，其異文較諸本爲是或兩通者近百條。限於篇幅，此處列舉代表性的數例如下，以見宋本之異文優勝處。

1.《孟子題辭》“趙生”條，影宋三本及許、粤本作“生”，通、孔、韓、庫、盧本作“注”。按《音注孟子》作“生”，而《孟子注疏》正義引作“注”，疑通、孔諸本據注疏本改。孫奭《音義》乃以趙注本爲據，注疏本於孫奭身後晚出，爲託名孫奭之僞作②，且正義引趙注及章指時多所删節改易，故不應以

① （清）段玉裁《經韻樓集》卷四，頁三九上。

② 參看李峻岫《〈孟子〉疏作僞問題考論》，《中國典籍與文化》2014年第2期，第64—72頁。

注疏本爲據。此處當作“生”爲是。

2.《梁惠王下》“孰樂”條“此章内‘孰樂’‘樂邪’‘樂也’‘同樂’‘樂其事’皆同”，“事”字，通、孔、韓、庫、盧諸本作“字”，許、粵本同影宋三本作“事”。按，“樂其事”見於此章“莊暴見孟子”章章指，若作“‘樂其’字皆同”，似文義亦通，但按諸《音義》文例，類似列舉字詞“某某皆同”或“某某同”者皆無“字”字，故此處應以作“事”字爲是。

3.《滕文公上》“不與焉”條，“丁音豫”，“丁”字通、孔、韓、庫、盧諸本皆作“下”。按，此與表一第2條“下子小切”情況相同，如繆氏所説，如所出音釋僅兩字中之下字注音則不言“下”，故此處當以影宋三本及許、粵本作“丁”爲是。

4.《離婁上》“惡死”條，“下惡醉、所惡皆同”之“所惡”，通、孔、韓、庫、盧諸本作“喻惡”。按：“惡醉”見於本篇“孟子曰三代之得天下也以仁”章“是由惡醉而强酒”，“所惡”見於後文“孟子曰桀紂之失天下也”章“所惡勿施爾也”。而“喻惡”不見於經注本《孟子》及八行本《孟子注疏》。核元刻明修本、閩、監、毛三本及阮本《孟子注疏》，“是由惡醉而强酒”下趙注文末較經注本及八行本衍“喻惡亡而樂不仁也”句，可知通、孔等諸本作“喻惡”乃據晚出之注疏本誤校改。影宋三本及許、粵本作“所惡”是。

5.《離婁下》，影宋三本及許、粵本作“三十三章”，通、孔、韓、庫、盧俱作“三十二章”。按，宋蜀刻大字本《孟子》本篇實爲三十三章，《音注孟子》本篇亦題作“三十三章”，當以作“三”爲是。

6.《離婁下》“田菜”條“《禮》曰大夫有菜以處其子孫”，“有菜”之“菜”字，影宋三本及許、粵本作“菜”，通、孔、韓、庫、盧諸本作“采”。按，該句“《禮》曰”云云，出自《禮記·禮運》，通行《禮記》各本皆作“采”，通、孔諸本蓋因此而作“采”。但“菜”通“采”，亦有采地義。此處《音義》釋“田菜”之“菜”，按諸上下文“丁云：菜謂菜地。菜之言采也，故《禮》曰……”云云，《音義》原文引《禮記》應作“菜”。

7.《萬章下》，影宋三本及許、粵本作“凡九章”，通、孔、韓、庫、盧諸本俱作“凡七章”。阮校云：“七當作九。”① 按，宋蜀刻大字本《孟子》本篇實爲九章，《音注孟子》本篇亦題作“九章”，當以作“九”爲是。

8.《萬章下》“傳質”條，影宋三本及通、孔、韓、庫本皆作“丁讀如

① （清）阮元《孟子音義校勘記》卷下，《十三經注疏校勘記》，第546頁。

贊”，“贊”字盱郡本《孟子》《音注孟子》同，盧、許、粵本作“字”。李愛國文指出，“按照《音義》音注體例，若是‘如字’，通常無‘讀’字，直接寫‘丁如字’”[①]。所言是，此處作“字”誤。

9.《盡心上》“樂莫”條，“下樂在、樂善、樂其、所樂、樂堯、樂義、之樂、樂風、樂爲、而樂、樂而、三樂、樂也、所樂、樂之皆同”，其中“樂堯”之“堯”，影宋三本及粵本作“堯”，通、孔、韓、庫、盧、許諸本皆改作“道”。按《孟子》原文，“古之賢王好善而忘勢”章，“樂堯”前後文皆有“樂道”一詞，但孫氏這裏並未列舉本篇所有“樂”字相關語詞，則“樂堯”可能爲《音義》原文，不改爲是。

10.《盡心下》“皆樂”條“下樂工、樂者、樂道、般樂皆同”（即表二第54條），“工”字，通、孔、韓、庫、盧本作“其”，許本作“五”，影宋三本及粵本作“工”。粵本曾冕士校曰：“當作‘樂音’。工乃音之殘文，其乃音之誤。”[②] 按《孟子》趙注，該條“皆樂”詞頭出自《盡心下》“孟子曰民爲貴”章注“天下丘民皆樂其政”，通、孔、韓、盧本作“其”，是又將“皆樂”之“樂”與下“其”字連屬，遂致一“樂”字而重出，殊不合體例，屬誤改。“皆樂”後又一“樂”字核諸《孟子》趙注原文，當出自“孟子曰口之於味也”章注“耳之樂音聲”。該文經注本諸本皆作“樂音聲”，八行本、阮本等注疏本則作“樂五音”，當依經注本作“音”爲是。許本作“五”，當係據注疏本誤改。影宋三本及粵本作“工”，則如曾氏所云，尚保留部分原貌。

11.《盡心下》“有殍”條“張音孚”，“孚”字許、粵本作“莩”，影宋三本及通、孔、韓、庫、盧諸本皆作“孚”。按《廣韻》三十小，“莩”字平表切，同殍，“又音孚”，可見“莩”字亦有“孚”音。李愛國先生認爲用孚或莩均可，“究竟張氏原本用何字，已難考察”[③]。但按諸盱郡本《孟子》《音注孟子》，二本皆作“孚”，可知影宋三本及通、孔諸本作“孚”應近是。

12.《盡心下》“榱題”條“題，頭也”，“頭也”釋“榱題”之“題”，通、孔、韓、庫、盧諸本皆脱“頭”字，影宋三本及許、粵本不脱，當是。

13.《孟子音義》裏有大量的反切注音，大都是作“某某切”，但影宋三本

① 李愛國《〈孟子音義〉校正》，第133頁。

② （宋）孫奭《孟子音義下》，影印咸豐十年南海伍氏《粵雅堂叢書》本，《叢書集成新編》第39册，臺北：新文豐出版公司1985年版，第194頁。

③ 李愛國《〈孟子音義〉校正》，第134頁。

有 5 處皆作“某某反”，與其他諸本不同（參見表三）[①]。關於反切後綴，學界一般認爲，唐代及之前的反切作“某某反”，典型例證如《經典釋文》，而“某某切”大約在中晚唐才開始出現。有學者根據《文選》的版本演變推知，反切後綴大規模地改“反”爲“切”始於北宋國子監本，即太宗雍熙三年（986）徐鉉校定《説文解字》與之後一系列官方書籍的印刻[②]。《孟子音義》撰作並刊行於真宗大中祥符年間，正處於北宋初年改“反”爲“切”的演變時期，故其反切注音主要采用了當時流行的“某某切”，而影宋三本殘存的作“反”的少量例證，應當是孫奭撰作時對前代舊有注音格式之沿用，屬於改而未盡者，恰恰反映了反切後綴演變過程中的歷史真實。清代後出的諸本將“反”字改爲整齊劃一的“切”字，反而泯滅了孫奭注的原貌。

綜上可見，宋蜀刻大字本《孟子音義》儘管疏誤不少，刊刻質量並非上乘，但因其未經後人校改，其訛誤相對而言亦較爲明顯，“誤之迹往往可尋”[③]。清代後出諸刻本或抄本，雖校改了不少宋本顯誤之字，但所改之處難免有誤改臆改者，且因其校改依據來源複雜，其誤往往有隱晦不易發現處，如前列 1、4、10 等條，經與影宋本比勘，方知諸本乃據晚出之注疏本誤改；再如後出諸本將幾條反切綴語改“反”作“切”，若非校勘影宋本，則難以知曉孫奭注本之原貌，此正可見宋本之可貴處。而在宋本無存的情況下，影宋本綿延一線之傳，其文獻價值自不可泯，理應引起學界的重視，並在今後的整理研究中進一步加以利用。

附：表一

序號	篇目	條目	毛本	黄本	天禄本	通行諸本（通志堂本、孔本、韓本、四庫本、盧本、許本、粵本）	備注
1	孟子題辭	錧鎋	車⿰金二	同	釭	皆作釭。	或因宋本原本殘泐導致影寫失誤。

① 《梁惠王上》“數口”條“丁色主切”及《公孫丑上》“徹”字條“直列切”，二“切”字，惟四庫本作“反”，影宋三本及其他諸本皆作“切”。此二條應係四庫本誤改，與其他諸條情況不同，故未列入表三。

② 韓丹、黄笑山《也談改“反”爲“切”——以〈文選〉諸版本音注術語的演變爲切入點》，《漢語史學報》第二十二輯，上海：上海教育出版社 2020 年，第 1—14 頁。

③ （清）顧廣圻《顧千里集》卷一〇《韓非子識誤序》，北京：中華書局 2007 年版，第 153 頁。

續表

序號	篇目	條目	毛本	黄本	天禄本	通行諸本（通志堂本、孔本、韓本、四庫本、盧本、許本、粵本）	備注
2		心勦	下子小切	同	丁	許、粵本作丁，他本皆作下。	
3	梁惠王下	哿矣	工可力	同	切	皆作切。	
4	公孫丑上	橈	橈	同	撓	皆作橈。	
5		氓	氓，……音音肓	同	皆	皆作皆。	
6		函	音舍	同	含	盧本脱此條，他本皆作含。	
7	滕文公上	覸	古筧切	同	莧	韓、盧、許、粵本作莧，他本皆作筧。	
8		瞑眩憒亂	瞑或作慎，即音颠	同	傎	皆作傎。	
9		磿	音義與糜同	同	糜	皆作糜。	
10		索綯	下音挑	同	桃	粵本作挑，他本皆作桃。	綯、桃《廣韻》皆屬豪韻，挑《廣韻》屬蕭韻。盱郡本、《音注孟子》本作桃。
11		盻盻	丁作盻，許乙切	同	肹	粵本作盻，他本皆作肸。	“丁作盻”之“盻”與此條詞頭雷同，當誤。《廣韻》肸一音“許乙切”。肹爲肸之俗字。
12		捆屨	埤倉曰捆	同	梱	皆作捆。	據《音義》下云“從扌。從木者誤也”，此處當作捆。
13			裍	同	裍	皆作裍。	

續表

序號	篇目	條目	毛本	黄本	天禄本	通行諸本（通志堂本、孔本、韓本、四庫本、盧本、許本、粵本）	備注
14		鳴鴃	毛詩作□	同	鶪	孔本作鶪，他本皆作鶪。	毛、黄本皆空一格，闕文。
15		籠臿	楚治切	同	洽	皆作洽。	臿，《廣韻》"楚洽切"。《音注孟子》本作洽。
16	滕文公下	咻之	咻	同	咻	皆作咻。	
17		涅	涅	湼	同	通志堂本作湼，四庫本作湼，他本皆作涅。	"涅"之正字，當依《説文》从土从日。湼見《玉篇》，爲俗字。《字鑑》："俗下从工匠字作湼，誤。"又，《正字通》："俗从臼从工作湼，尤非。"
18		矙	矙	同	矙	皆作矙。	
19		己頻顣	頻亦作嚬	同	嚬	四庫本作"顰嚬同"，他本皆作嚬。	
20	離婁上	與適	丁音讁	同	謫	皆作謫。	
21	離婁下	檮杌	擣	同	檮	皆作檮。	
22		我由	丁云田與猶義同	同	由	皆作由。	
23		瞯夫	瞯	瞯	瞯	皆作瞯。	
24	萬章上	好事	卷未	同	末	皆作末。	
25	萬章下	不與	音豫	同	豫	皆作豫。	
26		接淅	淅，丁張並先歷切	同	淅	皆作淅。	
27		顔般	亠（音字殘）	音	音	皆作音。	
28	告子上	有梏亡之	悔各利害	同	吝	皆作吝。	

續表

序號	篇目	條目	毛本	黄本	天禄本	通行諸本（通志堂本、孔本、韓本、四庫本、盧本、許本、粤本）	備注
29	盡心上	亟見	土吏切	同	去	皆作去。	盱郡本、《音注孟子》本皆作去。亟，《廣韻》“去吏切”。
30		暤暤	“暭暭”及注文“暭”	同	暭	韓本作暤，四庫本作皥，他本皆作暭。	暤爲本字，《説文》：“从日臯聲。”段注：“俗从白作皥。”又，《玉篇》作“暭”。皥，《正字通》：“俗皥字。”暭亦爲俗字。
31		摩突	突	同	突	皆作突。	
32		喟	丘愧切	同	媿	皆作愧。	盱郡本、《音注孟子》本皆作“丘愧”切，《廣韻》一音亦同。《廣韻》中愧、喟同屬至韻，媿屬賄韻。
33	盡心下	勳炙	炙	同	炙	皆作炙。	
34		榱題	爾雅曰桷	同	桷	皆作桷。	
35		晳	晳	同	晳	四庫本、許本作皙，他本皆作晳。	曾晳之晳，本從白。晳爲後起省訛分化之字。《説文》：“皙，人色白也。从白，析聲。”段注：“今字皆省作晳，非也。”
36		炙	炙	同	炙	皆作炙。	

表二

序號	篇目	條目	毛本	黄本	天禄本	通行諸本（通志堂本、孔本、韓本、四庫本、盧本、許本、粵本）	備注
1	孟子題辭	衿	衿	同	同	皆作衿。	
2	梁惠王上	集穆	此條在“王好”條下	同	同	通、庫、盧、粵本同毛本，孔、韓、許本皆在“亦樂”條上。	
3		亟	音棘	同	同	韓、盧、許、粵本作棘，他本皆作棘。	
4		不督	督	同	同	皆作督。	
5		於牣	丁本作仍	同	同	盧本、許本作仞，通、孔、韓、粵本作仍。	
6		刺人	刺	同	同	韓、粵本作刺，他本皆作刺。	
7		便嬖	婢氏切	同	同	粵本作氏，他本皆作緜。	盱郡本、《音注孟子》本“便”字皆作“婢緜”切，作緜是。
8		聞與	罪與	同	同	皆作鼎。	按《孟子》無“罪與”文，當作鼎。
9	梁惠王下	凡十六章	脱	同	同	皆不脱。	
10		其相	下相亡同	同	同	粵本作亡，他本皆作土。	按《孟子》文，當作土。
11		畜君	下子畜同	同	同	許、粵本同毛本，他本“下”字下有“注”字。	
12		魯閧	閧、鬬、門	同	同	皆作閧、鬬、門。	

續表

序號	篇目	條目	毛本	黄本	天禄本	通行諸本（通志堂本、孔本、韓本、四庫本、盧本、許本、粵本）	備注
13	公孫丑上	氓	音肓	同	同	通志堂本作盲，他本皆作肓。	按《音注孟子》本作盲，作盲是。
14		袒裼裸裎	袒裼裸裎	同	同	皆作袒裼裸裎。	
15	公孫丑下	凡十四章	脱	同	同	皆不脱。	
16	滕文公上	凡五章	脱	同	同	皆不脱。	
17		督趣	督	同	同	皆作督。	
18		亟其乘屋	音棘	同	同	通、孔、四庫本同毛本，他本皆作棘。	
19		羸路	字亦作羸	同	同	粵本同毛本，韓本作臝，他本皆作羸。	阮校：“孔、盧作羸是也。”
20		氾濫	氾濫	同	同	通志堂本作氾，他本皆作氾。	
21		懲艾	丁廢切	同	同	韓本、許本“廢”上有“魚”字，他本同毛本。	阮校：“魚字當有。”繆荃孫校：“《廣韵》二十廢：艾，魚肺切。當從韓本。”
22		倍蓰	倍謂半倍而益之	同	同	盧、許、粵本作蓰，他本作倍。	
23			一作五倍曰蓰	同	同	韓本“作”下有“蓰”字，他本同毛本。	
24	滕文公下	簞食	比章	同	同	皆作此。	

續表

序號	篇目	條目	毛本	黄本	天禄本	通行諸本（通志堂本、孔本、韓本、四庫本、盧本、許本、粵本）	備注
25		嚾也	音嚚	同	同	韓、許、粵本同毛本，他本皆作躢。	諸本皆誤。按正文所引段玉裁説及《玉篇》，此處本應作嚻，毛本等訛作嚚，通、孔、庫、盧諸本又訛作躢。
26		汜	汜	同	同	通志堂本作汜，他本皆作氾。	
27	離婁上	流於齂	丁音帶	同	同	韓本、許本作滯，他本皆作帶。	
28		瘦	瘦	同	同	皆作廋。	
29		惡得	烏可已也	同	同	韓、許、粵本作惡，他本作烏。	
30		晳	晳	同	同	孔本、韓本作晳，他本皆作晢。	
31		亟見	音棘	同	同	韓、盧、許、粵本作棘，他本皆作棘。	
32		底	底	同	同	孔本、粵本作底，他本皆作厎。	蜀大字本、盱郡本作厎，《音注孟子》本作底。阮校：“當作厎。”
33	離婁下	畎夷	始犬切	同	同	韓本作姑，他本皆作始。	繆荃孫校：“《説文》‘畎’即‘く’之篆文，‘く’徐音姑泫切。《廣均》二十七銑‘畎’姑泫切，《釋文》《尚書音義》‘畎’公犬反。‘公’‘姑’同聲，‘泫’‘犬’同均，此作‘始’，誤。”
34		何難	下……其難、赴乃、死難皆同	同	同	通、孔、四庫本作乃，他本皆作難。	

續表

序號	篇目	條目	毛本	黄本	天禄本	通行諸本（通志堂本、孔本、韓本、四庫本、盧本、許本、粤本）	備注
35		蚤	此條在“饜”字條上	同	同	許本、粤本同毛本，他本該條皆在“饜”字條下。	
36	萬章上	不見	比章	同	同	皆作此。	
37		浚	此條在“揜”字條下	同	同	粤本同毛本，他本該條皆在“揜”字條上。	
38		癰	廱	同	同	皆作癰。	
39	萬章下	卻之	郤	同	同	通志堂本、四庫本作郤，孔本作却，他本皆作卻。	
40	告子上	搏之	丁作搏，音團	同	同	粤本作搏，他本皆作搏。	
41	告子下	揣	初	同	同	皆作初。	
42		匹雛	疋小也	同	同	通、庫、粤本作疋，他本皆作尐。	
43		繆公	下注秦穆同	同	同	通、孔、四庫本作穆，他本皆作繆。	
44		訑訑	字作訑者……訑訑……諸本皆作訑……借讀爲訑	同	同	通志堂本、四庫本同毛本；孔、韓、許本前兩處作“字作訑者”“訑訑”，後兩處同毛本；盧本作“字作詑不”，後三處同毛本；粤本前三處同毛本，最後一字作“訑”。	粤本曾冕士校曰：“微波榭本‘字作訑者音怡’‘訑訑自足’‘借讀爲訑’，四訑字皆作訑。按《説文》有詑（即訑字之變），無訑，故微波榭本改作訑耳。今考《説文》‘詑，欺也’，孫氏之意似是諸本作訑，孫破作訑。惟諸本作訑，故張‘吐禾切’，丁音他，又引《説文》爲證。若作訑，

續表

序號	篇目	條目	毛本	黄本	天禄本	通行諸本（通志堂本、孔本、韓本、四庫本、盧本、許本、粤本）	備注
44							則《説文》所無，不應先引《説文》'欺也'之文，下又云'字作訑者，音怡。訑訑，自足其智不耆善言之貌'矣。云'字作訑者，音怡'，明與吐禾切之訑不同。趙注云'訑訑者，自足其智不嗜善言之貌'，與欺義不相蒙，故謂'諸本作訑，不合注意，當借讀爲訑，音怡'也。詞旨明了如此，乃欲引《説文》之義以繩之，非孫氏之舊。"按：諸本皆誤，段玉裁以孔、韓本爲是，係誤斷。曾校所言近是。依曾校，此條大字當作"訑訑"，"諸本皆作"下作"訑"，其他四字作"訑"。
45		鬻	此條在"曾益"條上	同	同	盧、許本該條在"曾益"條下，他本同毛本。	
46	盡心上	亟其	音棘	同	同	通、孔、四庫本作棘，他本皆作棘。	
47		襁褓	襁褓，褓	同	同	盧本、許本作繈緥、緥，他本皆作襁褓、褓。	
48			博物志	同	同	皆作博。	

續表

序號	篇目	條目	毛本	黄本	天禄本	通行諸本（通志堂本、孔本、韓本、四庫本、盧本、許本、粵本）	備注
49		放與	下禁與、予與皆同。	同	同	許、粵本作子，他本皆作予。	按《盡心上》“孟子自范之齊”章，當作子。
50		瞀	瞀	同	同	皆作瞀。	
51	盡心下	三十七章	三十七章	同	同	孔本作九，許本作八，他本皆作七。	阮校：“七、九並非，當作八。”《音注孟子》本作八。作八是。
52		袗衣	二“袗”字	同	同	皆作袗。	
53		袗畫	袗	同	同	皆作袗。	
54		皆樂	樂工	同	同	許本作五，粵本作工，他本皆作其。	
55		兩馬	以目久遠	同	同	皆作日。	
56		搏	補各切	同	同	皆作補。	
57		横興	下擴暴同	同	同	皆作横。	

表三

序號	篇目	條目	毛本	黄本	天禄本	通行諸本（通志堂本、孔本、韓本、四庫本、盧本、許本、粵本）
1	梁惠王下	放	方往反	同	同	通志堂本、四庫本同毛本，他本皆作切。
2	公孫丑上	羞惡	丁烏故反	同	同	皆作切。
3	萬章上	横爲	胡孟反	同	同	通志堂本同毛本，他本皆作切。
4	盡心上	囂囂	五高反	同	同	韓本同毛本，他本皆作切。
5	盡心下	子率	所類反	同	同	通、孔、四庫本同毛本，他本皆作切。

（本文寫作蒙張麗娟老師指點，戴海斌、張鈺翰二位老師提供文獻幫助，謹致謝忱）

（作者單位：北京大學《儒藏》編纂與研究中心）

儒家典籍與思想研究（第十四輯）
北京大學出版社，2022 年 8 月

宋翔鳳《孟子趙注補正》的《孟子》研究

李暢然

【内容提要】 與桂文燦《孟子趙注考證》之差强人意不同，清宋翔鳳的《孟子趙注補正》六卷資料豐富，有所裁斷，多所發明，是《孟子》學的一部力作。該書成於道光二十年（1840），雖然當未見過焦循《孟子正義》，但自身輯引了大量清代學者包括其父及莊存與的《孟》學資料，可與焦疏參照，特别是補其未備。該書常將《孟子》異文判斷爲漢劉熙本，可以作爲他所輯《孟子劉熙注》的一個補充。該書體現出宋氏的《春秋》今文學思想，可與《論語説義》參看。該書於孟子生平、天文曆法、禮制、訓詁，都表現出較高的造詣，提出了值得重視的觀點和材料。

【關鍵詞】 趙岐　劉熙　資料性　考據學　今文經學

清代以趙注爲基礎通注《孟子》的有七種——現存的嘉慶末年焦循《孟子正義》、道光間淩江、淩堃、淩奎三兄弟的《孟子補義》和失傳的五部《孟子》新疏[①]——邵晉涵《孟子述義》、錢東垣《孟子解誼》、錢侗《孟子正義》或《孟子義疏》、樊廷簡的《孟子注疏解經》以及孔廣銘的《孟子義疏》;[②] 此外專門研究趙注或漢注的有五種：宋翔鳳的《孟子趙注補正》、桂文燦的《孟子趙注考證》、俞樾的《群經平議》和《孟子古注擇從》，以及王元稚的《讀趙注隨

① 不過淩氏三兄弟的《孟子補義》並非專宗趙注，而是“以趙注爲主，間引劉（熙）注、孫疏，餘不之及，亦間有訂正趙注處”，詳中國科學院圖書館整理《續修四庫全書總目提要·經部》，北京：中華書局 1993 年版，第 931—932 頁。

② 其中錢東垣的《孟子解誼》並不宗趙注，而是“輯劉熙、綦毋邃、陸善經諸儒古注及顧炎武、閻若璩、同時師友之論，附以己見”，詳《清史稿》卷四八一錢氏本傳，北京：中華書局 1976—1977 年版，第 13236 頁。

筆》。排除淩氏三兄弟和錢東垣的書，合計清代圍繞趙注的著作約十種[①]。書名中帶用“趙注”二字的有兩種，其中桂文燦《孟子趙注考證》一卷價值較低，本文則研究宋翔鳳《孟子趙注補正》六卷的價值。

宋翔鳳（1776—1860），字于庭，江蘇長洲（今蘇州）人，清常州今文學派的代表人物之一，其師兼舅氏莊述祖謂“劉甥（劉逢禄）可師，宋甥可友”。嘉慶五年（1800）舉人，選泰州學正，歷官湖南新寧（今資興）、耒陽等知縣。代表著作爲《論語説義》十卷和《過庭録》十六卷，又輯有《論語鄭注》十卷、《孟子劉熙注》一卷，著有《大學古義説》二卷、《孟子趙注補正》六卷、《四書釋地辨證》二卷，《卦氣解》一卷，《尚書説》一卷、《尚書譜》一卷，《爾雅釋服》一卷、《小爾雅訓纂》六卷，《五經要義》一卷、《五經通義》一卷。[②]

宋翔鳳《孟子趙注補正》雖名曰“趙注補正”，卻非駁正趙注的專著，而是所“正”者少而所“補”者多，屬於研究《孟子》的專著。只不過清代多數學者的專著以宋朱熹《孟子集注》爲基礎，而本書則以漢趙岐《孟子章句》爲基礎而已。《趙注補正》與《論語説義》同序於道光二十年（1840），交代了成書始末：

> 余少習《孟子》，得“轉附朝儛”之説，方從學伯舅葆琛先生（引者按，莊述祖），先生極以爲然。至京師，王石渠先生（引者按，王念孫）聞其解“西喪地於秦七百里”而是之；又獲交臧君西成（引者按，臧庸），與論孟子年月事蹟，深致往復。
>
> 當歲庚午（1810），隨侍先君子於水城通判官廨，即欲取邠卿之注而補之。奔走四方三十餘年，其間時時有獲。自羈宦湘中，承乏兩邑，奉嚴促之令，馭凋攰之民，終歲受責，晨夕愳歡，幾同邠卿所云“困吝之中，精神遐漂”；又以年暮無子，恐一旦徂謝，則平生所得，將就放失，乃於簿書之暇，粗事寫定，以行世焉。（1 下）[③]

本書道光間浮溪精舍本已不傳，尚有《皇清經解續編》［光緒十四年（1888）

---

① 詳李暢然《清代〈孟子〉學史大綱》第五章第三節“清代朱熹的《四書章句集注》依然通行及其原因”，北京：北京大學出版社 2011 年版，第 350 頁。此外有蔣一鑒的《孟子章句考年》（1834 刊），只是年譜類著作，並非圍繞趙注，詳《續修四庫全書總目提要・經部》，第 928 頁。

② 以上《清史稿》卷四八二本傳，第 13268 頁。

③ 指《續修四庫全書》第 159 册影印清光緒十七年廣雅書局刻本，第 1 頁下欄，餘仿此。

南菁書院刊本、光緒十五年（1889）上海蜚英館石印本〕和光緒十七年廣雅書局刻本。本文據廣雅書局本。

一、《孟子趙注補正》的資料價值與是否見過焦疏

宋翔鳳《孟子趙注補正》屬於劄記體，六卷計248條①，《告子》《盡心》合一卷②。先舉標目的經書文句，趙注倘有相關內容亦引在前面，正文先引列前人相關研究，最後是宋翔鳳按語。是書雖云“趙注補正”，對前人研究的引用卻佔據全書內容的主體，很多條目連作者按語都没有。可以説，引用諸家宏博，是此書的首要特點。作者於二十七年前的嘉慶十八年（1813）即刊有《四書古今訓釋》十九卷，據陳預序，乃“積十餘年而編”成，“是非得失，在閲者之自求，而不爲論斷”（第1葉下半葉一第2葉上半葉）③，《孟子趙注補正》在資料上應該是利用了之前的積累，然後又加上自己的取捨按斷，以及自己創發的條目。據筆者不完全統計，本書所引用宋以後學者有如下諸家：宋人王柏(1)、衛湜（1)、劉昌詩（1)，明人顧大韶（3)，清人顧炎武（2次)、閻若璩(45)、全祖望（1)、江永（2)、惠棟（1)、段玉裁（2)、王念孫（3)、王引之(4)、孔廣森（12)、孫星衍（3)、翟灝（32)、武億（2)、李兆洛（3)、管同(6)、劉臺拱（2)、錢大昕（9)、錢坫（1)、宋翔鳳父（1)、莊存與（2)、莊述祖（2)、臧庸（7)、淩廷堪（1)、陳壽祺（1)、丁杰（1)，小小篇幅，已達二十八家。諸家當中，大宗是閻若璩和翟灝，毛奇齡則概無一見。與《四書古今訓釋》的引用書目相校，清儒少了胡渭、何焯、孫志祖、程瑶田、戴震、王鳴盛、邵晉涵、金榜、阮元、徐頲等，增加的則有高郵二王、孔廣森、孫星衍、武億、管同、劉臺拱、宋翔鳳父、陳壽祺、丁杰等人，其中唯出於戴震門下的二王和孔廣森引用率較高。

《孟子趙注補正》既然引據宏富，自然與稍早完成暨刊行的焦循《孟子正義》有參差。同樣的材料，有的比焦疏引得完備，有的則更簡略些。可補焦疏所未備者，如《告子下》：“有人於此，越人關弓而射之，則己談笑而道之。無

---

① 卷一《梁惠王》29條（含《孟子題辭》5條)，卷二《公孫丑》36條，卷三《滕文公》44條，卷四《離婁》21條，卷五《萬章》59條，卷六59條（《告子》34條，《盡心》25條)。

② 有趣的是宋翔鳳六年後刊行的《四書纂言》三十七卷，《告子》《盡心》亦是合爲薄薄一卷，可見這兩卷雖於性理關係巨大，考據任務則甚小。

③ （清）嘉慶十八年長洲宋氏浮谿草堂刻本，北京大學圖書館藏。

他，疏之也。”關於“談笑”，《趙注補正》云：

> 《經義述聞》曰：“《詩》‘不敢戲談’，箋云：‘又長女之威，不敢相戲而言語。’引之謹案，談亦戲也。《玉篇》《廣韻》並云：‘談，戲調也。’（自注：《廣雅》：‘啁，調。’《衆經音義》十二：‘古文謿，今作嘲，又作啁。’）《孟子》‘則已談笑而道之’，‘談笑’者，調笑也。調、談一聲之轉。戲而嘲之謂之調，亦謂之談，故以‘戲談’連文。‘戲談’猶‘戲謔’。”（卷六“則已談笑而道之”條，55上）

此條焦疏未引，故可補其未備。《萬章下》：“位卑而言高，罪也。立乎人之本朝而道不行，恥也。”關於“本朝”，《趙注補正》云：

> 王曰：“朝廷者，一國之本，故曰‘本朝’。《漢書·李尋傳》：‘宜固志健威，閉絶私路，拔進英雋，退不任職，以彊本朝。夫本彊則精神折衝，本弱則招殃致凶。’是其義。《秦策》：‘本國殘，社稷壞。’在國謂之‘本國’，猶朝謂之‘本朝’也。《大戴·保傅篇》：‘賢者立於本朝，而天下之豪相率而趨之。’《管子·重令篇》：‘謹於鄉里之行，而不逆於本朝之事。’《晏子·諫篇》：‘本朝之臣，慙守其職。’《孟子》：‘立乎人之本朝’云云。《荀子·仲尼篇》：‘本朝之臣，莫之敢惡也。’《儒效篇》：‘儒者在本朝則善政。’《吕氏春秋·音律篇》：‘本朝不靜，草木早槁。’皆謂朝廷爲‘本朝’。”（卷五“立乎人之本朝”條，51上）

引文出自《經義述聞》卷三一，焦疏未引。按，《經義述聞》先後有嘉慶間不分卷本、二十一年十五卷本和道光二年三十二卷本，焦循生前得見前兩種，而《孟子正義》唯於卷三（第七章）一引是書，個中原委待詳。《滕文公上》：“如必自爲而後用之，是率天下而路也！”關於“路”，趙注：“是率導天下之人以羸困之路也。”《趙注補正》云：

> 《管子·戒篇》：“舉齊國之幣，握路家五十室。”王尚書引之曰：“‘握’當作‘振’。”《説文》：“振，舉救也。”“路”讀爲“露”，露家，困窮之家也。《方言》：“露，敗也。”《莊子·漁父》曰：“田荒室露。”
>
> 《管子·四時篇》：“國家乃路。”“路”亦同“露”，亦訓敗也。《孟子》“率天下而路”，趙注謂“羸困之路”，義與《管子》同。（卷三“是率天下而路也”條，21下）

引文出自王念孫《讀書雜誌》，焦疏未引；而宋氏未標舉王氏，殆有疏誤。當然此條唐人舊注已發其端。孫奭《音義》:“丁、張並云‘路’與‘露’同。”(卷上,《四庫全書》本)按,焦疏未引過《雜誌》。是書蓋嘉慶十七年(1812)至道光十二年(1832)(含餘編二卷),一説嘉慶二十二年至道光十一年(不含餘編)陸續刻成,焦循或未及見。

個别情況下,宋書與焦疏引了二王不同的著作,但觀點材料基本一致。《公孫丑下》:“不得,不可以爲悦,無財,不可以爲悦;得之爲有財,古之人皆用之,吾何爲獨不然?”《趙注補正》云:

> 王念孫《讀書雜誌》曰:“《國策·西周篇》‘秦與天下俱罷’,案‘俱’字後人所加。‘與’猶‘爲’也,謂秦爲天下所罷也。《秦策》吴王夫差‘遂與句踐禽’,言爲句踐所禽也。
>
> “‘爲’謂之‘與’,‘與’亦謂之‘爲’。《齊策》張儀‘以梁爲齊戰於承筐’,言以梁與齊戰也。《孟子》‘得之爲有財,古人皆用之’,言得之與有財也。《史記·淳于髡傳》‘豈寡人不足爲言邪’,言不足與言也。是‘爲’‘與’二字聲相轉而義亦相通也。”(卷二“得之爲有財”,14上下)

焦疏則引王引之《經傳釋詞》:

> 王引之《經傳釋詞》云:“家大人曰:‘爲’猶‘與’也。《管子·戒篇》‘自妾之身之不爲人持接也’,尹知章注云:‘爲猶與也。’《孟子》‘得之爲有財’,言得之與有財也。”[(清)焦循 撰,沈文倬 點校《孟子正義·卷九 公孫丑章句下·七章》,中華書局,1987年第1版,第284頁]

按,焦疏引王引之《釋詞》有節略,所以總地看王念孫書論述爲備①,但王引之書亦有獨到的材料,合觀可也。

又如《告子上》:“異於白馬之白也,無以異於白人之白也。”《趙注補正》云:

> 翟曰:“‘異於’二字絶句。蓋歎告子之説可怪異,如《論語》‘異乎吾所聞’也。《梁惠王篇》‘王無異於百姓之以王爲愛’,此‘異於’二字之見於本書者。‘於’亦語之韻絶,則著例於《爾雅·釋詁》。”②(卷六“異於白馬之白也”條,52下)

---

① 又按,宋翔鳳引出《讀書雜誌·戰國策》,實《讀書雜誌》的《史記》《漢記》部分均有類似條目。

② 按,蓋指《釋詁》“鴻、昏、於、顯、間,代也”條。

焦疏未引翟灝《四書考異》。《梁惠王下》："是謀，非吾所能及也。無已，則有一焉。"關於"吾"字，《趙注補正》云：

> 閻若璩曰："案，孟子於梁惠王卒後，猶譏其'不仁'；梁襄王初即位，譏其'不似人君'，蓋梁未嘗爲之臣也。至於滕，更不特非臣，且不自稱'臣'，（自注：案，孟子於梁亦未嘗自稱"臣"。）第曰'吾'，分益亢矣。"（卷一"非吾所能及也"條，11上）

此條不但焦疏亦未引，且似未見於閻若璩現存諸書。

當然個别的條目只是與焦疏安排的位置有異。《告子上》告子曰："食色，性也。仁，内也，非外也；義，外也，非内也。"《趙注補正》引翟灝：

> 翟曰："《管子·戒篇》：'仁從中出，義由外作。'《墨子·經下篇》：'仁義之爲内外也，愛利不相爲内外，所愛利亦不相爲内外。其爲仁内也，義外也，舉愛與所利也。'案，告子此言遠本《管子》而近受自《墨子》。《墨子·公孟篇》二三子曰：'告子言義而行甚惡，請棄之。'墨子曰：'不可。告子言談甚辨，言仁義而不吾毀。'又告子受教於墨子之驗。趙氏云告子'兼治儒墨'，非肊度之言。"（卷六"仁内也非外也義外也非内也"條，52下）

焦疏於該處只引了明人朱長春（第743頁），翟灝此段文字則引在了"告子章句上"題下（第732頁），因爲趙注"告子……兼治儒墨之道"一語在此。

朱熹的三傳弟子王柏，因改經過勇，長期不受重視，但《趙注補正》引有一條。《離婁下》："齊人有一妻一妾而處室者。"《趙注補正》云：

> 王柏《孟子通旨》曰："妄謂因儲子有'瞯夫子'之語，遂發'瞯良人'一段，言求富貴者則作僞以欺人，君子言行如一，何必竊觀之，恐正是一章。章首無"孟子曰"，非闕文也。（卷四"齊人有一妻一妾而處室者"條，39上）

王柏認爲本章與上章通爲一章，理由是全章在篇内各章中比較特殊，没有"孟子曰"，而且意思也可以與上章相貫，有一定的啓發意義。目前筆者僅查到這條材料見引於元胡炳文《四書通》，未揭書名，朱彝尊《經義考》卷二三五亦云"未見"。

再有一類資料是焦循生前一定不及見者。如臧庸的《拜經日記》刊行於嘉慶二十四年（1819），次年春焦循即辭世，因而《孟子正義》未引用臧庸的說法。而《趙注補正》引臧庸多條。如《盡心下》："去聖人之世若此其未遠也，近聖人之居若此其甚也，然有無有乎爾，則亦無有乎爾。"《趙注補正》引臧庸《拜經日記》云：

> 臧曰："孫氏《音義》云：'陸本作"然而無乎爾，則亦有乎爾"，云：'孟子意自以當之。無乎爾、有乎爾，疑之也。此意以況絶筆於獲麟也。' 案，乎訓於，爾訓此。無乎爾、有乎爾，謂無於此、有於此，正孟子明以自任語。當從陸善經本。"（卷六"然而無有乎爾，則亦無有乎爾"條，61上下。引者按，出臧書卷四）

還有一類就是宋翔鳳的父親和老師，很多意見是出於面命，外人無從知曉，獨具資料價值。如《萬章下》："於卒也，摽使者出諸大門之外，北面稽首再拜而不受。"《趙注補正》引了其父的意見：

> 聞諸庭訓曰："《説文》：'摽，擊也。從手票聲。一曰挈闟牡也。'《孟子》'摽使者出諸大門之外'，蓋閉門拒之。"（卷五"摽使者出諸大門之外"條，51上）

焦疏未列類似意見。再如《告子上》："孔子曰：'操則存，舍則亡；出入無時，莫知其鄉。'惟心之謂與！"《趙注補正》引了莊存與的心性説解：

> 莊存與曰："'我欲仁，斯仁至'，'操則存也'；自'無所用心'極於爲不善'無所不至'，其亾一也。其心亾，必有所往，是以謂之'出'；亾者有復，是以謂之'入'。暫入而遽出，故'無時'；出則可以無不至，故'莫知其鄉'。'操'者，克念也，仁存作聖；'舍'者，罔念也，不仁作狂。克，自克也；罔，自不克也，皆曰心之謂，實惟操之者謂之得其心，舍之者必謂之失其心。
>
> "彼詖辭邪説之作，皆曰'生於其心'而實非其心也，必盡其心、存其心者乃可謂之'其心'矣。其存亾之幾，皆自爲之指之，使自知之，由己也、不由人也，況可援天以自解免哉？"（卷六"孔子曰操則存舍則亾出入無時莫知其鄉"條，53下）①

又如《萬章上》："謨蓋都君，咸我績。"趙注："謨，謀；蓋，覆也。都，於

① 還有一條引莊存與見卷五"去魯曰遲遲吾行也去父母國之道也"條，48上—49上。

也。君，舜也。”《趙注補正》引其舅暨師莊述祖：

> 葆琛先生曰：“蓋，害也。《爾雅·釋言》：‘蓋，割裂也。’《音義》：‘蓋，舍人本作害。’是‘蓋’與‘害’通。”又案，《帝王世紀》謂舜字都君，即本《孟子》此文，然未可據。（卷五“謨蓋都君咸我績”條，40下）①

這些材料都是别處無從見到的。

宋翔鳳作《趙注補正》應當没見過焦疏。《盡心下》：“卒爲善士。則之野，有衆逐虎。”《趙注補正》云：

> 《蘆浦筆記》曰：“味此段之言，恐合以‘卒爲善’爲一句，‘士則之’爲一句，‘野有衆逐虎’爲一句。蓋有搏虎之勇而卒能爲善，故士以爲則；及其不知止，則士以爲笑也。”（卷六“卒爲善士則之野有衆逐虎”條，60下—61上）

按，《蘆浦筆記》原文與所引有較多差異，兹以下劃線標出：

> （上略）以余味其言，則恐合以“卒爲善”爲一句②，“士則之”爲一句，“野有衆逐虎”爲一句。蓋以其有搏虎之勇而卒能爲善③，故士以爲則；及其不知止，則士以爲笑。（下略）④

《孟子正義》的文字則只比《趙注補正》多出開頭的“余”字，起訖亦同：

> 劉昌詩《蘆浦筆記》云：“余味此段之言，恐合以‘卒爲善’爲一句，‘士則之’爲一句，‘野有衆逐虎’爲一句。蓋有搏虎之勇而卒能爲善，故士以爲則；及其不知止，則士以爲笑也。”（卷二八，中華書局《新編諸子集成》1996年版，第988頁）

焦疏文字全同翟灝《四書考異》（條考卷三六“卒爲善士則之野”條，《續修四庫全書》第167册，第399頁上欄），知宋氏《趙注補正》和焦疏當同出翟書而已。

---

① 還有一條引莊述祖見卷一“吾欲觀於轉附朝儛遵海而南放於琅邪”條，8下。

② “以”字下四庫本《蘆浦筆記》衍一“爲”字。

③ “以”字四庫本《蘆浦筆記》脱。

④ 《蘆浦筆記》卷一“馮婦”條，清《知不足齋叢書》本，校以四庫本。實末句“笑”下《筆記》尚無“也”字，下劃線無法表示。

假如宋翔鳳及見《孟子正義》，且認真校閲過，那麽《趙注補正》顯然不及《孟子正義》的諸多條目是應該捨棄的。如《盡心上》："易其田疇，薄其税斂，民可使富也。"趙注："疇，一井也。"《趙注補正》云：

> 《齊語》"井田疇均"，韋昭注曰："穀地曰田，麻地曰疇。"（卷六"易其田疇"條，58 上）

焦循《孟子正義》在證成趙義以外，又云：

> 《説苑·辨物篇》云："疇也者何也？所以爲麻也。"《史記·天官書》"視封疆田疇之正治"，如淳引蔡邕云："麻田曰疇。"韋昭注《國語·周語》、《齊語》皆云："麻地曰疇。"（下略）（卷二七，第 912 頁）

《趙注補正》與此相較，則過於簡陋。又如《滕文公下》："《大（太）誓》曰：'我武惟揚，侵于之疆，則取于殘，殺伐用張，于湯有光。'"趙注："《大誓》，古《尚書》百二十篇之時《大誓》也。"《趙注補正》云：

> 案孔子序書有百篇，"二十"字衍文。趙豈誤記張霸之百二篇爲百二十篇，而仞爲古《尚書》乎？（卷三"大誓曰我武惟揚侵於之疆則取於殘殺伐用張于湯有光"條，25 下）

焦疏對此問題有比較妥當的考證，認爲是把《尚書中候》計入的結果：

> 《尚書序》正義引鄭氏《書論》依《尚書緯》云："孔子求書，得黄帝玄孫帝魁之書，迄於秦穆公，凡三千二百四十篇，斷遠取近，定可以爲世法者百二十篇。以百二篇爲《尚書》，十八篇爲《中候》。"此趙氏云"古《尚書》百二十篇"所本也。（第 436 頁）

當然也許宋氏認爲緯書没有資格計入，但至少《趙注補正》語焉不詳，而且這裹是解釋漢儒舊説，考證者本人的態度可以往後放一放。

雖然《趙注補正》經常有全引他人説法，不贊一詞者，蓋僅於取捨間表現其意趣①，但也有全屬宋氏自己之發明者。有不少條目很簡單，如《梁惠王上》："麀鹿濯濯，白鳥鶴鶴。"《趙注補正》只是分析了一下《詩經》的異文：

---

① 除前引外，又如卷二"孟施舍"條全引閻若璩（12 上），卷二"我善養吾浩然之氣"條全引臧庸（12 上下），"必有事焉而勿正心勿忘勿助長也"條（12 下）全引顧炎武，"必求龍斷而登之以左右望而罔市利"條全引翟灝（15 下—16 上），等等。

案《毛詩》作“翯翯”。《説文》：“翯，鳥白肥澤貌。從羽，高聲。《詩》曰‘白鳥翯翯’。”《説文》引《詩》爲毛氏古文，《孟子》則叚“鶴”爲“翯”也。（卷一“白鳥鶴鶴”條，3下）

又如同篇“爲長者折枝”，趙注：“折枝，案摩，折手節、解疲枝也。”《趙注補正》唯云：

案，枝、支字通用。（卷一“爲長者折枝”條，6下）

按，這屬於古文常識，不注可也。至於宋翔鳳自已的長篇大論，在下面舉出的例子中會有不少。

二、《孟子趙注補正》對劉熙注之《孟子》文本的分析

宋翔鳳自出杼機的短篇條目，很多與失傳的漢劉熙注有關。宋翔鳳自已就輯過一卷《孟子劉熙注》，嘉慶二十五年（1820）刊行。《趙注補正》顯然利用了這一資料優勢。主要條目焦循《孟子正義》早已輯到，但《趙注補正》所引也有未見於焦疏者。至於輯本資料是否都打入《趙注補正》，想來不會，因爲劉注肯定有與趙注意見一致者，没必要引用在“趙注‘補正’”裏。值得注意的是有些異文雖然没有證據證明出自劉熙的《孟子章句》，但宋翔鳳懷疑它們可能出自劉熙本。《公孫丑下》：“且比化者，無使土親膚，於人心獨無恔乎？”《趙注補正》云：

案《廣韻》“恔”字下云：“胡教切，出《孟子》。”蓋其時劉熙《孟子》注尚存，作“恔”者當是劉本。（卷二“於人心獨無恔乎”條，14下）

按，《隋書·經籍志》尚著録有鄭玄注《孟子》七卷，如果認定《廣韻》源自陸法言《切韻》，則不能完全確定來自劉熙注本。《滕文公上》：“吾爲之範我馳驅，終日不獲一；爲之詭遇，一朝而獲十。”趙注：“範，法也。”《趙注補正》云：

案孫奭《音義》曰：“範我，或作‘范氏’。范氏，古之善御者。”又案《文選·東都賦》：“由基發射，范氏施御，弦不睼禽，轡不詭遇。”李善注曰：“《括地圖》曰：‘夏德盛，二龍降之。禹使范氏御之以行經南方。’（自注：《左傳》范宣子曰：‘昔匃之祖在夏爲御龍氏，晉主夏盟爲范氏。’是以後稱前也。）《孟子》曰：‘吾爲範我馳驅，終日不獲一；爲之詭

遇，一朝而獲十。'劉熙曰：'横而射之曰詭遇。'（自注：趙注同。）《説文》曰：'睼，視也。'"

案善注先引《孟子》後釋"睼"字，則以《孟子》釋"范氏"，遂牽連劉注并釋後"詭遇"。如單解"詭遇"，不得在解"睼"之前也。是《選》注引《孟子》"範我"當作"范氏"，蓋劉熙本也。（卷三"吾爲之範我馳驅"條，23下）

按，依照《東都賦》的語序，注釋的次序應該是"范氏""睼"和"詭遇"，但李善注是先"詭遇"後"睼"，應該是受到《孟子》本文暨相關注釋的影響。所以宋翔鳳懷疑李善所引《孟子》"範我"即作"范氏"，而且既然引了劉熙所注"詭遇"，那麼可能就是劉熙本作"范氏"。同條下文又云：

又案《宋書·樂志》何承天《君馬篇》云"願爲范氏驅，雝容步中畿。豈效詭遇子，馳騁趣危機"，此用劉熙本也；又《宋書·王微傳》與江湛書曰"上窮範馳之御，下盡詭遇之能"，此用趙岐本也。（卷三"吾爲之範我馳驅"條，24上）①

這只是利用上述李善《文選》注的猜測所作的進一步推測。《滕文公下》："井上有李，螬食實者過半矣，匍匐往將食之，三咽，然後耳有聞，目有見。"《趙注補正》云：

管同曰："將，取也。《書·微子》：'將食無災。'《文選》注廿七引《孟子》作'將而食之'。"（自注：案，《選》注所引蓋劉熙本。）（卷三"匍匐往將食之"條，29上）

本條引管同説，但注文顯然是宋翔鳳自注。因爲《文選》該處注引《孟子章句》"將而食之"時附帶引有劉熙注，所以其經文很可能也出自劉熙注本。《趙注補正》於卷五"以皮冠庶人以旃士以旂大夫以旌"條下更直云"《選》注引《孟子》多用劉熙本"（52上）。《告子上》："今夫麰麥，播種而耰之，其地同，樹之時又同……"《趙注補正》云：

《詩》"貽我來牟"，《音義》："'牟'，字或作𪍿，《孟子》云：'𪍿，大麥也。'"案此蓋引劉熙本。（卷六"今夫麰麥"條，53上）

---

① 與本條基本相同的文字又見宋翔鳳《過庭録》卷一五"范氏施御"條，清咸豐浮谿精舍刻本。

按，《釋文》時代除了趙岐、劉熙本以外，尚有鄭玄等注本。宋翔鳳只是因爲輯過劉熙注，所以會傾向於歸諸劉熙。且葉德輝輯劉熙《孟子章句》的“今夫麰麥”條，根據的是惠琳《一切經音義》，依然同通行本作“麰”[①]。在宋翔鳳所生活的清中葉，惠琳《音義》的材料尚未披露。

以上所有這些猜測，包括末條的“麰，大麥也”，都没有出現在宋翔鳳輯《孟子劉注》裏（筆者據《廣雅叢書》本）。後來葉德輝輯劉熙《孟子章句》時，《文選》注所引經文也都輯入了（第445、446頁），而“麰，大麥也”則同樣没收。宋翔鳳輯《孟子劉注》似乎只關注注文，且如上所評，並無法確認必出劉本，特别是“範我”一條明明同於趙注本[②]，所以經文都忽略未及。

三、《孟子趙注補正》的義理特别是今文學思想

儘管宋翔鳳的《春秋》今文學思想集中體現在《論語説義》中，但《孟子趙注補正》一書裏也是有體現的。《公孫丑上》：“子貢曰：‘見其禮而知其政，聞其樂而知其德；由百世之後，等百世之王，莫之能違也。自生民以來，未有夫子也。’”趙注：“見其制作之禮，知其政之可以致大平也。聽聞其雅頌之樂，而知其德之可與文武同也。《春秋外傳》曰‘五聲昭德’，言五音之樂聲可以明德也。從孔子後百世上推，等其德於前百世之聖王，無能違離孔子道者。自從生民以來，未有能備若孔子也。”《趙注補正》云：

> 案《論語》言“其或繼周者，雖百世可知也”，此夫子自知脩《春秋》，素王受命，可以百世，不僅十世。邠卿此注已見其理矣。（卷二“子貢曰見其禮而知其政聞其樂而知其德由百世之後等百世之王莫之能違也自生民以來未有夫子也”條，12下—13上）

此是謂趙岐已知孔子素王之理。關於末句“自生民以來，未有夫子也”，趙注又云：“夫聖人之道，同符合契；前聖後聖，其揆一也，不得相踰。云‘生民以來無有’者，此三子皆孔子弟子，緣孔子聖德高美而盛稱之也。孟子知其言大過，故貶謂之汙下。”《趙注補正》云：

---

① （漢）劉熙注，（清）葉德輝輯《孟子章句》，《儒藏》（精華編）第107册，北京大學《儒藏》編纂與研究中心編，北京：北京大學出版社2016年版，第448頁下欄。

② 焦疏認爲“我爲之范氏馳驅”“於辭不達”，非《孟子》本文，可參看，第413頁以下。

案堯舜三代皆得位爲君，而孔子以素王受命，此實生民以來所未有。以爲大過，非也。（卷二“自生民以來未有盛於孔子也”條，13上）

這是駁斥趙注，堅持認爲孟子未以宰我、子夏、有若之言爲過於誇張、阿諛奉承，其理據則在於孔子是素王，與三代得位之君主皆不同。與此相適應，《趙注補正》解上文“宰我、子夏、有若，智足以知聖人，汙不至阿其所好”時是把“汙”理解爲汙世：

汙，汙世也。言當汙世，是非不公，獨此三人不至阿其所好也。（卷二“汙不至阿其所好”條，12下）

而非像趙注那樣理解爲三子之汙下：“汙，下也。言三人雖小汙不平，亦不至阿其所好。”

在講心身關係時，《趙注補正》也以戰國秦漢的五行説爲依據。《告子上》：“心之官則思。思則得之，不思則不得也。”《趙注補正》云：

《漢書·五行志》云：“思心之不容，是謂不聖。”“貌言視聽以心爲主，四者皆失，則區霿無識，故其咎霿也。”鄭注《洪範五行傳》云：“心明曰聖。孔子説休徵曰：‘聖者，通也。’兼四而明，則所謂聖。聖者包貌言視聽而載之以思。心者通以待之，君思心不通，則是不能心明其事也。”（卷六“心之官則思”條，53下—54上）

按，宋翔鳳時五行學説早已衰落，即便宋學有所講求，也依然是邊緣學科。《趙注補正》孜孜引據《洪範五行傳》的相關資料，與其學宗西漢今文經有很大的關係。《趙注補正》甚至有以公羊禮制解決訓詁問題者。《公孫丑下》：“寡助之至，親戚畔之。”《趙注補正》云：

周秦人言“親戚”者，皆指父母，而《史記》稱箕子、比干爲紂親戚，以紂之諸父故，亦以“親戚”言。天子同姓謂之“伯父”“叔父”，故《左傳》言封建親戚以藩屏周，凡同姓有伯父叔父之稱，故皆得稱“親戚”。春秋滅同姓，名謂同姓之國不相滅。《孟子》“寡助之至，親戚畔之”，謂同姓之國皆相離畔。禮，異姓不稱父，則稱“親戚”但可施於同姓耳。《戰國策》：“貧窮則父母不子，富貴則親戚畏懼。”以“親戚”與“父母”對舉，亦謂一家之人皆畏懼之矣。後《萬章篇》以“貴戚之卿”與“異姓之卿”同對，知“貴戚”亦謂同姓。趙注以“貴戚”爲“内外親族”，非是。（卷二“寡助之至親戚畔之”條，13上下）

這裏順便糾正了《萬章下》趙注關於“有貴戚之卿，有異姓之卿”的解釋。當然，漢代外戚勢力一直很大，東漢尤甚，趙岐的理解良有以也。

關於普通義理問題的闡發，如《公孫丑上》：“我四十不動心。”《趙注補正》云：

> “不動心”即《大學》之“正心”。不爲外物所誘則心能正，如北辰之居其所。《尚書大傳》言“其變幾微而所動者大”，則居中亦未嘗不動。不動者，不爲外誘所動耳。使北辰不動，則恒星不能周天；心而不動，則庶事不能就理。如告子之“不動心”，即莊周所謂“槁木”“死灰”，豈足以應萬事乎？（卷二“我四十不動心”條，12上）

其言心不可能絶對不動，正因爲心的運轉，才足以應對萬事，這是非常對的。其特色在於以“璿璣玉衡”爲主要參照，這與其公羊學背景應該是相關的。《公孫丑上》：“其爲氣也，配義與道；無是，餒矣。”《趙注補正》云：

> 義，人事之宜；道，天道；與，猶“合”也。配以人事之宜，合乎天之常道，斯能養其浩然之氣。（卷二“其爲氣也配義與道”條，12下）

宋翔鳳訓“與”非介詞而是動詞合乎，這一獨特的訓詁顯然有其天人感應的知識背景。於是乎“配義與道”在句法上的第一層次不是慣常理解的“配｜義與道”，而是“配義｜與道”。《滕文公上》：“人倫明於上，小民親於下。有王者起，必來取法，是爲王者師也。”《趙注補正》云：

> 孟子言“夏曰校”。此言立學以明人倫，即《大學》“明明德”“親民”之義。其重則在師，以道得民。然《文王世子》有“天子視學”之文，《保傅篇》言“帝入大學，承師而問道”，故孟子又言“有王者起，必來取法，是爲王者師也”，言立學之法非徒得民，實王者之所師。推乎其極，以見立學之重。當時學校久廢，在上者無承師問道之事；使王者興起，必先立學而來取法。蓋尊師自王者始也。
>
> 而趙注云：“有行三王之道而興起者，當取法於有道之國。”似謂滕君不足以行王道，但足爲王者所取法，則下文“新子之國”即以文王之新命期滕君者，又何説也？（卷三“人倫明於上小民親於下有王者起必來取法是爲王者師也”條，19下—20上）

此極言師道相對於統治者之尊嚴，雖然在宋明理學的話語背景下也是成立的，但與其素王觀念也是相適應的。趙注所衍，的確有弊，焦疏放過，未善。《趙注補正》當然也有僅疏通文義的條目。《告子上》："從其大體爲大人，從其小體爲小人。"《趙注補正》云：

> "大體"謂心思，"小體"謂耳目四支。"大人"謂"勞心者治人"，"小人"謂"勞力者治於人"。"大人""小人"以位言也。（卷六"從其大體爲大人從其小體爲小人"條，53下）

其對"大人""小人"的分析很到位。

四、《孟子趙注補正》的其他内容

由《趙注補正》可以看出宋翔鳳於孟子生平著力不少，因此其自序亦提到與臧庸就此課題的交往。關於孟子生平需要作專題梳理，這裏只舉一例。《公孫丑下》次章"孟子將朝王"云云，《趙注補正》曰：

> 案此當在齊湣王時。（卷二"孟子將朝王"條，13下）

這樣的論斷只能在詳考孟子生平的基礎上才能作出，而且應該對理解孟子的行爲大有裨益[①]。

宋翔鳳當亦長於天文曆法。《滕文公上》："曾子曰：'不可。江漢以濯之，秋陽以暴之，皓皓乎不可尚已！'"趙注："秋陽，周之秋，夏五六月，盛陽也。"《趙注補正》云：

> 案，趙氏不知四時不隨正朔變，（自注：説見《白虎通》。）故以秋爲夏。孟子言"七八月之間雨集"，又言"七八月之間旱，天油然作雲，沛然下雨"。彼無"秋"字，爲夏五六月，其時多雨，故不可以暴。秋則多晴，故秋陽烈於夏日也。陽亦謂天之清晏也。（卷三"秋陽以暴之"條，23上）

按，雖有三正，然而季節則同。太陽雖以夏日爲烈，但夏季是雨季，並不適合曬東西，所以宋翔鳳之説很有道理。《離婁下》："歲十一月徒杠成，十二月輿梁成。"趙注："周十月夏九月可以成步度之功，周十一月夏十月可以成輿梁

---

① 此外有關生平的可參卷二"孟子致爲臣而歸"條，14下—15上；卷一"梁惠王章句上"條，2下—3下。

也。”《趙注補正》云：

段玉裁《尚書撰異》曰：“《堯典》‘歲二月東巡守’，鄭注：‘歲二月者，正歲建卯之月也。’或問：鄭云堯建丑，舜建子，上文正月爲丑月，則此二月非寅月而何？應之曰：子不見‘正歲’二字邪？《周禮》之書凡言‘正月之吉’者，皆謂周之正月；凡言‘正歲’，言‘歲終’，言‘歲十有二月’，皆謂夏正之寅月丑月。戴先生《周禮太史正歲年解》已詳之矣，予因以推之他書。

“如《孟子》言‘七八月之間旱’‘七八月之間雨集’，謂周七八月也。何以知之？不言‘歲’也；‘歲十月徒杠成’，（原注：作‘十一月’誤。）‘十一月輿梁成’，（原注：作‘十二月’誤。）謂夏正之十月、十一月也。何以知之？系之‘歲’也。上推《虞書》，早創斯例，曰‘正月’者，唐正月也；曰‘歲二月’者，建寅之二月也。鄭以經文此云‘歲二月’，則知上文‘正月’之上不言歲者，非建寅也。‘二月’系諸‘歲’，則建卯之月也。惟寅數得天稱‘歲’，自唐虞已無異議。作《堯典》者，夏之史官也，書法精嚴如是。

“《爾雅》‘石杠謂之徛’，今本郭注：‘《孟子》曰：“歲十一月徒杠成。”’邢疏云‘《孟子》“歲十一月徒杠成”’①，而云：‘此注作“十月”，誤脱，或所見本異。’然則邢本《爾雅注》故作‘歲十月’也。考《孟子》注疏本注作‘周十月夏九月’，‘周十一月夏十月’，推求文義，當是《孟子》正文作‘十月徒杠成，十一月輿梁成’，注作‘周十月夏八月，周十一月夏九月’，今轉改譌亂耳。近曲阜孔氏刊《孟子》趙注作‘周十一月夏九月，周十二月夏十月’，理是而文恐非矣。趙氏不知‘歲’字之解，其説繆誤。”（卷四“歲十一月徒杠成十二月輿梁成”條，33上下）

按，此全引段玉裁説，較之焦疏引翟灝説爲深密。宋翔鳳自己發明者如《離婁下》：“周公思兼三王以施四事。其有不合者，仰而思之，夜以繼日；幸而得之，坐以待旦。”《趙注補正》云：

《尚書大傳》曰：“‘在旋機玉衡，以齊七政。’齊，中也。七政謂春秋冬夏、天文地理人道，所以爲政也。道正而萬事順成，故天道，政之大

① “云”字段氏原書作“引”，義長。段玉裁《古文尚書撰異》卷一下“歲二月”條，清乾隆道光間刻《經韻樓叢書》本。附識，下文“《爾雅》石杠”一段作小字。

也。”又曰：“周公兼思三王之道以施於春秋冬夏。”

案，三王迭用天地人之正，“兼三王”謂通三統也。《春秋繁露》曰：“王者之法，必正號。絀王謂之帝，封其後以小國，使奉祀之；下存二王之後以大國，使服其服，行其禮樂，稱客而朝，故同時稱帝者五，稱王者三，所以昭五瑞、通三統也。是故周人之王，尚推神農爲九皇，而改號軒轅謂之黄帝，因存帝顓頊、帝嚳、帝堯之地號，絀虞而號曰帝舜。”案此知唐虞在當時稱“王”，“三王”不必爲夏殷周，而周公時則夏殷周爲“三王”。

班固《白虎通》曰：“王者，所以存二王之後。何也？所以尊先王，通天下之三統也。明天下非一家之有，敬謹謙讓之至也。”據此知“兼三王”，通天地人之正，以正一歲之首；施于春秋冬夏，爲“施四事”，以爲一歲之成：而王道備。

所謂“施四事”者，其事備於《明堂月令》而實本於《堯典》之命羲和。《尚書大傳》曰：“天子南面而視四方星之中，知民之緩急。急則不賦籍，則不舉力役[①]，故曰敬授民時。”據諸書之言，則“兼三王，施四事”即“在旋機玉衡以齊七政”也。旋機謂北極，玉衡謂北斗，（自注：本《甘石星經》。）凡四時鳥火星昴之中，皆仰觀而得。王者當法天，周公之所以仰而思之也。自唐虞三代以來無不以此爲兢兢，故《月令》言春行夏令及四時災異之應，皆所謂“有不合者”也。合於天謂之“合”，不合於天謂之“不合”。王者上承天之所爲，下以正其所爲，皆“仰而思之”之學也。

三代之王皆受命於天，四時之事皆天道。《乾》之象曰：“天行健，君子以自强不息。”受命而王，必仰法於天。周公誕保文武受命，所施皆王者之事。“仰而思之”，求其端於天也；“夜以繼日，幸而得之，坐以待旦”，《乾》九三明人事曰：“君子終日乾乾，夕惕若”，此之謂也。孔子作《春秋》，亦通三統而具四時，即周公之法，亦自古帝王相傳之法也。（卷四“周公思兼三王以施四事其有不合者仰而思之夜以繼日幸而得之坐以待旦”條，33下—34上）

按，焦循《孟子正義》引江聲與此相近，但僅寥寥數語：

江氏聲《尚書集注音疏》云：“孟子‘周公思兼三王，以施四事’，伏

① “則”字疑衍，或上句末“籍”字屬下。

生《大傳》則云‘周公兼思三王之道，以施於春秋冬夏’，據此則孟子所言‘三王’謂天地人三統，‘四事’謂四時之事。是則帝王出政，必參乎三才，合乎四時。”按參三才合四時，亦損益通變之義。（第 572 頁）

宋翔鳳説則資料和闡發皆較爲完備，唯最確鑿的伏生《大傳》“周公兼思三王之道，以施於春秋冬夏”一條未引，恐爲缺憾。俞樾曾從學於宋翔鳳，其《茶香室經説》又引《春秋繁露》説，認爲三王仍是傳統所説三代之王，而四事則是五帝除去黄帝不數①，可參看。此外全書最長的一條是卷四“天之高也星辰之遠也苟求其故千歲之日至可坐而致也”條引李兆洛（35 上—38 下），文繁不具。總地來看，凡具體的天文曆法問題，《趙注補正》多引清代其他學者的既有成果；凡比較虚的接近義理的問題，《趙注補正》多抒己見，且發揮其今文思想。

《孟子趙注補正》亦善於以禮制解《孟子》。《萬章上》：“晉人以垂棘之璧，與屈産之乘，假道於虞以伐虢。”《趙注補正》引淩廷堪《禮經釋例》云：

淩廷堪《禮經釋例》曰：“案《吕覽·權勳篇》：‘晉獻公乃使荀息以屈産之乘爲庭實，而加以垂棘之璧，以假道於虞以伐虢。’是晉人聘虞享時束帛所加之璧爲垂棘之璧，庭實所設之馬爲屈産之乘。（自注：享禮，庭實四馬。）言其良也。《三傳》及《孟子》皆有此文，而何休、杜預、范甯、趙岐不知引享禮以釋之，誤矣。《左傳》哀七年：‘邾茅夷鴻以束帛乘韋自請救於吴。’乘韋者，四皮，亦庭實也。《聘禮記》：‘凡庭實，隨入，左先，皮馬相閒可也。賓之幣，唯馬出，其餘皆東。’注：‘閒，猶代也。土物有宜，君子不以所無爲禮。畜獸同類，可以相代。’故晉國産馬，庭實用馬；邾不産馬，庭實用皮也。若皮馬並産，則享用皮，覿用馬，介覿又用皮，如經所云，亦‘相閒’之義也。”（下引閻若璩從略）（卷五“晉人以垂棘之璧與屈産之乘”條，47 下）

這無疑加深了對晉國贈給虞國禮物的認識。《萬章下》：“金聲也者，始條理也；玉振之也者，終條理也。”《趙注補正》云：

《儀禮·大射儀》曰：“樂人宿縣于阼階東，笙磬西面，其南笙鐘，其

① （清）俞樾《茶香室經説》卷一六，第十七葉，南京博物院藏光緒末年《春在堂全書》匯印本，第 7 册，南京：鳳凰出版社 2010 年影印版，第 206 頁上欄。

南鏞，皆南陳。”注：“‘笙’猶‘生’也。東爲陽中，萬物以生。《春秋傳》曰：‘大簇所以金奏贊陽出滯，姑洗所以脩絜百物，考神納賓。’是以東方鐘磬謂之笙，皆編而縣之。”又曰：“西階之西，頌磬東面，其南鐘，其南鏞，皆南陳。”注：“言成功曰頌。西爲陰中，萬物之所成。《春秋傳》曰：‘夷則所以詠歌九則，平民無忒；無射所以宣布哲人之令德，示民軌義。’是以西方鐘磬謂之‘頌’。古文‘頌’爲‘庸’。”

案此知樂縣以鐘磬爲主，所謂“金聲而玉振之”也。故《周語》伶州鳩言“金石以動之”，大射則先金奏。古者將祭，必先射。射於大學，事之始；祭於太廟，事之終。《虞書》夔曰“戛擊鳴球，搏拊琴瑟以詠，祖考來格”，謂廟中之樂，先鳴球。球，玉磬。《大雅》云：“於論鼓鐘，於樂辟雍。”辟雍，大學也。大學大射先以金聲，其“始條理”之事乎？《商頌》云：“既和且平，依我磬聲。”祭祀用樂，先以玉振，趙注：“振，揚也。”則亦謂在衆音之前，其“終條理”之事乎？

夫金聲有輕重疾徐，玉音則終始如一。伯夷之清、伊尹之任、柳下惠之和、孔子之時，其體聖人之道，皆終始如一者也。孔子之謂“集大成”，以用其大智，變化隨時，不拘一道，是能合三德以成孔子之聖。故言音則“智”始而“聖”終，言射則“聖”至而“智”中，聖、智者，一人之所兼，惟大智而後爲至聖也。（卷五“金聲也者始條理也玉振之也者終條理也”條，49 上下）

宋翔鳳認爲“玉振”不是曲終所奏，而是祭祀用樂，以玉作爲開始之器；祭禮在射禮之後，故謂之“終條理”。可備一説。《趙注補正》關於《孟子》正文的第一條就是關於禮制的，他區分了外交場合與内廷場合，值得注意。《梁惠王上》首章：孟子對曰：“王何必曰利？亦有仁義而已矣。”《趙注補正》云：

案，顧隱君炎武以《史記》載諸侯相王在梁襄王時，謂依《史記》則惠王稱“王”爲非。此隱君信《竹書紀年》，以《史記》梁襄王之年爲惠王改元之年，故爲此説。其實惠王早稱“王”於國中。孟子入國問俗，不能不爾。迨相王，則稱於鄰國。如《史記》鴻門之會，沛公稱羽爲“將軍”而樊噲則稱“大王”，張良曰“誰爲大王畫此計者”，其時項羽、漢高皆未王。又黄歇説秦昭王曰“先帝文王武王時”，秦未帝而臣下已作此稱。惠王稱“王”亦此意。（卷一“孟子對曰王”條，3 下）

宋翔鳳認爲，在敬稱大國國君時，是有可能稱“王”的；這與諸侯之間正式地相互承認爲“王”，不是一回事。

宋翔鳳全書最有開創意義的應該是這一條。《離婁下》：“王者之迹熄而《詩》亡，《詩》亡然後《春秋》作。”《趙注補正》云：

> 案《説文》：“丌，古之遒人，以木鐸記《詩》言。從辵從丌，丌亦聲，讀與‘記’同。”《孟子》“王者之迹熄”，迹當作丌，言王國無遒人之官而《詩》遂亡矣。後人多聞“迹”，寡聞“丌”，故改“丌”爲“迹”。
>
> 《王制》：“天子五年一巡守，命太師陳《詩》以觀民風。”鄭注：“陳《詩》，謂采其《詩》而觀之。”何休注《公羊》云：“男女有所怨恨，相從而歌。飢者歌其食，勞者歌其事。男年六十四、女年五十無子者，官衣食之，使之民間求《詩》。鄉移於邑，邑移於國，國以聞於天子。故王者不出牖户，盡知天下所苦；不下堂，而知四方。”《漢書·食貨志》云：“行人振木鐸，徇于路，以采《詩》，獻之太師，比其音律，以聞於天子。故曰：王者不窺牖户而知天下。”又《藝文志》云：“古者有采《詩》之官，王者所以觀風俗，知得失，自考正也。”歷案諸文，知王者有設官采《詩》之事。
>
> 息，止也。（自注：孫奭云：“熄與息同。”）言此官止而不行，則下情不上通，天下所苦，天子不知。政教流失，風俗淩夷，皆由於此。謂之“《詩》亾”可耳。儀封人曰“天將以夫子爲木鐸”，謂王者不采《詩》，將使夫子周流四方以行其教。《春秋》之志，其見於此與？
>
> 若風雅頌，成周已具，體各不同，安得有《黍離》降風之事？至以雅亾爲《詩》亾，則雅之一義亦不足以該《詩》也。《文中子》薛收問曰：“今之民胡無《詩》？”子曰：“《詩》者，民之情性也。情性能亾乎？非民無《詩》，職《詩》者之罪也。”案此亦謂《詩》亾爲無采《詩》之官也。（卷四“王者之迹息而詩亾詩亾然後春秋作”條①，34上下）

此條目已見於宋翔鳳嘉慶二十五年（1820）刊行的《四書釋地辨證》二卷，可見其重要程度。此雖由訓詁小學人，最終仍落實在采《詩》制度上。焦疏未採録類似的説法。

在訓詁方面，宋翔鳳雖不以小學名家，然風氣濡染，也有不少發明或者援引，也因此對趙岐頗有微詞。《萬章上》：“孔子之去齊，接淅而行。”《趙注補

① 息，據《孟子》當作“熄”，該條目正文即作“熄”。

正》斥“邠卿不甚通古字古言”：

> 《説文》：“滰，浚乾漬米也。從水竟聲。《孟子》曰：‘夫子去齊，滰淅而行。其兩切。”案，改“滰”爲“接”，趙氏本也。邠卿不甚通古字古言，如“餓殍”之“殍”、“讧息”之“讧”、“滰淅”之“滰”，皆其所改。姚寬《西溪叢語》引李吉甫銘曰“孟子去齊而滰淅”，作“滰”者，以唐時《孟子》不獨存趙本也。（卷五“接淅而行”條，48上）

焦疏引段玉裁、王念孫説同（第672頁）[①]。按，凡此倒未必都出乎趙岐所改，特别是此處趙注無説，根本無從推斷趙岐作注時《孟子》文本如何，唯古字的確容易被後人改爲習見的另一字。《公孫丑上》：“志壹則動氣，氣壹則動志也。”注：“壹者，志氣閉而爲壹也。”《趙注補正》云：

> 案，“壹”讀爲《賈誼傳》“壹鬱其誰語”之“壹”。《説文》：“壼，壹壼也。從凶從壺，不得泄凶也。《易》曰：天地壹壼。”案今《易》作“絪緼”。“絪緼”“壹鬱”“壹壼”，並聲轉。（卷二“志壹則動氣氣壹則動志也”條，12上）

可見《趙注補正》亦言“聲轉”。焦疏暨引段玉裁説略同（第197頁）。

《萬章上》：“此莫非王事，我獨賢勞也。”趙注：“何爲獨使我以賢才而勞苦？”《趙注補正》云：

> 案《小爾雅》：“賢，多也。”《詩》“大夫不均，我從事獨賢”，“獨賢”猶言“獨多”。事有多少，乃是“不均”，如以賢才而獨使從事，則非“不均”之謂矣。《老子》“不尚賢，使民不争”，亦謂不尚多也，數有多寡而争心生也。《孟子》説《詩》爲“賢勞”，正是多勞之義。（卷五“此莫非王事我獨賢勞也”條，43下）

焦疏引王念孫、段玉裁説略同（第638頁）。《萬章上》：“而居堯之宫，逼堯之子：是篡也，非天與也。”《趙注補正》云：

> 顧大韶曰：“‘而’當讀爲‘如’。”（卷五“而居堯之宫”條，44上）

按，自二王發明“而”可讀“如”之説，此亦非常貼切的一個推論。當然

---

① 依王念孫和宋翔鳳所引《西溪叢語》的“滰”字，二家或皆源自明陳士元《孟子雜記》卷三（四庫本），因爲最早持此説的《西溪叢語》，四庫本所引銘文實作“境”，當然1993年孔繁禮點校的中華書局本即作“滰”（第79頁）。

“而”如字讀亦通，意義無實質性差别。

以下似乎更是宋翔鳳的獨家發明。《公孫丑下》：“明日，出吊於東郭氏。”《趙注補正》云：

> “東郭氏”“景丑氏”，“氏”皆訓家。《論語》“自孔氏”，亦謂自孔子家來耳。（卷二“明日出吊於東郭氏”條，13下）

此説新奇可喜，排比文例而得，值得注意。《滕文公上》：“今也滕有倉廩府庫，則是厲民而以自養也。”趙注：“是爲厲病其民以自奉養。”《趙注補正》云：

> 《論語》“則以爲厲己也”，鄭注：“‘厲’讀爲‘賴’，恃賴。”案，《孟子》“厲民以自養”，“厲”亦當讀“賴”，謂滕君不與民並耕，則恃民以自養矣。下“厲陶冶”“厲農夫”並作此解乃順。（卷三“則是厲民而以自養也”條，21下）

此條也有較多文例，值得重視。《告子下》：“不揣其本，而齊其末，方寸之木可使高於岑樓。”趙注：“岑樓，山之鋭嶺者。”《趙注補正》云：

> 僞疏云：“《釋山》：‘山小而高曰岑。’是知‘岑樓’即知爲鋭嶺之峰也[①]。曰‘樓’者，蓋重屋曰樓，亦取重高之意。”案趙以“岑樓”爲鋭嶺，疏意未明。“樓”似不可訓爲山嶺。使依後儒訓“岑樓”爲“樓之高鋭似山者”，則“岑樓”亦不辭。蓋“岑”與“樓”爲二事，皆是高者，故並舉爲喻。（卷六“可使高於岑樓”條，54上）

按，以“岑”和“樓”爲二事，可爲一家之言。僞孫奭疏似亦此意。

《趙注補正》也有關於句讀的條目。《萬章上》：“書曰：‘祗載見瞽瞍，夔夔齊栗，瞽瞍亦允。’若是爲父不得而子也。”趙注：“瞍亦信知舜之大孝，若是，爲父不得而子也。”《趙注補正》云：

> 案注當讀“瞽瞍亦允”爲句，“若是”屬下文。（卷五“瞽瞍亦允若是爲父不得而子也”條，43下）

按，此是發趙注之意。中華書局整理本《孟子正義》經文依朱注之意點，注文依趙注之意點（第641頁），不妥。

校理異文，在《趙注補正》亦占一定比例。如《萬章下》：“舜尚見帝，帝館甥於貳室，亦饗舜，迭爲賓主。”《趙注補正》云：

① 第二個“知”字疑衍，不過《孟子注疏》即如此作。

案《御覽》引《孟子》作"貳'官'"。（卷五"帝館甥於貳室"條，50下）

又如《離婁下》："有故而去，則君使人導之出疆，又先於其所往。"《趙注補正》云：①

《通典》禮五十九引作"又先安其所往"。案，安、於，聲之轉，義亦通。（卷四"又先於其所往"條，33下）

按，古書"安""焉"互作，與"於"則屬於陰陽對轉。宋説是也。

《趙注補正》也有考證名物的條目。如《盡心下》高子曰："禹之聲尚文王之聲。"……"以追蠡。"趙注："追，鐘鈕也。蠡蠡，欲絶之貌也。"《趙注補正》云：

案，此説非是。"追"當訓爲"雕"。《毛詩》"追琢其章"，傳云："追，彫也。金曰彫。"《梁惠王篇》"必使玉人彫琢之"，趙注引《詩》云"彫琢其章"，知二字通用。鐘之旋蟲亦金所造，故以爲彫。

"蠡"讀如"蠃"，蠡者，鐘之旋蟲也。《考工記》鳧氏："鐘縣謂之旋，旋蟲謂之幹。"案，蠡爲旋蟲，故字從䖵，《説文》："斡，蠡柄也。從斗倝聲。（自注：讀若管。）楊雄、杜林説皆以爲軺車輪斡。"考《漢書》"斡"字多作"幹"，蓋"斡""幹"字可通用，然以作"斡"爲正字也。

鐘柄爲甬，甬上鑿爲旋，著於旋中者爲旋蟲，爲斡，轉旋於鑿中，如蠃旋之形。（自注：《文選·東征賦》"諒不登櫟而椓蠡兮"，注："'蠡'與'蠃'古字通。"案亦作"螺"。）鐘久縣則蠡柄先彫敝，故云"追蠡"也。（卷六"以追蠡"條，60上下）

此可備一説。

當然《趙注補正》也偶有知識上的失誤。卷一"湯誓曰時日害喪予及女皆亾"條，《趙注補正》於條末有注文云："《書》孔傳曰：'衆比桀於日，曰是日何時喪？我與汝俱亾。欲殺身以喪桀。'此古文説，故與伏生不同也。"（4上）按，翔鳳既知是僞孔傳，何以能確定是"古文説"？但總地説，《孟子趙注補正》是一部資料豐富，有所裁斷，多所發明的《孟子》學力作。

（作者單位：北京大學《儒藏》編纂與研究中心）

① 此條亦見宋翔鳳《過庭録》卷一〇"追蠡"條，清咸豐浮谿精舍刻本。後者文字稍繁。

儒家典籍與思想研究（第十四輯）
北京大學出版社，2022 年 8 月

“《漢書》學者”與其授讀：

六朝《漢書》異文與歷史文本研探（上）

陸駿元

【内容提要】 根據南宋蔡琪家塾本一系刊本所附蕭該《漢書音義》提供的六朝《漢書》異文，結合群書中之文獻記載，可初步明確六朝《漢書》文本流傳、衍生與統合之歷史脈絡。《漢書》多古字古言，《隋書·經籍志》稱其“師法相傳，並有解釋”，乃謂其傳授研習須由“《漢書》學者/宗匠”將所持文本與注釋一併教授於生徒之師授模式。由學者訓讀之異與解説之别而產生的異文，得以進入爰洎漢魏以訖隋唐的文本之中而不斷形成異本。六朝《漢書》注本以韋昭本，晉灼、臣瓚本，蕭該本作爲三個歷史坐標文本，分别代表了前期、中期、晚期的文本面貌。韋昭本作爲前期相對獨立的注本，文字與今本皆有一定的差異，以其爲江南學者廣泛研習，且反映古本面貌而流傳至初唐；灼、瓚本作爲六朝南北學者通行文本之最大範圍，包含大量受時空因素影響而產生之異文，成爲隋唐學者校讎、釐正之對象；蕭該本作爲六朝末文本，已具有參酌、整合衆本之特質，成爲連接古今文本之中間點。以地域觀之，韋昭本屬江南本，晉灼本爲河北本，臣瓚本兼存南北，而蕭該本斟酌南北，折射出六朝《漢書》文本多本分立之格局，與顔師古《敘例》所構建的文本圖景不同。迨及顔師古考校班史、定奪文字，表現出立足家藏本而重視河北本的傾向，在釐正六朝文本正俗無判、南北相亂局面的同時，定《漢書》文本於一元。而江南本之異文亦隨顔本文字的確定而逐漸消失與淘汰，今諸宋刊文本源頭已全然爲顔本面貌。吾人對六朝《漢書》異文產生途徑與其文本脈絡之梳理與廓清，是探繹六朝《漢書》注釋分合、演變之前提與基礎。

【關鍵詞】 《漢書》學者　蕭該《音義》　師傳授受　六朝異文　歷史文本

一、問題之提出：《漢書》文本的傳衍脈絡

《漢書》文辭古奥淵雅，向號難讀，漢魏六朝以訖初唐，注釋者層出不窮。根據張儐生（1894—1985）《漢書著述目録攷》所列，東漢至隋可考之班書注釋即有五十六種，多爲音義、詁訓之作①。

然因唐宋以後，悉用顔師古（581—645）《注》，諸舊注在《漢書》版刻、校勘的過程中盡數消亡，後人僅憑群書中所遺存的零星異文，固無由窺得顔氏以前舊本全豹，更無法憑藉切實的文獻證據，建立六朝《漢書》的流傳譜系。今人對此之認識，尚籠罩在顔師古《漢書敘例》所構建的框架與範圍之下——以王鳴盛（1722—1798）《十七史商権》卷七"漢書敘例"條之梳理作爲代表，其曰：

> 據《敘例》，注《漢書》者，師古以前凡五種：一服虔、二應劭、三晉灼、四臣瓚、五蔡謨。師古據此五種，折衷而潤色之。又《敘例》臚列諸家姓名爵里出處凡二十三人，大約晉灼于服、應外添入伏儼、劉德、鄭氏、李斐、李奇、鄧展、文穎、張揖、蘇林、張晏、如淳、孟康、項昭、韋昭十四家；臣瓚于晉所采外，添入劉寶一家；師古則于五種外，又添荀悦《漢紀》，并崔浩《漢紀音義》及郭璞注《司馬相如傳》三家。②

① 東漢有十家：《漢書舊注》、許慎《漢書注》、無名氏《漢書解詁》、服虔《漢書音訓》一卷、應奉《漢書後序》十二卷、應劭《漢書集解音義》二十四卷、項岱《漢書敘傳》八卷，延篤、胡廣、蔡邕各有《漢書音義》一部；三國有十六家：伏儼、鄭氏、李斐、諸葛亮各有《漢書音義》一部，劉德、李奇、鄧展、文穎、張揖、蘇林、張晏、如淳、項昭各有《漢書注》一部，孟康《漢書音義》九卷，韋昭《漢書音義》七卷，張休《漢書條章》；兩晉有十四家十五種：司馬彪、劉兆、吕忱、徐廣各有《漢書音義》一部，晉灼有《漢書音義》《漢書集注》兩種，王楙、齊恭各有《漢書注》一部，劉寶有《漢書注》《漢書駁議》二卷兩種，郭璞《漢書·司馬相如傳注》，葛洪《漢書鈔》三十卷，蔡謨《漢書集解》，謝沈《漢書外傳》十卷；南北朝有八家十一種：劉孝標注《漢書》一百四十卷、劉顯《漢書音》二卷、梁元帝注《漢書》一百十五卷、韋稜《漢書續訓》三卷，陸澄有《漢書注》《漢書新注》兩種，崔浩、顧野王各有《漢書音義》一部，姚察有《漢書訓纂》三十卷、《漢書定疑》二卷、《漢書集解》一卷；隋代有四家：蕭該《漢書音義》十二卷、包愷等《漢書音》十二卷、張沖《前漢書音義》十二卷、夏侯詠《漢書音》二卷（北平：《女師大學術季刊》第2卷第2期，1931年4月）。張氏所臚列者，實有部分存疑之處，但此五十六種乃據史傳目録所推知的最大範圍。

② （清）王鳴盛《十七史商権》卷七，上海：上海書店出版社2005年版，第45—46頁。

顏氏《敘例》提到的五種主要注本，以《隋書·經籍志》所載，後三種《漢書集注》十三卷（晉灼本）、《漢書集解音義》二十四卷（臣瓚本）、《漢書》一百十五卷（蔡謨本）俱爲集注集解本。依王鳴盛所敘之模型，晉灼、臣瓚、蔡謨諸集解本相累承續，每一注本都是在前一注本的基礎上增補、修正而成。據此，顏監臚列之二十三家注釋，亦在晉灼、臣瓚作注時依次層累地加入到“集解本”的序列中，以形成“晉灼——臣瓚——蔡謨”一貫的脈絡，最後由顏《注》總其成。乾嘉以降，學者對此皆持相同或相近的看法。然而，對照張儐生所爬梳之舊注詳目，至少尚有十餘種當時習用的注釋/注説未列入《敘例》之中。然則，首先，在文本層面，諸未列之舊注本，其文本與解説由於何種原因導致其亡佚與湮滅？其異文是否能被勾稽？復次，在傳授層面，六朝《漢書》的傳授方式與具體過程爲何？而“晉灼——臣瓚——蔡謨”前後相承的流傳譜系，是否能如實而全面地反映六朝《漢書》文本傳衍之真實圖景？時值初唐而面對六朝衆本的顏師古，其校勘旨趣與價值判斷又遵循怎樣的整理原則？若欲探究顏《注》以前六朝《漢書》各歷史層次文本傳衍之整體圖景，則必先回應以上由文獻而至學術史的兩方面問題。

清儒對此之認識，經歷了由注釋上升至文本的過程，而其研究之推進仰賴六朝異文之漸次發現。自惠棟（1697—1758）首倡“《漢書》用古注”的詮釋徑路，並極詆顏師古之疏於小學，乾嘉學者相繼依循舊注以考訂班書，並於群書中輯存六朝遺文作爲疏證基礎，研究大致分爲三路：第一，補注《漢書》者，如錢大昭（1744—1813）《漢書辨疑》、沈欽韓（1775—1831）《漢書疏證》、周壽昌（1814—1884）《漢書注校補》，從字詞訓釋、版本校勘、史事考訂、典制疏釋等各角度，對班書全帙進行注釋，匡顏監之所誤，補師古之不逮。其所據舊注多依顏氏注本已集，兼及司馬貞《史記索隱》；第二，考訂《漢書》者，如錢大昕（1728—1804）《廿二史劄記》措意於史事釐訂、史文訂正，王念孫（1744—1832）《讀書雜志》則注目於因聲求義之字詞、文本校訂，又有洪亮吉（1746—1809）《四史發伏》、洪頤煊（1765—1837）《讀書叢録》等承嗣其後，以爲專書研究之補苴與擴展；[①] 第三，專事輯佚者，如臧庸（1767—1811）輯蕭該（？535—？610）之《漢書音義》，清末民初王仁俊（1866—1913）《漢書許注義》、楊守敬（1839—1915）《漢書古注輯存》等，希冀通過蒐集六朝舊注

① 再如朱一新《漢書管見》四卷、李慈銘《漢書札記》，前者屬考訂筆記之類，後者爲校讀班書之批校集合，同樣是清儒考訂顏《注》之著作。

遺文，彙輯舊義而疏通古學。三者相輔相成，最後促成王先謙（1842—1917）《漢書補注》，作爲宋以後至清對班書的再次整理。清儒對舊注之探索，從《史記索隱》中提取舊注而外，更將輯佚範圍擴大至唐宋類書如《太平御覽》《册府元龜》等，並意識到顔本相較六朝舊本，不僅注解略遜一籌，各自所據文本復有本質的不同。然而，受限於輯存之舊注在體式與數量上的限制，清代學者仍缺乏對六朝《漢書》文本傳衍的複雜情況之細緻思索。綜觀其論，殆有三端：第一，通過考辨舊本異文之音、形、義，逕直據以校勘顔本，而不注重釐清/分辨六朝各本間的文本差異；第二，二元對立顔《注》與舊注之别，斤斤於孰優孰劣，而鮮注意追蹤自服虔至蕭該，各舊本之間傳承、衍變的軌跡；第三，追求蒐討零散舊注之數量，並未從整體角度思考注家在注釋班書時，所面對的文本擇取以及採用何種解説形態等問題。此皆緣於未能釐清東漢末至隋唐數百年間異文產生、文本傳承之發展脈絡，無法根據有限的異文樣本對文本流傳作年代定位。

由於日藏唐鈔本（以下稱天曆本）《漢書·楊雄傳上》殘卷已然證明了蔡琪本《漢書》所載"蕭該音義"之文獻真實性[①]，且蕭該《音義》又多臚列舊本文字異同。職是之故，使得吾人離析、辨明各本異文之生成年代與産生途徑，並據此釐清六朝舊本的傳授脈絡成爲可能。要之，能夠真正跳脱顔師古《敘例》的敘述框架以及清儒的思維窠臼，揭示六朝《漢書》文本不斷衍生、流傳，最終統合於顔《注》的歷史過程。

本文所認定的《漢書》異文，是指歷代鈔本、刻本中文字，以及在其他典籍中明確標明爲《漢書》文本的文字，抑或典籍（如《史記》）明確所載《漢書》注家在注説中所出異文。而本文所爰據之六朝《漢書》異文材料，以①裴駰《史記集解》所引《漢書音義》、徐廣《史記音義》等，②顔師古《漢書注》存舊注，以及《注》中提及的所見别本、或本、"流俗書本"（或俗本），③司馬貞《史記索隱》，④蔡琪本、慶元本、白鷺洲書院本一系宋刊《漢書》中所附宋祁校語與蕭該《音義》之異文、異訓爲中心，並參以唐宋類書如《太平廣記》《初學記》《册府元龜》，以及李善《文選注》等相關著作，結合清人已有的考證，試圖進行異文疏證與歷史年代定位。疏證順序以《漢書》舊注家之年

① 詳參拙作《天曆本〈漢書·楊雄傳上〉校勘價值探微》，《版本目録學研究》第十三輯，上海：復旦大學出版社 2022 年版；另外，有關清儒考訂《漢書》，並由王先謙結撰《漢書補注》的學術脈絡，可參拙作《清代"漢學"與〈漢書〉學——以顔〈注〉的匡正與訂補爲中心》，臺灣政治大學中文所 2016 年碩士論文。

代先後爲順序，最後以顏氏注本作結。筆者認爲，欲探究六朝《漢書》注本分合的歷史脈絡，必先確定六朝《漢書》文本的歷史層次，相關異文研究是文獻與學術史研究的前提與基礎。本文第二節先論述《漢書》的傳授與“習讀”傳統；第三節對蒐集之六朝《漢書》異文進行疏證，明確各本的特點，以及諸本之間的傳衍關係；第四節以顏師古所見文本、所據底本爲論述中心，揭示其對六朝舊本文字的取捨、整合與處理。第五節則立足於學術史視野，在前文對諸本文字的疏證、論述之基礎上，對六朝《漢書》文本分立、發展進行條貫與概括。

二、《漢書》之師法、傳習與授讀

《漢書》多古字古言，非通小學者不能讀。論者言其研習傳授，多謂學貴專門，受業與五經相亞，有“師法”延續[①]。《隋書·經籍志》史部小序云：

> 自是世有著述，皆擬班、馬，以爲正史，作者尤廣。一代之史，至數十家。**唯《史記》、《漢書》，師法相傳，並有解釋。《三國志》及范曄《後漢》，雖有音注，既近世之作，並讀之可知。**梁時，明《漢書》有劉顯、韋稜；陳時有姚察；隋代有包愷、蕭該，並爲名家。《史記》傳者甚微。[②]

《隋志》明云數十家史書，唯司馬遷《史記》、班固《漢書》“師法相傳，並有解釋”，其以班、馬爲史部之正，大爲推崇二書之義蘊宏深，競爲後世史家仿效。然文中“師法”二字所指意涵爲何，學者各抒己見，多自打通經史角度而發，謂通貫《史》《漢》匪易，受經學研究影響，必待師傳而後始明[③]。然而，相關論述均駐足於觀念層面，未更進一步落實到文本。今細繹《小序》前後文

① （唐）劉知幾著，（清）浦起龍通釋，王煦華整理《史通通釋》卷一二，上海：上海古籍出版社2009年版，第314頁。

② （唐）魏徵等《隋書》卷四五，北京：中華書局2000年版，第957頁。

③ 學者言及“師法”與《史》《漢》關係者，筆者所見，有杜維運《中國史學史》（臺北：三民書局2004年版）、逯耀東《魏晉史學的思想與社會基礎》（臺北：東大圖書公司2000年版）、胡寶國《漢唐間史學的發展》（北京：北京大學出版社2014年版），以及潘銘基《〈漢書〉及其春秋筆法》（北京：中華書局2019年版）。多從歷史研究的角度而發，並兼及經學，如胡氏曰：“漢儒讀經最重師法相傳，而讀史居然也要有師法，這又是在傳授方法上對經學的模擬。”（氏著第37頁），潘氏云：“時人喜讀《漢書》，惟其不易通讀，必待師傳而方可明”，“既與‘五經相亞’，亦必與經書流傳過程相仿”（氏著第144—145頁），皆欲打通六朝“經史”“文史”的研究脈絡。

字，"師法"作爲概念實有明確的具體指向：《隋志》以爲漢魏以來史書"唯"《史》《漢》傳"師法"，他史如陳壽（233—297）《三國志》、范曄（398—445）《後漢書》，因其皆爲"近世之作"，字詞、文句並非艱澀難讀，故研習者讀之即已理解，無須多加訓詁、音注解釋。此處所謂"雖有音注"者，乃言范、陳二書雖然備有音訓注釋以解釋文字，蓋因二書文辭相較馬、班遠爲淺近，即使略去音注，並不妨礙讀者理解文義。此即從反面强調音義、訓詁對解釋《史》《漢》之重要性，是以其後隨即列舉梁、陳、隋三代《漢書》音訓之作加以補充，言《史》《漢》所以"師法相傳"者，因有劉、韋、姚、包、蕭諸儒之訓釋也①。是故，《隋志》所揭櫫"師法相傳"的本質意涵，不僅指其傳授方式與兩漢經學相若，亦實指《史記》《漢書》學者傳授"書本"（正文）與注釋（釋文本）予生徒②，以訓解古字古音、考辨名物典制的具體過程。

《史記》《漢書》多古字古言，與先秦五經諸子之學關係密切。司馬遷以漢代經師"漢讀"、訓詁之字改易《尚書》《左傳》古字而入《史記》之事早爲學者所察③，如《尚書·堯典》"乃命羲和，欽若昊天"，鄭《注》謂"敬事用謂之欽"，《爾雅·釋言》曰："若，順也。"故《史記·五帝本紀》後半句作"敬

---

① 《隋志》史部小序敘《史》《漢》"師法相傳"之言有極强之針對性，觀其後句范、陳二史"雖有音注，並讀之可知"，知其論述重心集中在"音注"，而音注類著作的産生，與六朝"音義"的注解形式由經籍擴展至史籍，最後延伸至四部的特殊的學術背景息息相關。東漢末年以致魏晉，由於典籍中的難字、古字之讀音、字義需要隨時地釋讀、理解，故"既標字音，兼釋音義"的音義著作應運而生。虞師萬里云："由此而下至南朝，作'音'之風不僅遍及儒家經典及小學書，更蔓延到史部、子部和集部。如阮孝緒有《正史削繁音義》，延篤有《戰國策音義》《史記音義》，司馬彪、郭象各有《莊子音》，陳國武有《司馬相如賦音》，李軌有《齊都賦音》，褚令之有《百賦音》、郭微之有《賦音》。"（氏著《從儒典的"音義"説到佛典的〈一切經音義〉——寫在〈一切經音義三種校本合刊〉出版之際》，收入於《榆枋齋學林》，上海：華東師範大學出版社2012年版，第406頁）因此，《隋志》所謂劉、韋、姚、包、蕭於班書之音訓，即昉自經學而及於史部之産物，在此意義下，經解傳授之"師法"用語亦隨經書而擴展至史書。

② 此處"書本"乃指《史記》《漢書》之文本，由於經師傳授五經，手持經本，故傳授班、馬之學的學者對應亦持文本，唯其文本無法稱爲"經本"，因此以顔之推《顔氏家訓》、顔師古《漢書注》中所使用之"書本"稱之。

③ 《左傳》與《史記》訓詁之研究，如劉師培《司馬遷述〈左傳〉義序例》（《劉師培史學論著選集》，上海：上海古籍出版社2006年版，第470—481頁）、章太炎《春秋左氏疑義答問》（上海：上海人民出版社2013年版）；《尚書》與《史記》訓詁之研究汗牛充棟，代表研究如章太炎《太史公古文尚書説》（上海：上海人民出版社2015年版）、李毓善《史記引用尚書資料疏證》（臺北：雕龍出版社1980年版）、古國順《史記述尚書研究》（臺北：文史哲出版社1985年版）等。

順昊天”；《左傳》昭十三年“棄疾使周走而呼”，漢儒讀“周”爲“舟”，《史記·楚世家》因曰：“棄疾使船人從江上走呼。”此皆不通古訓不能明也；太史公所據史料如《世本》、先秦地志多存古文，史公書地名、人名時亦迻録之，如古文“服”作𦨈，《史記》引伯服作“伯犕”等。以上，其與古學聯繫甚深可知。《漢書》亦然，劉師培（1884—1919）論班書之學曰：“班固之文亦多出自《詩》《書》《春秋》，故其文無一句不濃厚，其氣無一篇不淵懿。”[①] 所謂“濃厚”“淵懿”，乃從文章、文學角度立論，其根柢源自五經與小學。班書固多存古言古語，如《漢書·禮樂志》“婚姻之禮廢，則夫婦之道苦。”孟康曰：“苦音鹽。”謂不堅固也，王念孫《讀書雜志》徧攷先秦古注證之[②]，此訓今人知之甚少；《夏侯嬰傳》：“嬰常收載行，面雍樹馳。”蘇林、晉灼皆言南方及京師謂抱小兒爲“擁樹”；凡此種種，非有專家注釋訓解而不能得。據此，前揭《隋志》“師法相傳，並有解釋”之語，當細分前後而觀：前半句云“師法相傳”者，落到實處，乃謂《史》《漢》學者持有二書文本，研習者須從其師得“書本”而就學之。同時，學者復有訓釋古字古言之注釋本，研習者授其注釋而始通其學，不同的學者（“師”），所持文本與所教訓釋亦復相異，因此乃有“師法”“家法”之不同。此一傳授模式，恰可比照兩漢經師傳授生徒之有經書文本與釋文注本兩種也，經師必傳授兩本方可；後半句言“並有解釋”，則文有義理、史有史法，其音義訓釋無法涵括而上升至史例、義法等專門之學者，注本中輒更爲解釋。今以此觀念驗之史傳載籍，重新董理前儒相關論説，所見愈臻明晰：

《漢書》之難通，一代儒宗馬融（79—166）猶須伏閣問學班昭。《後漢書·列女傳》記其事云：

> 時《漢書》始出，多未能通者，同郡馬融伏於閣下，從昭受讀。[③]

所謂“從昭受讀”者，是從班昭習古文古字訓讀之謂，此與晁錯（前 200—前 154）從伏生（前 260—前 161）讀《尚書》可相爲類比，《漢書·儒林傳》曰：

> 孝文時，求能治《尚書》者，天下亡有，聞伏生治之，欲召。時伏生年九十餘，老不能行，於是詔太常，使掌故朝錯往受之。秦時禁《書》，

① 劉師培《漢魏六朝專家文研究》第十一章《論各家文章與經子之關係》，北京：商務印書館 2010 年版，第 139 頁。

② （清）王念孫《讀書雜志》志四之四，南京：江蘇古籍出版社 2000 年影印家刻本，第十二頁。

③ （南朝宋）范曄《後漢書》卷八四，北京：中華書局 2000 年版，第 2785 頁。

> 伏生壁藏之，……漢定，伏生求其《書》，亡數十篇，獨得二十九篇，即以教於齊、魯之間。①

由於歷經秦火，漢初已無《尚書》文本，因伏生家壁中藏有《尚書》，得二十九篇，故漢文帝使晁錯往伏生家受之。是以晁錯所受者，主要爲得到伏生的《尚書》經本。顔師古此處引衛宏《定古文尚書序》云："伏生老，不能正言，言不可曉也，使其女傳言教錯。齊人語多與潁川異，錯所不知者凡十二三，略以其意屬讀而已。"因此，晁錯在受讀的過程中，經本而外尚得其"讀"，此讀包含伏生所定之字，以及與之相匹配的注釋。對照之下，馬融從班昭受學亦可等量齊觀。關於漢儒之"讀"，虞師萬里將之放諸兩漢經師傳授文本的經學脈絡之中，解釋其意涵曰：

> 漢代經師之讀有表層與深層二重意義，表層之讀是閲讀、誦讀之意，深層之讀是爲使用古文書寫的經典文義連貫通順而易以意義相應的文字而讀之。②

經典之傳習涉及"讀"的深層含義，即當經師傳授經典之時，遇到用古文、故書書寫之文字、難以理解的古辭時，爲了正確解釋並貫通文意，而改换以意義相對應的文字釋讀或識讀之——這在經本（文本）層面乃是古今字詞之相易；在釋文（注本）層面，乃是用易於理解之文辭解説文本。更進一步，建立在文本、注釋定文字、理文意的基礎上，對經典的内容有理性、完整而有條理之認識③。由於《漢書》之傳習在治學方法與文本形成上與兩漢經師傳授經典的高

① （漢）班固著，（清）王先謙補注《漢書補注》卷八八，上海：上海古籍出版社 2008 年版，第 5432 頁。

② 虞萬里《兩漢經師傳授文本尋蹤——由鄭玄〈周禮注〉引起的思考》，《文史》2018 年第 4 輯，第 64 頁。

③ 虞師在前揭文中，對"讀"有三種解釋，分别代表了文本、注釋、義理三個層次。本文正文所引，側重於强調"讀"的功用，乃使"經典文義連貫通順"，是注釋層面。另二種，其一基於文字/文本層面，曰："'讀'有表層含義和深層含義，其深層含義是在文字形體變更、興替而無法理解用不同書體文字書寫的文本時，用易字改詞的方法釋讀或識讀之。"（第 21 頁）此一解釋著重"讀"在古今文字變更中文本學層面的方法論内涵，"讀"作爲方法/方式，切合經今古文嬗變的學術背景；其二則本於義理理解層面，曰："表層之意是一般誦讀或諷誦，深層之意則是能抽繹其義藴，理性地認識和條例清晰地表述之謂。"（第 27—28 頁）此一解釋側重於文本、注釋確定以後，通過二者之表達，而體現出在義理、文意上的詮解。綜合三點，在解釋經典的過程中，文義爲目的與結果，文字/文本爲形式與根本，而注本則是橋樑與介質，三者在經典傳授過程中實三位一體。

度相似性，因得與經學研究比觀，而得言“師法”“家法”，其根本即在於經師/學者手中所持之經本/文本與注釋。以故，王鳴盛《十七史商榷》卷三八“馬融從昭受漢書”條極言“師傅”之重要性，所論尤在音讀、訓詁：

> 觀此，可以見漢人讀書之法與後世不同。漢人讀書必有師傳，無師不能讀。
>
> 漢人傳經，其文字音讀、章句訓詁必有明師面授方能承學，無師不能自讀也。①

王氏强調唐以前人讀書均有所承，不可亂改師法，而宋明以後讀書皆以己意。此代表了清儒對“師法”與傳經之認識，以及對宋明以來學術的鄙薄心態，所論未必皆爲正確。然而，鳳喈進而敘言“師法”之實際内涵，謂“師法”體現在“文字音讀”與“章句訓詁”兩個方面，無師不能自讀。若結合前述“漢讀”在文本、方法上之意涵，二者均爲“讀”在施行過程中的核心——即以疏通文意爲目的而解釋經典中的古字古言與難解字詞，則前云學者之注釋主要表現爲“音讀”。王鳴盛自以經學研究的視角看待《漢書》之傳習，徵諸前引《隋志》，《志》所列舉的注釋——劉顯《漢書音》、韋稜《漢書續訓》、姚察《漢書訓纂》，包愷、蕭該《漢書音義》皆爲偏重音訓之作，體現了“讀”最原初的傳授特性②。

劉知幾（661—721）在《史通》中涉及六朝史注多音訓的特點，他將此種注釋歸爲“儒宗”。《史通通釋·補注篇》曰：

> 昔《詩》《書》既成，而毛、孔立《傳》。傳之時義，以訓詁爲主。……降及中古，始名傳曰注。……如韓、戴、服、鄭，鑽仰六經，裴、李、應、晉，訓解三史，開導後學，發明先義，古今傳授，是曰儒宗。③

子玄認爲，以訓詁爲本之傳、注發源於經書，而注史者仍有習用，如裴駰《史記集解》之注馬，而李奇（或李斐）、應劭、晉灼之訓班，此皆承經師注經之法而來，是以名之曰“儒宗”。浦起龍補釋曰：“此節舉注經之家，陪注史之家。儒宗者，即訓詁爲主之意，是注家正體。”劉、浦二氏所言，實爲史學獨立以後的觀念，實際上，所謂“儒宗訓解”，即是“讀”的結果。而無論經書、

---

① （清）王鳴盛《十七史商榷》卷三八，第270—271頁。

② 值得注意的是，《隋志》承蕭梁阮孝緒（479—536）《七録》而來，其所敘《漢書》注釋譜系俱爲梁、陳至隋一脈，頗重南朝，而顔師古《敘例》全都不載。

③ （唐）劉知幾著，（清）浦起龍通釋，王煦華整理《史通通釋》卷五，第131頁。

史部，在進一步理解全書的經義、史法之前，對字、詞、文句的疏通訓解，是習讀一切書籍的基礎，並不專屬於經書訓解①。關於六朝史注從文字訓詁過渡、擴展到史書義法，形成專門之學的推衍過程，逯耀東在《〈隋書·經籍志·史部〉形成的歷程》一文中，有過深刻的描述：

> 這種類型（筆者按：謂"儒宗訓解"）的史注是繼承經注的傳統發展而形成的，以訓詁爲基礎對字句、音義所作的闡釋。這些注釋的出現是爲了實際教學的需要，……史學發展到此時，也成爲一種專家之學了。
>
> 史學成爲專家之學後，設帳授徒，口傳其業，必然會發生音讀與解義的困難。因此産生了訓詁音義的教學方式。②

逯氏也注意到了劉知幾所謂"儒宗"的史注，他明確指出此種史注的根本乃是"以訓詁爲基礎對字句、音義所作的闡釋"，而這種闡釋的背景是爲史書作解作爲專家之學在"實際教學中的需要"。此種"實際教學"的核心，是解決"音讀與解義的困難"。而逯耀東所謂"設帳授徒""口傳其業"，回到前引王鳴盛之語，便是"必有明師面授方能承學，無師不能自讀"之謂也。然則，逯氏的論述重點，乃在史學脱離經學的歷史過程，故其强調"史學"的專門特性。因

① 胡寶國曰："此外，在史書的注釋與傳授方面，我們也可以看到模擬的痕跡。自東漢後期開始，對史書的注釋漸多，如延篤有《史記音義》，胡廣有《漢書解詁》，服虔有《漢書音訓》。周一良説：'這些音義注解，大約與漢儒解經相同，多重在訓詁名物方面。'應該説，這也是一種模擬，是注釋方法上的模擬。"（《漢唐間史學的發展》第 37 頁）胡氏所論多從史學研究的角度而觀，尤其自裴松之（372—451）撰《三國志注》，確立了史書注釋以釐清史事爲正途，史注尤須會通、考辨稗官、載籍、碑刻等材料。以裴《注》之模式反觀延篤、胡廣、服虔等人對《史》《漢》古字古言之訓詁，則自有"模擬"之嫌。然而，理解文意與歷史考證爲兩個層面之事，**歷史研究的前提仍在於疏通文意，而疏通文意的基礎乃是字句之訓詁**，尤其班、馬二書所言多先秦上古之用詞，與古學關係實深。由是觀之，劉知幾所謂"儒宗"訓解、胡寶國所論對經注之"模擬"，只不過乃因經書首先産生訓詁、名物、制度方面訓解的需要，且其時史部尚未獨立於經部，《史》《漢》後出，又與五經關係甚深，因此而造成的歷史現象。今人對經師/學者持文本、注釋傳授生徒之過程有所隔膜，故多自觀念立論，而没有將"師法"落到文獻實處；復因《隋志》小序云《史》《漢》有"師法"，故多比擬經學研究，此固其宜也。另，胡氏於其書第四章《〈三國志〉裴注》文末附記曰："本篇初版第一節是'漢末魏晉時期對《漢書》的注釋'，意在從史學内部發展的路徑上探討裴注出現的原因。這次在修訂過程中，深感此節過於牽强，漢晉時期對《漢書》的注釋與裴注的出現實際上並没有什麽關係，所以這次修訂整節删除。"（《漢唐間史學的發展》，第 89 頁）《漢書》諸音義之注並不因其爲史書之注釋，因而具有"史注"的特性與特點，六朝《漢書》舊注仍以字詞、文本爲其核心。胡氏所言，反映其敏鋭之眼光與嚴謹的治學態度。

② 逯耀東《魏晉史學的思想與社會基礎》，第 45—46 頁。

此，在此傳授與教學的過程中，疏通文意遠遠不夠，尚須通專門之學。逯氏增衍其對史注的定義曰："關於承繼經注發展而形成的史注，以音義、訓詁爲基礎釋明章句、字義、制度、地理等。"① 這正是學者在教學史籍時，在史注的內容上進行的變異與發展。訓詁明而後義理明，在經則謂經義，在史則謂名物、制度與地理。由於經史分途，史注强調釐析史事，其內容亦朝諸如制度、地理、考史等方向發展。

六朝至隋唐《漢書》傳授之具體過程，史傳多有記載。《三國志・孫登傳》曰：

> 權欲登讀《漢書》，習知近代之事，以張昭有師法，重煩勞之，乃令休從昭受讀，還以授登。②

蓋孫權（182—252）欲其子登學習《漢書》，因張昭（156—236）有"師法"，便命昭子休從其父"受讀"，學成後再以張休傳授孫登。此事《三國志・張休傳》亦言："休字叔嗣，弱冠與諸葛恪、顧譚等俱爲太子登僚友，以《漢書》授登。"③《孫登傳》言張昭有"師法"者，則昭學有所承，有文本、知教法之謂也；所謂"受讀"者，一方面有釋讀字詞，疏通文句等基礎之研習，與馬融從班昭"受讀"同義；另一方面，孫權欲登"習知近代之事"，則張昭在史事等作爲專門之學的部分，亦有所教授。以政治培養爲目的之習讀，後者更應是張昭傳授的重點④。

不同於早期六朝《漢書》側重於作爲"刑政之書"的一面，在上層貴族與廟堂間傳習⑤，及至六朝末年，《漢書》在士大夫間廣泛流傳，已逐漸形成專門化與系統化之傳授，並産生諸如"《漢書》學者""《漢書》師匠"之專稱，以指稱教授《漢書》之師，猶教授五經之師之稱"經師"也。"《漢書》學者"教

---

① 逯耀東《裴松之於〈三國志注〉》，《魏晉史學的思想與社會基礎》，第345頁。

② （晉）陳壽撰，（南朝宋）裴松之注，盧弼集解，錢劍夫整理《三國志集解》卷五九，上海：上海古籍出版社2012年版，第3493頁。

③ （晉）陳壽撰，（南朝宋）裴松之注，盧弼集解，錢劍夫整理《三國志集解》卷五二，第3174頁。

④ 《三國志》中又載孫權勸吕蒙讀《漢書》（卷五四）、劉備囑後主劉禪習《漢書》（卷三二）等事，吉川忠夫以爲此處之《漢書》，乃作爲刑政之書，而教授政治人物治國理政之義（《顔師古の漢書注》，《東方學報》第51期，第229—234頁；京都大學人文科學研究所，1979年3月）。

⑤ 從張昭教其子張休《漢書》，休復傳其學於孫登之情形，知張昭之有"師法"，其雖持有班書文本，然訓讀注釋應多爲課堂口授，並無見其形成並留存注本也。

授班書，手中必持有教本（文本與注解），如《隋書·包愷傳》曰：“于時《漢書》學者，以蕭、包二人爲宗匠，聚徒教授者數千人。”[①]《隋志》與《兩唐志》載蕭該、包愷各有《漢書音義》十二卷，是其教授數千生徒之教本也；《陳書·姚察傳》曰：“所著《漢書訓纂》三十卷，行於時。”[②] 姚察（533—606）爲南朝陳禮部尚書，其《漢書訓纂》稱名於時，有曾孫姚珽（641—714），《新唐書》本傳云：“始，曾祖察嘗撰《漢書訓纂》，……珽著《紹訓》以發明舊義云。”[③] 是《漢書》爲其家學，祖孫均有注本；又，《新唐書·儒學傳》曰：“是時《漢書》學大興，其章章者若劉伯莊、秦景通兄弟、劉訥言，皆名家。”[④]《舊唐書》亦提及四人，其云劉伯莊曰：“撰《史記音義》《史記地名》《漢書音義》各二十卷，行於代。”則其有《史》《漢》音注，並傳授於代。言大小秦及劉納言云：“秦景通與弟暐尤精《漢書》，當時習《漢書》者皆宗師之，常稱景通爲大秦君，暐爲小秦君。若不經其兄弟指授，則謂之‘不經師匠，無足採也’。景通，……爲《漢書》學者，又有劉納言，亦爲當時宗匠。納言，乾封中歷都水主簿，以《漢書》授沛王賢。”[⑤] 秦景通兄弟與劉納言皆被稱爲“《漢書》學者/師匠”，大小秦君皆有師法，而劉納言又授時太子，顧應皆有教本也。至如顔師古之注《漢書》，祖父顔之推（531—? 597）有《漢書》善本，《顔氏家訓·書證篇》中載其説數條，叔父顔游秦有《漢書決疑》十二卷，班書亦是其家學，三世皆有文本與注釋也。因此，史傳所載其時《漢書》傳習之大略，要皆自音訓注解出發，各據所持文本，沿師授脈絡而形成流傳譜系。

綜上，《漢書》自東漢末年以至隋的傳習，符合漢代經師傳授文本時“讀”的方法，乃是經學研究對語言文字的考釋方法擴展應用於文辭甚古的《史記》《漢書》的結果。《漢書》的具體傳習過程，乃是學者持有班書文本與注本，並以此訓解其古字古音、考辨名物典制，幫助生徒理解史籍文意，最終明晰史事、史法的教與學之過程。而所謂“授讀”與“師法”，均在此脈絡中體現其意義。六朝《漢書》文本之流傳與衍變，尤須準此而觀。

---

① （唐）魏徵等《隋書》卷七五，第 1716 頁。

② （唐）姚思廉《陳書》卷一八，北京：中華書局 1972 年版，第 249 頁。

③ （宋）歐陽脩《新唐書》卷一〇二，北京：中華書局 1975 年版，第 3982 頁。

④ （宋）歐陽脩《新唐書》卷一九八，第 5656 頁。

⑤ （後晉）劉昫等撰《舊唐書》卷一八九上，北京：中華書局 1975 年版，第 4955—4956 頁。

三、六朝《漢書》異文傳衍的歷史層次

六朝《漢書》文本流傳的基本面貌，目前以顔師古《漢書敘例》所述最具代表性，呈現出核心爲“晉灼——臣瓚——蔡謨”三本遞接的傳承脈絡，《敘例》曰：

> 有臣瓚者，莫知氏族，考其時代，亦在晉初。又總集諸家音義，稍以己之所見續廁其末，……凡二十四卷，分爲兩帙。今之《集解音義》，則是其書。……蔡謨全取臣瓚一部，散入《漢書》，自此以來始有注本。但意浮功淺，不加隱括，屬輯乖舛，錯亂實多。①

前節已言晉灼《集注》産生於西晉，而流傳於北方，南方學者未之見。晉灼以前均爲各家獨立注釋，晉本爲第一部“集注”，集合了服虔、應劭、文穎、蘇林等十數家注説，並下己意；西晉時，又有臣瓚《集解音義》二十四卷，與晉本相仿，同爲集解性質。臣瓚姓氏雖有爭議，但其集解本原亦存北方；蔡謨注本，乃將單行之臣瓚本散入《漢書》本文而形成“注本”，體式與晉灼、臣瓚兩本俱異。顔監云“今之《集解音義》，則是其書，而後人見者，不知臣瓚所作，乃謂之‘應劭等集解’。王氏《七志》、阮氏《七録》，並題云然”。顔師古所謂目録中題名“應劭等集解”之“注本”，即今《隋志》中記載之本。清儒錢大昕、姚振宗等考知此本即臣瓚本。換言之，臣瓚之單行集解本，經蔡謨之鍛造、南傳而形成的蔡謨本，是臣瓚本的南傳變體②。依顔説，此本“屬輯乖

① （漢）班固著，（清）王先謙補注《漢書補注》，第2頁。

② 此處有必要建立“臣瓚南本”的校勘觀念。在現實世界中，臣瓚單行本雖未必南傳，但亦無法證其必無。然而，其變體蔡謨本成爲南方的通行本，二者本有傳承、接續關係。若將蔡謨本以及可能南傳的臣瓚南本，統以概念化“臣瓚南本”的相稱，則可較爲便利地理解六朝班注的流傳軌跡。臣瓚本一系的文本，南朝確有流傳痕跡，宋祁校語已言：“集解、音證，集解蓋臣瓚書也。”（蔡琪本《漢書》卷八一，第一葉上）就景文認知，認爲即是臣瓚本。吉川忠夫《裴駰の『史記集解』》一文，認爲裴〈序〉中所謂“漢書音義”者，是臣瓚注本：“此處所謂‘漢書音義’，我認爲應該斷定爲顔師古《漢書敘例》中所云臣瓚撰《漢書集解音義》二十四卷。”（收入《加賀博士退官記念中國文史哲學論集》，東京講談社，1979年，第406頁）徐建委通過對比裴《注》與顔《注》的内容、形式與結構，得出二者在徵引舊注之範圍，排列注釋之形式，以及各家注説之順序等皆基本相同之結論。（《敦煌本〈漢書〉與晉唐之間的〈漢書〉傳本》，《中國典籍與文化論叢》第十輯，第47—58頁）。由於至顔師古時，已據晉灼本、臣瓚本的北方傳本校勘《漢書》，而處在南朝早期劉宋的裴駰《集解》相關注説内容與顔《注》無大異，可明裴書應保留臣瓚本“南傳”時比較原初的文獻樣態。實際上，從今存姚察、（轉下頁）

舛，亂錯實多"，是南方的通行注本。

漢魏單行注釋存於隋末唐初者，僅有韋昭《漢書音義》七卷一種。然則，作爲保存早期班書面貌的非集解本，韋昭本（An）具有單獨論列的必要；若以晉灼、臣瓚、蔡謨本爲遞變的集解本系統，由於蔡謨本原即臣瓚本之變體，因此在具體的異文討論中，不宜單獨作爲文本基準，主要仍應聚焦在晉灼（Bn）、臣瓚（Cn）兩系注本。不過，考慮到蔡謨本形態已與灼、瓚本有别，且通行於南朝，其已産生受時空因素影響的異文，最終爲六朝末注家所面對。職是之故，在討論蕭該《音義》中的"今《漢書》"，顔《注》中的"今書本""流俗書本"等當時通行本概念時，仍須有蔡謨本的印象。當南北政權尚未統一以前，若不考慮南北學者交通，則河北有晉灼、臣瓚兩系集解本流通，江南則主要爲韋昭本與"臣瓚南本"/蔡謨本兩類流傳，六朝"《漢書》學者"各據其所處時代與地區承用不同的注釋；自隋統一南北，若考慮到學者交通，即如姚察、蕭該、顔之推、顔師古等根據校勘的實際需要，即便交錯參用南北諸本，而各有側重。但諸儒所據入隋後之《漢書》文本，其異文産生途徑仍應不出上述 An、Bn、Cn 三系的範圍。

關於六朝典籍在傳授過程中所産生的異文方式與途徑，虞師萬里在《六朝〈毛詩〉異文所見經師傳承與歷史層次——以陸德明〈毛詩音義〉爲例》《〈詩經〉異文與經師訓詁文本探賾》兩文中均有持續的探索與發掘①，並在《兩漢經

（接上頁）顧胤佚文、司馬貞《史記索隱》所載《漢書》舊説中，可窺測到南朝學者依據的班注集解本，在内容上與晉灼、臣瓚本有顯著的承接，既然南朝無緣得見晉灼本，那麽集解本的流傳，捨臣瓚本無途，但更進一步，作爲南方學者是否得見實體的臣瓚單行本，應容有保留態度：首先，若臣瓚完整本南傳，不至於裴駰不知臣瓚姓名，且今存於《集解》中的《漢書》舊説多不如顔《注》完整，脱譌較多，由此可證裴駰所見南傳的臣瓚系文本是殘本。今宋祁校語轉引北宋校勘學者余靖校本中存姚察説，曰："然瓚所採衆家音義，自服虔、孟康以外，並因晉亂湮滅，不傳江左。……蔡謨之江左，以瓚二十四卷散入《漢書》，今之《注》也。"（蔡琪本卷首第六葉下—第七葉上）以南朝陳學者姚察所述六朝末所見班注通行本是蔡謨本，而臣瓚以前單行音義因晉室動亂而湮滅不存的事實，可推測臣瓚單行本南傳的可能性甚小，但又由於裴書確實存臣瓚本文獻痕跡，而變體的蔡謨本不能盡數包羅南朝傳承臣瓚系文本的全部面貌，因此以概念化的"臣瓚南本"指涉臣瓚之變衍傳本南傳的子本範圍，在探繹南北朝校勘的承接問題上，以及實際據六朝佚文的校勘作業，有其必要性。

① 虞萬里《六朝〈毛詩〉異文所見經師傳承與歷史層次——以陸德明〈毛詩音義〉爲例》，《出土材料與新視野》，臺北中研院，2013 年，第 528—572 頁；《〈詩經〉異文與經師訓詁文本探賾》，《文史》2014 年第 1 輯，第 159—184 頁。

師傳授文本尋蹤——由鄭玄〈周禮注〉引起的思考》[①] 一文中上升至學術史與文本流傳層面之思考。虞氏所歸納的六朝《毛詩》異文形式有以下五種：①因《毛傳》而産生之異文；②因《鄭箋》而産生之異文；③因王肅注而産生之異文；④因《方言》而産生之異文；⑤標音與異文同字之異文。在第五種中，又有①借字與本字；②後起字與本字；③古文與今文；④正字與或體（古文）等四類。而在《兩漢經師傳授文本尋蹤——由鄭玄〈周禮注〉引起的思考》中，又將異文産生之形式與經籍授讀的具體解釋形態結合論述。由於六朝音義在四部之繁盛，"反映出由傳、説、解和章句等體式過渡到注以後，因反切産生而興起的新一輪的注釋以儒家經典爲中心，而逐漸向史、子、集諸部拓展衍變的全過程"[②]，因此，本文異文産生途徑之分類疏證，亦以虞文爲依準，並結合《漢書》所反映異文之特性，對其異文類别斟酌增減，以見音注自經部及於史部的變化。

而以下之異文疏證，均以韋昭本 An、晉灼本 Bn、臣瓚本 Cn 三系之南北傳承脈絡爲參考基準進行損益與修正，並據年代之先後順序依次論述之。文獻材料則以蔡琪本一系宋刊《漢書》所附蕭該《音義》，司馬貞《史記索隱》，裴駰《史記集解》所引《漢書音義》、徐廣《史記音義》等，並及顔師古《注》所載舊注之異文、異訓爲中心，參校唐宋類書如《太平廣記》《初學記》《册府元龜》，以及李善《文選注》等相關著作，具體疏證尤著重梳理文本衍生與遞變之脈絡。

（一）韋昭本之性格與特色

韋昭（204—273）字弘嗣，吴郡雲陽（今江蘇丹陽）人。孫權時除太子中庶子，後爲黄門侍郎；及孫休踐祚，任博士祭酒。昭除《漢書音義》外，尚有《國語注》等存世。韋昭爲顔師古《敘例》所列舊注二十三家中唯一的南方學者，身處漢末魏初，注班在應劭、服虔之後，然其時晉灼《集注》尚未出世，韋《注》可反映《漢書》文本的早期面貌。韋氏單注本隋唐時猶存，《隋志》與兩唐《志》並録"韋昭《漢書音義》七卷"，是其書。蕭該《音義》屢以韋昭、晉灼《音義》並舉，乃以二書爲校勘底本也，其中頗存韋本文字。今以輯佚所得，並及群書中所殘留的韋説，對比晉、蕭、顔諸後儒所持之本，在揭示

① 虞萬里《兩漢經師傳授文本尋蹤——由鄭玄〈周禮注〉引起的思考》，《文史》2018 年第 4 輯，第 21—66 頁。

② 虞萬里《從儒典的"音義"説到佛典的〈一切經音義〉——寫在〈一切經音義三種校本合刊〉出版之際》，《榆枋齋學林》，第 407 頁。

韋本特點的同時，反映《漢書》授讀的傳衍之跡。

1. 早期的文本面貌

韋昭本之文字與後世晉灼、臣瓚、蕭該、顏師古諸本多有相異之處，其中頗可反映《漢書》文本的早期面貌。如①《敘傳上》："漢良受書於邳沂。"顏《注》曰："晉灼曰：沂，崖也。下邳水之崖也。師古曰：沂音牛斤反。"晉灼既訓"沂"爲崖，則其所見本應作"沂"，顏本亦作"沂"。蔡琪本所附蕭該《漢書音義》（下文徑稱"蕭該《音義》"）曰：

沂，韋昭作"垠"，曰："垠，限也。謂橋也，吾恩反。"①

據蕭氏説，"沂"韋昭本作"垠"，訓垠爲限。蕭與顏本同，作"沂"，如表一：

表一

晉灼本	韋昭本	蕭該本	顏師古本
邳沂	邳垠/垠	邳沂	邳沂

韋本與諸本皆異，今本中，宋慶元本、蔡琪本、白鷺洲書院本及清武英殿本韋本文字皆作"垠"，王先謙所見作"垠"。案：垠古音匣紐文部，今韋昭明音"吾恩反"，爲疑紐文部，二字同从"艮"通用，且草書字形亦復相似②。垠古音疑紐文部，沂古音疑紐微部，兩字聲同韻近，故可通用③。垠，《説文》："一曰岸也。"《廣雅》："厓也"；沂，《玉篇》："水崖也。"字義亦有相同點。韋、晉兩本分別作"垠""沂"，知魏晉時已存在兩本。然則作"沂"之本後在《張良傳》中復有文字變化，進而引起學者在注釋上的爭議。《張良傳》："良嘗閒從容步游下邳圯上。"顏《注》曰：

服虔曰：圯音頤，楚人謂橋曰圯。應劭曰：汜水之上也。文穎曰：沂水上橋也。④

① 蔡琪本《漢書》卷一〇〇上，國家圖書館出版社《中華再造善本》影印南宋蔡琪本，2013年，第三十六葉上。本文所引慶元本《漢書》亦是《中華再造善本》影印國圖藏本。

② 本文所據聲韻系統，依周法高《周法高上古音韻表》，香港：香港中文大學1973年版。

③ 垠從土，艮聲；沂，從水，斤聲。二字元音相同，韻尾文微對轉；"垠"又作"圻"。"沂"中古時有魚衣切、魚巾切兩音。由是可知，垠、沂二字有密切之關係。

④（漢）班固著，（清）王先謙補注《漢書補注》卷四〇，第3373頁。

服氏既謂楚人稱橋曰圯，則服本作“圯”[①]；應劭言“汜水之上”、似應本作“汜”；文穎稱“沂水上橋”，沂本無橋義，文氏牽合二者成訓，則所見本似作“沂”，又見别本乃作“圯”者[②]。圯古音以紐之部，與“沂”音近；汜古音邪紐之部，與“圯”韻同，圯、汜同从巳可通，《廣雅》：“汜，厓也”，亦訓爲水邊。然則，結合《敘傳上》與《張良傳》，同一字已産生沂、悢（垠）、圯、汜四種異文，文意上遂有橋上、水崖之差别。王先謙據《敘傳》“邳沂”之文，以爲古本或作“沂”：

> 沂與圻通，圻又與垠同，故宋祁於《敘傳》引韋昭本作“垠”，《文選》載班此文亦作“邳垠”。垠字本訓崖岸，足證班氏於此傳文必解爲下邳水崖之上，不以爲橋圯。[③]

由於作从斤之“沂”“圻”較易同時産生作“圯”“汜”/“垠”“悢”之本，故“沂”必然爲比較早期的《漢書》面貌，則韋昭、李善、應劭諸本應有一作“沂”之共同祖本。“汜”亦有水邊之意，“汜”因義同而改字，應劭時已不知意，故直以爲“汜水”。“圯”乃於“汜”後出，四字異文均産生於服虔、應劭以前。而韋昭曰：“垠，限也，謂橋也。”垠本有限義，又有或體“圻”字，其橋之訓，則已然受到服虔等人注解之影響[④]。綜合而觀，若無作“垠”之韋昭本，吾人猶不可完全確定“沂”爲古本之一，進而判斷張良遇黄石老人在水邊而非橋上。

韋昭本頗存爲後世注本校改之古字，如②《外戚傳上》：“命樔絶而不長。”顔師古曰：“樔，截也，音子小反。”蕭該《音義》曰：

> 韋昭《音義》作“剿”字。《説文》曰：“樔，拘繫也。”該案：今《外戚傳》作“樔”字，韋昭音作剿字，皆非。依《字林》作“剿”字爲是。今人並不分“剿”“剿”二字，作亦不得字體。[⑤]

---

① 《説文·土部》：“圯，東楚謂橋。从土，巳聲。”（第十三篇下，第三十九頁上，段玉裁《説文解字注》，上海：上海古籍出版社1988年版）

② 經典中“沂”字多爲水名，如《尚書·禹貢》“淮、沂其乂”，《論語》“浴乎沂”，《左傳》“南及沂”、《國語》“北屬沂”等，因此文穎見“沂”輒以爲指沂水。

③ （漢）班固著，（清）王先謙補注《漢書補注》卷四〇，第3373—3374頁。

④ 作“汜”之本，宋時猶存。宋祁曰：“舊本汜從水，張佖改作土。”張佖所以改作土者，《張良傳》下文云“直墮其履汜下”，“直墮”與服訓爲橋合，故皆改從土。此實爲服注所惑。

⑤ 蔡琪本《漢書》卷九七上，第二十四葉上。

《外戚傳》正文"樔"字，韋昭《音義》作"剿"，韋氏音剿，剿、剿均爲精紐宵部，皆有絶、斷義，故得借代。樔古音崇紐宵部，與剿聲近韻同，又聲旁俱爲巢，故得相互使用，然而樔本無截斷義，《説文》："樔，澤中守艸樓也。"因此，宜以剿、剿爲是，而樔爲借字。蕭該云"韋昭音作剿字"，前已曰"韋昭《音義》作剿字"，則似此乃韋氏音"剿"爲剿，則值韋氏時，已有别本作"剿"也。蕭該又辨"今人並不分剿、剿二字"，則蕭該本雖作"樔"，其仍以"剿"爲是。王念孫《廣雅疏證》云："《説文》：'剿，絶也。'引《甘誓》：'天用剿絶其命。'今本作'剿'。"[①]《尚書》中原作剿字，剿後出，魏晉音義家漸混用"剿""剿"，及衛包改字，悉改"剿"作"剿"，《西域傳》曰："莽封欽爲剹胡子。"徐松（1781—1848）《漢書西域傳補注》云：

> 蓋作"剿"者，《尚書》正字。衛包改"剿"作"剿"，從刀，刀又誤作力，遂相承用"勦"，而"剿"廢矣。《王莽傳》"將遣大司空征伐剿絶之矣"，猶存古字。[②]

衛包改"剿"作"剿"，又誤爲"勦"，後人改《漢書》，亦將其中之"剿"盡改爲"剿"，故班書正文殘留作"剿"者僅一見，《王莽傳下》："將遣大司空將百萬之師征伐剿絶之矣。"與韋昭《音義》同。《西域傳》"剿"譌爲"剹"，鄧展曰："剹音衫。"顔師古曰："剹，絶也，音子小反。字本作剿，轉寫誤耳。"[③]鄧展所以音衫者，則其時已誤矣。顔監知其爲誤字，仍皆音"音子小反"，惟底本皆如此作，是以不改其字。《外戚傳》的情況亦然，今列韋、蕭、顔三本異同如表二：

表二

韋昭本	蕭該本	顔師古本
剿 音剿	樔 應作"剿"	樔 音子小反

韋昭本保存早期《漢書》原貌，蕭、顔二本俱爲混用作"剿"，復又變爲"樔"，蕭該、顔師古所以不改其字者，至隋唐時，早已不作"剿"也，然訓仍從舊讀，此亦因循舊説，同時不擅改文本也。

① （清）王念孫《廣雅疏證》卷五下，北京：中華書局，2004年影印嘉慶王氏家刻本，第六頁下。

② （漢）班固著，（清）王先謙補注《漢書補注》卷九六下，第5907頁。

③ 同上。

《漢書》文本在傳承過程中，經過反覆校勘，又有後世文本優於早期者，韋昭本提供了此方面的材料。如③《敘傳下》："懷氿濫而測深虖重淵，亦未至也。"顔《注》曰："應劭曰：《爾雅》：'前高曰旄丘，如覆敦者敦丘，側出曰氿泉，正出曰濫泉。'師古曰：氿音軌。"蕭該《音義》曰：

> 氿濫，舊作"⿰氵几檻"，韋昭曰：水側出曰⿰氵几泉，音範。湧出曰濫泉，音檻。①

據此，蕭、顔二本俱作"氿濫"，韋昭本作"⿰氵几"，與蕭該所云舊本同，表三列異同：

表三

韋昭本	蕭該本	顔師古本
⿰氵几濫	氿濫	氿濫

據應劭注，"氿泉"爲泉水側出之泉。《爾雅·釋水》："氿，泉仄出也。"《詩·小雅·大東》"有洌氿泉"，陸德明《釋文》："泉側出也。"故蕭該、顔師古所訓皆是也。韋昭亦知此謂"水側出"，訓釋亦同，韋本作"⿰氵几"，韋音範，殆"⿰氵几"爲"汎"之異體，故直音範，以爲汎濫也；氿古音見紐幽部，《廣韻》居洧切，與範音異，⿰氵几、氿均有水厓義，可能因此關聯。⿰氵几字戰國時已有——[illegible]璽彙一五一八、[illegible]二〇三二，二者在六朝時多有互用，《龍龕手鏡》列"⿰氵几"爲"氿"之異體。《漢書》此例中，蕭該所見本已作"氿"，故其云"舊作⿰氵几檻"，爲六朝校勘者校定爲"氿"，顔本亦然。對比三本，韋本可能保存了《漢書》舊貌，然蕭、顔之本則已經過整飭。

韋昭本與後世注本文字相異者，今所鉤稽尚有不少，如《楊雄傳上》："爲人簡易佚蕩。"張晏、晉灼、顔師古本均作"佚蕩"，韋本作"替黨"；"灑沈菑於豁瀆兮。"蕭該、顔師古本作"灑"，韋本作"釃"；"秋秋蹌蹌。"顔本作"秋"，蕭本作"啾"，韋本作"愁"；《楊雄傳下》："皆稽顙樹頷。"韋昭曰："當依古本作'犁顙樹'"；《司馬相如傳上》："逢涌原泉，沕潏曼羨。"張揖、顔師古本俱作"逢"，韋本作"湊"；《循吏傳》："又發騎士詣北軍馬不適士。"蕭、顔本作"適"，韋本作"僪"；《敘傳上》："《易》曰：'鼎折足，覆公餗。'"蕭、顔本作"餗"，韋本作"鬻"；《敘傳上》："葛緜緜於樛木兮，詠南風以爲

① 蔡琪本《漢書》卷一〇〇下，第三十五葉上。

綏。"蕭、顔本作"樛"，韋本作"糾"①。或音讀相近，或文字通用。由於蕭該《音義》所載韋昭《音義》保持了早期獨立的文獻狀態，故與六朝後期文本有一定的差異，這不僅僅是文本在歷史上的自然變異，同時應是晉灼以後諸集注本不斷整合、校勘的結果。

2. 授讀之傳衍

六朝《漢書》文本之變異與衍生，不少是在漢魏以來"《漢書》學者/宗匠"傳授生徒之過程中，因訓讀、注釋而産生異文。此"授讀"傳衍下之結果，成爲隋唐注家辨析、採納與校正之對象。

經典在傳習過程中産生異文，有一種特别情況，即所謂標音與異文同字之異文組。虞師萬里歸納了《經典釋文》中此種訓釋類型，云："《釋文》有一類訓釋，其標音與異文係同一字。即：甲，音乙，本亦（或、又）作乙。有此異文組之寫本，可推知作'乙'之本不可能有乙音，否則即成同字相注。"② 又，"甲，音乙，本亦（或）作乙之音注形式，《詩》《周禮》之外，遍及《易》《書》《儀禮》《禮記》等《釋文》，可見讀成某，寫成某，最終成爲'某'之文本，是漢代經典文本之普遍形式。雖然此類音讀以及音讀所形成之文本未必皆爲經師漢讀，亦有民間俗師傳授之遺跡，卻不可否認是漢代經師漢讀影響所致，它很可能是漢代經典傳授方式之一"③。此種異文，乃由於注家/傳授者在訓解經典時，直將音讀逕寫入正文而形成新的文本，致使本字、借字、後起字互爲别本的情況。但凡傳習悠久、注家衆多之經典皆有此種現象，其異文産生之時間隨文本之更替而鐫入注本中，歷史層次亦隨注本所屬年代而定於一格。今對比韋昭本與晉灼、蕭該、顔師古諸本異文，知《漢書》之傳習亦然。

韋昭本中，有以"音某"之訓而逕直形成作"某"之本者，流傳至隋唐。如④《王莽傳中》："遂使尚書大夫趙並驗治，非五威將率所班。"蕭該《音義》曰：

> 所班，舊作"所辨"，案：韋昭曰：辨，布也。音班，或作"班"。④

① 慶元本《漢書》卷八七上，第一葉下；卷八七上，第二十葉上；卷八七上，第二十六葉上；蔡琪本，卷八七下，第六葉下；卷五七，第廿六葉上；卷一〇〇上，第十四葉下，第廿葉上。

② 虞萬里《六朝〈毛詩〉異文所見經師傳承與歷史層次——以陸德明〈毛詩音義〉爲例》，《出土材料與新視野》，第550頁。

③ 虞萬里《兩漢經師傳授文本尋蹤——由鄭玄〈周禮注〉引起的思考》，第60頁。

④ 慶元本《漢書》卷九九中，第十九葉上；蔡琪本此卷爲抄配，故用慶元本；又，此段引文宋刻前綴"蕭該曰"，而非"蕭該《音義》曰"，疑南宋版刻者所據校鈔底本不同。

據蕭書，蕭、顔本俱作“所班”，蕭該所見舊本作“所辨”，玩味韋注之語，韋昭本正作“所辨”，其時另有一本作“班”，表四列諸本差異如下：

表四

韋昭本	蕭該本	顔師古本
所辨 或作“所班”	所班	所班

按，班，秦漢故書或作“頒”。《周禮·春官·大宗伯》：“乃頒祀于邦國都家鄉邑。”鄭《注》：“頒，讀爲班。”《周禮·天官·大宰》：“八曰匪頒之式。”鄭《注》引鄭司農曰：“頒，讀爲班布之班，謂班賜也。”班古音幫紐元部，辨古音並紐元部，聲近韻同，故得通用。韋昭讀“辨”爲班，即班布之意。既音班，所以産生作“班”之本。結合《周禮》二鄭之讀，作“班”之本早已産生，具體至《漢書》，則早於韋昭。蕭該、顔師古所處之隋唐時，所據底本均作“班”，蓋韋昭所見別本之流傳至隋唐者，蕭氏猶見作“辨”之舊本。“班”“辨”二者皆爲借字。又如⑤《敘傳上》：“楶棁之材不荷棟梁之任。”顔師古曰：“楶即薄櫨所謂枅也。棁，梁上短柱也。楶音節，字亦或作節。棁音之説反。”顔氏所以云“字亦或作節”者，謂其時所見有一本作“節”也。蕭該《音義》曰：

> 韋昭楶音節，一名檽，即柱上方木也。①

《説文繫傳》：“楶，謂梁上短柱上承屋脊者。”音節，故經傳中多作節，如《爾雅·釋宫》：“栭謂之楶。”陸德明《經典釋文》：“舊本及《論語》《禮記》皆作節。”韋昭音節，而至顔師古時，仍可見別本作“節”者，此即因音讀而産生之異文也。

韋昭本又有其時借音讀爲正文，而後世文本則釐爲本字者，如⑥《外戚傳上》：“殷之興也，以有娀及有㜪。”顔師古曰：“有娀，國名，其女簡狄吞燕卵而生禽，爲殷始祖。”蕭該《音義》曰：

> 該案：晉灼、韋昭《音義》“有娀”並作“有崇”。服虔曰：有崇，契母簡狄國也。《詩》作“有娀”。《字林》曰：“娀，母也。元戎反。”《世本》曰：“帝嚳次妃有娀氏女曰簡狄，吞乙卵而生契。”②

按蕭該之言，晉灼、韋昭本“有娀”並作“有崇”，服虔本亦然。表五列如下：

① 蔡琪本《漢書》卷一〇〇上，第十四葉下。

② 蔡琪本《漢書》卷九七上，第一葉下。

表五

服虔本	韋昭本	晉灼本	蕭該本	顏師古本
有崇	有崇	有崇	有娀	有娀

“有娀”之名，《詩經》即已言之，《詩經·商頌·玄鳥》：“有娀方將，帝立子生商。”按《經典釋文》，陸德明所見毛《詩》均作“有娀”，其既爲簡狄之國名，“娀”應是本字。服虔、韋昭、晉灼諸本俱作“有崇”。崇古音崇紐中部，娀古音心紐中部，聲近韻同。《淮南子》高誘注云：“娀，讀如嵩高之嵩。”二字得通假。若《漢書》最初之文本作“娀”，則其在傳授過程中，應有一本曰：“娀，音崇”，於是形成作“有崇”之文本，後復經六朝學者校勘爲“娀”。然而，由於早期注本如服虔、韋昭等本皆作“崇”，亦有可能古本以音讀爲正文，《漢書》最初即作“崇”，而作“娀”之本乃爲後世學者所翻正，再産生蕭、顔等六朝末作“娀”之本，陸德明所謂“翻音正字以辯借音”①，蓋誠謂此也。

《漢書》既須學者傳授而讀，諸儒各據舊訓習讀，層層傳授，因此，有因學者訓解而産生異文的情況，韋昭本亦存在此種現象。如⑦《敘傳下》：“徒樂枕經籍書，紆體衡門。”蕭該《音義》曰：

> 籍，才亦反，韋昭《音義》作“耝”字，慈固反。《説文》曰：“耝，茅藉也。從草租。”若如韋昭音，則《漢書》本作“耝”字。②

根據蕭該《音義》，韋昭本作“耝”，蕭本與顏本同作“籍”，如下表六：

表六

韋昭本	蕭該本	顏師古本
耝書	籍書 應作“耝”	籍書

按，籍古音從紐鐸部，耝古音清紐魚部，聲韻俱近，故有通用之可能。然而韋昭《音義》明音“耝”慈固反，與蕭音籍才亦反不同，因此蕭氏認爲依韋音則班書原宜作“耝”，而“籍”是後出之字。“耝”可訓作“藉”，《説文》：“耝，茅藉也。”《周禮·春官·司巫》：“及耝館。”鄭《注》曰：“耝之言藉也。”據此，推知韋昭後應有一本《漢書》有“耝，藉也”之訓，魏晉以後注本乃以“藉”之訓而轉成正文，又經傳中“籍”“藉”多互用，復形成作“籍”之本。

① 吳承仕《經典釋文序録疏證》，北京：中華書局1984年版，第8頁。

② 蔡琪本《漢書》卷一〇〇上，第三十一葉上。

後儒少見“藉”而多言“藉/籍”，此處正文又涉前“經”字而成“籍”也，於是，蕭該、顔師古之時所見本，多校改爲“籍”矣。蕭氏亦據韋昭《音義》之異文，校訂以復《漢書》之舊。反觀韋昭本，實存未經後儒傳改以前之貌也。

韋昭《音義》撰於三國之時，作爲晉灼以前唯一南方注家之注本，其單注本流傳至隋唐之時猶存，故被蕭該取入《音義》中，以爲考辨古本之資。韋昭本有其獨特的文本性格，在反映早期《漢書》文字面貌的同時，於授讀過程中亦因注家音讀、訓解而生成異文，隨之進入六朝文本之中，證明《漢書》“師法”之存在。以隋唐之蕭該、顔師古本的相對同質化，甚至據西晉晉灼《集注》立場以觀韋本，不啻存在衆多古字異文，不僅裨益校勘，亦揭示晉灼《集注》以降，六朝注家對晉灼、臣瓚本的持續整合與校勘進程。

（二）晉灼、臣瓚本之授讀與傳承

自晉灼《集注》、臣瓚《集解音義》分别裒集十七、十九家注釋以來，六朝《漢書》學者多祖述二氏注本。北方學者以晉灼本、臣瓚北本爲主，而南方學者則以“臣瓚南本”及其子本以及蔡謨本爲主；隋統一全國之後，南北諸儒得以交通校讎各本，猶據晉灼、臣瓚及其傳衍本，斟酌損益以成己注。换言之，陳姚察《漢書訓纂》、隋蕭該《漢書音義》以及唐顔師古《漢書注》，其底本均在灼、瓚兩系文本之範圍内加以校勘、取捨。因此，二本成爲六朝《漢書》注本之第二個歷史基準點①。由於灼、瓚本皆爲集解性質，六朝注家在授

① 本文以晉灼、臣瓚兩本作爲六朝《漢書》文本的最大範圍與歷史基準，是綜合考量文獻記載與校勘現實需求而來，理由如下：第一，從史志目録而言，東晉以前的《漢書》注釋，十數家北方各注家的單行本，隨灼、瓚兩系集解本出現，以及晉亂而亡佚，因此就兩晉之際流通的注本而言，北方以灼、瓚二本爲主流，其衍生本爲兩系子本自不待言；東晉以降，班注主要集中在南朝。《隋志》所列九家注釋分爲三類：齊之陸澄、梁之劉孝標、蕭繹三家爲多引異聞雜説、注文合一的注釋，與主流《漢書》注釋訓詁、釋音的傳統不同；第二類是梁之劉顯、韋稜、夏侯詠之《音義》，卷帙多爲二卷、三卷，應是在通行本上補注者；第三類是陳之姚察、隋之蕭該、包愷三家，三家注釋已有綜理、校注全書的意味在。從陳、隋學者以觀，南北各注本皆可得見，應該是在通行本的基礎上斟酌損益，但校勘範圍不會超過晉灼、臣瓚、蔡謨三系注本的子本與衍生本，尤其是在北方單注大致亡佚的局面下。顔家顔游秦、顔師古亦同樣面對此種情況。第二，從流通傳寫而言，從現有出土發現的《漢書》西域、敦煌殘卷來看，多以篇卷爲單位流傳。審稿專家惠賜意見，認爲在“《漢書》學者”傳授生徒的過程中，其所産生的解説、注釋應僅限於小範圍流傳，並不會影響廣大地域中不斷傳佈的《漢書》文本，此説是也。但筆者想指出的是，在後世學者校勘中，此種散篇流傳的《漢書》文本，未必會納入學者的實際校勘作業之中。觀察今所存諸殘卷情況，多爲當時持有者各人私人閲讀之用，内容上尤其是注釋多爲節引，只須標注持有者閲讀不通、需要研習的注文即可。此種文本雖有聊備參考的校讎作用，但學者校勘，仍須爰據注本、注釋，因爲此方爲解説藉以流傳的主要載體，尤（轉下頁）

讀、傳承過程中産生異文的現象更爲顯著；同時，十幾家單行注釋合爲一本，則必然需要整合文獻，凡此皆留下文本蹤跡，成爲隋唐學者注釋時所面對的問題。今灼、瓚本之文本材料乃爰據蕭該《音義》、顔《注》、《史記索隱》、《史記集解》及類書等鉤稽，由於注釋層層相累，故大抵籠統言之。惟文獻明確指出爲“晉灼《音義》”“晉本”者，則以晉灼本目之①。

1. 因音訓而産生之異文

上節所云韋昭本在流傳過程中，産生標音與異文同字之異文組，此種現象非僅韋本而然，乃是六朝《漢書》傳授過程中的普遍現象。晉灼、臣瓚本作爲主體集解本，情況更爲明顯，其有以“音某”之訓而逕直形成作“某”之本者，如①《司馬相如傳上》：“其高燥則生葴析苞荔。”顔《注》：“張揖曰：葴，馬藍也。析，似燕麥。苞，藨也。荔，馬荔。蘇林曰：析音斯。師古曰：藨即今所用席者也。馬荔，今之馬藺也。葴音之林反，苞音包。”②張氏以葴爲馬藍，析似燕麥，蘇林析音斯，顔師古略同二氏之説。司馬貞《史記索隱》云：

> 葴析音針、斯二音。孟康曰：葴，馬藍也。郭璞曰：葴，酸漿，江東

（接上頁）其是音義類著作具有校勘文字的功能。另外，《漢書》的流通並不會像雕版印刷普及之後一般廣泛，研習者欲得《漢書》文本全帙，仍應依靠“《漢書》學者/宗匠”等專門學者處獲得相應的文本與解説，故史志、目録中的“《漢書》學者”與其著作，仍是其文本變異的主要範圍。況且，六朝《漢書》專家老師甚多，未必留下音義、注釋、專著，那麽其傳習對後世的校勘影響必然減小；第三，從校勘的實際需求而言，現存最多的六朝班注舊説，主要在顔《注》中，其異文異解，雖頗存於群書之中，但究其本源、祖本，從地域劃分而言，並不出河北本、江南本之範圍，而兩本均在晉灼、臣瓚本兩系文本的脈絡之下。另外，有價值的異文異解主要通過學者的注解、訓釋而流傳，則必然只能從學者音義、注説中探尋。若以現存材料明六朝舊説的年代分層，將基準點定爲晉灼、臣瓚本具有最大的包容性。雖然灼、瓚本無法容納在六朝出現的所有異本文字，但在觀念上並不影響將其作爲相關討論的基準點，因爲若是舊説中的異文異解，則一定在灼、瓚本的範圍内；若不牽涉學者的異文異解，僅僅字句在歷時性、共時性上的差别，則並不影響校勘的主體。而反言之，若欲考察六朝的歷史文本分層，必須建立實際的校勘範圍，否則操作將無所適從。最後，學者檢視文獻，認爲顔《注》多依晉灼本依違，但今無法獲觀晉灼《音義》全帙，臣瓚本又對晉本有承接，在無法確然離析兩本之際，牽合兩本而總論之，應該是較爲適當的做法。

① 本節所討論之晉灼、臣瓚本異文，乃根據文獻所反映的具體爲某“一本”“别本”“或本”之文字情況。筆者希望通過儘可能離析文獻中的灼、瓚本之異文，以呈現其大致面貌。在現實的歷史流傳之情況下，灼、瓚本爲六朝《漢書》注家沿用的主體注釋，應有N本注本在不同歷史年代流傳於不同地域，其集合之總合形成了“灼瓚本”之總體概念，以作爲六朝《漢書》注本的基準。

② （漢）班固著，（清）王先謙補注《漢書補注》卷五七上，第4072頁。

名烏蔵。析，《漢書》作“斯”。孟康云：斯禾，似燕麥。《埤蒼》又云：“生水中，華可食。”《廣志》云“涼州地生析草，皆如中國燕麥”是也。[①]

依《索隱》，司馬貞所見《漢書》“析”作“斯”，此顯因蘇林音析爲斯而産生，注家在迻寫文本時，直以蘇林之音寫入本文。析、斯均从斤。析古音爲心紐錫部，而斯爲心紐支部，聲同韻近，經典中多得通用，《詩經・陳風・墓門》：“斧以斯之。”毛《傳》：“斯，析也。”《説文》：“斯，析也。”立足蘇林本，其曰音斯，則其本文作“析”。《文選》“菥”，《史記》作“蔪”，均爲後起之本，輒於析、斯上加艸也。

又有早期爲本字，後晉灼本則藉音讀爲正文，而後世復回改爲本字者。如②《酈食其傳》：“家貧落魄，無衣食業。”顔《注》：“鄭氏曰：魄音薄。應劭曰：志行衰惡之貌也。師古曰：落魄，失業無次也。鄭音是。”[②] 據此，顔師古本與鄭氏本皆作“落魄”。今《史記》作“家貧落魄，無以爲衣食”，《史記集解》曰：

晉灼曰：落薄、落託，義同也。[③]

依裴駰所引晉説，則晉灼本作“落薄”。魄之言人之精氣形神也，落魄謂志行衰惡之貌，當是本字。薄古音並紐鐸部，與魄滂紐鐸部聲近韻同。晉本所以作“薄”者，乃以鄭氏之音迻入正文也。而顔師古雖參考晉本，但顔本作“魄”，或其底本本即作“魄”，或復回改爲“魄”，則隋唐之時，此處又被學者“翻音正字以辯借音”也。

表七

鄭氏本	晉灼本	顔師古本
落魄 魄音薄	落薄	落魄

又有以借字爲本文，復再以音訓代替正文者③。《外戚傳下》：“武發篋中有裹藥二枚，赫蹏書。”顔《注》曰：

孟康曰：蹏猶地也，染紙素令赤而書之，若今黄紙也。鄧展曰：赫音兄弟鬩墻之鬩。應劭曰：赫蹏，薄小紙也。晉灼曰：今謂薄小物爲鬩蹏。

① ［日］瀧川資言《史記會注考證》卷一一七，北京：文學古籍出版社 1955 年版，第一三頁。

② （漢）班固著，（清）王先謙補注《漢書補注》卷四三，第 3483 頁。

③ ［日］瀧川資言《史記會注考證》卷九七，第二頁。

鄧音應説是也。師古曰：孟説非也。今書本"赫"字或作"擊"。①

鄧展赫音鬩，赫古音曉紐鐸部，鬩古音曉紐錫部，聲同而主要元音相近，故鄧氏如此注音。鬩有别體作"謫"，與"赫"同从赤聲，音當與鬩同。謫字《汗簡》作[古文]汗 4.56 義、《古文四聲韻》作[古文]四 5.16 義，與赫形近，故《漢書》借赫爲謫也。據顔監引鄧、應、晉之説，似鄧、應本作"赫"，而晉本作"鬩"；小顔又特云"今書本'赫'字或作'擊'"，則其時又有一本作"擊"者。擊古音見紐錫部，與鬩聲近韻同。結合鄧展之音，則六朝時亦有别本音赫爲擊，形成"赫，音擊"之訓，傳習者得據此音以改正文矣。

表八

鄧展本	應劭本	晉灼本	顔師古本
赫	赫	鬩	赫 或作"擊"

晉灼、臣瓚本中因音訓而形成標音與異文相同之情況，涵蓋漢魏六朝各階段，此種異文雖在傳習中不斷産生，亦隨時爲注家所翻正、校定。

2. 因義訓而産生之異文

經典在傳習過程中，有以訓詁改本文的情況，司馬遷撰《史記》好以訓詁移易經文，此爲前儒所熟知。惟太史公之改易經書，有自行改以訓詁者，又有直接迻録漢代經師之"讀"者，代表不同層次的異文轉换。在六朝《漢書》的傳授中，亦存在因義訓而生成異文之情形。諸儒各據訓讀層層傳授，異文隨之産生，層累於流傳的文本之中。

因義訓生成異文而最具代表之例，如④《司馬相如傳下》："心煩於慮，而身親其勞，躬傶骿胝無胈，膚不生毛。"顔《注》曰："張揖曰：躬，體也。傶，湊理也。孟康曰：胈，毳。膚，皮也。言禹勤，骿胝無有毳毛也。師古曰：胈音步曷反。骿音步千反。胝音步竹尸反。"② 依顔《注》，顔本作"躬傶骿胝無胈"，甚爲不辭，應非原貌，張揖、孟康文本作何須參《史記》而知。此句《史記》本文作"躬胝無胈"，胝意爲厚皮、胈是毳也。乃謂夏禹作爲執政者，躬身親其勞，其勤勉走訪以致足皮變厚、生繭而無毛。《史記集解》《史記索隱》引舊注曰：

徐廣曰：胝音竹移反。胈，踵也。一作腠，音湊。膚，理也。胈，音

① 蔡琪本《漢書》卷九七下，第十一葉上。

② 蔡琪本《漢書》卷五七下，第八葉下。

> 魋。《集解》；躬奏胝無胈，張揖曰：奏，作戚。躬，體也。戚，腠理也。韋昭曰：胈，其中小毛也。胈，音丁私反。《索隱》①

立足司馬相如賦之原文本，據徐廣注，其所見《史記》作“躬胝無胈”，又别一本作“躬胝無腠”；腠爲肌膚紋理，足生繭而使其皮失去紋理，文意亦通，知六朝《史記》曾有别本作“腠”者。惟腠乃後起字，腠本作奏，《儀禮·公食大夫禮》“載體進奏”，鄭《注》：“奏謂皮膚之理也。”因此，應有一本作“躬胝無奏”。《索隱》引張揖説與小顏本略異，據此張揖注，則張揖本似作“躬胝無戚”，其訓戚曰腠理，明其本無“腠/奏”，而以“戚”代之。戚本無皮膚紋理意，然其古音清紐覺部，奏古音精紐侯部，聲近韻近，故其字音相近得通用。由上可知，徐廣、張揖所傳二本爲司馬相如賦較爲早期的文本，乃表列之第一級文本；又《索隱》作“躬奏胝無胈”，《文選》亦作“躬腠胝無胈”，則此賦在六朝間已産生衍文，將第一級兩本之“腠/奏”、“胈”二字合一，腠與胝均描述皮膚，因此連言之，形成第二級文本②。顏《注》中引孟康説已爲“胈”作解，李善《文選注》引孟康説曰：“湊，湊理也。”又有“湊”字，則孟康所見本似爲第二級衍字本，其本疑應作“躬戚胝無胈”——若孟本已作“湊”，則無由復加訓解，是以孟本原作“戚”，注乃爲後人改作“湊”。綜上可知，孟康、司馬貞、蕭統所見本皆屬第二級文本；顏本中孟康説曰：“言禹勤，骿胝無有毳毛也。”增字訓“胝”爲“骿胝”，疑今顏師古本之“骿”字因孟注而衍③，而形成第三級文本。現表九列三級文本如下：

表九

第一級		第二級		第三級	
張揖本	躬胝無戚	孟康本	躬戚胝無胈	顏氏本	躬戚骿胝無胈
徐廣本 （《史記》） 徐廣别本	躬胝無胈	司馬貞本 （《史記》）	躬奏胝無胈	張佖本	躬傶骿胝無胈
	躬胝無腠	《文選》	躬腠胝無胈	宋祁本 南/浙本	躬傶骿胝無胈 躬戚骿胝無胈

① ［日］瀧川資言《史記會注考證》卷一一七，第七一頁。

② 此處所謂第一、二、三級文本，均以司馬相如賦文作爲論述主體，是其賦在《史》《漢》《文選》各典籍中的變衍。四字之第一級文本應早於五字之第二級文本。若先出現五字之本，則不易生成減一字的傳本。

③ 王先謙以爲孟康所據本已衍“骿”字：“孟康所見本有骿字，特爲骿字立義。”（《漢書補注》，第4169頁）然而，細味孟注，實未直接訓解“骿”字，僅連言及之，王氏之説未必成立。

第一、第二級之六本，徐廣《史記音義》所見本早而全，張揖本乃用借字①。《漢書》早期文本（孟康本）中之一本已有衍字，根據《史記索隱》《文選》所引，知此第二級五字之本應是六朝廣爲流傳的文本；顔監所據底本，已摻入因孟康注而逐入本文之“骿”字，作“躬戚骿胝無胈”②。其中“戚”字唐宋間爲後人增人旁作“傶”，是以宋人張佖曰：“檢字書無‘傶’字。”宋祁亦曰：“傶，南本、浙本並作‘戚’。《集韻》傶與戚同收，注云：‘博雅近也。’此文難得句，不知師古如何讀之。必以‘躬傶骿胝無胈’爲一句，‘膚不生毛’爲一句，則長短不均。”③ 蓋張佖、宋祁二氏作“傶”“戚”兩本俱見之。而宋氏猶以爲“躬傶骿胝無胈”與後句長短不均，然未嘗疑語句之所以不協，實因文本之不斷衍生故也。綜觀第一級至第三級的文本遞變，可知《漢書》此文在六朝間因注家訓釋而層累地生成異文、衍文之情況矣。

晉灼、臣瓚本中，又有因義近替代而進入正文者，如⑤《食貨志下》：“滯財役貧。”顔《注》：“孟康曰：滯，停也。晉灼曰：滯音直吏反。”④《史記》本文作“蹛財役貧”，裴駰《史記集解》曰：

> 《漢書音義》曰：蹛，停也。一曰貯也。⑤

裴氏《集解》所引《漢書音義》爲“臣瓚南本”，其本似作“蹛”。蹛、滯均从帶，音同義近（澄紐祭部），蹛有停留、積累義，而滯亦有積留之義，此處謂富者貯積財貨而使役貧者也。然《漢書音義》“一曰貯”，則臣瓚所見别本又作“貯”，《説文》：“貯，積也。”義與蹛、滯近，其古音知紐魚部，與蹛、滯聲近韻遠，是以此處所以形成作“貯”之本，並非字音，乃純由字義之故也。

因字義與聲韻俱相近而産生之異文組，雖異文未進入文本，而有音義家訓解所讀如異文之字者。如⑥《劉敬傳》：“今臣往，徒見羸胔老弱。”顔師古曰：“胔音漬，謂見者之肉也。一説胔讀曰瘠。瘠，瘦也。”⑥ 胔古音從紐脂部，《禮記·月令》：“掩骼埋胔。”鄭司農曰：“骨之尚有肉者也。”瘠古音從紐錫部，

---

① 由於張揖僅爲《司馬相如傳》作注，而被顔師古納入校勘。今顔本衍“骿”字，與《索隱》引不同，則小顔其時採張氏注以就己本也。

② 王先謙曰：“然（小顔）所見本尚作‘戚’，不作‘傶’，故引張説以釋戚義，未爲傶字作注。張佖、宋祁所見本則已作‘傶’矣。”（《漢書補注》，第 4169 頁）其説是也。

③ 白鷺洲書院本《漢書》卷五七下，第八葉下。

④ （漢）班固著，（清）王先謙補注《漢書補注》卷二四下，第 1624 頁。

⑤ ［日］瀧川資言《史記會注考證》卷三〇，第一六頁。

⑥ （漢）班固著，（清）王先謙補注《漢書補注》卷四三，第 3505 頁。

《左傳》："瘠則甚矣。"杜預注："瘠，瘦也。"胔、瘠二字字義相近，聲同韻近，傳世文獻中頗有相通互用之例，《周禮·秋官》云："掌除骴。"鄭《注》云："故書骴作脊。"《管子·八觀》："道有捐瘠者，其守不必固。"王念孫曰："'瘠'讀爲'掩骼埋胔'之'胔'。露骨曰骼，有肉曰胔。作瘠者，借字耳。"《晏子春秋·内篇諫上》："睹死胔。"《太平御覽》作"瘠"等；例證尚多①。在《漢書》此例中，《史記》正用"瘠"字。《史記索隱》曰：

> 羸瘠，上力爲反。瘠音稷。瘠，瘦也。《漢書》作"胔"，音漬。胔，肉也，恐非。②

小司馬認爲胔、瘠字義有所不同，故是史公書而非班書。所謂"羸瘠老弱"，自然是指老弱骨瘦之人，《索隱》顯然以爲若作"胔"，乃言骨之有肉者，字義甚爲勉强，與句中不合。然其不知"胔"實與"瘠"通用，是以具體到此例，顔師古曰"一説胔讀曰瘠"，所以如此讀者，除音義家相承"瘠讀曰胔"之訓讀之外，則或有一本作"瘠"，此通過《史記》本文作"瘠"可爲間接旁證也，而傳授注家受到其影響。

因訓詁改字、義訓代替而產生異文，是漢魏六朝音義家在授讀經典時的普遍現象。灼、瓚本之流傳非僅一源，其緣義訓生成别本者，正可見其傳授之衆、範圍之廣也。

3. 因《漢書》舊説而產生之異文

漢魏以來，專門爲《漢書》作注者甚多，服虔、應劭等人注釋又早，六朝音義家轉相祖述，因此《漢書》之文本復多因其本身之注解、舊説而產生異文。(1) 因應劭説而產生異文；如⑧《五行志下之上》："褒，故公車大誰卒。"顔《注》：

> 應劭曰：在司馬殿門掌讙呵者也。服虔曰：衛士之師也。著樊噲冠。師古曰："大誰"者，主問非常之人，云姓名是誰也。而應氏乃以讙譁爲義，云大讙呵，不當厥理。後之學者輒改此書"誰"字爲"讙"，違本文矣。"大誰"本以誰何稱，因用名官，有大誰長。今此卒者，長所領士卒也。③

---

① 關於"胔""瘠"互得通用之例，及相關語義疏證，詳參王繼如《〈漢書·食貨志〉補疏》第 10 條疏證，收入氏著《敦煌問學叢稿》，蘭州：甘肅文化出版社 1999 年版，第 77 頁。

② ［日］瀧川資言《史記會注考證》卷九九，第六頁。

③ 蔡琪本《漢書》卷二七下之上，第廿九葉上。

本文中之"大誰卒"，應劭、服虔、顔師古俱以爲執事之官，顔氏認爲"大誰卒"即司馬殿門專執詢問來者，俾其通報姓名之官，因須問來者姓名是誰，故直名其官曰"大誰卒"，其說是也。應劭所釋有"讙呵"義，顔已駁其誤，又曰"後之學者輒改此書'誰'字爲'讙'"。然則，後之學者因應劭"讙呵"之義訓，故改本文之"誰"爲"讙"，形成作"讙"之本，此據應劭説而產生之異文也。案：誰隸書爲誰（老子乙 221 下），讙之隸書作讙（居延簡甲 1826），若去除讙之艹部分，則與誰字無異。因此，應劭所據文本可能本即作"讙"，故訓爲讙呵，由是產生作"讙"之本；後之學者雖有見作"誰"之本，亦同時因應訓而改"誰"作"讙"也。

又，《賈誼傳》："怵迫之徒，或趨西東。"顔《注》："孟康曰：怵，爲利所誘訹也。迫，迫貧賤。東西，趨利也。"[①]《史記》《漢書》均作"西東"，然司馬貞言《漢書》有一本作"私東"，其《索隱》曰：

> 《漢書》亦有作"私東"。應劭云：仕諸侯爲私，時天子居長安，諸王悉在關東，群小怵然，内迫私家，樂仕諸侯，故云"怵迫私東"也。李奇曰："私"多作"西"者，言東西趨利也。[②]

應劭以爲私東之分，仕諸侯者爲私，時諸侯王俱在關東，趨利之士爲利所誘，故東向而私仕諸侯。應氏所以如此解者，以其本作"私"也。依小司馬引李奇之説，則李奇時得見作"私"、作"西"兩本也，證應本之不謬。而作"西"之本多於作"私"者，蓋李奇所謂東西趨利也，或云由天子之西轉向諸侯之東，義均可通。表十列應、李、顔三本如下：

表十

應劭本	李奇本	顔師古本
私東	私東 多作"西東"	西東

私、西字形大異，然古音俱是心紐脂部字，故音同而相混。若以常理推測，世人習見"西東""東西"，而少見"私東"，故有一種可能，即"私東"本先出，而後譌爲"西"。由於作"私"者爲原本，因此李奇時仍有爲數不少之作"私"之本，作"西"者數量漸次上升，最終成爲主流文本，然至司馬貞時作"私"之本仍存也。另一種可能，即應劭本作"私"，故後世之傳習者因劭注而相承

① 蔡琪本《漢書》卷四八，第八葉上。

② ［日］瀧川資言《史記會注考證》卷八四，第三三頁。

爲“私”。無論如何，晉灼《集注》以前，即有不同之兩本也。

應劭本之異文生成於漢末，亦有於三國曹魏時生成之異文。（2）因蘇林説而産生異文；⑦《郊祀志上》：“作二十五絃空侯瑟自此起。”顔《注》：“蘇林曰：作空侯與瑟。”[①] 王念孫《讀書雜志》曰：

> 景祐本“空侯”作“坎侯”，是也。宋祁亦曰：“邵本空作坎。”《風俗通義》曰：“謹案《漢書》，孝武皇帝命樂人侯調，依琴作《坎侯之樂》，言其坎坎應節奏也。侯以姓冠章耳。或説，空侯取其空中。琴瑟皆空，何獨坎侯邪？斯論是也。《詩》云‘坎坎鼓我’，是其文也。”據此，則應所見《漢書》正作“坎侯”《藝文類聚·樂部》四引《凡將篇》云：“鍾、磬、竽、笙、筑、坎侯。”。蘇林曰：“作空侯與瑟。”此是以空侯釋坎侯，非正文本作“空侯”也。今本作“空侯”者，後人誤以蘇注改之耳。《文選·曹植箜篌引》注引《漢書》亦作“坎侯”，坎侯即空侯也。[②]

景祐本、宋祁所見邵本“空侯”均作“坎侯”，懷祖以爲是，此爲“坎侯”之遺存於唐宋間文本者也。王氏據《風俗通義》，攷應劭本作“坎”，《藝文類聚》釋樂亦列坎侯而不列空侯。念孫既而認爲，蘇林説曰“作空侯與瑟”，乃以空侯解説坎侯，而今本文作“空侯”，爲後人以蘇注改之者，産生時間在魏時，此誠的論。惟此“空侯”未必爲後人“誤改”，可能是研習者根據傳習之讀而改字也。

（3）因如淳説而産生異文；⑧《武帝紀》：“怵於邪説。”顔《注》曰：

> 服虔曰：怵音裔。應劭曰：狃怵也。如淳曰：怵音怵惕，見誘怵於邪説也。師古曰：作“怵”者非，如説云見誘怵，其義是也。而音怵惕，又非也。怵或體“訹”字耳。訹者，誘也。音如戌亥之戌。《南越傳》曰：“不可怵好語入朝。”諸如此例，音義同耳。今俗猶云“相謏訹”，而説者或改爲鉥導之鉥，蓋穿鑿也。[③]

按《説文》：“怵，恐也。”經傳中多以怵惕、戒懼解之，《國語·周語上》：“猶日怵惕，懼怨之來也。”韋昭注：“怵惕，恐懼也。”此云恐懼於邪説，不可通，故如淳解曰“誘怵於邪説”，以“怵”爲“訹”之或體。怵古音徹紐物

---

① （漢）班固著，（清）王先謙補注《漢書補注》卷二五上，第 1725 頁。

② （清）王念孫《讀書雜志》志四之五，第八下—九頁上。

③ 蔡琪本《漢書》卷六，第十八葉上。

部，訹古音心紐物部，聲近而韻同，均从朮聲。如氏以怵爲訹，乃爲縮合文意，謂淮南、衡山誘於邪説也，則如淳所見本應作"怵"也。顔《注》再申如説，並駁後人改爲"鉥"之誤，顯然文本上承襲如本。然而如氏之訓與服虔、應劭注不合，王念孫以爲服、應二本"怵"原是"忕"之譌，其《讀書雜志》曰：

> 念孫案：服虔本"怵"作"忕"，云"忕音裔"，作"忕"者是也。案：《釋詁・釋文》云："忕音逝，張揖《雜字》音曳。"曳與裔同音，故服云"忕音裔"。案：作"忕"者是也。《晉語》注"狃，忕也"。《後漢書・馮異傳》注："狃忕，猶慣習也。"言淮南、衡山兩國接壤，故習於邪説而謀叛逆也。《淮南衡山傳・贊》云："剸懷邪辟之計，謀爲叛逆，此非獨王也，亦其俗薄，臣下漸靡使然。"漸靡者，習於邪説之謂也。又《史記・漢興以來諸侯表》云："諸侯驕奢，忕邪臣計，謀爲淫亂。"《索隱》："忕音誓，忕訓習。言習於邪臣之謀。"彼云"忕邪臣計"，此云"忕於邪説"，其義一也。故服、應本皆作"忕"，而訓爲狃忕，至如本始作"怵"，而訓爲誘怵耳。蓋俗書"忕"字作"忲"，與怵相似而誤。若《韓長孺傳》之"訹邪臣浮説"、《南越傳》之"怵好語"，則其字皆從朮而訓爲誘訹。然不可以彼例此也。①

蓋服、應本本作"忕"，據《爾雅・釋詁》及張揖《雜字》，忕有逝、曳兩音，作曳之音與服音相同，訓爲狃習，謂淮南、衡山等國習於邪説，並引《後漢書》《史記索隱》等書之文獻以爲佐證，文意頗順。今服、應之訓均對應"忕"，而與"怵"無關，是以服、應本作"忕"而未嘗誤也。王氏以爲因俗寫"忕"作"忲"，故與"怵"相似而誤，此言是也。今本顔《注》中服、應二書所以作"怵"者，乃如淳以後文本多作"怵"，及晉灼、臣瓚集合諸單行注本爲一，輒改服、應原文以就後譌之文字也。而唐宋間文本仍有作"忕"者，則其遺文猶存於六朝之間也。今表十一列各本同異如下：

表十一

服虔本	應劭本	如淳本	顔師古本
忕於邪説	忕於邪説	怵於邪説	怵於邪説

① （清）王念孫《讀書雜志》志四之一，第二十六頁。

如淳以後文本漸作“怵”，其中不僅有後儒少見“怢”之原因，同時更亦是歷代注家整合與校勘的結果。

《漢書》中爰舊注而産生之異文，多生成於東漢末年至西晉以前。由於晉灼《集注》本出現於西晉，已有整合單行注本之勢，班書文本相對亦漸趨穩定。若以前述因訓詁生成異文爲經典傳授之普遍形態而觀，則此依《漢書》舊解而産生異文之情形，恰是前一種之特殊形式也。

4. 由字形變異而産生之異文

經典之研習多賴文本傳抄，過程中不可避免地存在字形之訛變與改换，由是而産生異文。晉灼、臣瓚本中此類異文甚多，部分早期既已形成。如⑨《季布欒布田叔傳》：“贊曰：以項羽之氣，而季布以勇顯名楚，身履軍搴旗者數矣。”顔《注》曰：

> 鄧展曰：履軍，戰勝蹈履之。李奇曰：搴，拔也。孟康曰：搴，斬取也。師古曰：謂勝敵拔取旗也。鄧、李二説皆是。搴音騫。今流俗書本改“履”謂“屨”，而加“典”字，云“身屨典軍”，非也。①

以顔師古引鄧展“蹈履”説，知鄧展所見本與顔同，均作“履”，而顔氏又見一本，改“履”爲“屨”，形成“身屨典軍”之别本，顔監目之爲“流俗書本”而斥爲非。今《史記》正文作“身屨典軍搴旗者數矣”，與所謂“流俗書本”同，裴駰、司馬貞二書曰：

> 徐廣曰：“屨，一作屢，一曰覆。”駰案：“孟康曰：屨，履蹈之也。瓚曰：屢，數也。”《集解》
>
> 身履軍，按，徐氏云：“一作覆。”按，下云搴旗，則覆軍爲是，勝於屢之于履。《索隱》②

依《集解》引孟康、臣瓚注，知孟康所持《漢書》作“屨”，義與鄧展同；臣瓚訓爲“數”，則其本作“屢”。小司馬所據《史記》本文作“身履軍”，無“典”字；而根據《集解》所引徐廣之説，徐氏所見《史記》有三本，分别作“屨”“屢”與“覆”，涵蓋《漢書》孟康、顔氏所見别本兩種。今表十二列諸本同異如下：

---

① 蔡琪本《漢書》卷三七，第十一葉上。

② ［日］瀧川資言《史記會注考證》卷一〇〇，第一一頁。

表十二

孟康本	臣瓚本	鄧展本	徐廣（史記）	顏師古本
屨軍	屢軍	履軍	屨軍 一作屢，一曰覆	履軍 一作屢

案，《説文》："履，足所依也。"履爲踐履之義，孟、鄧皆謂此爲履蹈之意。徐廣所見《史記》一本作"覆"，履與覆義不相屬，此蓋涉形訛而誤；孟康本作"屨"，乃是"履"之舊字。《説文·履部》："屨，履也。"《方言》："屨，自關而西謂之履。"蔡謨謂漢以前"履"皆作"屨"，此爲古今語之異也。蔡氏曰：

> 今時所謂履者，自漢以前皆名屨，《左傳》"踊貴屨賤"，不言履；《禮記》"户外有二屨"，不言二履；賈誼曰"冠雖敝不以苴屨"，亦不言苴履。《詩》曰："糾糾葛屨，可以履霜。"屨、舄者，一物之别名。履者，足踐之通稱。①

依蔡説，屨、履漢以前分用，履僅用於踐行，而其他皆用屨。段玉裁補充其説曰：

> 按，蔡説極精。《易》《詩》《三禮》《春秋傳》《孟子》皆言屨，不言履；周末諸子、漢人書乃言履。《詩》《易》凡三履，皆謂踐也。然則履本訓踐，後以爲屨名，古今語異也。②

漢以後漸混言屨、履，然猶多用屨，而少用履。六朝以後，混用漸多。以孟康本所見，推而論之，班固著《漢書》時，應仍從舊用"屨"，是以孟康本猶作"屨"。又由於屨與屢音近形似，"屢"爲"屨"之省文③，因此形成作"屢"之本，即臣瓚本與徐廣所見一本。後儒如臣瓚不知"屢"爲"屨"，遂以數訓之，由是爲顏監所駁。逮及顏氏所見，班書文本已改古之"屨"爲今之"履"，故與孟康、臣瓚、徐廣等人所見均不同也。鄧展身處曹魏，其所見本應與孟康作"屨"之本同，今鄧注所以作"履"者，應是隋唐學者統以今字改换古字也。此處文本，自屨、屢而至履，其變異除字形方面以外，尚有文字經歷史演變的因素。其作"屢"者，似在西晉臣瓚之時已然。

因字形相似而産生異文之例，又有兩種異文於義皆可通者，如⑩《酈食其

---

① （清）段玉裁《説文解字注》第八篇下，第三頁下。

② 同上。

③ 先秦典籍中"屨""屢"時得互用，如《墨子·尚賢中》："而所憎屢至。"孫詒讓《墨子閒詁》引畢云："屢即屨之省文，《史記》或作屨。"北京：中華書局2001年版，第65頁。

傳》："爲人刻印，玩而不能授。"顏《注》曰：

孟康曰：刻斷無復廉鍔也。臣瓚曰：項羽吝於爵賞，玩惜侯印，不能以封人。師古曰：《韓信傳》作"刓"，此作"玩"，其義各通，孟説非也。①

《史記集解》引孟康説曰："刓斷無復廉鍔也。"是孟所見本作"刓"，今顏本中孟説之"刻"是譌誤。又，《韓信傳》曰："刻印刓，忍不能予。"蘇林曰："刓音刓角之刓。"謂刻官印而不能封人，其義與此孟康説同，爲第一義；返回此《酈食其傳》，依顏《注》，臣瓚、顏師古所據本作"玩"，釋義則如瓚説，玩惜侯印而不能封人，此乃第二義；二義並得通。《史記》作"刓"，《索隱》曰："《漢書》作'玩'，言玩惜不忍授人也。"② 則司馬貞所見本與臣瓚、顏監同。王先謙曰："《群書治要》引作'刓而不能授'，且引注曰'刓斷無復廉鍔也'，蓋别一《漢書》本。"③ 是《群書治要》所據底本又爲孟康本之傳於初唐者。今表十三列各本異同如下：

表十三

酈食其傳					韓信傳
孟康本	臣瓚本	顏師古本	司馬貞本（《史記》）	群書治要	蘇林本
刓而不能授	玩而不能授	玩而不能授	玩而不能授	刓而不能授	刻印刓

以《漢書》之流傳言之，孟康、蘇林均爲曹魏時人，其時文本作"刓"，及至西晉之臣瓚時，因形近音同，産生義並得通之作"玩"本。後兩本在六朝間分别相傳，最終造成顏師古、司馬貞與《群書治要》諸本之分立。綜上，隋唐顏、司馬與《群書治要》在文本上之不同，即魏晉孟康與臣瓚兩本之不同，由是可見《漢書》之傳承脈絡。

灼、瓚本又有因互換聲符而産生異文者。⑪《賈誼傳》："忽然爲人，何足控揣。"顏《注》曰："孟康曰：控，引也。揣，持也。言人生忽然，何足引持自貴惜也。如淳曰：控，引也。揣音團，控摶，玩弄愛生之意也。師古曰：如説是。"④ 錢大昭曰：

① 蔡琪本《漢書》卷四三，第六葉上。

② ［日］瀧川資言《史記會注考證》卷九七，第一〇頁。

③ （漢）班固著，（清）王先謙補注《漢書補注》卷四三，第 3478 頁。

④ 蔡琪本《漢書》卷四八，第七葉下。

"揣"無"團"音，必作"摶"字，乃與患字合韻。《文選》作"控摶"，並引如淳曰："摶音團，或作揣"，是如本作"摶"也。小顏變其字而仍其音，遂致讀者不可解矣。①

摶謂持也，《文選》引如説，謂"摶音團，或作揣"，是如淳所據本原即作"摶"，而其時已有別本作"揣"也。因此，顏監曰"揣音團"，是其所據本作"揣"，承續如淳時之别本而來，顏氏心知"揣"本作"摶"，故作音明之。《廣韻》"揣"有初委、丁果二切，並無團音，所以可通"摶"者，在二字聲符之改易。王先謙辨之甚詳，其曰：

"專"字或作"耑"，故"摶"亦變文爲"揣"，作"摶"是也。②

由於"專"或作"耑"，替換聲符，"摶"亦可爲"揣"，此即傳抄者在抄寫時改易聲符而造成的異文。

灼、瓚本上承應劭、服虔、韋昭等漢魏古本，下啓姚察、蕭該、顏師古等隋唐近世之本，其身處二者之間，其特點非僅止反映六朝《漢書》授讀之豐富現象。其與近世本同、而與古本異者，揭示其已經過初步的整合。如《敘傳上》："時長行庭林表適使來，聞見之。"蔡琪本於"宋祁曰"後直引晉灼説曰："應劭書作'材表'，宫人之有才能者，表其師也。"是應劭本"林"作"材"，晉灼以後方作"林"也；又如同卷"妣聆呱而刻石兮，許相理而鞠條"，蕭該《音義》曰："該案：曹大家本作'劾石'，曹《注》'舉罪曰劾'。"是班昭本"刻"作"劾"，刂、力形近，其後方改作"刻"也③。因此，灼、瓚本之傳衍授讀，同時亦是告别古本的整合過程。

晉灼《集注》、臣瓚《集解音義》均成於西晉，而其文本之傳衍大抵在南北朝間發展，産生不可勝紀之子本與傳本。當是之時，無論南朝之姚察、由南入北之蕭該、顔之推（或顔師古），俱承用灼、瓚兩系文本。職是之故，西晉之灼、瓚本與隋唐之蕭、顏諸本之文字差異未如韋昭本與今本距離之大也。而二集注本所以生成異文之由，迺因六朝注家、學者不斷傳遞《漢書》文本、傳授注釋訓解之緣故，因此有因音訓、義訓而産生之異文；又由於《漢書》已形成專門之學，是以復有因班書注釋而産生之異文。衆異文化一本而散作數千，

① 錢大昭《漢書辨疑》卷一七，北京：北京圖書館出版社2004年版，《兩漢書訂補文獻彙編》影印廣雅書局本，第十八頁下。

② （漢）班固著，（清）王先謙補注《漢書補注》卷四八，第3648頁。

③ 蔡琪本《漢書》卷一〇〇上，第六葉上、第廿五葉下。

層層相疊，總合而造成晉灼、臣瓚本之總體面貌。然曩昔六朝之多種文本復因政治之南北統一，而面臨整合歸一之局面。昔所换化之異文適成爲隋唐間蕭、顔諸儒校勘刊正之對象。蕭、顔各據其本，各援所需，評騭裁斷舊本，方成隋唐《漢書》之文本面貌。

（三）蕭該本之取捨與面貌

蕭該《音義》所據《漢書》文本爲何，文獻無明確記載，且顔師古《敘例》又不載蕭書，故無由探知其與前代注本之關係。然而，蕭氏所處年代與顔師古祖父顔之推相當，同爲由南朝入北者，二氏仕宦背景與學術經歷固亦相仿。因此，蕭該所據底本應與顔氏家傳本較爲接近。根據今殘存之蕭氏《音義》内容，作爲隋代的"《漢書》宗匠"，蕭該以晉灼、韋昭兩種《音義》爲南北注釋之基礎，並間採衆説以考辨定奪，其書應可反映六朝末班書的文本面貌。而其與顔氏注本之差異，取决於兩位注家在校勘晉灼、臣瓚諸本時的取捨與判斷，並直接體現在其注與灼、瓚之本的依違程度。總體而言，蕭該《音義》多本古義，重視文獻的早期來源，進而産生與舊本同而從舊説、與舊本異而從舊説、與舊本同而别作解説等三種情況。以下兹依次論述之。

1. 與顔本異而從舊本

蕭該本雖與顔氏本時代相近，然其文字、訓解多有與小顔異者。其相異之處，蕭氏多存古義，而小顔輒從今説，存在明顯不同。如①《敘傳上》："思有短褐之褻，儋石之畜。"顔師古曰："褻謂親身之衣也，音先列反。一説云衣破壞之餘曰褻。"小顔以爲"褻"有兩説，一謂親身之衣，一稱云衣破壞之餘。蕭該《音義》曰：

> 《字林》曰："褻，衷衣也。文篋反。"①

蕭氏引《字林》，訓"褻"爲衷衣。案，《説文》："褻，重衣也。"與顔訓"親身之衣"異，而與蕭該訓解同。王念孫《讀書雜志》曰：

> 褻與褻不同字。褻，親身衣也，從衣，埶聲，讀若漏泄之泄先列反。褻，重衣也，字本作"褺"，從衣，執聲，讀若重疊之疊大篋反。其執字或在衣中作褻，轉寫小異耳，與褻衣之褻字從執者不同。此言短褐之褻，謂飢寒之人，思得短褐以爲重衣，非謂親身之褻衣也。《漢紀》及《文選》竝作"短褐之襲"，李善注"《説文》曰襲，重衣也。《字林》曰襲大篋

---

① 蔡琪本《漢書》卷一〇〇上，第一三葉下。

> 反。”此即褺之借字也。何以明之？《説文》“褺，重衣也，從衣執聲”，《一切經音義》十五“𧝂與褺同。徒俠反”。引《通俗文》曰“重衣曰𧝂”。宋祁引蕭該《音義》曰“《字林》曰：𧝂，重衣也。大篋反。”與李善所引同，則襲爲褺之借字明矣。《説文》以襲爲左衽袍，以褺爲重衣。今經史中重衣之字皆爲襲，而褺字遂廢，唯此一處作𧝂與褺同，乃古字之僅存者，而師古云“𧝂謂親身衣也，先列反”，是直不辨褻、𧝂之爲兩字矣。《廣韻》褻在十七薛，襲在二十六緝，褺在三十帖，褺與襲聲相近，故《漢紀》《文選》皆作“襲”，若褻與襲，則聲遠而不可通矣。①

在王氏看來，“褻”方可訓爲親身衣，小顔以此訓“𧝂”者，已不分𧝂、褻之别也。此文言飢寒之人，欲得短褐以爲重衣，並非言欲親身私衣也。“𧝂”字本作“褺”，王念孫引《漢紀》《文選》，此處並作“襲”。《説文》：“襲，左衽袍。”褺古音定紐緝部，襲古音邪紐緝部，聲近韻同，故得通用。經傳中“襲”多有重衣義，《禮記・内則》：“寒不敢襲。”鄭《注》：“襲謂重衣。”《尚書・大禹謨》：“卜不習吉。”孔穎達《疏》：“重衣謂之襲。”“褻”古音心紐月部，與襲音遠，二字之别涇然分明。王念孫以爲，後世重衣之字皆作襲，“褺”遂漸廢也。而𧝂因漸不用重衣義，且字形與褻相似，故漸相混。觀顔《注》音“𧝂”先列反，其時字已相混，顔師古直以“褻”之義解“𧝂”也，其訓解從今，其引一説，爲六朝别解，亦誤。反觀蕭該《音義》，其引《字林》之訓，音義與古皆同，實存《漢書》舊義也。

蕭該本不僅訓釋時與顔《注》異，其文字亦間有與顔本不同者。如②《敘傳上》：“游説之徒，風颺電激。”顔師古曰：“颺讀與揚同。”是顔本作“颺”。蕭該《音義》曰：

> 風颺，該案：韋昭《音義》作“風飊”，云“飊風之聚隗者也，音庖”。今《漢書》並作“風飊而電激”也。《説文》曰：“飊或作颮。颮音甫堯反。”②

蕭該明云“今《漢書》並作‘風飊而電激’”，則蕭所據底本雖作“颺”，但其所見六朝通行本之“今《漢書》”作“飊”。又，蕭引韋昭《音義》亦作“飊”，若蕭本與韋本原即同，蕭該無由引韋説。結合其後《説文》“飊或作颮”之解，

① （清）王念孫《讀書雜志》志四之十五，第二十五—二十六頁上。

② 蔡琪本《漢書》卷一〇〇上，第三十二葉上。

似韋本與六朝通行本俱作“颮”，但又有别本作“颮”者，故蕭引許慎《説文》，特解“颮”爲或體。今檢《文選》，字正作“颮”。同一段文字，今慶元本“颮”“颮”處恰與蔡琪本互换。綜合以上，知蕭該、韋昭《音義》應分别作“颺”/“颮”也。今表十四列異同如下：

表十四

	韋昭本	六朝通行本	顔師古本
蔡琪本	風颮 音庖	風颮	風颺 讀與揚同
慶元本	風颮 音庖	風颮	風颺 讀與揚同

《説文·風部》“颮”字曰：“扶摇風也。”又云“颮或從包”。李賢注《後漢書·班固傳》曰：“颮，古颮字也。”颮、颮左右構形正相反，而颮爲颮之異體，六朝例證甚多。《廣韻》音薄交切。韋昭本、蕭該所據本與顔本不同，顔本之“颺”字，《説文》：“風所飛揚也”，古音以紐陽部，颮/颮古音並紐宵部，是二者音義俱異，是以蕭該雖得作“颺”之别本，但猶據韋本、通行本而知古本應作“颮”，故從舊本古貌，而選擇作“颮”。此處“風颮電激”，形容疾風，似較“風飛揚貌”爲貼切。然而，蕭、顔所見之本所以作“颺”者，亦未爲無因，《尚書·益稷》：“皐陶拜手稽首颺言曰……”孔安國《傳》曰：“大言而疾曰颺。”已藴含“疾”意；又，韋昭《音義》曰：“颮風之聚隗者也。”風聚集之貌，亦藴飛揚之意。孔《傳》興於魏晉，韋昭亦處斯時，因此，顔所見“颺”之異文，似於魏初時産生。

蕭該本之保存舊本面貌，除古本原貌以外，尚有古之别本。古别本雖爲後世刊正淘汰，然猶可反映《漢書》文本在時空轉换與演進過程中之自然變化。如③《叙傳下》：“閹尹之呰，穢我明德。”顔《注》：“如淳曰：任弘恭、石顯使爲政，以病其治也。師古曰：謂宦人爲閹者，言其精氣奄閉不泄也。一曰王奄閉門者。尹，正也。呰與疵同。”宋祁校語曰：

> 呰，蕭該《音義》作“擠”字，云：“子爾反。劉氏云：擠，效也。或言極也。晉灼曰：擠，見也，盡也。使爲政以病其治也。今《漢書》或誤作‘疵’字，或作‘呰’字。”①

顔本作“呰”，以疵病釋之，故其解説均以此爲中心。呰古音精紐支部，疵古

① 蔡琪本《漢書》卷一〇〇下，第五葉上。

音從紐支部，聲近韻同，故得通用。經傳中多與國政連言之，《禮記·禮運》：“是謂疵國。”鄭《注》：“疵，病也。”《後漢書·左周黄列傳》：“累章國疵。”李賢亦訓爲病。此處言任弘恭、石顯爲政，爲國家之病，義與“呰”聲合。然而，蕭該《音義》作“摧”，以爲其時《漢書》作“疵”“呰”之本爲誤也。晉灼本、劉氏本均作“摧”，訓爲極、盡。今表十五列各本同異如下：

表十五

晉灼本	劉顯本	蕭該本	顔師古本
閹尹之摧	閹尹之摧	摧 子爾反，一本作疵，或作呰	閹尹之呰

劉氏應是南朝梁之劉顯，亦爲南北朝人，《隋志》與兩唐《志》有其《漢書音》二卷，劉顯本爲當時南北學人所重。蓋晉灼、劉顯本相承俱作“摧”，以極、盡之訓置諸此句前後語境，恐語意未安。摧、呰音義均不同，蕭氏實不解爲何本文作“摧”，其受六朝末作“疵”“呰”兩本之影響，雖取其作“摧”之文字，而仍據疵病之義音“子爾反”者。惟礙於晉灼以來古本均作“摧”，故存古而不改其字也。案：摧訓極雖不可通，然摧又可訓爲專，《漢書·敘傳下》“班輸摧巧於斧斤”，韋昭曰：“摧猶專也。”《後漢書·靈帝紀》“豪右辜摧”，李賢引《前漢音義》曰“專”。以閹、宦之專權國政，而穢我明德，於義可通。若以此觀如淳、晉灼之説，二氏並云：“使爲政以病其治也。”謂使任、石諸宦爲政，我實病其專權也。“病”義落在“穢我明德”之上，而並非言以閹宦治國爲病也。後之學者，因如、晉之説，而輒改“摧”爲“呰”，以合於平日習常之説①。作“摧”之本漸被淘汰，及蕭該時猶存，已成爲别本，該已不知其義，故存其字而改其音；至顔師古，則盡改其字以合其訓也。綜觀“閹尹之摧”文本之變化脈絡，經歷了歷史自然删汰的過程，蕭該《音義》恰成爲晉灼本、顔師古本的中間環節，保存了古字舊説。

蕭該本與顔本不同而保存古義舊貌者，在今殘存的《音義》中仍有不少。如《揚雄傳下》：“徽以糾墨，製以質鈇。”蕭該《音義》曰：“徽，舊作微。應劭曰：微音以繩微弩之微。”是蕭該所見舊本作“微”，與應劭本同；《儒林傳》：“惠授泰山冥度。”蕭該“冥”音莫歷反，而非莫零反；《敘傳上》：“葛緜

① 《漢書補注》引蘇輿曰：“摧與呰、疵，聲形均别，無緣轉誤。《説文》：‘疵，病也。’言惟用閹尹秉政，爲國疵病，有污主德也。……晉注言‘使爲政以病其治’，仍與如合，於摧義無涉也。”（第 6270 頁）其考辨理路與邏輯，實間接揭示了“摧”因如、晉注而變異爲“呰”之根本原因。

繇於樛木兮。”蕭該時一本作“樛”，與顔本同，一本作“朻”，與韋昭本同；《敘傳上》：“復心弘道。”蕭該本作“復心”，與顔本同，一本作“腹心”，與張晏本同①。其所以産生不同者，主要爲文本在歷史脈絡中的自然變化，以及蕭該尊重古本的注釋態度。同時，此亦反映出蕭該本夾雜於晉灼、臣瓚本→舊本，與顔師古本→今本的中間狀態。

2. 與舊本同而存舊説

蕭該所據文本，與漢晉間舊本多同，解説亦一從之。如《揚雄傳上》：“燎熏皇天，招繇泰壹。舉洪頤，樹靈旗。”顔《注》：“張晏曰：招搖、泰壹，皆神名也。服虔曰：洪頤，旗名也。李奇曰：欲伐南越，告祈太一，畫旗樹太一壇上，名靈旗，以指所伐之國也。”顔師古據張、李舊説，以爲招搖、太壹皆神名，乃在伐南越以前乞靈於神，燒柴舉旗示之。顔所見本作“招繇”，應是張晏時即存在的文本。宋祁校語曰：

> “招繇”一本作“皋陶”，晉灼《音義》作“皋搖”。蕭該《音義》曰：“如淳作‘皋搖’”，云：“皋，楔槔。積柴於招搖頭，致牲玉於其上，舉而燒之，欲其近天也，故曰皋搖。”②

據蕭該《音義》，如淳、晉灼本俱作“皋搖”，與張晏、顔師古本不同。所謂“皋搖”者，乃焚柴祭天的工具，與張晏以“招繇”爲神名其意大不相同。蕭該本承如、晉舊本，説亦從之。宋祁云唐宋間有一別本作“皋陶”者，乃“皋搖”之譌爲“陶”也。由是，可知“皋搖”者有其早期來源，異文産生殆近張晏時（魏），蕭該、顔監各取一本釋之。

蕭該《音義》有存舊説而不加裁斷者，根據其所引舊説，可推知顔《注》之所承與淵源。如⑤《薛宣傳》：“遇人不以義而見痏者，與痏人之罪鈞，惡不直也。”顔《注》：“應劭曰：以杖手擊人，剝其皮膚，腫起青黑而無創瘢者，律謂疻痏，遇人不以義爲不直，雖見毆與毆人罪同也。師古曰：疻音侈，痏音鮪。”小顔引應劭説，釋“疻”爲“腫起青黑而無創瘢者”，蓋即今所謂淤青或軟組織挫傷，並於其後爲“痏”“疻”注音。蕭該《音義》曰：

> 案：晉灼曰：疻音侈，侈，裂也。韋昭曰：疻謂毀傷也。疻音胥地反。《説文》曰：“疻，毆傷也。手支反。及思諧反。”痏，《説文》曰：

① 蔡琪本《漢書》卷八七下，第十二葉下；卷八八，第卅八葉下；卷一〇〇上，第廿葉上、第廿九葉上。

② 蔡琪本《漢書》卷八七上，第廿三葉下。

“痏，病也。”該案：《三倉》云：“痏，瘡也。音如鮪魚之鮪。”①

根據蕭書，舊注晉灼、韋昭，字書《説文》《三蒼》，對“痏”“痕”皆有所解説。晉灼訓“痕”爲裂傷，韋昭釋之爲毀傷，《説文》《三蒼》之訓，謂“痕”爲毆傷也。蕭説並没有判斷“痕”究爲裂傷或爲淤青，而直承韋昭舊義，籠統以爲傷害，此存舊説而不加裁斷也。然則，對比蕭引舊説，吾人亦可知，顔師古對毆人之傷害作出了具體的選擇與判斷，取應劭淤青之説，並整合古注、舊訓串講，説有所本。

文本同而解説同，轉相注釋本應如此，惟蕭書多臚列古訓、舊解，形式與後起之顔《注》頗異。

3. 與舊本異而從舊説

前節已言，蕭該本多存前人古義。由於《漢書》之流傳年代跨度長，其文字面貌亦隨時代、地域而有所變化。當蕭該之時，文本已與近世漸同，因其猶可見衆多舊本，故雖所據底本異於古本，然考辨仍從舊讀解説之。如⑥《揚雄傳下》：“羌戎睚眦，閩越相亂。”顔師古曰：“睚眦，瞋目皃。睚音五懈反。眦音仕懈反。睚字或作‘矔’，矔者，怒其目眥也。音工喚反。”小顔所見本作“睚眦”，又見一本作“矔眦”。蕭該《音義》曰：

> 晉灼《音義》“睚”作“矔”，蘇林音貫習之貫。晉灼曰：揚雄《方言》：“瞋目曰矔。”該案：《方言》曰：“矔，瞋目也。梁、益之間瞋目曰矔。”音光旦反。②

是晉灼、蘇林本俱作“矔眦”，玩蕭氏轉述晉本之語，則其所據底本作“睚眦”。表十六列異同：

表十六

晉灼本	蘇林本	蕭該本	顔師古本
矔眦	矔眦	睚眦	睚眦 一本作“矔”

《廣雅·釋詁二》：“睚，裂也。”《集韻》：“睚，怒視也。”所謂“睚眦”者，乃怒目而視，以致眼眶欲裂也，形容其怒不可遏之勢。矔的本義爲目精，《説文》：“矔，益州謂瞋目曰矔。”《方言》：“轉目也。梁、益之間瞋目曰矔；轉目

① 蔡琪本《漢書》卷八三，第十三葉下。

② 蔡琪本《漢書》卷八七下，第五葉下。

顧視亦曰矔。”據二書，轉動眼球謂之矔，而梁州、益州等地人稱瞋目亦曰矔。睚古音疑紐支部，矔古音見紐元部，聲韻皆不同，其得以替换者，乃因義近緣故。以“矔”之字義而言，若非梁、益州地之人，則表達怒目之意不用“矔”字。揚雄乃蜀人，因此，其原用“矔”字的可能性較大。蘇林音貫，是其所見本作“矔”，與晉灼同。綜合二者，漢魏間文本多作“矔”，而六朝時漸有非蜀地之研習者，用表同義之“睚”而代替作“矔”之文本，由是而形成文本之主流。早期注本中出現之“矔”字，雖在隋唐間猶得留存，然後世云怒目者，多曰“睚眦”。由“矔”至“睚”，文意雖未變，然揚雄蜀人之設定已失去矣。此乃經典文本經過歷時的傳承、校勘所體現的自然變化。蕭該作《音義》時，作“睚”之本已成爲主流，其所以仍援引蘇、晉諸説以爲考辨，則存古義而從舊讀解説也。

又，蕭該《音義》多援引字書、古訓以考辨文本源流，俾研習者知文本變化與前後由來。如⑦《揚雄傳下》：“故有首、衝、錯、測、攡、瑩、數、文、掜、圖、告十一篇。”顏《注》：“晉灼曰：攡音離。師古曰：攡音摛。”顏氏爲字注音，别無解説。惟其音與晉灼異，晉氏音攡呂支切，而小顏音攡丑支切。對於二者之不同，蕭該《音義》有詳細解釋：

> 《玄衝》云：“八十一家相對，若輻輪之衝也。”今《漢書》或誤作“衡”者，非也。攡，今《漢書》及韋昭、晉灼《音義》並作“攡”字，今字書無手旁離字，今人讀《漢書》，相承以“攡”字音力支反。案：劉向《别録》、揚雄《經》目有《玄首》《玄衝》《玄錯》《玄測》《玄舒》，不作“攡”字。然《字林》云：“攡，舒也。攡音刃支反。”《太玄經》曰：“玄者，幽攡萬物而不見其形。”宋忠曰：“攡者，張也。”與晉灼同。①

依蕭説，韋昭本、晉灼本俱作“攡”字，六朝字書雖無“攡”，然所謂“今人讀《漢書》，相承以‘攡’字音力支反”者，則六朝《漢書》舊讀“攡”爲力支反也，承自晉灼音。蕭該又引劉向《别録》，謂揚雄《太玄》無“玄攡”之目，根據“舒也”“張也”之訓，則“玄攡”“玄舒”乃因字義而相代。然而，蕭氏所引“攡”字舊音與小顏音不同，小顏既音丑支切，與相承舊讀力支反聲紐不同。蕭該引《字林》説，攡音刃支反，與顏師古音近。知小顏字音本於其時字書。面對當時字音與《漢書》舊讀之音讀差異，蕭氏雖未作判斷，然既云相承讀曰力支反，則其所讀宜從舊説。吾人根據蕭氏《音義》，亦可知“攡”

① 蔡琪本《漢書》卷八七下，第二十葉下。

字音問題之由來與小顏從今讀之取捨也。

蕭該文本與舊本異，而所讀仍從舊者，前節所引諸例中亦有之，如《外戚傳》“命檏絶而不長”，蕭本作“檏”而以作“剿”爲是；《敘傳上》“徒樂枕經籍書”，蕭本作“籍”，仍從韋昭本作“葙”；又如《儒林傳》“廣授琅邪筦路”，蕭以爲“筦”應作草下完等①；經典之傳承，文本在傳衍過程中必隨時空轉换而有所變動，然蕭該《音義》在文本變異的情況下，辨列舊説，仍從舊讀，揭示舊義，保持了解釋上的延續性，無愧當世名家。

4. 與舊本同而别作解説者

蕭該《音義》又有與舊説不同，而欲别作解説者。如⑧《谷永傳》：“檻塞大異，皆瞽説欺天者也。”顔師古曰：“檻，義取檻柙之檻。檻猶閉也。其字從木。”顔本作“檻”，訓爲閉。蕭該《音義》曰：

> 蘇林曰：濫，氾也。淳音作檻，閉也。晉灼曰：於義蘇音是。該案：蘇“濫，氾者”，《字林》曰：“濫，氾濫也。濫音力暫反。”如淳曰：檻，閉者。《字林》曰：“檻，櫳也。一曰圈也。下斬反。又力甘反。”②

據蕭引舊説，玩味諸説文意，蘇林、如淳、晉灼本均作“濫”，而蘇、晉訓爲氾，而如淳讀作“檻”。蕭該未駁蘇、如、晉三家之本，則其底本似作“濫”；又爲氾、閉二訓俱引《字林》作解説，是蕭欲别作解説而猶豫不定，故兩存其説也。今表十七以示各本同異：

表十七

如淳本	蘇林本	晉灼本	蕭該本	顔師古本
檻 閉也	濫 氾也	濫 氾也	濫	檻 其字從木，閉也

濫有兩音，讀盧瞰切時訓爲氾，讀胡黤切時與“檻”同，爲“檻”之借字，可訓爲閉。經史中二字多得通用，《毛詩·采菽》：“觱沸檻泉。”魯、韓二家作“濫”。《漢書·敘傳上》：“懷氿濫而測深虖重淵。”蕭該《音義》曰：“氿濫，舊作‘氿檻’。”此文蘇、晉讀如“濫”之本字，而若立足如淳本之作“檻”，則“濫”乃借字。《漢書補注》引蘇輿説曰：“《文選·西京賦》薛注‘檻，闌也’；《廣雅》‘闌，遮也’。檻塞猶遮塞，若今云搪塞矣。”③ 三國吴薛綜（？—243）

① 蔡琪本《漢書》卷八八，第卌八葉上。

② 蔡琪本《漢書》卷八五，第九葉下。

③ （漢）班固著，（清）王先謙補注《漢書補注》卷八五，第5231頁。

注與如説同，以此言之，訓氾者爲非。蕭氏並陳二説，明已欲别於晉説而解，然猶未確定也。及顔氏注書時，直定正文字爲“檻”，曰“其字從木”而訓爲閉，以堅其説。

蕭該本較能代表六朝末的《漢書》面貌，由於其《音義》備列衆晉灼、韋昭等衆家音義，以辨明其文字義訓，故多存漢魏舊貌古義。以文本言之，蕭該本應爲晉灼、臣瓚本之結合體；以漢儒舊訓言之，蕭本確實前有所承，臚列諸家古義舊説，體現了一定程度的傳承與延續性。然而，由於灼、瓚本傳至蕭、顔所處之隋唐，已歷經兩百餘年，其中文字興替、字詞演變，導致蕭該所據本與顔本相近而漸與灼、瓚等本不同，此乃《漢書》文本自然産生的歷史變化。因此，蕭該《音義》中多有“舊本作某”之語，其訓解雖多依舊説古義，然文字已然從新。而蕭氏作爲注家，亦有參覈諸本以釐正六朝本之失者，因此訓釋部分與舊讀不同。職是之故，蕭該文本處於《漢書》古、今文本之間，形成與顔《注》相對照的參照點。清儒得蕭該遺説，多循其從古義、舊説者以批判顔《注》。然就蕭氏文本與訓釋不能盡爲配合之情況，以及其間又兩存舊説的注釋態度，決定了其本身向顔本過渡的文本定位。

以顔師古《敘例》所述六朝《漢書》注本傳衍脈絡之角度觀之，容易得到六朝注本層層祖述、轉相傳授——此種“晉灼——臣瓚”一脈相傳的單線傳授印象。然而，根據吾人考辨蔡琪本等宋本所附蕭該《音義》、裴駰《史記音義》、司馬貞《史記索隱》以及唐宋類書中的舊注異文、異訓，實知六朝《漢書》之傳衍，乃立基於被稱爲“《漢書》宗匠/學者”的魏晉南北朝音義家們傳授班書之文本與訓解此一“授讀”過程之框架下的、多頭並進的歷史文獻流傳。由於吾國語言文字本身的特點，以及中古傳鈔經史典籍的背景，六朝音義家在傳授《漢書》的過程中，多因音訓、義訓等文字訓詁而産生異文、形成異本；又因《漢書》早已形成專家之學，故又有緣乎班書本身之注釋而産生的異文。以前述《漢書》異文之疏證對比虞師萬里所揭示的六朝《毛詩》異文之類型，其産生途徑無如經籍之多，在因注釋而産生的一文中，《毛詩》於第一級傳、箋，第二級注中皆有異文産生，而因《漢書》之解説形態僅爲注，則緣應劭、如淳、蘇林説而産生之異文都在“注”此同一層級中。同時，在“標音與異文同字之異文”一項，由於材料無徵，且班書傳授時空無如《詩經》久長，則相對例證亦少於《毛詩》。另外，在此類經典文本被後人擅改的四種方式中，《漢書》部分多爲“借字與本字”“正字與或體”兩種，反映其異文産生亦無如經籍複雜之事實。此殆因《漢書》撰成已殆東漢，是時漢字早已隸定，本無古今字體轉換之虞，且史部注釋又爲經注擴展之結果，符合注體在魏晉六朝間的發展規律。在六朝文本傳衍中，有三個歷史參照點：韋昭本，晉灼、臣瓚本，蕭該本，分别代表了六朝前期、中期及末期的文本情況。韋昭本作爲前期注本，其文字與今本有一定差異，並能夠反映古本面貌；灼、瓚本作爲六朝南北學者通行、流傳文本之祖本與源頭，存有相當數量因"授讀"而産生之異文，反映六朝"《漢書》學"興盛、音義小學家不斷傳授的歷史過程。作爲集注本，文本開始經過一定的整合；蕭該本作爲六朝末期隋唐之本，已具有參酌衆本的條件，文字亦漸與近世同。蕭氏不改底本又從舊讀之行爲，使其注本定於古今文本之中間狀態，而成爲同時代顔師古注本之參照點。迨及顔師古之注釋班書，則猶須解決因時代更迭、地域懸隔而造成的異文、異本相累混亂的文本局面，統合各時各地注本於一。然而，顔《注》猶當日衆家之一本，其定奪文字雖有成，六朝異本形成豈非無因。迨顔本之成爲定本，則昔日班學授讀之榮盛場景亦隱諸殘本遺字之下，而鮮爲人知矣。

（作者單位：上海交通大學人文學院）

儒家典籍與思想研究（第十四輯）
北京大學出版社，2022 年 8 月

文淵閣《四庫全書》本《曹文貞公詩集》考略

徐瀟立

【内容提要】 本文以文淵閣《四庫全書》本《曹文貞公詩集》爲研究對象，揭示其底本爲臺灣“中央”圖書館藏元至正曹氏家塾刻本，而非《四庫全書總目》著録的蔣曾瑩家藏清抄本。臺圖本爲後印本，内多漫漶、闕葉之處，這直接造成四庫本特有的異文、脱文現象。在確定底本的基礎上，進而論證《元詩選》本爲四庫本的參校本，但選本的局限性未能使四庫本整體文本價值有所提升。在曹伯啓集版本系統中，四庫本處於版本序列的底端，價值有限，不足以成爲整理本的主校本。

【關鍵詞】 曹伯啓 《曹文貞公詩集》 四庫本 蔣曾瑩 《元詩選》

元人曹伯啓（1255—1333）的文集題《漢泉曹文貞公詩集》，一名《漢泉漫稿》，凡十卷，《後録》一卷。此書有兩種元版存世，構成了兩個版本系統[①]：一爲元後至元四年（1338）集慶路儒學刻本，即學官本，南京圖書館藏（以下簡稱“南圖本”），該本元刻部分僅存卷三至卷五，其餘卷次抄配。清初金侃抄本即據南圖本抄，存卷一至卷五，原本已佚，有《涵芬樓秘笈》影印本。金侃抄本卷一、卷二可補南圖本之缺失。一爲元至正曹氏家塾刻本，即家塾本，中國國家圖書館（有兩部，以下以《中華再造善本》影印之鐵琴銅劍樓舊藏本爲例，簡稱“國圖本”）、上海圖書館（以下簡稱“上圖本”）、臺灣“中央”圖書館（以下簡稱“臺圖本”）藏。其中國圖本早印、上圖本中印、臺圖本後印。《中國古籍善本書目》著録的九部抄本均屬家塾本系統。家塾本出自學官本，版式雖保持一致，但對其文字與篇目均有所改動。

① 筆者在《曹伯啓集版本新考》中對此書元刻本進行辨析，並梳理其版本源流，糾正了傳統觀點的疏失。《中國典籍與文化》2022 年第 4 期，第 90—100 頁。

文淵閣《四庫全書》收録此書，題《曹文貞公詩集》（以下簡稱“四庫本”）。對於學官本與家塾本中出現的異文，四庫本與家塾本相同，譬如學官本卷三《用除夕韻呈菊圃》“自笑儒冠誤”，家塾本、四庫本“自笑”作“已坐”；卷四《大名客舍》“辭鄉屈指浹旬過”，家塾本、四庫本“屈”作“彈”，“客程千里心如折”，家塾本、四庫本“客程”作“世途”。此外，學官本有五篇不見於家塾本，分别爲《寄趙縣丞》《除夕分韻得窮字》《次韻答孟子周僉司除夜見寄》《壽盧仲敬知州》《贈蕭九成省掾》，家塾本在相應位置代之以《送濟南王秀才》《送人作宰》《送崔同知》《梁郎中慶職》《上杜左司》，四庫本與家塾本情況一致。綜上，説明四庫本屬家塾本系統。

但四庫本也出現了家塾本系統之外的文本，這些異文後被吸收入《全元詩》整理本，對閲讀産生影響。本文的寫作目的主要是探索四庫本的文本來源及形成原因，並判斷其是否可靠，其中最基礎、也是最關鍵的步驟是確定四庫本的底本與校本。

一、四庫底本的判定

《四庫全書總目》集部别集類在著録《曹文貞公詩集》時，標注其來源爲“江蘇蔣曾瑩家藏本”，提要稱：

> 是集一名《漢泉漫藁》，後有至元戊寅吴全節跋，稱爲其子江南諸道御史臺管勾復亨所類次，國子生胡益編爲十卷，又稱有張夢臣、歐陽原功、蘇伯修、吕仲實四序，此本皆不載。《總目》於四序之前又列有御史臺咨文、太常博士謚議，亦皆有録無書，蓋傳寫佚之。①

從上述文字可大致推出“江蘇蔣曾瑩家藏本”的若干特徵，首先，“傳寫佚之”説明其版本類型爲抄本；其次，該本無張起巖、歐陽玄、蘇天爵、吕思誠四序；其三，有《總録》與吴全節跋。《曹文貞公詩集》卷首的《總録》清晰羅列了全書的各部件，可據此知書本的完缺情況。《四庫全書總目》將“《總録》”誤作“《總目》”。

中國國家圖書館藏有一部清抄本《漢泉曹文貞公詩集》，爲前述《中國古籍善本書目》著録的九部抄本之一，其封面有“乾隆三十九年正月，江蘇巡撫

① 《四庫全書總目》卷一六六，北京：中華書局 1965 年版，第 1434 頁。

薩載送到蔣曾瑩家藏曹文貞詩集壹部，計書壹本”進書木記，《總録》首葉鈐有“翰林院印”滿漢文大方印，另有“重光”“子宣”“詩龕書畫印”“小西涯”“徐沅”“江安傅沅叔收藏善本”“忠謨讀書”等印，爲蔣重光舊藏。四庫進呈本的“翰林院印”通常鈐蓋於首册有文字内容的首葉，説明該本在進呈時卷首已無四序，卻有《總録》與吴全節跋，與《四庫全書總目》描述吻合，可證《四庫全書總目》著録的“江蘇蔣曾瑩家藏本”即國圖此部清抄本（以下簡稱“蔣曾瑩本”①）。四庫本書前提要與《四庫全書總目》内容基本一致。

蔣曾瑩本有“翰林院印”與進呈木記，且爲《四庫全書總目》著録本②，因此通常被認爲是四庫底本③。傅增湘《鈔本漢泉漫藁跋》記述此本，文中雖未明言蔣曾瑩本即四庫底本，但在言辭中已認可其爲四庫底本：

> 是此書舊爲蔣子宣收藏，《四庫》開館時，其嗣曾瑩取以進呈，不知何時乃歸於法梧門詩龕中。按《四庫》告成後，有詔各省進書仍發還其家，然或官吏延未奉行，或遠道不能請領，其書移儲翰林院中，久之遂散落坊肆。今日官私所收《四庫》底本往往而遇，職此故也。④

近期出版的《四庫全書底本叢書》已將蔣曾瑩本視作四庫底本加以影印⑤。四庫底本指抄入《四庫全書》之本，其特徵是通常有館臣的批注，或抄録格式的提示語，這些批閲注記常爲《四庫全書》照改，文本上的大致對應是判定四庫底本的標誌。進呈本指各省疆吏呈獻之本，數量遠大於四庫底本。蔣曾瑩本卷六至卷一〇有徐沅校字，但並無館臣批閲痕跡。

與此同時，在曹伯啓集諸多版本之中，元至正曹氏家塾刻本中的臺圖本卻

---

① 據中國第一歷史檔案館編《纂修四庫全書檔案》，“蔣曾瑩”作“蔣曾罃”，上海：上海古籍出版社 1997 年版，第 118—119 頁。又據《婁關蔣氏本支録右編》卷六《公藩公派佚圃公三房坦菴公第四子辛齋公支》，九世孫蔣重光有四子，分别爲曾舉、曾罃、曾罃、曾榮，曾罃小傳下記乾隆年間進呈先世藏書事。清光绪三十一年刻本，“辛齋公支”葉 1—6，上海圖書館藏。因此，“曾罃”與“曾瑩”爲同一人。《四庫全書總目》與進呈木記俱作“蔣曾瑩”，疑誤，但也不排除蔣曾罃一名“曾瑩”，本文暫仍作“蔣曾瑩”。

② 本文所提“著録本”指具體的本子，而非寬泛的某一部書。

③ 如《中國文學大辭典》第七卷“《曹文貞詩集》”條稱“《四庫全書》曾據江蘇蔣曾瑩家藏本編入别集類”，天津：天津人民出版社 1991 年版，第 5296 頁。

④ 傅增湘《藏園群書題記》，上海：上海古籍出版社 2008 年版，第 788—789 頁。

⑤ 《四庫全書底本叢書》，北京：文物出版社 2019 年版。見“古典文獻學微刊”微信公衆號於 2019 年 11 月 11 日發佈的該書目録。

有四庫館臣批注校籤[①]。該本元刻部分存目録、卷一至卷二、卷六至卷一〇、《後録》一卷、吴全節跋，缺四序、《總録》，卷三至卷五抄配，爲湘潭袁氏剛伐邑齋舊藏，袁榮法《剛伐邑齋藏書志》著録，謂其：

> 蓋四庫著録者實傳鈔之本。此本詩九卷、詞一卷，尚是元代刊本……中有四庫館臣浮籤、籤注字樣，似亦四庫底本。而與提要所言不符，抑當時不止一本耶？……《藏園群書題記》卷七，有鈔本漢泉漫稿跋，亦四庫底本，傅跋言之甚悉。[②]

儘管袁榮法注意到臺圖本中有館臣校籤，但對於四庫底本究竟是哪一部並没有明確答案，其認爲四庫本與《四庫全書總目》著録者爲同一部，且《四庫全書總目》著録者與傅增湘藏本爲兩部書，於是出現了三部四庫底本共存的假想局面。

通過將蔣曾瑩本、臺圖本分别與四庫本對勘後發現，蔣曾瑩本與四庫本多有牴牾之處，而臺圖本與四庫本相合程度極高。臺圖本中有抄寫提示符，如將原題“漢泉曹文貞公詩集”圈改爲“曹文貞公詩集”；元版語涉元帝提行空格，臺圖本相應之處標有連寫符。此外，臺圖本葉面特徵直接體現在四庫本中，如下幾方面：

臺圖本所存的元版部分内多闕葉，如卷九闕葉十一、葉十二，對應詩篇爲《題儒醫邢明之家傳》至《題一鯽游池圖》十二首；卷一〇闕葉十一至十四[③]，對應詞爲《清平樂・寄徐都司》至《鵲橋仙・用吕正學所贈韻》十一闋；《後録》闕葉三、四、十一、十二、十七、十八、二十一、二十二。以上四庫本在相應位置皆脱文，而蔣曾瑩本皆未缺。

在數部家塾本中，臺圖本最爲晚印，對其漫漶的葉面，四庫本有直接删汰相應篇目的情況，如臺圖本卷九葉六至七《送王御史歸養二首》至《寄龍泉邑長可齋二首》，此處有館臣指示繕寫的校籤：“王友誠起至細稱量止，不寫。從江東陳伯宣寫起”“從此頁模糊處起皆不寫”。蔣曾瑩本上述葉面文字完整，由此可推出蔣曾瑩本底本的印次早於臺圖本，經過整體考量，筆者認爲其接近上

① 《國家圖書館善本書志初稿・集部》著録此本，但未言及有四庫館臣校籤，臺北：“國家圖書館”1999 年版，第 1 册，第 40—41 頁；《四庫縹緗萬卷書：國家圖書館館藏與〈四庫全書〉相關善本敘録》未收録此本，臺北：“國家圖書館”2012 年版。

② 袁榮法《剛伐邑齋藏書志》，臺北：“中央”圖書館 1988 年版，第 579 頁。

③ 袁榮法以陶湘續刊《景宋金元明本詞》中《景元本漢泉先生樂府》補抄此四葉。

圖本。

以上數端可證臺圖本爲四庫底本，而蔣曾瑩本僅爲進呈本。至於臺圖本無“翰林院印”，推測與其在流傳過程中卷首的殘缺有關。對四庫底本的錯誤判定，導致既往研究雖對四庫本的脱文現象略有揭示①，卻未詳具體原因，作爲四庫底本的臺圖本正是四庫本脱文的根源所在。

對於四庫底本與《四庫全書總目》、四庫本書前提要著録本不一致的情況，推測館臣見蔣曾瑩本在先，並據其撰寫提要，其後見到臺圖本，在清抄本與元刻本之間作出版本選擇，遂將後者定爲底本，臨時抽换版本，而書前提要仍援用舊文，未及重寫。面對龐大的《四庫全書》工程，某一種書的提要撰寫、纂修、繕録等工作流程難免存在某種缺環。

據《四庫採進書目》②，曹伯啓集共有三次進呈記録，分别著録於《兩淮鹽政李呈送書目》《江蘇採輯遺書目録簡目》《浙江省第五次范懋柱家呈送書目》，三目僅記書名、著者、册數。《江蘇採輯遺書目録簡目》著録者爲“抄本”，當即《四庫全書總目》所謂“江蘇蔣曾瑩家藏本”③。兩淮鹽政李質穎呈送本的來源目前缺乏相關資料。范懋柱進呈本④當即《浙江採集遺書總録》著録者，後者版本類型標注爲“刊本”⑤。曹伯啓集在元代刊刻過兩次，明清二代未曾刊刻，此處所謂的“刊本”即元刻本。但除袁氏藏印，臺圖本僅鈐“一□淵源”印，以及一枚模糊難辨之印，無法稽考收藏來源，因此其進呈來源仍是一個謎。

二、四庫本的文本特徵

四庫本直接出自家塾本，在繼承其文本的同時，又産生了有别於家塾本的文本特徵，除上述脱文現象，大致可分以下四種類型：

---

① 如孔垂懿《曹伯啓及其詩集初探》詳列四庫本脱文情況，内蒙古師範大學 2016 年碩士論文，第 25—27 頁。

② 吴慰祖《四庫採進書目》，北京：商務印書館 1960 年版，第 55、225、285 頁。

③ 李紅英《國家圖書館藏四庫採進本經眼録》著録蔣曾瑩家藏《漢泉曹文貞公詩集》，並稱該本爲江蘇省第一次呈送，但未明確其是否爲四庫底本。該文同時提及兩淮鹽政採進本與浙江第五次採進本，稱此二本“均未選作四庫底本”，言下之意即認爲蔣曾瑩本爲四庫底本。《版本目録學研究》第 5 輯，北京：北京大學出版社 2014 年版，第 278 頁。

④ 范懋柱進呈書目同見於《天一閣書目》，後者將“《曹文貞詩集》十卷”誤刻爲“《曹文進詩集》十卷”，見（清）阮元《天一閣書目》卷一，清嘉慶文選樓刻本，葉 42。

⑤ （清）沈初《浙江採集遺書總録壬集》，清乾隆三十九年浙江布政使司刻本，葉 55。

1. 因底本漫漶而臆改

因後印之故，臺圖本多漫漶不清處，四庫本對此有不同的處理方式。在涉及史實的客觀性文字時，四庫本注“闕”字，此在《後録》中尤其明顯，比如《曹公神道碑銘》《文貞公哀辭》，而在正文中僅出現於卷二《登君山述懷次史同知韻》小注中“史闕□祥字闕輿”。在涉及曹伯啓詩詞作品時，若有較多文字難以辨識，四庫本會採取前述逕删的方式，對個別文字模糊者，會採取臆改的方式，此爲四庫本産生異文的最主要因素，這些異文迥異於兩個版本系統的所有本子，爲四庫本所特有，如表一所示（“□”代表漫漶處）：

表一

篇目	卷	葉	行	國圖本	臺圖本	四庫本
題江寧李襄公畫槐手卷	1	4	後 7	襄公五男兒	□	子
	1	4	後 9	耕畬適榮滋	□	乃
	1	4	後 9	當時耀金紫	□	身
戲贈曹鸞舉	1	8	5	吾子號奇士	□	特
	1	8	7	席第承几硯	□	案
挽劉損齋提舉	6	13	4	衣冠倒指成蕭索	□	屈
送琴士瞽者張伯源遊東浙	7	5	後 1	聞道東遊尋勝賞	□	多
酷雨	7	5	後 4	伐罪洗兵交趾路	□	觀
	7	5	後 5	雨暘咨怨非公論	□□	僭忒
詠懷	7	5	後 8	三人成虎事非難	□□□	擊豪卧
次范藥房韻題姜仲澤巖隱	8	5	後 3	小樓終日對雲山	□	鬟
	8	5	後 4	眼明臺閣諸賢在	□	承
漫興	8	6	1	少年矻矻今遲暮	□	窮
沁園春和元復初遊西山	10	9	2	情無賴	□	渾
	10	9	3	朋簪契我天君更	□	樂

臺圖本卷三至卷五抄配，其與四庫本在卷四中出現異文，如國圖本卷四《看星》“史文諜諜□精英”，“□”處有斷版，僅留下半部分，“諜□”臺圖本作“諜説”，四庫本作“象闡”；《遣悶》“人生出處自窮通”，“自”處有斷版，僅餘“目”，“自”臺圖本亦作“自”，而四庫本作“判”。早印的國圖本尚且有斷版漫漶，後印的臺圖本相應位置的書況應更爲糟糕，才會出現上述異文。據此可知，在四庫本繕録之時，底本臺圖本的卷三至卷五猶是元刻。後在流傳過

程中，此三卷缺佚，經人抄配。鑑於此，在以下討論中，凡涉及臺圖本卷三至卷五者，指其爲四庫本據抄時元刻本的面貌。

2. 因文意未通而校改

在曹伯啓集的兩種元刻本中，學官本爲初刻本，家塾本爲再刻本，後者多有誤刻之處，對家塾本文意有明顯未通之處，館臣直接校改，改後文字有恰與學官本相同者，但這並不代表學官本爲其參校本，如學官本系統卷二《觀朱張二府》"十去九不回"，家塾本"九"作"久"，四庫本作"九"；卷四《送朱教之姑蘇二首》"壯年莫作蒐裘計"，家塾本"計"作"詐"，四庫本作"計"；卷五《寄申仲禮》"以詩奉寄"，家塾本"奉"作"秦"，四庫本作"奉"。改後文字亦有與學官本不同者，如卷五《晚登岳陽樓即事》"一覽能清泉石債"，家塾本"債"作"清"，四庫本改爲"慮"。

以上爲前五卷中的校改，通過比較學官本與家塾本，可瞭解文字變化的軌跡。後五卷中，四庫本亦有校改，但因學官本系統缺失後五卷内容，無從得知家塾本是沿襲了學官本之誤，抑或再刻致誤，例如家塾本卷六《西京趙良臣都事四十年之舊以詩見贈走筆述和勉其歸家養疾不聽逮月餘遂辛官所》，四庫本"辛"改作"卒"；卷七《次韻毛潛夫詠懷》"次今不作求人計"，四庫本"次"改作"於"；卷九《題蘇昌齡溪山讀書圖》"萬理春融百慮閒"，四庫本"理"改作"里"。

3. 新增訛誤

古籍在傳抄傳刻過程中，多有形近而誤、音近而誤者，四庫本亦難倖免，如家塾本卷一《相馬圖呈杜勉齋左司》"價越連城珍"，四庫本"越"作"超"；"誰爲繪此像"，四庫本"像"作"象"；"素識太平相"，四庫本"相"作"象"；卷二《送趙彦誠》"竚看政迹垂丹青"，四庫本"迹"作"績"；卷七《贈劉彦卿》"舟子虚凝户牖侯"，四庫本"凝"作"疑"；卷九《題梁國英牧牛圖》"不履危機是此關"，四庫本"關"作"間"。

4. 違礙字的改動與民族語的改譯

四庫館臣對家塾本中出現的違礙字並未嚴格審查，有多處保留原文，僅有兩處替换了文字：卷三《初到江陰寄徐路教仲祥》"戎服人争笑"，四庫本"戎"改作"異"；卷八《海夷貢花驢過》，四庫本"海夷"改作"海外"。

對家塾本中出現的蒙古語譯詞，四庫本進行了改譯，如卷六《道過東昌申仲禮僉司暨狀元護都達兒諸父臺輔賢昆仲厚意相邀别後以詩寄謝》，四庫本將"護都達兒"改譯爲"呼都克岱爾"；卷九《題御史阿的迷失松壑卷》，四庫本將“阿的迷失”改譯爲“阿勒默斯”。

三、四庫本的參校本

對於臺圖本漫漶之處，前文已列舉了四庫本逕删、注闕、臆改等多種處理方式，由此而産生的脱文與異文現象説明四庫本並未參校其他家塾本系統之本，遑論在明末清初已罕覯的學官本。在通校此書的過程中，筆者發現四庫本在若干本應有脱文、異文之處，文本卻無誤，此種處理方式異於尋常，故而推測四庫本可能參考了其他文獻。這些特例集中出現於卷四，但臺圖本卷三至卷五爲抄配，因此需藉助家塾本中其他幾部印本來推論，以下擬通過三則例子作具體分析。

1. 家塾本中的上圖本卷四葉二有横向斷版，位於每行第四字處，斷版處文字略有漫漶，後印的臺圖本漫漶程度較之應更甚，此葉涉及的詩篇爲《暮春用唐壽卿韻二首》《就學東平嘉祥道中書事二首》《夏夜露坐》。四庫本在《就學東平嘉祥道中書事》第二首中集中出現異文（見表二），多爲每行横向首四字。此外，其他幾首詩，四庫本均未見異文。從上圖本觀之，《就學東平嘉祥道中書事》第一首、《夏夜露坐》的漫漶程度與《就學東平嘉祥道中書事》第二首相當，按照常理，此二首皆應有異文。

表二

篇目	卷	葉	行	上圖本	四庫本
就學東平嘉祥道中書事之二	4	2	後 2	候蟲催冷倦聞聲	夢回午枕
	4	2	後 3	積水不勝流水碧	還同
	4	2	後 4	霞迎銀海林楓爍	雜珮新荷
	4	2	後 5	安得畫中三昧子	師頻點筆

2. 現存幾部家塾本的卷四葉七、葉八局部版片皆有損壞，涉及詩篇凡五首：《送人作宰》《寄李總管》《上李相》《詠懷寄趙君》《謾成》，均有文字缺失，惟有藉助學官本方能大致復原缺失的文字。其中《送人作宰》爲家塾本新增者，不見於學官本，可暫不討論。如表三所示，《寄李總管》《上李相》《謾成》三首，四庫本與學官本的文本間有異同。相同者，或爲四庫館臣根據詩歌的形式内容、舊典習語加以補寫，結果恰與學官本相同，如《上李相》“范滂

素有澄清志”典出《後漢書・范滂傳》①，《上李相》“姓名已覆金甌底”典出《新唐書・崔琳傳》②；《謾成》中未出現異文的“舉”“梳”，因其文字結構尚有所殘留，而在“屋角禾麻晴浪晚”句中，四庫本“禾”作“桑”，因“禾”字猶存下半，故誤爲“桑”。此種局部的準確表明四庫本並未參考其他文獻。而在《詠懷寄趙君》文字缺失處，四庫本均未産生異文，這一點需引起關注。

表三

篇目	卷	葉	行	學官本	家塾本	四庫本
寄李總管	4	7	後5	十載峨峨仰重名	□□	十載
	4	7	後6	金門通籍能忘志	□□	闔通
	4	7	後7	秋月共明山北政	□□	共觀
	4	7	後8	龍門不棄長裾客	□□	少簪
上李相	4	8	1	昔著豸冠居漢北	□□	昔戴
	4	8	2	范滂素有澄清志	□□	滂素
	4	8	3	數月侯邦聲藉藉	□□	謳歌
	4	8	4	姓名已覆金甌底	□□	覆金
詠懷寄趙君	4	8	6	鉛槧生涯二十秋	□□	鉛槧
	4	8	7	留蟠子美千間廈	□□	蟠子
	4	8	8	知命豈爭蕉底鹿	□	豈
	4	8	9	壯懷磊落憑誰語	□	磊
謾成	4	8	後2	舉世紛紛日夜忙	□	舉
	4	8	後3	千梳理髮驅煩熱	□	梳
	4	8	後4	屋角禾麻晴浪晚	□	桑

3. 家塾本卷四《癸卯仲春陪史同知宴飲天慶觀用朱教授韻》至《題王夫人書畫卷後》共十八首，除其中第十一首《謝朱鶴罩招飲》，四庫本皆缺。十七首詩中，無違礙之作。如前所述，臺圖本是一個有較多闕葉的本子，因此推測四庫本此處的大量脱文亦爲闕葉所致，但因臺圖本卷四爲抄配，無以爲證。四庫本僅收録《謝朱鶴罩招飲》，該詩在葉面中僅佔五行，闕葉而獨留此五行的可能性不大，推測當爲十八首一併缺失，《謝朱鶴罩招飲》通過别本補入。

① （南朝宋）范曄《後漢書・范滂傳》卷六七，北京：中華書局1965年版，第2203頁。

② （宋）歐陽脩等《新唐書・崔琳傳》卷一〇九，北京：中華書局1975年版，第4098頁。

上述三例皆説明四庫本可能參考了其他文獻，且該文獻僅收録曹伯啓的部分詩歌，當爲選本，經考察，所有線索均指向《元詩選》。康熙年間顧嗣立所輯的《元詩選》共選録曹伯啓詩五十七首（以下簡稱“《元詩選》本”），其結合了學官本與家塾本兩個系統的文本，前五卷多出自學官本，後五卷出自家塾本[①]。在第一例中，惟有出現異文的《就學東平嘉祥道中書事》第二首未被收録於《元詩選》本；在第二例中，惟有《詠懷寄趙君》在文字缺失處未出現異文，且僅此首被收録於《元詩選》本；在第三例中，十八首詩中僅《謝朱鶴睪招飲》一首被收録於《元詩選》本。此外，回顧第二部分、第三部分所論四庫本因底本漫漶、闕葉而出現異文、脱文的篇目，巧合的是，《元詩選》本概未選録。經過綜合考量，可以確定《元詩選》本爲四庫本的參校本，但四庫館臣並未將臺圖本與《元詩選》本進行全面校勘[②]，僅據以補足缺失的文字與篇目。作爲選本的《元詩選》僅能提供部份的文本參考，在底本損壞、漫漶、闕葉處，若《元詩選》本有收録相應篇目，四庫本則依據《元詩選》本寫入，反之，則由館臣以意補之，或逕直脱文。

四、餘論

本文將四庫本置於曹伯啓集版本系統中加以考量，試圖闡明其版本價值，並對影響四庫本的各要素加以分析，此間論述的關鍵是對四庫底本的判定，惟有找到四庫底本，方有可能客觀評價四庫本。經過文本比對可知，臺圖本爲四庫底本，而《四庫全書總目》著録的蔣曾瑩本僅爲進呈本。假設臺圖本不復存在，蔣曾瑩本或將繼續被誤爲四庫底本，四庫本獨有的文本現象則難以得到解釋。由於《曹文貞公詩集》恰有兩部《四庫全書》相關善本可供比對，才得以揭開謎底。判定四庫進呈本的基本依據爲翰林院大方印或進書木記，四庫底本的判定依據更爲嚴格，除上述特徵，通常還需具備館臣批注、圈識、籤條等，此外，將四庫本與疑似底本進行文本比對也是判定過程中的必備環節，對於缺乏批閲痕跡且文本有較多出入之本當别加留意。

底本臺圖本屬於家塾本中的後印本，漫漶、闕葉現象嚴重，這直接導致四庫本出現較多缺乏版本依據的異文與脱文，在曹伯啓集諸版本中，四庫本是缺

---

① 詳見筆者《曹伯啓集版本新考》。

② 前文所舉四庫本校改之篇目，《元詩選》均未收録。

陷最多的版本。家塾本出自學官本，存在形近、音近而誤的現象，對此，館臣採用理校法進行校改，這些校改是四庫本僅存的價值。但學官本系統前五卷尚存於世，故四庫本自身的版本價值相當有限。《曹文貞公詩集》雖有多部進呈本，但從目前四庫本所呈現的樣貌來看，館臣並未將多本進行互勘。通過對文本異常現象的解讀，本文論證了四庫本與顧嗣立所輯《元詩選》本的隱性關聯。四庫本參考了《元詩選》本，但該書選本的性質幾乎難以修正四庫本顯而易見的不足。《四庫全書總目》對《元詩選》評價甚高，稱“有元一代之詩，要以此本爲巨觀矣”①，在《四庫全書總目》元人别集提要中，“《元詩選》爲高頻徵引文獻”②。《元詩選》是否爲《四庫全書》元人别集纂修過程中的普遍校本，有待進一步研究。

中華書局版《全元詩》收録了曹伯啓詩③，其底本爲國圖本，主校本爲四庫本。國圖本爲家塾本中的早印本，四庫本則出自家塾本中的後印本，且較多臆改删削，無所憑據。以其對校，臚列擅改之文，或據以補入家塾本版片中缺損的内容④，容易混淆版本脈絡，對於恢復古籍原貌幾無助益，亦不足以提升整理本的文本價值。因此，將四庫本列爲主校本，恐有未當⑤。選擇失當的根源在於未能釐清版本源流，亦未能對四庫本文本特徵的産生進行溯源。關於此書的整理方案，筆者認爲，底本仍應以國圖本爲宜，因其早印且完足，而主校本可考慮學官本系統中的南圖本與金侃抄本。沈寂不顯的學官本雖爲殘本，卻爲曹伯啓集的首刻，保留了早期文本面貌，深具版本價值，同時，對於四庫本在後五卷的校改，可有所借鑑。

（作者單位：上海圖書館）

---

① 《四庫全書總目》卷一九〇，第 1731 頁。

② 何素婷《〈四庫全書總目〉元别集提要研究》，西南大學 2018 年博士論文，第 219 頁。

③ 楊鐮主編《全元詩》第 17 册，北京：中華書局 2013 年版，第 315—399 頁。

④ 詳見《全元詩》第 344 頁按語。

⑤ 關於對校本，不妨重温黄永年先生的觀點：“底本外如果祇有一個不同的本子，對校起來還比較簡單。如果多了，就要求弄清楚各個本子之間的淵源遞嬗關係，選擇若干與底本不同淵源的作爲主要的對校本就可以。其他源出底本或對校本的本子，如在個别地方改正了底本或對校本原有的錯誤，自可供參考擇取，如對原有錯誤無所改正，或更增添了新的錯誤，就不需要用來對校，即使對校了也不必將此新增添的錯誤寫入校記，因爲這對讀者全無用處。”見其《古籍整理概論》，西安：陝西人民出版社 1985 年版，第 72 頁。這段話簡明透徹且具操作性，有助於理解四庫本何以不適合作主要對校本，附記於此。

儒家典籍與思想研究（第十四輯）
北京大學出版社，2022年8月

沈欽韓遺文輯存*

呂東超

【内容提要】 沈欽韓爲清中葉著名學者，一生勤學不倦，撰述鴻富。然除已刊詩文集外，散落文字，亦復不少。如欲研究沈氏學行，則不得不於集外佚篇有所措意。本文利用沈氏詩集稿本、書目題跋、拍賣圖録等，初步輯得沈氏遺文七十三篇，以供學界參考。

【關鍵詞】 沈欽韓 輯佚 清代學術史

沈欽韓（1775—1832），字文起，號小宛，江蘇吴縣人。嘉慶十二年（丁卯，1807）舉人，選授安徽寧國縣訓導，與李兆洛、周濟、屠倬、許兆熊、包世臣、宋翔鳳、陸繼輅、胡承珙、王鎏諸人友善，著有《春秋左氏傳補注》《兩漢書疏證》《水經注疏證》《蘇文忠詩注補正》《幼學堂詩文稿》等，生平詳包世臣《皇敕授修職郎安徽寧國縣學訓導沈君行狀》①、王鎏《寧國縣訓導沈君墓志銘》②，《清史列傳》卷六九有傳③。余自一八年始即有意董理沈集，更擬於讎校之暇，比次學行，掇拾放佚，撰爲年譜、補遺以附後，故於沈氏遺文特爲留心。沈氏《幼學堂尺牘》一卷凡八十三通，已經余點讀，由《中國典籍與文化論叢》第二十一輯刊布。今復據《幼學堂續稿》稿本及沈氏友朋著述、書目題跋、拍賣圖録等檢獲集外詩文七十三篇。唯沈氏題跋之本，未經寓目者仍有數部，余每欲赴滬蘇寧諸館寫録，輒爲疫癘所阻，迄未成行。其餘待檢之書，

---

* 【基金項目】本文係全國高校古籍整理研究工作委員會直接資助項目“沈欽韓《幼學堂詩文稿》整理”（批准號：1861）階段性成果。

① （清）包世臣《藝舟雙楫》卷四，《包世臣全集》，《安徽古籍叢書萃編》第2册，合肥：黄山書社1993年版，第361—364頁。

② （清）繆荃孫《續碑傳集》卷七六，《清代傳記叢刊·綜録類》第119册，第398—400頁。

③ 佚名《清史列傳》卷六九，北京：中華書局1987年版，第5603—5604頁。

如徐堅《硯園煙墨著録》、許兆熊《靈蘭館詩稿》等尚不啻百部，但不知何時方能如願耳。

一、題陳曼生夢飼千八百鶴圖

記曾鹿苑舞僊衣，一一呼名下翠微。亦爲稻粱謀北鄉①，幾多風月奏南飛。清知蟬腹原難飽，高視雞群未許肥。尚有鳳池堪展翅，瓊臺招手莫忘歸。

一枕孤山月影留，縞衣不遣隔蓬洲。鳥王五百廻香海，鳳子三千滿玉樓。豈是虛名慚叔子，諒無俗骨相浮邱。漆園大有蘧蘧樂，萬頃瑶田得種不。

二、展重九集鄰好以詩乞光福徐守拙畫②

蕭晨風雨窮邠老③，折簡比鄰熟魏三。欲賭梅詩愁代作，或有醉不成字④，故以薛秀才事嘲之。便操酒櫟戒先貪。無多月色沈沈久，慚逼霜威了了諳。賴有徐熙横數尺，殘秋可戀是江南。

三、代徐生寬字韻⑤

一水荻花冷，四山霞影殘。園林破孤寂，風雨助高寒。分土和苔瘦，横枝得月寬。徑湏携卧具，卒歲好盤桓。

---

① “謀”，初作“隨”，後抹去改爲今字。按：復旦大學圖書館藏《幼學堂續稿》一册四卷，對應刻本《幼學堂詩稿》卷一一至卷一四，版心下方有“織簾選著”字樣，卷首鈐“大隆審定”白文方印、“復旦大學圖書館藏”朱文長方印，知爲王欣夫舊藏沈氏稿本。此本各卷均題“幼學堂續稿卷某”，知初名“續稿”，後易爲“詩稿”也。因係未定稿本，故塗乙之處甚夥，本文過録時皆據改後文字，改前樣貌則以校語形式表出。如本條校記謂“謀”字最初寫作“隨”，後被作者抹去，改爲“謀”。

② “集鄰好”，初作“招守拙平叔牧松伯承”；“乞”下，初無“光福徐”三字。

③ “邠老”，初作“元九”。

④ “或有”，初作“牧松”。

⑤ “生”，初作“立之”。

四、初冬新霽百甓軒看菊次韻①

山色秋窓拓，羊何夙與期。哦松風散帙，補竹日陰棊。冷蕊冠蜂得，新巢轕雀移。澆花并洗研，只少習家池。

恬酒東陽滴，黃花池上分。墻低堪放月，鍾遠欲埋雲。補空詩題續，安般梵夾薰。何能傾一座，雜學愧多聞。

五、題畫

一鶴前山去，山山合暮霞。蒼苔上寒色，滿澗落松花。

背隝碧蘿補屋，當岩飛瀑鳴琴。奇礓卓筆聖艸，幽花獨笑仙心。

六、題徐堅臨江貫道秋山雨霽圖

不見崇蘭館裏圖，殘山剩水亦糢餬。舊今雨洗前塵遠，離合風吹秋影孤。雲暗飛泉度修竹，日斜踈綱散寒蘆。綄園老筆渾無賴，不放苕溪清景逋。

七、醉步虎山橋②

塔下千家靜掩門，水雲烘月自魂魂。無窮詩思誰先得，友竹老人復有孫。

八、盛研樵拈長吟閣人生五十似重陽之句自壽③

人生五十似重陽，已怯西風徹骨凉。把酒更餐將盡蔗，看花敢夢未炊粱。耽詩魄力經秋健，少睡心情换夜長。同是中年困哀樂，笑呼兄丈自誇張。白樂天詩："猶有誇張少年處，笑呼張丈喚殷兄。"

---

① "霽"下，初有"石香招集"四字；"次"下，初有"平叔"二字。

② 詩題初作"題徐守拙倣文衡山虎山橋夜看"。

③ "壽"下，初有"與平叔伯承同和"七字。

窮秋暮齒共籌量，萬八千辰占下場。物老懸知還九變，日斜坐欲到三商。風懷袚褉能如否，情味屠蘇差自强。有酒有花應再展，人生五十似重陽。東坡云："有菊有酒即爲重陽。"（以上録自沈欽韓《幼學堂續稿》卷一一，復旦大學圖書館藏稿本）

九、餻元寶

正月五日市儈之流喫餻元寶湯，此范至能俳諧體所未載也。

市門正作錢龍宴，風物猶傳元寶湯。度世黄金真可作去聲，力耕便得枕中方。

生民憔悴少錢錢出處疊字，但辦撐腰未乞緣。也遣齏腸知此物，兒曹努力補天穿。吴俗以二月二日喫年糕爲撐腰。《拾遺記》："江東俗號正月二十日爲天穿，以紅縷繫煎餅餌置屋上，謂之補天穿。"

十、茄桃

投桃慙莫報，貌取紫崑崙。乾淨巾休雪，模棱手與捫。牽牛空望影，化蝶幾消魂。蔬果雙頭署，園官細討論。（以上録自《幼學堂續稿》卷一二）

十一、次日磊叁招同諸子遊鳳巢庵不雨三月秋稼爲茅竹樹亦焦卷惟叢桂留人耳

一滴枯獅乳，叢生駕鳳巢。青蟲緣脱葉，巧婦折枯梢。遠岫攤書入，疎籬荷鍤交。今宵端正月，誰把寺門敲。

十二、題張仙像

鏡中玉雪念降王，正是邛州張四郎。厭聽訓狐憑黑夜，要君挾彈埽遊光。《明統志》："邛州邛縣有挾仙樓，昔有仙人張遠霄者嘗往來於此，人呼爲張四郎，嘗挾彈視人家有災者爲擊散之，此其故居也。"

十三、盛研樵艱於舉子晚得一兒循俗例拜豁然僧爲門徒又從余家列兒子行有詩云不成家法援儒墨已益良田乞父師依韻答之[①]

商瞿晚歲方生子，謝客他家欲護兒。童住便參善知識[②]，東家敢作大宗師。卅年徒壁應羞我，千卷成書欲付誰。英物相看迎竹馬，伴遊豚犬恐非宜。

十四、邵舉甫蟄窩

莫竟雄飛志，聊存雌守真。舊題蝸蔓壁，生計繭纏身。吾道原消息，天心任詘伸。夏蟲徒擾擾，安樂一家春。（以上録自《幼學堂續稿》卷一三）

十五、采蓴辭五首并序

水荇偏將玉腕牽，急撑艓子趁鼉眠。城中小娘渾不識，卻道浮萍草賣錢。

按：餘四首及序，已刻入《幼學堂詩稿》卷一四。

十六、次韻答豁然上人

鏤冰刻楮逞妍辭，盡是空花枉結思。幸向雙林添法集，却拈四句效僧詩。未能一日安心意，幾作三生廣額屠。談柄何人燒麈尾，話頭到我氿鷄蘇。

十七、警周秀才

三衢校藝歎何曾[③]，《三衢文會》一册，元延祐開科詔下私試之作。合掌應將罪過

① “列兒子行”，初作“爲乾兒”；“師”下，初有“因”字。

② “童住”，初作“初地”。

③ “歎何曾”，初被抹去，改爲“勵賓興”後又抹去，未補入新字。

稱①。識字何嘗饒李懌②，投文便已厭徐陵③。青衿持面欺周孔，黄口摇牙王邾滕④。莫記必先鹹苦海⑤，茫茫隊裏看癡蠅⑥。《舊五代史·李懌傳》："中書奏請詔翰林學士院作一詩一賦，下禮部爲舉人格様，請懌爲之，懌笑而答曰：'李懌識字有數，頃歲因人偶得及第，敢與後生髦俊爲之標格？假令今就春官求試，落第必矣。'"

十八、八月二十五日

村歌已自罷田頭，白叟黄童望轉愁。倉卒遺弓虚玉座，縱究當璧奠金甌。散材久忝賓興日，新穀仍蒙帝力秋。四十六年安藿食，微忱猶作杞人憂。（以上録自《幼學堂續稿》卷一四）

十九、琴隖館丈治儀既教紡棉復課種桑自爲種桑詩三首不啻杜陵香山次山之愷悌也依韻次和

憶君下車時，亂絲棼難理。叛事黠吏窺，出教姦民睨。若輩他無望，一怠獲所喜。賢者又有病，太峻招其垝。屈伸在環中，嚬笑不可擬。疾雷無虚擊，一發震百里。故令神君譽，鄰治猶聒耳。良莠别害馬，肥瘠審策豕。婦憧算弱口，女功助食指。助女功，見《豳風》箋。正探教化原，呰窳丁男恥。前年機鳴舍，今年桑成市。槃錯歷幾何，經營乃到此。莫輕三尺陰，下有將雛雉。

種花滿郊原，瞬息供頽浪。種桑徧陌頭，指顧成挾纊。江淮財賦地，尺土安可曠。何況袤膏腴，萊田乃彌望。天地隔其中，人力参以養。人愚復不屬，繫持貴民上。鄙野原易馴，感泣知非妄。及爾俟未遷，作爾力方壯。勞心俟不辭，生計爾自量。一一以類推，務令衣食長。衣食長何爲，所蕲知禮讓。各自禮讓將，令長無功狀。他時著作林，根本此勿忘。

---

① 此句初作"唤得癡兒作乞矜"，又改"作乞"爲"磕額"，又改爲"作乞茫茫隊裏矜"，又改爲"風氣澆頑益可憎"，又改爲今句。

② 此句初作"幸□含情□李懌"，又改"含"爲"隱"、爲"輸"，又改爲"識字何嘗如李懌"，又改"如"爲"饒"。

③ 此句初作"只今藏拙少徐陵"，又改爲"投文便已試徐陵"，又改"試"爲"厭"。

④ 此句初作"白腹無心畏友朋"，又改爲"黄口摇牙樹邾滕"，又改"樹"爲"王"。

⑤ "莫"旁有"不"字；"記必先鹹苦海"，初作"笑兔園頑老子"。

⑥ 此句初作"文場秀句諷猶能"，又改爲"□窗一向看癡蠅"，又改"□窗一向"爲"茫茫隊裏"。

去年最功能，資序當遷劇。黄童與白叟，奔呼紛折屐。大吏不違民，借寇勸加額。厚薄非異人，終始冀一益。次第不竟陳，隱親昔虚擲。八口無奇贏，地産各自闢。十年有近利，宅毛各占籍。他人胡不爲，端緒苦少隙。發教亦無難，奉行實非覈。家有百金産，尚不辨菽麥。何況長萬户，驕貴厭煩役。君才當屐履，家事等擘畫。公嫗競致詞，恩意若主伯。爆爍勤糞擁，阿那蔭廣陌。一笑長官貧，幾時辦八百。（録自屠倬《是程堂倡和投贈集》卷一一，清道光五年刻本，第 8a—9a 頁）

二十、真州官舍十二詠

依然菽水風，一杯爲親壽。斷獄幸無冤，親當開笑口。奉爵稱壽之堂。

蒲鞭懸座隅，稽草生庭左。投牒有老人，看書雲五朵。五雲廳事。

愔愔簾影疎，洶洶濤聲近。有意繪雪圖，竹弓應彈粉。江寒草堂。

孤雲何處來，萬里烟霄冷。獨坐悄無人，月瘦梅花影。佇鶴寮。

腰縛黄皮袴，長官真健者。我自約漁兄，射鴨銅阬下。習射之圃。

就竹平安處，瑣窗寒碧摇。行鞭穿曲盋，解籜覆團蕉。就竹亭。

忘言兩主客，浩浩寫襟期。醉我蘭生酒，爲君吟楚詞。湘靈館。

安心無妙藥，遮眼有陳編。高擁瑯嬛地，知非懞懂仙。琳琅閣。

義墨聚豹囊，聖草搨蟬翼。差勝鄭廣文，天寒拾柹葉。濡墨廊。

春雨五色成，春酒百末釀。吟詩時一來，晴影簾鉤漾。雜花小徑。

花暖香痕妍，春陰花氣重。偶攜鐵龍吹，驚醒雙燕寢。南岸青山樓。（録自《是程堂倡和投贈集》卷一七，第 8b—9a 頁）

按：據本卷所載同人詩作，知沈詩闕《桃蹊》一首。

二十一、贈澄谷上人

我從師得法，用我是安心。散漢方歸谷，畸人與入林。長松參鶴唳，石鼎效蟲吟。矯首軒楹外，癡雲多滯淫。

茅屋新詩續，恆河皺面同。倚鋤看幸草，支架聽貞蟲。幾日齋糧接，多時俗物空。尚留枯槁恨，不敢笑王戎。（録自吴翌鳳《吾與彙編》卷五，《稀見清代四部輯刊》第 1 輯第 83 册影印清嘉慶二十一年刻本，第 212 頁）

按：第二首詩尾小注云："此兩首已入第八卷。"檢卷八詩題作"乙亥秋杪同倪穀民過吾與庵留詩呈澄公"。

二十二、夏日同米樓鏡之訪寒石大師

小艇同鳧泛，精廬送鶴歸。蒲團荷氣入，茶臼竹煙微。香指庵羅熟，暝催蝙蝠飛。繫釘求解脱，且住對清暉。

夙聞南嶽秀，行腳倦遊時。怖鴿棲蓮座，飛蛾蔽研池。三衣香自繞，一指慧應期。却望松門路，煙鐘出寺遲。（録自《吾與彙編》卷七，第 275—276 頁）

二十三、愁言跋

天若有情天亦老，月如無恨月常圓。用唐人語。鍾情又怕傷心死，一卷愁言欲問天。

長吉夭年東野窮，才人自古歎飄蓬。那知月下子規恨，芳雪香魂泣斷紅。

嘉慶元季冬月吴下書生沈欽韓口占。

按："季"，疑爲"年"字之訛。

二十四、返生香跋

玉琯銀璈奏玉京，天風縹緲步虚聲。偶然遊戲人間世，結下許多未了情。

白雪烏絲絶妙詞，青童雲笈夙曾窺。堪憐福分難消受，辜負拈花一笑時。

消魂真箇患情多，空望飈輪赤岸河。欲唤真真重下世，不須懺悔向優婆。

吴下生沈欽韓題。（以上録自冀勤輯校《午夢堂集》附録二《序跋與書録》，北京：中華書局 2015 年版，第 1281、1282 頁）

二十五、方蘭坻花卉卷跋

詩社舊曾推北郭，畫圖近已出南田。離騷疏與平泉記，白白朱朱色界天。

煙翠雲香含筆杪，雨塵月夢隔簾壔。南方香草情何限，溯到陳芳亦惘然。

二截句書方楚生折枝長卷後，嘉慶壬申元夕宿程七澮秋齋中題。欽韓。（録自龐元濟《虚齋名畫録》卷六"方蘭坻花卉卷"條，《古代書畫著作選刊》，上海：上海古籍出版社 2016 年版，第 340 頁）

二十六、方蘭坻花卉卷跋

澹秋七兄出方山人此卷見示，夜涼褉雨，春夢如煙，慨想青瑶，含情白紵，因譜《念奴嬌》一闋，書於左方。　　秋陰屋角，正槐間夢斷，蘆中吟苦。最憶娟娟風露裡，應有寒芳未吐。纈剪榴殷，房含荷颯，更禁簾纖雨。此時商略，彩毫誰挽青主。　　卻看點翠裁紅，幽人孤寄，解對生綃語。蝴蝶黄時飛欲倦，猶認煙痕一縷。青蔓畦荒，白花籬冷，屋要牽蘿補。梨雲重省，鏡奩紅豆堪數。文起沈欽韓作。（録自蔣光煦《别下齋書畫録》卷七“方蘭坻花卉卷”條，《續修四庫全書》第 1084 册影印國家圖書館藏清同治四年管庭芬鈔本，第 656 頁）

二十七、題牧石道人集名家篆刻

聊比囊中百衲琴，廿年補綴已成林。曬書滌研忙難了，又檢芝泥枉用心。豹囊古墨且百笏，巾笥布泉亦萬枚。寶氣自然虹貫月，偷兒那忙夜中來。適訴至澄谷許，報隔宿竊者來。

戲拈俳語題研樵詞兄印藪。欽韓。（録自西泠印社 2017 年秋季拍賣會古籍善本專場拍賣圖録）

二十八、題補樵法師長江第二卷

西陵烽起處，半夜落吴關。用虞闡《揚都賦》注。直劃坤輿破，終投滄海間。鯨嬉吞衆水，虎怒束崇山。指點荆揚域，長風獨往還。

補樵法師長江第二卷。沈欽韓題。[録自江蘇聚德 2017 年春季藝術品拍賣會（宜興專場）中國書畫（一）拍賣圖録]

二十九、題補樵法師山居讀易圖

宴坐看山讀畫樓，一邱一壑縱冥搜。如何頓作黄爐感，白鶴青天不可求。（録自滄浪舊侶《梅龕瑣録》，蘇州新報一週紀念册《吴船集》，民國二十八年，第 37 頁）

三十、題阮侯亭悼亡詩後

忍死須臾淚睫乾，繐帷那可望珊珊。營齋營奠亡何補，愁水愁風歸亦難。哀樂中年惟此酷，情文兩盡令人酸。可知風雨郎川道，孰念征夫衣被寒。

飛雪千山縞素中，歸來不忍入房櫳。乾啼濕哭聊憐慰，聽鼓應官又促恩。可是傷神問荀倩，要留芳行誌韋叢。元微之前妻韋氏名叢，見《昌黎集》。河陽此後花雖好，惆悵凭闌怨落風。（録自阮文藻《聽松濤館詩鈔》卷八《答沈小宛廣文題悼亡詩後原韻二首》附録，《北京師範大學圖書館藏稀見清人别集叢刊》第 20 册影印清道光刻本，第 415—416 頁）

三十一、和阮侯亭九日白雲峰登高用杜牧之齊山韻

野鴨孤雲相對飛，蒲團久坐篆煙微。放衙給吏匆匆假，覓句隨僧緩緩歸。魚鳥靜時周茂叔，溪山佳處謝元暉。此中固自多佳趣，只欲荷衣换緑衣。（録自《聽松濤館詩鈔》卷八《九日白雲峰登高用杜牧之齊山韻》附録，第 429 頁）

三十二、阮侯亭餽蟹報以詩用沈偕遺賈耘老蟹韻殘句

不妄破除窮措大，菜羹湯餅品嘗空。（録自《聽松濤館詩鈔》卷八《小宛以詩謝蟹用沈偕遺賈耘老蟹韻即依韻戲答四首》其三小注，第 431 頁）

三十三、和阮侯亭哭壻詩

得壻那如葛勃才，情關兒女自堪哀。贈冬竟爾招魂去，觸熱何知輿櫬來。藥餌傾貲翁力竭，衣衫浸淚婦心猜。羹魁一勺臨分進，萬唤千呼竟不回。

鵬鳥爲災壻館連，中消進食急三咽。答人問病脣應嗷，看女憐嬌心更煎。棺殮一時逋易畢，孀嫠他日擔重肩。有情眷屬重爲累，鞅掌如君非少年。（録自《聽松濤館詩鈔》卷九《哭李壻二首》附録，第 462 頁）

三十四、截指行

夫壻不自聊，行逐桑榆暖。南風五兩輕，觸熱返甥館。燂湯爲休沐，衣垢旋薄澣。女子從所天，奉事豈不勉。如何懷悒悒，得毋家道舛。我翁促令歸，意在謀生勈。既來則安止，强飯且自遣。豈期兩匝月，不斟病展轉。醫療雖日至，强陽與抵捍。果然大困篤，亟索魚羹盌。一匕未入喉，鼻孔賸餘喘。上念倉浪天，下視兩黄口。女心已先死，遊魂子隨後。一握快剪刀，斷指殉尸柩。冀隨子身腐，以明女素守。哀極無淚流，創鉅漬血久。阿翁大慘怛，朂哉爲節婦。爾身視爾弟，爾子如孫負。泥首阿翁前，願翁百歲壽。南山石可移，女志終不朽。我聞夏侯女，截耳以死矢。又知南霽雲，淋漓血滿指。烈士與烈女，凜凜歷千祀。割爪以及膚，呼謈聲何鄙。女子欲榮親，苦節耀門里。寄語二阿麟，奮身奉母旨。他日紬簡編，爲女著壼史。（録自《聽松濤館詩鈔》卷九《慰女二首》附録，第463頁）

三十五、垓下嘆

八千子弟渡江來，破軍殺將無堅壘。函關不啻一丸泥，喑嗚子嬰真怖死。漢王視如機上肉，義帝撥若泥中屣。撞鐘伐鼓築壇高，十八侯王齊拜跪。指麾叱咤儼天神，人生快意無過此。二十萬人坑新安，六王盟主殪江汜。田榮反齊漢出關，天下業業皆崩阤。五年轉戰奔東城，四面楚歌聲聒耳。美人絶命騅悲嘶，人生失意無逾是。殺降害君大無道，刓印聽讒小者爾。群材親漢如父母，畏楚如虎惡如鬼。天道好仁地尚義，人所欲擠誰能起。垓下之嘆嘆何爲，英雄氣短誠可恥。（録自《聽松濤館詩鈔》卷九《垓下嘆》附録，第470—471頁）

三十六、池上石契集序

秦漢以來，殳書削哺，官章出範。得頒斗食之秩，皆曳半通之綸。雖微《蒼頡》之篇，要出鐘官之鑄。桃萊弗悟，柳酉多訛。故成皋之異，新息是論；圁陽之名，史文非一。正僞相參，工拙著焉。其或葛龔之書，陳遵之牘，有資斗檢，偶同錐畫。史游《急就》，首載佳名；頒卿《決録》，博稽清望。此則私印之作，雖不關於官府，亦同符於畫諾。宋元以來，始有道號，兼創新題。鷹揚鳳儀之奇，倚翠偎紅之韻。倒好嬉於湖山，同平章於風月。雖乖古義，別擅風流。佐研北之英談，標紙尾之新尚。又曩時施於鐵擿，治以書刀，惟金三品，間用全龍。至專取凿之精，逾重青瑶之鑿，始於煮石山農王氏。惟此珞珞，繼以累累。煙墨前茅，芝泥後進。示連蜷於繆篆，逞姿媚於俗書。自子行振奇於前，云美擅場於後，筆於印史，傳爲印人，莫不以書門爲懸的，汶長爲準繩，搜剔泥沙，發揮黚黝，知其宗尚焉。池上許子，金心在中，美意延年。談玄則共宗雷，設榻惟招劉杜。乃與周子孝坤、徐子曰份曰保，同四子之講德，非四友之殊科。遠不假於苔岑，響有叶乎笙磬。均耽篆籀，各奏錵鋧。於是砥礪互深，觀摩相善。更毀迭作，由妙思玄。高掩鴻都，靈窺人鳥。凡爲印譜若干卷，許子題曰《石契集》，問序於余。夫石者，幽人之貞吉；契者，良知之會心。當夫解帶展書，焚香下筆；春雲曳態，游絲映空。芊綿之意，與異荂而競舒；鬱律之思，共寒巖而積翠。輕惟六兩，勁逾三分。意之所得，相視而笑，可謂丹青於藝圃，鞶帨於書林已。仆少慚尉律之課，長拙蝸扁之通。偶鈐驢券，有類蟲窠；假示琅書，矜逾玉札。但識非許允，敢爲相印之經；筆孱衛恒，聊述篆體之勢。嘉慶十有八年歲次昭陽作噩陬月既望，同縣學弟沈欽韓拜撰。（録自郁重今《歷代印譜序跋彙編》，杭州：西泠印社出版社 2008 年版，第 415—416 頁）

三十七、許氏巾箱集序

自古富貴無常，以名德學行世其家爲可羡。許氏由容城居平輿，漢魏間不少通顯，然人士之宗，衆流所仰，獨推許子將。隸徙江左，門第仕宦，無逾王謝，而從遠遊先生，以至赤斧父子，數世皆登仙籍，比于七葉侍中、五世台司，不尤尚哉！唐宋之世，許氏號能詩，以所居顯如許丁卯，以篇什名如許洞庭，而吴之許洞，當宋咸平、景德間，有集一百卷，門弆一竿竹，尤爲人所豔稱。許之以文蓺著，抑又舊矣。余所知聞光福許君兆熊，其先世隨高宗南渡，代爲士族。君耽素葆真，文史自娱，真能紹其青箱者。一日，緘遠祖鑑湖氏及高祖介亭氏詩集示余，爲擇其尤精者若干卷，許君將合而梓之。攷《唐書·蓺文志》有李氏《花萼集》《竇氏聯珠集》，皆其家總集標目也，因名之曰《許氏巾箱集》。嗚呼！士之束身砥行，窮達既殊，顯晦不一，要惟亢宗者引而伸之，其緒益明，若五經陳氏以學顯，相城沈氏、竺塢文氏以文箸，非其子孫蟬嫣有厚幸者耶！又若朱存理、錢叔寶輩，矻矻好古，奮于寒素，既有聞矣，一旦淪謝，子姓無似，遺書散落，不可憫哉！光福山水清幽，先代多隱君子，自顧禧、何名世以名高，亟稱士大夫口。今許君有田自耕，有書自讀，清風朗月，夷然物表，希美弆軌，其在君矣，亦使許氏增世有文人之羨也。後之作者，雖增新什，無改舊名，附先集而行，如黄策《隨緣居士集》例可也，余尤樂得而觀焉。

嘉慶十八年臘月，同縣沈欽韓謹譔。（録自《許氏巾箱集》卷首，《北京圖書館古籍珍本叢刊》第 84 册影印清嘉慶刻本，第 671 頁）

三十八、吾與彙編序

總集之名，始於晉代，録於《隋志》。然其屬有三：彙古今詩賦雜文而審其功楛者，摯虞《文章流别》、杜預《譱文》是也；地綜一朝，以明氣類、具文質，《西漢文府》《東漢文類》是也；亦有取一時一事以成編，《宋西池》、齊《青溪》詩是也。若其同調所酬，巾箱所綴，濫觴蘭亭，下臮唐宋，亡慮數百種。乃至梵宇漸廣，開士熾盛，出其緒餘，與文人樹立别集而外，如僧祐撰諸寺碑文，袁皓《集道林寺詩》，續廬山故事者，亦不勝計矣。中世高才魁士，馳騖塵勞，稍厭苦則遯於禪；能文者雕風雲，繡鞶帨，强相附麗，名曰一家，或絶無表見，而賴此以存其名氏，由是僧廬文字日盛。澄公《吾與彙編》之刻也，合數十年長者白衣文筆，得十卷。始羯磨至常寂，人有一詩與相關者，無不録作平等觀，爲廣大主，此澄公借言象爲導師，以半滿爲般若，知愚所共歡喜讚歎者也。抄撰畢，方鳩善信梓行，而澄公化去，其侍者念實以余廁流文士，屬綴序。序者總綱領、討原流、趨足明大致而已，以繁曲爲能事，非倫也。他日《宗鏡》《傳燈》之書，必有以記澄公者，故所言止乎此。

嘉慶二十二年正月十四日，沈欽韓書。（録自《吾與彙編》卷首，第 3—8 頁）

三十九、東籬中正序

份與凫舟，聯衡對宇，出入雁行，如親昆弟。凫舟年長於份，其學行藝能，望塵不及，顧性情嗜好，略無少異，追懽攬勝，自謂二仲之于蔣卿不是過也。凫舟於池上蓋屋數椽，課園丁薅茅種樹，高秋短景，黄菊霜鮮，蟹肥酒熟，時醉其下，因相謂曰："昔者陶泉明之愛菊，聊以寄興。若無弦琴陳列座右，時一撫弄，翛然自得，於菊之優劣，不暇辨也。宋以來始有名目，順聖紫見賞於上林，則匪徒以黄華著矣。迄今好事者列爲譜序，千名百類，巧歷莫數。然古今語異，南北品殊，按圖索駿，不能盡得，曷若就吴越之地所有者羅而致之，爲老圃之能事、歸谷之奇觀乎！”凫舟欣然，多方購募，人有靳不出者，橐金闖其門，必得而後已。十餘年來，蓋有千本。自春分苗，夏摘蘖，滋燥滲濕，晝夜偵伺，以去螟蟘。秋初擁糞，汰去弟蕊；秋杪花盛，枝弱扶穉。閲三時之勞，乃得五衢四照之觀焉。凫舟好之既深，殫心養殖，如護嬰兒。份以餘暇，亦助其役。舊譜雖列種藝之法，推循物理，更出新意，以是所種比他家爲勝。氾勝之術，蔡癸之書，一畝百斛，蓼菜桃李，數以盆鼓，豈虚言哉！今秋冬之際，富家巨賈持數千錢，花市擔載，爲屏爲山，酒肉召客，居然雅觀。然花品粗俗，貧兒市瓜，屠沽之賞耳。凫舟懲是，因拔萃選奇，存數十種以自愉悦，又著《評贊》一卷，其褒貶寓意，隱然史法。此書若行，當駕東籬而祧二如矣。凫舟所著有《印録》若干卷，此特其遊戲賸墨。然鑒核之嚴，皮裹陽秋，可以窺其蘊矣。嘉慶丁丑冬杪，徐份序。（録自許兆熊《東籬中正》卷首，《續修四庫全書》第1116册影印上海圖書館藏清光緒七年許玉瑑刻本，第572頁）

按：沈氏致許兆熊札第六十三通有“《東籬中正》徐份序雖出僕之手”云云①，知此序乃沈氏代撰。

四十、蘇文忠詩注補正引言

查氏《補注》，意在補施、王二家之疎，糾邵長蘅刊政妄作之謬。蒐羅短書小説，自矜奥博，亦云勤矣。及觀其所爲，紕繆淺陋，彌復不少。今摘其尤謬者如左，而其遺闕亦略附之。近日桐鄉馮氏又有《合注》刊行，而未見也。壬午夏四月，沈欽韓識。（録自沈欽韓《蘇文忠詩注補正》卷首，國家圖書館藏稿本，第1a頁）

四十一、投壺譜序

禮，射惟君、卿大夫及州黨之正長始能行，而校塾之髦士、燕居之君子，有所不能具也，故《投壺》之篇，正經具存。習禮者貪其説，復採入三家記

① （清）沈欽韓《幼學堂尺牘》，《中國典籍與文化論叢》第21輯，南京：鳳凰出版社2020年版，第247頁。

中，講習誠衆也。蓋其習儀和容與射同，稍簡便而易行。然古者行禮，必有樂以節之，取射之半以爲投壺禮。今所傳魯鼓、薛鼓，既不曉其制，則樂先亡，而禮亦視爲空文。後人之習是者，巧發儇釋，其心志不可問也，其容體不足觀。司馬温公病之，嘗著其説以詔學者，庶幾古先爾雅之風，迄今不傳。里巷之説，名目益俚俗，雖號爲禮，亦與琴瑟之樂，習於鄭衛而已矣。同郡李子玉，博識多聞，攻文辭之暇，書畫篆刻、古鼎彝泉布之細，靡不研究。今年夏始遇於陳秋麓使君座中，同校童子試者二旬[①]，尊酒談謔，著作之富，亦已窺其大凡。别後復以《投壺圖譜》寄示，請敘而行之。其言論之正，與温公之旨何其符合也。余不敏，拙於游藝，心知好之，而無能肄也，則取射事，以廣子玉之意。昔李廣稱善射，度不中不發，發即應弦而倒，用此數困于匈奴，其射虎亦多爲虎所傷。斛律金之賞明月，而笞豐樂也，曰："明月必背上著箭，豐樂隨處即下手，其數雖多，去兄遠矣。"推是説也，寧獨射哉！凡君子立身行己，處功名之際，亦若是而已矣。君子守其正則常窮，小人行于回則多幸，然而篤信之士，寧守正而窮，不行回而得。雖投壺之細，可以觀人焉。昔李習之作《五木經》，李清照作《打馬圖》，洵李氏之多藝，子玉雖後起，其志量殆駸駸乎度越前人已。道光三年六月七日，同里沈欽韓序於寧國學舍。(録自李瑶《投壺譜》卷首，清道光木活字本)

四十二、聽松濤館詩鈔序

崔嵬者，山岳乎！淵浩者，江海乎！稟元氣之最雄乎！氣有常有變，得乎常者聳翠澄波，四時之運，東西高下之輸，峰巒岫嶺，瀰瀆潛沱，使人可喜可玩，可杖策而登，可挂帆而遊。及其變，大風大霧，咫尺眯目，或雲烝雷奮，木拔魚墜，蛟破山，龍鬥空。萬斛之舟，如籜斯飄；千鈞之石，如粉斯璺，極天下之震動怖駭。少焉，風颾雨霽，而山不改其嵾岩，川不移其澮沱，其于萬彙庶類也亦然，皆盪乎元氣而不自知者也。文人學士，隨方域所産，得最清淑之氣，所以發天地未盡之秘，洩山川至蘊之奇，而具百物之精英，其遇合之所至，又不可以概已。若夫美備之中，時或有所不足，益爲磨淬洗厲，以底於大成。惟有此蘊畜，激于稍可憾之會，而發爲文章，乃勃然於世。吾友安福阮君侯亭，早年服祖訓，愛敬師友；弱冠文成學力，發爲詞章，冠其儕輩，卓然有

---

① "二"，哈佛大學燕京圖書館藏清抄本作"三"。

名世意。使由此排六翮，歷金門，上至玉堂，誰謂其倖致，而故齟齬摧抑之。既登賢書，連不第，家又清貧，急白華之養，於是徧遊章貢，歷楚湘，窮五嶺之北，入蜀抵嘉陵峩嵋而遠。蓋孔懷之痛，極羈愁危苦之境，因歷覽江山之勝。古昔侯王將相、名人魁士，祠墓古蹟，皆有宏篇鉅製，平章其興衰成敗，以發揮其慨忼無俚。至於丱妙窈窕，目成心許，亦時有酬荅。寄香草美人之思，而自寓夫蹉跎遲莫之感，得詩最富。蓋山不能如臺之平，必險巇嶔奇以成其高；川不能如矢之直，必渟泓演漾以成其廣。君足跡半天下，作爲詩，所以成其高且廣若是。至夫寄興遣懷、因物賦形，則所爲風雨雷霆、蛟龍變怪，掀播戰鬬，精能之極，仍造平澹而不改其常。年逾三十始登第，先達同輩皆以詞林望之，引見又得知縣以去。至皖，補涇縣，改調寧國。土瘠民貧，上官深愛護之，欲老其材，以當報最。君深悟倚伏之理，玉成之重，益勤心民事，懷惻怛忠厚之忱，而戒武健酷烈之治，是其于福未艾也，必使之淹久蹭蹬而成名，將非昌其氣以昌其詩乎！不使膺清華膴仕而走塵俗，將非淬厲其質，以底於大成乎！由前以至今，詩既昌而決其可傳；由今以徃，期材器之益懋而迄于大用，未知之也。漢自州縣吏推擇以至公卿，唐歷縣令乃爲省，即侯亭之不得入翰林，亦何恨哉！吾正謂天相之尤深也。昔人謂讀萬卷書，行萬里地。人生苦樂兩兼，當少壯時，筋骨堅強，精神飽滿，探討古人，閱歷世故，不終于布衣諸生，強仕甫屆，專城百里，施福於蒼生。假令早一二十年，膺職莅事，山水必不富於胸，詩書必不充其學，米鹽鱗雜，牒訴倥偬，以其隙沈溺聲色，天之豢之，適以毒之，求一卷詩可傳而不得。余壯年雖粗遊覽，骯髒不合；中年多病，無事馬蹄。披覽楚湘巴峽之編，如在天上，見聞涉歷，遠不逮侯亭，何足以序其集？嚴羽之論云“詩有别才，非關學也”，最是衰宋議論，旁門小乘，以評九僧、四靈可耳。老杜云“讀書破萬卷，下筆如有神”，孰非由學？無學則頑山死水必非靈奇，枯木朽株塊然待樵，又何元氣常變之可論哉！廬陵自宋元來爲文章宗主，安福一縣，人文氣節甲他縣，在今日誠不能預定侯亭爲文苑、爲循吏、爲名臣，亦將傾耳刮目，以俟其所至而已。旹道光十一年歲次辛卯仲春月，吴興沈欽韓頓首拜譔。（録自《聽松濤館詩鈔》卷首，第244—246頁）

四十三、鑑湖公傳

許察，字子明，一號鑑湖。其始名翀者，從高宗南渡，世有閥閱，遂爲吴人。八世祖廷瓛顯于明初，授博士，參軍事。察少通經史，倜儻有志略，才幹敏練，交遊皆賢豪長者，時稱陽山五傑，與大司馬申公用懋、僉事王公問、副使朱公邦楨尤莫逆。知縣宋公儀望創義田，甦縣中繇役，困其經畫，盡出于察，人咸德之。天啓時，東事日棘臺符，並海郡縣，皆修城壕。察屬植受功爲之帥，身操丈尺，先役夫，經年不解。巡撫周公起元滨嘉之，書其間曰“服勤王事”，復削薦牘，舉方正。自萬歷中税使四出，誅求無秇，吴中夙困上供，民破産不償。天啓、崇正閒，軍興如麻，增兵增餉，東南囂然。察蒿目蓬藋閒，度無如何，益韜晦，脩養生術，年八十餘有少容。崇正七年卒，壽九十五歲。詩名《南峰雜詠》一卷，載郡邑志。贊曰：

有隱君子，懷經世策。騎龍弄風，漱流枕石。遇嗇半通，良材嚄唶。（録自許察《南峰雜詠》卷首，收入《許氏巾箱集》，第 674 頁）

四十四、介亭公傳

許徐翀，字聖皆，一號介亭，長洲縣學生。少孤力學，兩應秋試不中，即棄舉子業，肆力爲詩，惠學士士奇𥠖徵君棟亟稱之。徐翀清臞鶴立，寡言笑，隴頭課耕，每執卷吟諷，訓後進嚴而有法，嘗曰：“四民宜專其業，毋僅鮮衣美食，游惰盛世。”鄉里敬之，奉爲祭酒。其詩古律兼善，不拘一格，同時沈宗伯德潛以詩名江左，力主盛唐，非是則爲外道。其空疎末學，剽竊字句，敷衍故套，如粗行沙門演唱禪門日誦，便夸爲曹谿正宗。徐翀飛遁邱園，陶寫性靈，出入唐宋諸家，故當時不甚推重，後之定論以爲洵能自立者也。卒年八十三歲，其集名《耕間偶吟》如干卷。贊曰：

文人大言，衙官屈宋。蟬脱風露，清聲可諷。秃筆輟耕，琳琅滿甕。（録自許徐翀《耕間偶吟》卷首，收入《許氏巾箱集》，第 682 頁）

四十五、文學周平叔妻顧氏墓誌銘

嘉慶二十年太陰在乙亥，立春卦氣不效，人足少陽㽔虚，多病瘧癘。又亥爲水位，虚危四司乘權，故歲穰而多凶喪。周平叔之配顧碩人以久瘧損胎卒，平叔抿泣而告曰：“玹不幸，令老母哭壯婦，有五子，而幼者未齔，若自越適秦，中道而喪，其重儽然，何以自達哉!”夫婦人無外行，鱗雜米鹽，細行不足述，亦聊志焉，以爲稚子追遠之閔乎，乃敘其族系年壽大較曰：碩人，元和處士顧君志范之女，年二十一而歸，連舉五男，曰慈銓、慈鎔、慈錦、慈鏐、慈鍾。在室敦樸自將，挫鍼治繲不窺屏。暨來家氏，事夫人如其父母，事歲時膢臘族飫，先後妐娟兒子行以百數，下至婢僕，人人得其意，歡然無間中外，以是諷其能。燕居有儀度，外讀書或過丙夜，寢則鬲版，呼曰："得毋過勞乎?"意甚喜之也。平叔曰："自此無能知夜之蚤晚矣。"性寬仁，請乞無忤，自處則呰食苦衣，没後牀頭委一青紵褧，殺已敝，重鉥，知其所常服。篋笥中紙裹十數，皆藥物以貯家人竈妾之急者，其質厚而周密，宜若壽而不壽也，悲夫！卒之歲三十五，將以某年月日葬于某原。欽韓所聞于徽美如此，宜爲銘辭曰：

生望族，妃良士，頭角嶢嶢五男子，令名隨之没何已。（録自《木瀆周氏家譜》卷下，民國間倫敦堂刻本①，第76ab頁）

四十六、包世榮墓表

道光六年冬，慎伯自揚州馳書，以其弟季懷狀來乞表墓之文。予爲位而哭之，覆閲其狀，則于季懷立品之峻、信道之篤、擇交之慎與學業之遠，至著述之可久者，詳哉其言，而言之醇茂怵愴，是必可傳示來兹，以取信當世之君子矣，予復何以加于此。然與慎伯、季懷交數十年，慎伯與予同歲生而稍後，季懷則後予生者九歲，予皆弟畜之，而慎伯事予如兄、季懷事予如師，若無言以質窀穸，是永長逝者之憾，而莫慰慎伯人琴之痛也。予以嘉慶己巳春識季懷于揚州，時季懷始治《毛詩正義》，舉箋申傳説而疏誤以爲破毛者十數事相是正，詞甚博辨。予方激賞精識，而慎伯呵之，謂治經先事墨守，毋遽生論議。及壬申、癸酉之間，予假館鮑通政家，與季懷相去不三四里，每過從，必及今古制度文爲因革之故，自故明上溯秦漢，以推本于周官。予爲逐事剖析，季懷領受與駁難間發，久久則有相説以解之樂。蓋兩年中聚晤百餘次，未嘗有燕朋燕僻之一言闌乎其口也。嘗自謂欲著《詩禮原鄭》一書，發鄭氏以禮説詩之旨，而明詩人發情止禮之宗，凡子史百家之有合詩説者，要歸于禮，以條别其得失。甲戌别去，季懷書尚未脱稿。是後數年始一見，每見出其書稿盈尺，乙汰至不

---

① 此文據美國猶他州家譜中心網站所載華盛頓國會圖書館影印部攝製本輯入。網頁介紹此譜出版於清嘉慶二十一年，編者爲周孝垓，所據殆卷末周氏昆弟跋語。然卷首有王同愈八十歲時（1935）、王謇癸酉年（1933）《重修木瀆周氏家譜序》，其爲民國間重修本可知矣。

可辨，惜倥偬未能盡讀也。蓋其用力精進，進而不止，又與儀徵劉文淇、甘泉薛傳均、旌德姚配中及其族子慎言日以道義相切劘，四君皆人豪，慎伯所深嘆，季懷之學，實資以成。慎伯言論丰彩震動一世，而季懷顧若造次不能自達者。慎伯通人情之原，據今以溯古，常以肊測而合于鄭氏十八九。季懷學一本慎伯，然必稽之古昔，以證驗近世人情而求其合，其于慎伯，庶幾能引申所長，以補綴其短缺者矣。予學無專家，惟不好近人嘉定錢氏、金壇段氏餖飣之説。慎伯所見至大，而所取則廣，于錢、段皆修先進之禮，故季懷所爲書，其説每有近錢、段者。然其由醇而肆，以博反約，則與婺源江氏、休寧戴氏相上下。得永其年，同列無與爲匹偶，遽爾凋謝，予故以二十年契合之要著于篇，其世家生卒已詳狀者，皆不贅及，而申之以辭曰：

維揚都會君羈遊，軒裳襍遝如最投。忸怵錢刀汗駭流，君固抱書無所求。陳編堆屋日咿嚘，懃步獨出尋朋儔。討論古義不能休，飢腸軋軋繅盆抽。自謂腹果饜肥牛，確然著述垂千秋。騏驥荷重方山邱，欻勿中道委長鞦。父哭壯子妻馮夫，天殲善士將何尤。同志抿泣不自聊，雅部鼓色亡雙枹。吾文何足爲子謀，以志雅故幽堂陬。道光七年冬十有一月，寧國縣訓導吴沈欽韓文起甫譔。（録自包世榮《毛詩禮徵》卷首，清道光八年小倦游閣刻本）

按：文末銘詩與沈氏《幼學堂文稿》卷八《清故揀選知縣辛巳科舉人包君墓誌銘》幾乎相同，知本係一篇。然正文則迥異，殆《墓表》先作，後重撰爲《墓誌銘》收入集中也，故仍以遺文視之。

四十七、漢書跋

嘉慶七年冬，從陳氏得此本，大約録何屺瞻所評校，其中李云則又何氏所録，蓋其師安谿相國也。余方有事《漢書》之學，即以此爲讀本，而别有所攷証，則以“案”字别之。沈欽韓文起氏記。（録自《中國古籍珍本叢刊·西南大學圖書館卷》第10册影印沈欽韓批校本《前漢書》，第2頁）

四十八、藝林彙考跋

右先五世祖蓬萊知縣恒齋公所著《藝林彙考》，篇目有六，其未刊行者尚有十八篇。公歿後，崑山徐尚書索墨本攟載過吴淞江，舟覆，盡失之。欽韓少時於司簏中猶見殘稾本，丹黄甲乙粲然，久而爲蠹蝕，并不可得矣。世所行者，僅此六篇。嘉慶九年五月重五日，來孫欽韓謹記。（録自黄英傑《沈欽韓學記》，臺灣高雄師範大學經學研究所 2013 年碩士論文，第 30 頁）

四十九、漢書跋

嘉慶甲子冬，從陳氏校宋本，有李安溪相國、何義門學士勘正文字，從之者則著之，其别有攷證，加“按”字以别之。沈欽韓。

三劉之于學無所不窺，故其《兩漢刊誤》奏刀砉然，洞中凑理，雖有小疵，要亦通人之過當，洵有益于讀是書者也。吴仁傑後起，乃欲訾警之，究觀其《補遺》，義解支離曼衍，使初學小生增一重雲霧，而無益于班、范二家也。余深信三劉，而于吴氏無取。後之讀是書者，惟顧亭林爲善曉人，固不待煩言耳。舉似皃舟居士，以爲何如？立夏前一日，欽韓又記。（録自陳先行、郭立暄《上海圖書館善本題跋輯録》，上海：上海辭書出版社 2017 年版，第 120 頁）

五十、香溪獨鈞圖跋

鏡浦回蘭櫂，絲楊覆石橋。敲鍼呼稚子，莫更餌陽喬。

園官菜把擔送，谿友蟹胥箬包。試拂珊瑚海上，應騰千丈寒蛟。

鐵研磨來意尚豪，尺書待欲剖瓜刀。蝦行蛭渡成癡想，多少長人引六鼇。

丙寅六月立秋後一日結夏牧牛庵中爲研樵尊兄題，文起弟沈欽韓。（録自中國嘉德 2019 年秋季拍賣會中國古代書畫專場圖録）

五十一、後漢書跋

余年二十餘讀范書，文字脱誤者稍稍是正。既而旁引他書，略爲疏證。歲月既久，條别遂多，以其用力之深，不忍棄去。今甲戌之歲，方閉門藏拙，欲録爲一書，曰《後漢書補正》。適許君皃舟屬余點勘，以便觀覽，因隨筆附之。其煩者不能盡録於上方也，行當録出。許君若篤好此書，則余之考訂不無小補。欽韓。（録自《上海圖書館善本題跋輯録》，第 124 頁）

五十二、查聲山昇華山禪師塔銘跋

唐時文人多爲緇流誌塔，雖由利其金氈，宗風之盛可知也。今日乞士，語及其家法，則如啞羊，但解倩人作緣疏耳。此等拈麈登座者，諛墓之人亦不肯爲也。碓庵比邱爲國初名宿，夫山刹竿不倒、巾瓶生色，則猶唐之溈仰。崑山相公此文，當行家數，裴休之亞也。聲山書之，一臺二妙，華亭衣鉢，洵推此君。甲戌除夕，文起沈欽韓。

漢人碑陰，本有門生故吏名附後，但此卷則沿俗款，習爲晉唐行楷，于漢隸卒不究心，故其款識不足觀。欽韓又記。(録自潘志萬《潘氏三松堂書畫記》，《合衆圖書館叢書》，上海：上海科學技術文獻出版社 2016 年版，第 290 頁)

五十三、消夏清課圖跋

嘉慶丙子六月初伏中，周子平叔邀余及胡元謹、倪穀民訪守拙、小城昆季于滸谿草堂。翌日，許君凫舟招集石契齋，而畫師曹堪先在焉，瀹茗談藝，展卷題詩，各出所長，則能畫者有四人。余曩日見秀野草堂長卷，其園池竹石，參差異致，工拙間分，乃竹垞、電發諸君雜爲之，不能者亦聊著一亭一石，此風流韻事，勝于良工專場也。今其圖不可復見，因慫臾諸君爲之。元謹起樹石，守拙架屋，凫舟布峰巒，曹堪寫人物，余與穀民、平叔十指如椎，無所展力，則略旳碎石，皆三人餖飣也。圖既成，景物似池上草堂，即乞凫舟作屏障。余三年來與凫舟諸君往還稍久，如此良會，亦復無幾，異日客中念此，何以爲情也。欽韓記。(録自西泠印社紹興 2019 年春季拍賣會古籍碑帖專題拍賣圖録)

五十四、梅葉閣文鈔評語

物情堅瘦者能壽，詩文亦然。作古文，不於先秦諸子探討蘊奥，薰入心髓，而徒以唐宋人文士已成之作展轉臨摹，豈獨蘭亭面、元和腳，庸鄙頑冗，不可入目耶！余與鐵翁别久矣，偶過從，寒暄不暇道，亟讀其近文，皆戛然清越、峭然嶄絶，寧枯瘠而無婁酣之狀，寧俶詭而無順諛之病。論其曲折通靈，思入造化，則真得荀、韓諸子之長。雖一往孤行，不入時眼，猶足與唐末皮、陸諸君争雄長也，於戲快矣！嘉慶丁丑冬十月，教弟沈欽韓拜書。（録自陸鼎《梅葉閣文鈔》卷首，《清代詩文集彙編》第448册影印清刻本，第2頁）

五十五、徐堅藏萬壽祺繪山水圖跋

萬年少先生於人間事無所不能，所不能爲者，寡廉鮮恥耳。其篆楷精絶，鄧公壽謂畫與書同一關捩。玩其落筆，正如李重光金錯書，有一筆三過之法，解者當自得之。昔謝赫論畫六法，以氣韻生動爲第一，其他則畫師工拙之事也。故尤愛其下筆踈散，煙墨俱化，自非神遊汗漫，塵悦一世，何以得此。織簾人沈欽韓謹題，時丁丑歲臘月廿一日。（録自中國嘉德2007年春季拍賣會中國古代書畫拍賣圖録）

五十六、東籬中正跋

韻語清言，霏霏不絶。安石碎金，定是可寶。君家月旦，復作草木春秋耶？昔陳群立九品中正，以裁量人材，定爲銓法。宋明帝好圍棊，《南史》稱其嘗置圍棊中正。凫舟於翰墨之暇，與園官攷覈精粗，汰俗存雅，爲陶公補此缺事，亦可以東籬中正名之，他日藝苑更留一佳話也。沈欽韓書尾。（録自《東籬中正》卷尾，第577頁）

五十七、昌黎先生詩集注跋

乙卯歲三月八日竟此卷，欽韓。（録自韋力《芷蘭齋書跋初集·沈欽韓批校〈昌黎先生詩集注〉十一卷》，北京：國家圖書館出版社2012年版，第175頁）

按：韋氏又云“小宛通批《昌黎先生詩集注》爲嘉慶二十四年”，則“乙卯”當作“己卯”，不知係沈氏手誤，抑或《初集》排印之訛。

五十八、元遺山詩集跋

汲古閣本《遺山集》二十卷，兹本合爲八卷，既不合舊時卷目，而于閣本每卷後或缺數首，有多至二三十首者，不知何故。蓋抄掇合卷時，或任意删削，或鈔胥偷刊，未可知也。既經閣本對勘一過，因識之。嘉慶庚辰七月，沈欽韓記。（録自元好問《元遺山詩集》，國家圖書館藏沈欽韓校跋乾隆四十三年萬廷蘭刻本）

五十九、水經注疏證題記

第一册卷二末頁：嘉慶丙寅七月，欽韓重點勘。

第二册卷四末頁：秋七月僧解夏日，欽韓點勘。　　庚辰九月，欽韓重校。　　道光元年六月，欽韓重審。

第三册卷五末頁：七月十四日，在牧牛庵點勘此卷。

同上卷六末頁：道光元年六月廿五日，織簾重定并疏證。　　僧解夏日，文起點勘於牧牛庵中。

第四册卷七末頁：小宛點勘。

同上卷八末頁：道光元年六月下弦後，欽韓重證。　　望後一日，在牧牛庵中校讀。

第五册卷九末頁：七月二十七日，文起點勘。

同上卷一〇末頁：道光元年三月十日，沈欽韓重以今輿圖考核，令可讀。六月下弦後重審。

第六册卷一四末頁：道光元年，織簾重勘。　　七月晦前一日燈下讀。

第七册卷一五末頁：八月上弦日，文起校。

同上卷一七末頁：道光元年七月十九日，欽韓。

第八册卷二〇末頁：道光元年辛巳四月十七日，織簾重注疏。　　九月展重陽日，文起校讀。

第九册卷二二末頁：沈欽韓疏證，七月廿六日。

第十册卷二四末頁：道光元年四月十四日，欽韓。

第十一册卷二六末頁：道光元年四月，欽韓。　　六月復校注。

第十二册卷二九末頁：道光元年，沈欽韓重勘此，爲仲夏之九日。

第十三册卷三二頁：道光元年五月天中日，欽韓校注畢。

第十四册卷三五末頁：道光元年夏五長至日，沈欽韓注此畢。

第十五册卷三七末頁：織簾居士欽韓疏證。

第十六册卷四〇末頁：沈欽韓定本疏證。（録自段熙仲《沈欽韓〈水經注疏證〉稿本概述》，《中華文史論叢》1979 年第 3 輯，第 205—213 頁）

按：段文此節名爲“沈書題記一斑”，正文又云“摘鈔於下”，則沈氏題記殆未全録。

六十、渚宮舊事跋

道光元年十一月至日燈下，沈欽韓一閲。（録自《上海圖書館善本題跋輯録》，第147頁）

六十一、河南邵氏聞見録跋

道光二年又三月十一日，欽韓重校字。改正者以方别之，上格小注皆鄙見也。

道光二年又三月立夏前三日，沈欽韓重校。

六十二、河南邵氏聞見後録跋

道光二年閏三月立夏前三日，沈欽韓校讀。（以上録自《蕘圃藏書題識》卷六，收入《黄丕烈藏書題跋集》，上海：上海古籍出版社 2015 年版，第 330、332 頁）

六十三、華陽國志跋

道光二年壬午冬月，圍爐挑燈假題襟館藏顧氏藍本，吴縣沈欽韓録畢記。（録自常璩《華陽國志》卷末，北京大學圖書館藏沈欽韓跋明萬曆間吴琯刻《古今逸史》本）

六十四、馬令南唐書跋

卷中尚有顯然訛字，句讀亦有舛錯。沈欽韓記。（録自《蕘圃藏書題識》卷三，第 101 頁）

六十五、文昌雜録跋

道光壬午四月十二日校，半日畢。欽韓記。（録自龐元英《文昌雜録》卷末，國

家圖書館藏沈欽韓校跋乾隆二十一年盧見曾刻雅雨堂叢書本）

六十六、漢書跋

欽韓家世寒苦，所漸染又辟陋。年二十，始得汪文盛本《漢書》讀之，嗜好之深，讀輒至深夜也。念自唐以前治此書者，皆有專門大師，此學今絶，間有通人，不過涉獵所及，以未遇良師質正也。探索既久，時有一得。汪本既失去，中年得陳氏所録何義門焯校本，其句讀則李安溪光地所定，間有不可從者，大略近之矣。甲戌杜跡家弄，先爲許布衣兆熊點定，亦間附考證，今不復記憶。嗣是十年之内，克成《兩漢書疏證》若干卷。今年吏隱之隙，復點定此本。《疏證》文字頗多，不能録於上方也。念用心之勤，三男皆顓愚，如原伯魯不能讀，竊自惘然久之。季者雖授《儀禮經》，未識有慧根以不？道光七年四月初六日記。

始點勘於是年三月七日，中間才以事輟者三四日耳。中年病目，燈下不能親丹鉛，率一日不翅終一册，勤亦至矣。嗚乎，小子輩飽食嬉遊，何有人性！織簾又記。（録自江澄波《吴門所見古書録（三）》，《上海高校圖書情報學刊》1994年第2期，第58頁）

六十七、程氏演繁露跋

《容齋五筆》冗贅語多，却少謬妄，此則敢于詆訾先儒，横肆胷臆，要諸《史》《漢》之書，皆未能貫串，妄欲評斷古今，深誤後學，故卷中略辨之，學者于此等書不覩可也。沈欽韓識。（録自周一良《自莊嚴堪善本書影·子部》下，北京：國家圖書館出版社2010年版，第719頁）

六十八、遊山詩跋

撑霆裂月之奇，筆之所到，虚空粉碎，而趣味澂敻，若清沇之貫達，此詩家臨濟禪也。遺山、鐵崖而後，未有此才。吾愛之，復妬之，或如老元之偷格律，恐不免耳。愚弟沈欽韓讀于敦好齋。（録自彭兆蓀《遊山詩》卷首，國家圖書館藏稿本）

六十九、橘亭詞跋

長調瓣香玉田、竹山，小令出入韋莊、秦觀。冰甌雪碗，滌筆天池，暑日一展閱，覺清氣入脾也。吴沈欽韓識。（録自馮乾《清詞序跋彙編》卷八，《古典文獻新視野叢書》，南京：鳳凰出版社 2013 年版，第 770 頁）

七十、半字集題辭

吴中沈小宛欽韓評曰：大箸詩文兼絶，文則上追周秦，下亦擅韓柳歐曾之勝，覺李習之、孫可之輩褊淺，才力俱乏矣。七言古詩，抉昌黎之髓，闖少陵之室，世俗但見其横空盤硬，以爲生硬而嫌之，而未識其氣韻沈酣先賢，妥帖排奡，良工心苦也。

又評《送管異之入都》曰：和韻詩俱有雋味，炙而愈出，如山谷之次東坡韻，已是彊對，面目卻殊。

又評《寄羅月川詩》：滿紙奇縱之氣，彌復章法井然，植之自謂東坡《寄劉孝叔》後七百年不多有，信非欺人也。《題許長昭詩卷》，此首抑塞悲慨，逼真少陵。（録自方東樹《半字集》卷首，《清代詩文集彙編》第 507 册影印清光緒十五年刻方植之全集本，第 3 頁）

七十一、漢學商兑題辭

不遍讀群書，不足知其援據該洽；不精深窮理，不足知其折衷允當；不能包括古今義理是非，不足以周知此書之藴。歷選前哲之著，其間議論純駁偏全之數，曾不得植之之仿佛，真吾道干城也。元和沈欽韓。（録自方東樹《漢學商兑》卷首，北京：北京聯合出版公司 2017 年版，第 2 頁）

七十二、治經堂集跋

通閲全集，具次山之别裁，振可之之逸思，其起伏變化，竟體醇雅，一本於昌黎，命世之才，敢不欽佩？雜賦奄有文通、子山之妙，間爲律賦，心采筆藻，直奪唐人之擅場。昔陳無己仕不由科第，而制作高妙，特冠元祐。彼章衡、焦蹈以狀元及第者，今人豈復知其名字耶？鄙人無能爲役，瀏覽唐宋諸家，亦間窺一二，敬質片言，以發一粲。吴中教弟沈欽韓。（録自朱錦琮《治經堂集》卷末，清道光間初刻本）

七十三、偈語一則

畫理初禪，詩情三昧。藥名别録，篆勢先秦。（録自阮榮春《趙之謙書畫集》上，北京：人民美術出版社 1991 年版，第 239 頁）

附識：本文所據清道光木活字本《投壺譜序》，由張麗娟先生示知；北京大學哲學系劉斌博士爲寫録《華陽國志跋》，書此誌謝。

（作者單位：陝西師範大學歷史文化學院）

儒家典籍與思想研究（第十四輯）
北京大學出版社，2022 年 8 月

請注意經學

——爲點校本“二十四史”及《清史稿》修訂進一言（下）

呂友仁

五、中華書局《魏書·禮志》修訂本與點校本的引經校點失誤對比

中華書局修訂本《魏書·禮志》四卷，筆者粗讀一過，發現其引經校點失誤有八：第一，校勘失誤者 27 例（其中 5 例兼有標點失誤）；第二，破句者 4 例；第三，史志明引經文而校點者失於核查導致引文失誤者 11 例；第四，史志暗引經文而校點者渾然不覺導致引文失誤者 17 例；第五，不知“禮”字是指代某書者 3 例；第六，標點不達意者 8 例；第七，其他標點失誤 9 例；第八，避諱字没有改回者 2 例。凡 81 例。據查，修訂本《魏書·禮志》這 81 例校點失誤，完全是重複了點校本《魏書·禮志》的失誤。詳下。

一、校勘失誤者 27 例（其中 5 例兼有標點失誤）：

（1）2993 頁 10 行①：周改禘爲祠【一九】

校勘記【一九】周改禘爲祠　“祠”，《册府》卷五八〇作“礿”。按《禮記·王制》：“天子諸侯宗廟之祭，春曰礿，夏曰禘，秋曰嘗，冬曰烝。”鄭玄注：“此蓋夏、殷之祭名，周則改之，春曰祠，夏曰礿，以禘爲殷祭。”明言周改夏禘曰礿。然《禮記·祭義》“春禘、秋嘗”，鄭玄又云：“春禘者，夏、殷禮也。周以禘爲殷祭，更名春祭曰祠。”則是周改春禘曰祠。然則夏、商之時，禘爲夏祭爲春祭，周改禘曰“祠”或“礿”，原本説法不一，存疑。

按：這是一條誤校。爲什麽？

---

① 此頁碼行數，是中華書局 2018 年修訂版《魏書》頁碼行數，下同，不一一。

先説對校。校點者説“‘祠’，《册府》卷五八〇作‘礿’”。據查，校點者使用的是中華書局1989年影印《宋本册府元龜》，見該書的第七册6666頁。而景印文淵閣四庫本《册府元龜》卷五八〇則作“祠”，見庫本912册233頁。影印《宋本册府元龜》固然是善本，但善本未必字字都是。

再説他校。宋王應麟《玉海》卷九七徵引《魏書》此節文字作“周改禘爲祠”①，清秦蕙田《五禮通考》卷九八徵引《魏書》此節文字亦作“周改禘爲祠”②。

再説理校。校點者説：“周改禘曰‘祠’或‘礿’”，原本説法不一，存疑。”説“存疑”，很對。問題是這個疑團早已經被唐代學者趙匡解決了。按：《文獻通考》卷一〇〇引趙氏（即趙匡）曰：“《王制》‘春礿夏禘’，鄭注以爲夏時禮，《祭統》注謂夏殷禮。《祭義》‘春禘秋嘗’，注以爲‘春禘者，夏殷禮，周以禘爲殷祭，更名春祭曰祠’。夫《禮記》諸篇，或孔門之末流弟子所撰，或是漢初諸儒私撰之，以求購金，皆約《春秋》爲之。見《春秋》‘禘於莊公’，遂以爲時祭之名；見《春秋》惟兩度書禘（閔二年五月吉禘於莊公，今之三月。僖八年七月禘於太廟，今之五月也）所以或謂之春祭，或謂之夏祭。各自著書，不相符會，理可見也。而鄭玄不達其意，故注《郊特牲》云‘禘當爲礿’，《祭義》與《郊特牲》同。《祭統》及《王制》則云：‘此夏殷時禮也。’且《祭統》篇末云：‘成王追念周公，賜之重祭，郊社嘗禘是也。’何得云夏殷禮哉？”③ 歸納起來，紛亂不一的原因有二：一是《禮記》經文的自相矛盾，二是大儒鄭玄也不解其故而隨事爲注。

結論：“周改禘爲祠”句，作“祠”是，作“礿”非。此條校勘記應删，以免徒亂人意。

又按：點校本《魏書》2741頁作“周改禘爲礿”【十二】。其2755頁校勘記【十二】周改禘爲礿　諸本“礿”作“祠”，《册府》卷五八〇作“礿”。按《禮記・王制》：“天子犆礿、祫禘、祫嘗、祫烝。”鄭注：“周改夏祭曰礿。”“祠”乃“礿”形近而訛。今據改。

按：點校本《魏書》此條之所以不成立，一是受中華書局1989年影印《宋

① （宋）王應麟《玉海》，景印文淵閣四庫本，第945册，第579頁。

② （清）秦蕙田《五禮通考》，景印文淵閣四庫本，第137册，第366頁。

③ （元）馬端臨《文獻通考》第5册，北京：中華書局2011年版，第3072頁。按：此處之所以徵引《文獻通考》，取其行文簡潔明瞭。如欲求其詳備原始，請參閲唐陸淳《春秋集傳纂例》卷二《辨禘義》。

本册府元龜》卷五八〇的誤導，二是在校勘資料佔有上略遜修訂本一籌，輕易改字所致。

（2）3000頁倒3行：又詔曰："《禮》云：自外至者，無主不立。"

按："立"，當作"止"，蓋形近而誤。知者，《春秋公羊傳》宣公三年："自内出者，無匹不行。自外至者，無主不止。"何休注："必得主人乃止者，天道闇昧，故推人道以接之。"① 又，《禮記·喪服小記》："王者禘其祖之所自出，以其祖配之。"鄭玄注："禘，大祭也。始祖感天神靈而生，祭天則以祖配之。自外至者，無主不止。"② 另，此八字，應加引號。

又按：點校本《魏書》失誤在先（2748頁8行）③。

（3）3304頁末行：李彪曰："夕不殺牲，誠如聖旨，未審告廟以不？臣聞魯人將有事于上帝，必先有事于泮宫，注曰，'先人'。"

按：此段文字，既有標點失誤，亦有校勘失誤。按：《禮記·禮器》："故魯人將有事於上帝，必先有事於頖宫。"鄭玄注："上帝，周所郊祀之帝，謂蒼帝靈威仰也。魯以周公之故，得郊祀上帝與周同。先有事於頖宫，告后稷也。告之者，將以配天，先仁也。"孔穎達疏："云'將以配天，先仁也'者，謂將欲以后稷配天，先以仁恩存偶之也。"④ 這是這段文字的出典。然則可知，應如此標點：

李彪曰："夕不殺牲，誠如聖旨，未審告廟以不？臣聞'魯人將有事于上帝，必先有事于泮宫'，注曰：'先仁。'"

然後再出一條校勘記：先仁　原作"先人"，據《禮記·禮器》鄭玄注改。

又按：點校本《魏書》失誤在先（2748頁9—10行）。

（4）3011頁6行：淹中之經，孔安所得，唯有卿大夫士饋食之篇。

按："唯有卿大夫士饋食之篇"是不實之辭。知者，《漢書·藝文志》："《禮古經》者，出於魯淹中及孔氏，與十七篇文相似，多三十九篇。及《明堂陰陽》《王史氏記》所見，多天子諸侯卿大夫之制。"⑤《魏書》此三句即出自於此。但此句之"唯有卿大夫士饋食之篇"句，相比《漢書》之"多天子諸侯卿大夫之制"句，嚴重走樣了。第一，少了"天子諸侯"四字；第二，"之制"

---

① 《春秋公羊傳注疏》，北京：北京大學出版社2000年版，第378頁。

② 《禮記正義》，上海：上海古籍出版社2008年版，第1298頁。

③ 此括注頁碼行數，是中華書局1974年校點本《魏書》頁碼行數。下同，不一一。

④ 《禮記正義》，第996、998頁。

⑤ 《漢書》，北京：中華書局1962年校點本，第1710頁。

這個概念遠遠大於“饋食”。今本《儀禮》十七篇，有《特牲饋食禮》（諸侯的士用一頭豬做祭品祭祀父祖亡靈）一篇，《少牢饋食禮》（諸侯的大夫用一頭豬和一頭羊做祭品祭祀父祖亡靈）一篇，這兩篇是講饋食的。但另外還有十五篇，不是講饋食的。例如《覲禮》篇，鄭玄《三禮目録》云：“覲，見也。諸侯秋見天子之禮。”①

又按：點校本《魏書》失誤在先（2759 頁 6 行）。

（5）3012 頁末行：升食太祖【六】，

校勘記【六】：升食太祖　“升”，原作“外”，不可通，據《通典》卷五〇《禮》十《禘祫》下改。

按：他校證據恨少。馬端臨《文獻通考》卷一〇一②、徐乾學《讀禮通考》卷五二③、秦蕙田《五禮通考》卷九八④，皆作“升食太祖”。

又按：點校本《魏書》失誤在先（2760 頁倒 2 行）。

（6）3016 頁 5 行：實四廟，言五者，容顯考爲始封君子故也。”【十】

3026 頁校勘記【十】實四廟言五者容顯考爲始封君子故也　按《册府》卷五八二此句作“實四廟孫而言五廟者，容顯考爲始封子也”，與今本《禮記·文王世子》合。然下文李琰之議引鄭玄注與此同，或當時《禮記》自有别本與今傳本不同，非必脱誤。

按：此校勘記之結論“或當時《禮記》自有别本與今傳本不同，非必脱誤”，與點校本《魏書》卷一〇八之二（2774 頁）校勘記一字不差，竊以爲非是。

先説《禮記》傳本。筆者有幸承擔《儒藏》精華編中的《禮記正義》的點校工作，一共使用了國内外的九個《禮記》版本。底本是中華再造善本中的八行本《禮記正義》。通校本有二：一是藏於日本足利學校的八行本，校勘記中稱作“足利本”。二是中國書店 1984 年的重印本，校勘記中稱作“中國書店本”。參校本有三：一是殿本《禮記注疏》，二是庫本《禮記注疏》，三是阮刻《禮記注疏》。

在校勘經文、注文時，使用了三種《禮記》經注本作爲通校本：一是宋余仁仲萬卷堂家塾刻本（簡稱“余本”），二是再造善本中的宋淳熙四年撫州公使

① 《儀禮注疏》，北京：北京大學出版社 2000 年版，第 585 頁。

② （元）馬端臨《文獻通考》第 5 册，第 3103 頁。

③ （清）徐乾學《讀禮通考》，景印文淵閣四庫本，第 113 册，第 293 頁。

④ （清）秦蕙田《五禮通考》，第 368 頁。

庫刻本（簡稱“撫本”），三是仿宋相臺五經本（簡稱“岳本”）。以上九種版本的《禮記·文王世子》鄭玄注没有一家是作“君子”的。

再説詞義。“始封子”，意謂開始接受封爵的兒子，没有歧義。從“始封子”到顯考（即高祖），恰是五代。而“始封君子”的“君子”怎麼講呢？是“國君之子”嗎？如果是，那就又多了一代，講不通了。

據以上兩點，建議改寫校勘記。

又按：點校本《魏書》失誤在先（2774 頁校勘記【七】）。

（7）3016 頁 11 行：《記》言：“五廟之孫，祖廟未毁，爲庶人，冠娶必告，死必赴。”

按：《禮記·文王世子》：“五廟之孫，祖廟未毁，雖爲庶人，冠取妻必告，死必赴。”[①] 又，上文徵引《文王世子》云“五廟之孫，祖廟未毁，雖庶人，冠娶必告，死必赴”，亦用“雖”字。要之，“雖爲”二字，“爲”字可以省略，而“雖”字必不可省。此處之“爲庶人”，上脱“雖”字。

又按：點校本《魏書》失誤在先（2764 頁 9 行）。

（8）3016 頁倒 4 行：實四廟言五者，容顯考始封之君子。

按：“容顯考始封之君子”，“君”字衍。説見上。

又按：點校本《魏書》失誤在先（2764 頁 10 行）

（9）3017 頁 2 行：臣等參量琰之等議，雖爲始封君子，

按：“始封君子”之“君”是衍字，説見上。

又按：點校本《魏書》失誤在先（2764 頁末行）。

（10）3017 頁 3 行：鄭注云昭穆，謂同宗父子皆來也。

按：檢視《禮記·祭統》鄭注，乃作“昭穆咸在，同宗父子皆來”[②]。《魏書》此句脱“咸在”二字。下文 3017 頁倒 3 行引《祭統》即作“昭穆咸在，同宗父子皆來”，亦是一證。另，標點不夠嚴謹。建議標作：鄭注云：“昭穆（咸在），謂同宗父子皆來也。”

又按：點校本《魏書》失誤在先（2764 頁 9 行）。

（11）3021 頁 7 行：不得祖公子者，後世爲君者，祖此受封之君，不得祀别子也

按：北京大學出版社繁體字校點本《儀禮注疏》在此句下出了一條校勘

① 《禮記正義》，第 849 頁。

② 同上書，第 1883 頁。

記：“不得祖公子者”，張氏（按：謂宋張淳《儀禮識誤》）云：注曰“不得祖公子”，又曰“不得祀别子”。按《釋文》云：“不復，扶又反。”“復”，謂此二句“得”字誤也。“不得”者，禁止之辭也。公子禰先君，公孫祖諸侯，于禮爲僭，禁之可也。其曰“不得禰”“不得祖”，宜也。若公子之子孫有封爲國君者，則後世不祖公子，人情然也，何用禁爲？“不復”云者，蓋既祖此，則不再祖彼焉爾。經于上“禰先君”“祖諸侯”皆云“不得”，于下止言“不祖”，義可見矣。今改二句之“得”爲“復”，從《釋文》。

阮校：“按：張説是矣，但疏以‘則世世祖是人，不得祖公子者’兩句爲疊，傳則‘得’字‘者’字宜俱屬衍文，下句‘得’字乃當作‘復’爾。《釋文》不云‘下同’，明注中止一‘復’字。”①

按：據張淳説，四句話中的兩個“不得”，均當作“不復”。據阮元説，只有“不得祀别子也”句中的“不得”，當作“不復”。

又按：點校本《魏書》失誤在先（2769 頁 3 行）。

（12）3033 頁 3 行：夫聖人制卒哭之禮，授練之變，皆奪情以漸。

按：《資治通鑑》卷一三七《齊紀》三永明八年九月癸丑：“帝因謂明根等曰：‘聖人制卒哭之禮，授服之變，皆奪情以漸。”胡三省注曰：“禮，親始死，哭無時，謂朝夕哭之外，哀至則哭也。既葬而虞，既虞而卒哭，自此朝夕之間，哀至不哭，猶朝夕哭。三年之喪服，斬衰，期而小祥；既祥而練，再朞而大祥。既祥而禫，又三月而除服。”② 是不作“授練”，而作“授服”。《文獻通考》卷一二一、《御批歷代通鑑輯覽》卷四〇皆與《資治通鑑》同。二者相比，竊以爲“授服”可以包括“授練”，而“授練”未能包括“授服”，職此之故，作“授服”義勝。

又按：點校本《魏書》失誤在先（2781 頁 1 行）。

（13）3039 頁倒 2 行：臣等伏尋淵默不言，則代政將曠。

按：“代政”，《資治通鑑》卷一三七《齊紀三》永明八年九月庚辰條作“大政”③，《文獻通考》卷一二一④、《御批歷代通鑑輯覽》卷四〇⑤，與《資治

---

① 《儀禮注疏》，第 707 頁。

② 《資治通鑑》，北京：中華書局 1956 年版，第 4298 頁。

③ 同上書，第 4301 頁。

④ 《文獻通考》，景印文淵閣四庫本，第 612 册，第 821 頁。按：中華書局 2011 年點校本《文獻通考》則據《魏書》改“大”作“代”，非是。

⑤ 《御批歷代通鑑輯覽》，景印文淵閣四庫本，第 336 册，第 372 頁。

通鑑》同，疑是。

又按：點校本《魏書》失誤在先（2787 頁倒 5 行）。

（14）3045 頁倒 1 行：又鄭玄別變除，云爲五世長子服斬也。

按："別變除"，無義，疑當作"喪服變除"，書名。《舊唐書》卷四六《經籍志》："《喪服變除》一卷，鄭玄撰。"①《新唐書》卷五七《藝文志》："《喪服變除》一卷，鄭玄注。"② 此二句的標點當作：又，鄭玄《喪服變除》云"爲五世長子服斬也"。

又按：點校本《魏書》失誤在先（2793 頁倒 2 行）。

（15）3046 頁 9 行：末代僭踰，未可以語通典【四】

3071 頁：校勘記【四】末代僭踰未可以語通典　"踰未"，原作二字墨丁，他本並作"妄不"，疑是以意補。今據《册府》卷五八一補。

按：説"他本並作'妄不'"，非其實。此兩句，景印文淵閣四庫本《魏書》作"末代僭妄，不可以語通典"③，清徐乾學《讀禮通考》卷七同④。文通字順，不在《册府》之下。

又按：點校本《魏書》失誤在先（2794 頁 8 行）。

（16）3046 頁 10 行：《喪服經》雖無適孫爲祖三年正文，而有祖爲嫡孫朞【五】

3071 頁校勘記【五】而有祖爲嫡孫朞　"朞"，原作"者"，據《册府》卷五八一改。按祖爲嫡孫服朞，見《儀禮·喪服·期服章》。

按：筆者補充一條早於《册府》的他校證據。按：《通典》卷八九記《魏書·禮志》陳終德事云："按《喪服經》雖無嫡孫爲祖三年正文，而有祖爲嫡孫周。"⑤《通典》的"祖爲嫡孫周"，與《册府》的"祖爲嫡孫朞"，意思完全一樣。

又按：點校本《魏書》使用了《通典》這個書證（2794 頁 9 行），修訂本棄而不用，令人不解。

（17）3046 頁 11 行：准古士，官不過二百石已上，

---

① 《舊唐書》，北京：中華書局 1972 年校點本，第 1972 頁。

② 《新唐書》，北京：中華書局 1972 年校點本，第 1430 頁。

③ 《魏書》，景印文淵閣四庫本，第 262 册，第 750 頁。

④ （清）徐乾學《讀禮通考》，景印文淵閣四庫本，第 112 册，第 192 頁。

⑤ （唐）杜佑撰，王文錦、王永興、劉俊文等點校《通典》，北京：中華書局 1988 年版，第 2447 頁。

按：《通典》卷八九記《魏書·禮志》陳終德事云：“准古士官，不過二百石也。”① 疑是。“不過二百石”，是一個確定的概念；而“二百石已上”則是一個模糊的概念。“已上”二字疑衍。

又按：點校本《魏書》失誤在先（2794頁10行）。

（18）3046頁11行：終德即古之廟士也。

按：《通典》卷八九記《魏書·禮志》陳終德事云：“終德即古之士也。”② 無“廟”字。《歷代名臣奏議》卷一二二作“終德即古之朝士也”③。按：《周禮·秋官·敘官》：“朝士，中士六人，府三人，史六人，胥六人，徒六十人。”鄭玄注：“朝士，主外朝之法。”④ 疑當作“朝士”。

又按：點校本《魏書》失誤在先（2794頁10行）。

（19）3047頁2行：許叔重《五經異義》云，今《春秋公羊》《穀梁》説卿大夫世位，則權并一姓，謂周尹氏、齊崔氏也。而古《春秋左氏》説卿大夫皆得世禄。《傳》曰“官族”，《易》曰“食舊德”，舊德，謂食父故禄也。《尚書》曰：“世選爾勞，予不絶爾善。”《詩》云：“惟周之士，不顯奕世。”《論語》曰：“興滅國，繼絶世。”國謂諸侯，世謂卿大夫也。

按：這段文字的標點有兩個問題：一是“而古《春秋左氏》説卿大夫皆得世禄”後的句號，應改作逗號；否則，“《傳》曰‘官族’”的“《傳》曰”就斷線了。二是這段徵引《五經異義》文字比較長，現在的標點就給讀者留下了一個必須思考的問題：“許叔重《五經異義》云”，“云”到何處爲止？應該把這一大段文字置於一個引號内。這段文字的校勘問題是，據清人陳壽祺《五經異義疏證》卷下⑤，“《易》曰‘食舊德’”句前，應有“謹案”二字，這才合乎《五經異義》的體例。否則，哪些文字是許慎提出來的討論命題，哪些文字是許慎自己的看法，就混到一起了。

筆者試標如下：

許叔重《五經異義》云：“今《春秋公羊》《穀梁》説卿大夫世位，則權并一姓，謂周尹氏、齊崔氏也。而古《春秋左氏》説卿大夫皆得世禄，《傳》曰

① （唐）杜佑撰，王文錦、王永興、劉俊文等點校《通典》，第2447頁。

② 同上。

③ 《歷代名臣奏議》，景印文淵閣四庫本，第436册，第428頁。

④ 《周禮注疏》，北京：北京大學出版社2000年版，第1044頁。

⑤ （清）陳壽祺撰，曹建墩點校《五經異義疏證》，上海：上海古籍出版社2013年版，第183頁。

‘官族’。【謹案：】《易》曰‘食舊德’，舊德，謂食父故禄也。《尚書》曰：‘世選爾勞，予不絶爾善。’《詩》云：‘惟周之士，不顯奕世。’《論語》曰：‘興滅國，繼絶世。’國謂諸侯，世謂卿大夫也。”

建議補加一條校勘記：謹案　原本無，據陳壽祺《五經異義疏證》卷下“卿得世不”條加。

又按：點校本《魏書》失誤在先（2795頁1—4行）。

（20）3052頁3行：何容拜虞生之奠於神宫【一四】

3073頁校勘記【一四】何容拜虞生之奠於神宫　“虞生之奠”，《册府》卷五八一作“虞奠”，疑是。按：虞奠當指虞祭，“拜虞奠於神宫”，與下句正成對文。

按：可以説“虞奠於神宫”，如果説“拜虞奠於神宫”，就不成文理了。“拜”的對象只能是活人或死者，不可能是“虞奠”這一祭祀活動。按：《公羊傳》文公二年：“二月丁丑，作僖公主。傳：主者曷用？虞主用桑。”何休注：“禮，平明而葬，日中而反虞，以陽求陰。謂之虞者，親喪以下壙，皇皇無所親，求而虞事之。虞猶安神也。用桑者，取其名與其麤觕，所以副孝子之心。”[①]“虞生”，當作“虞主”，形近致誤也。

又按：點校本《魏書》失誤在先（2800頁1行）。

（21）3053頁倒2行：《記》：“公子爲其母練冠麻衣縓緣，既葬除之。”

按：這裏有兩個問題：一是標點不達意，二是脱字。知者，《儀禮·喪服記》：“公子爲其母，練冠，麻，麻衣縓緣，既葬除之。”鄭玄注：“公子，君之庶子也。麻者，緦麻之絰帶也。此麻衣者，如小功布深衣，爲不制衰裳變也。”[②]脱一“麻”字。

又按：點校本《魏書》失誤在先（2801頁10行）。

（22）3055頁8行：明臣之後朞【二一】，由君服斬。

3073頁：校勘記【二一】明臣之後朞　“後”，疑當作“服”。按：“後”於文義不協，疑涉下“然後朞”而訛。

按：可爲校點者補充一條他校證據。清徐乾學《讀禮通考》卷一〇徵引《魏書》此節作“明臣之服期，由君服斬”[③]。有此他校證據，建議改寫校勘記，肯定“服”字是。

---

① 《春秋公羊傳注疏》，第323頁。

② 《儀禮注疏》，第733頁。

③ （清）徐乾學《讀禮通考》，景印文淵閣四庫本，第112册，第252頁。

又按：點校本《魏書》失誤在先（2803頁5行）。

（23）3056頁10行：爲君之父母妻子，君已除喪而後聞喪，則不税，蓋以恩輕不能追服。

按：這裏有兩個問題。一是“爲君之父母妻子，君已除喪而後聞喪，則不税”三句，是暗引《禮記·喪服小記》，應加引號；二是“子”，當作“長子”。徐乾學《讀禮通考》卷一〇徵引《魏書》此節即作“長子”①，與《禮記·喪服小記》吻合。按：《禮記·喪服小記》：“爲君之父、母、妻、長子，君已除喪而後聞喪，則不税。”鄭玄注：“臣之恩輕也。”② 在《喪服》制度中，“子”與“長子”的差别很大。

又按：點校本《魏書》失誤在先（2804頁6行）。

（24）3056頁11行：若姑亡必不關公子有否【二四】

3074頁校勘記【二四】若姑亡必不關公子有否　“有”，《册府》卷五八一作“在”，疑是。

按：疑的有道理。筆者補充一條他校證據。徐乾學《讀禮通考》卷一〇徵引《魏書》此節作“存”③，“在”與“存”，是同義詞。

又按：點校本《魏書》失誤在先（2804頁8行）。

（25）3056頁倒4行：不計日月遠近者【二五】

3074頁校勘記【二五】不計日月遠近者　“計”，原作“許”，不可通，據《册府》卷五八一改。

按：改得對。筆者補充一條他校證據。徐乾學《讀禮通考》卷一〇徵引《魏書》此節亦作“計”④。

又按：點校本《魏書》失誤在先（2804頁9行）。

（26）3061頁9—12行：子貢云：“夫子喪顔淵，若喪子而無服，喪子路亦然。顔淵之喪，饋練肉，夫子受之，彈琴而後食之，若子之哀，則容一朞，不舉樂也。孔子既大練，五日彈琴，父母之喪也。由是喪夫子若喪父而無服【三二】，心喪三年，由此而制。

校勘記【三二】由是喪夫子若喪父而無服　“由是”下，《通典》卷八〇《禮》四〇《天子爲皇后父母服議》有“弟子”二字。按無此二字，語意不

① （清）徐乾學《讀禮通考》，景印文淵閣四庫本，第112册，第253頁。

② 《禮記正義》，1315頁。

③ （清）徐乾學《讀禮通考》，景印文淵閣四庫本，第112册，第253頁。

④ 同上。

明，疑是脱去。

按：筆者認爲，這裏的問題不是脱字的問題，而是錯簡的問題。質言之，“由是喪夫子若喪父而無服，心喪三年，由此而制”三句，應在上文“夫子喪顔淵，若喪子而無服，喪子路亦然”三句下。何者？《禮記·檀弓上》：“孔子之喪，門人疑所服。（鄭玄注：無喪師之禮。）子貢曰：‘昔者夫子之喪顔淵，若喪子而無服。喪子路亦然。請喪夫子若喪父而無服。’”鄭玄注：“無服，不爲衰，弔服而加麻，心喪三年。”① 這就是“由是喪夫子若喪父而無服，心喪三年”的原始文獻根據。《史記·孔子世家》：“孔子葬魯城北泗上，弟子皆服三年，三年心喪畢，相訣而去。”② 《魏書·禮志》説“心喪三年，由此而制”。《通典》卷一〇一《師弟子相爲服議》的第一條就是《禮記·檀弓上》此條。據上述諸證，可知“由是喪夫子若喪父而無服，心喪三年，由此而制”三句，不應在“孔子既大練，五日彈琴，父母之喪也”下，因爲二者之間没有任何邏輯關係，而應在“夫子喪顔淵，若喪子而無服，喪子路亦然”三句下。

又按：點校本《魏書》雖然没有出校勘記，其誤與修訂本同（2809 頁）。

（27）3067 頁 3 行：又《漢輿服志》云：秦并天下，閲三代之禮，或曰殷瑞山車，金根之色，殷人以爲大路，於是始皇作金根之車。漢承秦制，御爲乘輿。

按：上面這段《漢輿服志》云，與今本《後漢書·輿服志上》的文字全同，一字不差，不知爲何不加引號③。須要説明的是，其中的“殷人以爲大路，於是始皇作金根之車”二句，本是梁劉昭注文，不知什麽原因被羼入正文。建議出一條校勘記，説明這點異常。

又按：點校本《魏書》失誤在先（2814 頁 12—13 行）。

二、破句者 4 例：

（1）3016 頁 5 行：鄭注云：“赴告於君也。

按：“赴告於君也”，在這裏不是敘述句，而是訓詁句，應標作“赴，告於君也”。這個“赴”字，是經文“赴必告”之“赴”，鄭玄怕讀者不知其義，特爲之注。

又按：點校本《魏書》失誤在先（2764 頁 3 行）。

---

① 《禮記正義》，第 283 頁。

② 《史記》第 6 册，北京：中華書局 2013 年修訂本，第 2342 頁。

③ 《後漢書》，北京：中華書局 1965 年校點本，第 3643 頁—3644 頁。

（2）3032 頁 8 行：伏聞所御三食，不滿半溢。

按：破句。應標作：伏聞所御，三食不滿半溢。知者，《周禮·天官·敘官》“女御”，孫詒讓《周禮正義》引蔡邕《獨斷》云：“御者，進也。凡衣服加於身，飲食入於口，妃妾接於寢，皆曰御。”① 這兩句的意思是說，我們從下面聽說，您的進食，三頓飯加起來還不到半溢（古重量單位，二十兩爲一溢）。下文 3038 頁 3 行有“既御則三食不充半溢”句，亦可證。

又按：點校本《魏書》失誤在先（2780 頁 5 行）。

（3）3046 頁 1 行：案《喪服》，《經》無嫡孫爲祖持重三年正文，唯有爲長子三年，嫡孫朞。《傳》及注因說嫡孫傳重之義。

按：破句了。當標作：案《喪服經》無嫡孫爲祖持重三年正文，唯有爲長子三年，……。爲什麽？《儀禮》十七篇，唯《喪服》一篇，既有經文，又有傳文。傳文的作者，過去一直說是孔子的高足子夏。其餘十六篇，只有經文，而無傳文。人們在徵引《喪服》經文時，習慣以《喪服經》相稱。例如，《白虎通疏證》卷一一“喪服”：《喪服經》曰：“諸侯爲天子斬衰三年。”②《魏書》卷八八《竇瑗傳》：“《禮·喪服經》曰：‘爲父斬衰三年，爲母齊衰朞，尊卑優劣，顯在典章。’”③

又按：點校本《魏書》此處不誤（2793 頁末行）。

（4）3046 頁 10 行：《喪服》，《經》雖無適孫爲祖三年正文，

按：破句。詳見上條。

又按：點校本《魏書》失誤在先（2794 頁 8 行）。

三、史志明引經文而校點者失於核查導致引文失誤者 11 例：

（1）3005 頁 6 行：又曰：“我國家常聲鼓以集衆。《易》稱二至之日，商旅不行，后不省方，以助微陽微陰。”

按：“二至之日，商旅不行，后不省方”三句，應加引號。知者，《周易·復卦·象》曰：“先王以至日閉關，商旅不行，后不省方。”王弼注：“方，事也。冬至，陰之復也。夏至，陽之復也。”④

又按：點校本《魏書》失誤在先（2753 頁 1 行）。

---

① （清）孫詒讓《周禮正義》，北京：中華書局 1987 年版，第 53 頁。

② （清）陳立《白虎通疏證》，北京：中華書局 1994 年版，第 504 頁。

③ 《魏書》，第 2068 頁。

④ 《周易正義》，北京：北京大學出版社 2000 年版，第 133 頁。

（2）3014 頁 2 行：案《禮》，三年喪畢，祫於太祖，明年春禘於群廟。

按："三年喪畢，祫於太祖，明年春禘於群廟" 應加引號。知者，《周禮·春官·大宗伯之職》鄭玄注："魯禮，三年喪畢而祫於大祖，明年春禘於群廟。自爾以後，率五年而再殷祭，一祫一禘。"①

又按：點校本《魏書》失誤在先（2762 頁 1 行）。

（3）3015 頁 9 行：《禮》云，祖遷於上，宗易於下。

按："祖遷於上，宗易於下"，《禮記·喪服小記》文②，一字不差，應加引號。

又按：點校本《魏書》失誤在先（2763 頁 7 行）。

（4）3017 頁 10 行：太常少卿元端議："《禮記·祭法》云：王立七廟，曰考廟，曰王考廟，曰皇考廟，曰顯考廟，曰祖考廟，遠廟爲祧，有二祧。"

按：《禮記·祭法》："是故王立七廟、一壇一墠：曰考廟，曰王考廟，曰皇考廟，曰顯考廟，曰祖考廟，皆月祭之；遠廟爲祧，有二祧。"③ 校點者不加引號，令人不解。

又按：點校本《魏書》失誤在先（2765 頁 7 行）。

（5）3018 頁 6 行：十二月丁未，侍中、司空公、領尚書令任城王澄，度支尚書崔亮奏："謹案《禮記》：曾子問曰：諸侯旅見天子，不得成禮者幾？孔子曰：四，太廟火、日蝕、后之喪、雨沾服失容則廢。

按：《禮記·曾子問》："曾子問曰：'諸侯旅見天子，入門，不得終禮，廢者幾？'孔子曰：'四。'請問之。曰：'太廟火，日食，后之喪，雨霑服失容，則廢。'"④ 引文應加引號而未加。建議標作：

十二月丁未，侍中、司空公、領尚書令任城王澄，度支尚書崔亮奏："謹案《禮記·曾子問》曰：'諸侯旅見天子，不得成禮者幾？'孔子曰：'四，太廟火、日蝕、后之喪、雨沾服失容則廢。'"

又按：點校本《魏書》失誤在先（2766 頁 3 行）。

（6）3019 頁 7 行：太學博士王延業議曰："案《王制》云：諸侯祭二昭二穆，與太祖之廟而五。

---

① 《周禮注疏》，北京：北京大學出版社 2000 年版，第 541 頁。

② 《禮記正義》，第 1299 頁。

③ 同上書，第 1792 頁。

④ 同上書，第 781 頁。

按：《禮記・王制》：“諸侯五廟，二昭二穆，與太祖之廟而五。”① “諸侯祭二昭二穆，與太祖之廟而五”，應加引號。

又按：點校本《魏書》失誤在先（2767 頁 4 行）。

（7）3019 頁 7 行：《小記》云：王者立四廟。鄭玄云：“高祖以下，與始祖而五。”

按：《禮記・喪服小記》：“王者禘其祖之所自出，以其祖配之，而立四廟。”鄭玄注：“高祖以下，與始祖而五。”② “王者立四廟”，完全可以引起來。須知，古人引文，多是量體裁衣，取我所需。今人何嘗不如是！

又按：點校本《魏書》失誤在先（2767 頁 4 行）。

（8）3021 頁 1 行：案《王制》：天子七廟，三昭三穆，與太祖之廟而七；諸侯五廟；二昭二穆，與太祖之廟而五；大夫三，士一。自上已下，降殺以兩，庶人無廟，死爲鬼焉。故曰尊者統遠，卑者統近。是以諸侯及太祖。天子及其祖之所自出。

按：從“天子七廟”到“大夫三，士一”，應該加上引號。爲什麽？《王制》引文到此爲止。下面的文字統統與《王制》無關。知者，“自上已下，降殺以兩”，是《禮記・檀弓下》鄭玄注文③。“庶人無廟，死爲鬼焉”，出自《禮記・祭法》：“庶人無廟，死曰鬼。”④

又按：點校本《魏書》失誤在先（2768 頁倒 4 行）。

（9）3021 頁 6 行：鄭説不得祖禰者，不得立其廟而祭之也；世世祖是人者，謂世世祖受封之君；不得祖公子者，後世爲君者，祖此受封之君，不得祀别子也；公子若在高祖以下，則如其親服，後世遷之，乃毁其廟耳。

按：“鄭説”二字以下的文字，都應該加引號。知者，《儀禮・喪服》鄭玄注：“不得禰，不得祖者，不得立其廟而祭之也。卿大夫已下，祭其祖禰，則世世祖是人，不得祖公子者，後世爲君者，祖此受封之君，不得祀别子也。公子若在高祖以下，則如其親服，後世遷之，乃毁其廟爾。”⑤

又按：點校本《魏書》失誤在先（2769 頁 2 行）。

（10）3037 頁倒 5 行：李彪曰：“三年不爲禮，禮必壞；三年不爲樂，樂必

---

① 《禮記正義》，第 516 頁。

② 同上書，第 1298 頁。

③ 同上書，第 347 頁。

④ 同上書，第 1793 頁。

⑤ 《儀禮注疏》，第 706—707 頁。

崩。今欲廢禮闕樂，臣等未敢。”高祖曰：“此乃宰予不仁之説，已受責於孔子。”

按：《論語·陽貨》：“宰我問：‘三年之喪，期已久矣。君子三年不爲禮，禮必壞；三年不爲樂，樂必崩。”[①] 可知“三年不爲禮，禮必壞；三年不爲樂，樂必崩”應加引號（此處應加單引號），否則，“高祖曰：此乃宰予不仁之説”就顯得突兀。

又按：點校本《魏書》失誤在先（2785頁9行）。

（11）3042頁倒4行：以《玉藻》二簡，微足明之，曰：童子之節，錦紳并紐。錦紳即大帶。

按：“童子之節，錦紳并紐”二句，應加引號。按：《禮記·玉藻》：“童子之節也，緇布衣，錦緣，錦紳并紐。”[②]

又按：點校本《魏書》失誤在先（2790頁9行）。

四、史志暗引經文而校點者渾然不覺導致引文失誤者17例：

（1）2989頁倒3行：太廟博士許鍾上言曰：“臣聞聖人能饗帝，孝子能饗親。伏惟陛下孝誠之至，通於神明。

按：“聖人能饗帝，孝子能饗親”二句應加引號。知者，《禮記·祭義》：“唯聖人爲能饗帝，孝子爲能饗親。”[③]

又按：點校本《魏書》失誤在先（2737頁倒5行）。

（2）2994頁倒2行：其禘祫止於一時，止於一時者，祭不欲數，數則黷。

按：“祭不欲數，數則黷”，應加引號。知者，《禮記·祭義》：“祭不欲數，數則煩，煩則不敬。”[④]“煩”與“黷”是同義詞。

又按：點校本《魏書》失誤在先（2742頁倒5行）。

（3）3000頁1行：詔曰：“祖有功，宗有德，自非功德厚者，不得擅祖宗之名，居二祧之廟。”

按：“祖有功，宗有德”，應加引號。知者，《春秋公羊傳》成公五年何休注：“周家祖有功，宗有德，立后稷、文、武廟，至於子孫，自高祖已下而七廟。”[⑤]

---

① 《論語注疏》，北京：北京大學出版社2000年版，第275頁。

② 《禮記正義》，第1233頁。

③ 同上書，第1810頁。

④ 同上書，第1806頁。

⑤ 《春秋公羊傳注疏》，第442頁。

又按：點校本《魏書》失誤在先（2747 頁倒 4 行）。

（4）3001 頁 3 行：凡祭不欲數，數則黷，黷則不敬。神聰明正直，不待煩祀也。

按：“祭不欲數，數則黷，黷則不敬”三句，應加引號。知者，《禮記・祭義》：“祭不欲數，數則煩，煩則不敬。”① “煩”與“黷”是同義詞。

又按：點校本《魏書》失誤在先（2746 頁倒 3 行）。

（5）3002 頁 8 行：且法施於民，祀有明典。

按：“法施於民”應加引號。知者，《禮記・祭法》：“夫聖王之制祭祀也，法施於民則祀之。”② 所謂“明典”，即指《禮記・祭法》而言。

又按：點校本《魏書》失誤在先（2750 頁 3 行）。

（6）3005 頁 2 行：帝又曰：“圜丘之牲，色無常準。覽推古事，乖互不一。周家用騂，解言是尚。”

按：“解言是尚”的“尚”字，應加引號，以引起讀者注意。否則，怕是不知所云。知者，《禮記・檀弓上》：“周人尚赤，大事斂用日出，戎事乘騵，牲用騂。”鄭玄注：“騂，赤類。”③

又按：點校本《魏書》失誤在先（2752 頁倒 3 行）。

（7）3014 頁末行－3015 頁 1 行：國之大事，唯祀與戎，廟配重事，不敢專決，

按：“國之大事，唯祀與戎”應加引號。知者，《左傳》成公十三年：“國之大事，在祀與戎。”④

又按：點校本《魏書》失誤在先（2762 頁倒 3 行）。

（8）3019 頁 1 行：臣等伏度國之大事，在祀與戎。君舉必書，恐貽後誚。

按：《左傳》成公十三年：“國之大事，在祀與戎。”⑤ 又，《左傳》莊公二十三年：“君舉必書。”⑥ 此處是暗引經文，應標作：臣等伏度，“國之大事，在祀與戎，君舉必書”，恐貽後誚。

又按：點校本《魏書》失誤在先（2766 頁倒 3 行）。

---

① 《禮記正義》，第 1806 頁。

② 同上書，第 1802 頁。

③ 《儀禮注疏》，第 239 頁。

④ 《春秋左傳正義》，北京：北京大學出版社 2000 年版，第 867 頁。

⑤ 同上。

⑥ 同上書，第 316 頁。

（9）3033頁4行：又聞君子不奪人之喪，亦不可奪喪。

按：《禮記・雜記下》："傳曰：君子不奪人之喪，亦不可奪喪也。"① 此處是暗引經文，應加引號。應標作：又聞"君子不奪人之喪，亦不可奪喪"。

又按：點校本《魏書》失誤在先（2781頁1行）。

（10）3036頁7行：侍臣君服斯服，隨朕所降。

按："君服斯服"是暗引經文，應加引號。知者，《儀禮・喪服》："傳曰：近臣，君服斯服矣。"鄭玄注："君，嗣君也。斯，此也。近臣從君矣，喪服無所降也。"②

又按：點校本《魏書》失誤在先（2784頁5行）。

（11）3038頁4行：聖人制禮，不及者企而及之，過之者俯而就之。

按：這三句話是暗引經文，應加引號。知者，《禮記・檀弓上》："子思曰：'先王之制禮也，過之者俯而就之，不至焉者跂而及之。'"③

又按：點校本《魏書》失誤在先（2786頁2行）。

（12）3042頁倒2行：又曰：童子無緦服。鄭注曰："雖不服緦，猶免（按：音wèn，亦作"絻"，古代喪服，去冠，以麻布裹髮髻，謂之免。）深衣。"

按：《禮記・玉藻》："童子不裘不帛，不屨絇，無緦服，聽事不麻。"鄭玄注："皆爲幼小，不備禮也。雖不服緦，猶免、深衣。"孔穎達疏："知'猶免、深衣'者，以經但云'無緦服'，是但不著緦服耳，猶同初著深衣也。知免者，以《問喪》云：'免者，不冠者之服。'故知未成服，童子雖不當室，猶著免也。"④ 此處的標點闕失有二："童子無緦服"，應加引號而未加，一也；"猶免"下當置頓號而未置，二也。

又按：點校本《魏書》失誤在先（2790頁倒5行）。

（13）3043頁2行：又曰：聽事則不麻，則知不聽事麻矣。

按："聽事則不麻"，應加引號。《禮記・玉藻》："童子不裘不帛，不屨絇。無緦服，聽事不麻。"⑤

又按：點校本《魏書》失誤在先（2790頁倒3行）。

（14）3043頁9行：又女子未許嫁，二十則笄，觀祭祀，納酒漿，助奠廟

---

① 《禮記正義》，第1638頁。

② 《儀禮注疏》，第649頁。

③ 《禮記正義》，第268頁。

④ 同上書，第1233頁。

⑤ 同上。

堂之中，視禮至敬之處，

按：“女子未許嫁，二十則笄，觀祭祀，納酒漿”是暗引經文，應加引號。知者，《禮記・内則》：“女子十年不出，姆教婉娩聽從，觀於祭祀，納酒漿、籩豆、菹醢，禮相助奠。十有五年而笄。”鄭玄注：“其未許嫁，二十則笄。”①

又按：點校本《魏書》失誤在先（2791 頁 6 行）。

（15）3045 頁倒 2 行：傳重者主宗廟，非謂庶人祭於寢也。

按：“庶人祭於寢”，應加引號。知者，《禮記・王制》：“士一廟，庶人祭於寢。”②

又按：點校本《魏書》失誤在先（2793 頁倒 3 行）。

（16）3049 頁倒 5 行：中月之解，雖容二義，尚遠寧戚。

按：“中月”是個關鍵詞，應加引號。按：《儀禮・士虞禮》：“中月而禫。”鄭玄注：“中，猶間也。禫，祭名也。與大祥間一月。自喪至此，凡二十七月。”③ 三年之喪，凡二十七月，這是鄭玄的解釋。而孔安國、王肅等則認爲三年之喪，凡二十六月。《尚書・太甲中》孔安國傳：“湯以元年十一月崩，至此二十六月，三年服闋。”孔穎達疏：“祥禫之制，前儒不同。案《士虞禮》云：‘朞而小祥，又朞而大祥。中月而禫。’王肅云：‘祥月之内又禫，祭服彌寬而變彌數也。’《禮記・檀弓》云：‘祥而縞，是月禫，徙月樂。’王肅云：‘是祥之月而禫，禫之明月可以樂矣。’案此孔傳云‘二十六月服闋’，則與王肅同。鄭玄以‘中月’爲間一月，云祥後復更有一月而禫，則三年之喪，凡二十七月，與孔爲異。”④

又按：點校本《魏書》失誤在先（2797 頁 9 行）。

（17）3061 頁 9 行：子貢云：夫子喪顔淵，若喪子而無服，喪子路亦然。顔淵之喪，饋祥肉，夫子受之，彈琴而後食之。

按：這八句話，都出自《禮記・檀弓上》，應該引起來。《禮記・檀弓上》：“子貢曰：‘昔者夫子之喪顔淵，若喪子而無服，喪子路亦然。’”⑤ 又，《禮記・檀弓上》：“顔淵之喪，饋祥肉。孔子受之，彈琴而後食之。”⑥ 可知此處是暗引

① 《禮記正義》，第 1171 頁。

② 同上書，第 516 頁。

③ 《儀禮注疏》，第 965 頁。

④ 《尚書正義》，北京：北京大學出版社 2000 年版，第 251 頁。

⑤ 《禮記正義》，第 283 頁。

⑥ 同上書，第 276 頁。

經文，應標作：子貢云："夫子喪顔淵，若喪子而無服，喪子路亦然。""顔淵之喪，饋祥肉。孔子出受之，入，彈琴而後食之。"

又按：點校本《魏書》失誤在先（2809頁4行）。

五、不知"禮"字是指代某書者3例：

（1）3040頁8行：今依禮既虞卒哭，剋此月二十日受服，以葛易麻。

按："禮"字應加書名號，實指《禮記》鄭玄注。按：《禮記・檀弓下》："弁絰葛而葬，與神交之道也。"鄭玄注："既虞卒哭，乃服受服也。"①"既虞卒哭"應加引號。

又按：點校本《魏書》失誤在先（2788頁4行）。

（2）3054頁倒4行：禮有從輕而重，義包於此。

按："禮"字應加書名號，此指《禮記》。"有從輕而重"五字，應加引號。《禮記・大傳》："從服有六：有屬從，有徒從，有從有服而無服，有從無服而有服，有從重而輕，有從輕而重。"② 按：《禮記・服問》："傳曰：'有從輕而重。'公子之妻爲其皇姑。"③

又按：點校本《魏書》失誤在先（2802頁9行）。

（3）3056頁2行：議者云，禮有從輕而重，臣之從君，義包於此。

按："禮有從輕而重"，當標作"《禮》'有從輕而重'"。此"禮"字，謂《禮記》。詳見"3054頁倒4行：禮有從輕而重，義包於此"條，兹不贅。

又按：點校本《魏書》失誤在先（2803頁倒2行）。

六、標點不達意者8例：

（1）3017頁4行：言未毁及同宗，則共四廟之辭。云未絶與父子，明崇五屬之稱。

按：標點不達意。這裏是在緊扣字眼，發表看法。應標作：言"未毁"及"同宗"，則共四廟之辭。云"未絶"與"父子"，明崇五屬之稱。

所謂"未毁"，即上文"祖廟未毁"之"未毁"；所謂"同宗"，即上文"謂同宗父子皆來"之"同宗"。所謂"未絶"，即上文"親未絶而列於庶人"之"未絶"；所謂"父子"，即上文"父子皆來"之"父子"。

---

① 《禮記正義》，第362頁。

② 同上書，第1361頁。

③ 同上書，第2160頁。

又按：點校本《魏書》失誤在先（2765 頁 1 行）。

(2) 3017 頁 5 行：斯由祖遷於上，見仁親之義疎；宗易於下，著五服之恩斷。

按：這四句是任城王澄等人引經據典，發表意見。標點没有把這層意思傳達給讀者。按：《禮記・喪服小記》：“别子爲祖，繼别爲宗，繼禰者爲小宗。有五世而遷之宗，其繼高祖者也。是故祖遷於上，宗易於下。”① 此即這幾句話的出典。明乎此，建議標作：斯由“祖遷於上”，見仁親之義疎；“宗易於下”，著五服之恩斷。

又按：點校本《魏書》失誤在先（2765 頁 2—3 行）。

(3) 3047 頁 10 行：景邕等又議：“……且官族者，謂世爲其功；食舊德者，謂德侯者世位；興滅國，繼絶世，主謂諸侯卿大夫無罪誅絶者耳。”

按：標點不達意。這是接着上文發議論，該加引號的皆未加。應標作：

景邕等又議：“……且‘官族’者，謂世爲其功；‘食舊德’者，謂德侯者世位；‘興滅國，繼絶世’，主謂諸侯卿大夫無罪誅絶者耳。”

又按：點校本《魏書》失誤在先（2795 頁 9 行）。

(4) 3050 頁 3 行：且三年之喪，再朞而大祥，中月而禫，鄭玄以中爲間，王、杜以爲是月之中。

按：標點不達意。這裏正是摳字眼的地方。應標作：且“三年之喪，再朞而大祥，中月而禫”，鄭玄以“中”爲“間”，王、杜以爲“是月之中”。

又按：點校本《魏書》失誤在先（2798 頁 3 行）。

(5) 3050 頁倒 5 行：魯人朝祥而暮歌，孔子以爲踰月則可矣。

按：標點不達意。《禮記・檀弓上》：“魯人有朝祥而莫歌者，夫子曰：‘踰月則其善也。’”② 據此，建議標作：“魯人朝祥而暮歌”，孔子以爲“踰月則可矣”。

又按：點校本《魏書》失誤在先（2798 頁 9 行）。

(6) 3052 頁倒 4 行：鍾公勳茂，蒙五熟之賜。

按：應在“鍾公”二字下加專名號。“鍾公”，對鍾繇的尊稱。《三國志・魏書・鍾繇傳》：“魏國初建，爲大理，遷相國。文帝在東宫，賜繇五熟釜，爲之銘曰：‘於赫有魏，作漢藩輔。厥相惟鍾，實幹心膂。靖恭夙夜，匪遑安處。百寮師師，楷兹度矩。’”③

---

① 《禮記正義》，第 1299 頁。

② 同上書，第 245 頁。

③ 《三國志》，北京：中華書局 1971 年校點本，第 394 頁。

又按：點校本《魏書》失誤在先（2800頁10行）。

（7）3055頁1行：謹案《喪服大功章》云：公之庶昆弟爲其母妻。

按："公之庶昆弟爲其母妻"，應加引號。其中的"母妻"二字，中間應加頓號。按：《儀禮·喪服》大功章："公之庶昆弟、大夫之庶子爲母、妻、昆弟。"①

又按：點校本《魏書》失誤在先（2802頁倒3行）。

（8）3060頁倒3行：案《記》："外宗爲君夫人，猶内宗。"

按：標點不達意。"君"後當置頓號，謂國君及夫人也。知者，《禮記·雜記下》："外宗爲君、夫人，猶内宗。"鄭玄注："皆謂嫁於國中者也。爲君服斬，夫人齊衰。"②

又按：點校本《魏書》失誤在先（2808頁8行）。

七、其他標點失誤9例：

（1）2991頁5行：明年六月，司徒崔浩奏議："神祀多不經，案祀典所宜祀，凡五十七所，餘復重及小神，請皆罷之。"奏可。

按：此"祀典"應加書名號。《祀典》是《禮記·祭法》的别名。知者，《漢書·郊祀志下》："後莽又奏言：'《禮記·祀典》：功施於民則祀之。'"③

又按：點校本《魏書》失誤在先（2739頁2行）。

（2）2552頁2行：高祖延興二年，有司奏："天地五郊、社稷已下及諸神，合一千七十五所，歲用牲七萬五千五百。"

按："天地"與"五郊"之間應加頓號。"五郊"之祭，始於東漢。《後漢書·明帝本紀》："永平二年，始迎氣於五郊。"④《後漢書·祭祀志》："迎時氣五郊之兆。自永平以《禮讖》及《月令》有五郊迎氣服色，因采元始中故事，兆五郊於陽四方，中兆在未壇，皆三尺，階無等。立春之日，迎春於東郊，祭青帝勾芒。……立夏之日，迎夏於南郊，祭赤帝祝融。……先立秋十八日，迎黄靈於中兆，祭黄帝、后土。立秋之日，迎秋於西郊，祭白帝蓐收。立冬之日，迎冬於北郊，祭黑帝玄冥。"⑤

---

① 《儀禮注疏》，第701頁。

② 《禮記正義》，第1678頁。

③ 《漢書》，第1268頁。

④ 《後漢書》，第104頁。

⑤ 同上書，第3181—3182頁。

又按：點校本《魏書》失誤在先（2740 頁 1 行）。

（3）3001 頁倒 4 行：十一月己未朔，帝釋禫祭於太和廟。

按：“帝釋禫”下當施逗號。《魏書・禮志二》：“《春秋》昭公十一年夏五月，夫人歸氏薨，十三年五月，大祥。七月釋禫，公會劉子及諸侯于平丘。”①

又按：點校本《魏書》失誤在先（2749 頁 7 行）。

（4）3002 頁倒 3 行：可令當界牧守，各隨所近，攝行祀事，皆用清酌尹祭也。

按：“清酌尹祭”，應標作“清酌、尹祭”，這是兩種祭品的代稱。《禮記・曲禮下》：“凡祭宗廟之禮，牛曰一元大武，豕曰剛鬣，豚曰腯肥，羊曰柔毛，雞曰翰音，犬曰羹獻，雉曰疏趾，兎曰明視，脯曰尹祭，酒曰清酌。”②

又按：點校本《魏書》失誤在先（2750 頁 8 行）。

（5）3003 頁 1 行：癸丑，帝臨宣文堂，引儀曹尚書劉昶、鴻臚卿游明根、行儀曹事李韶，授策孔子，崇文聖之謚。

按：“文聖”應加專名號。知者，《魏書・高祖紀下》：“太和十六年二月丁未，改謚宣尼曰文聖尼父，告謚孔廟。”③

又按：點校本《魏書》失誤在先（2750 頁倒 5 行）。

（6）3004 頁 10 行：我魏氏雖上參三皇，下考叔世近代都祭圜丘之禮，復未考《周官》，爲不刊之法令。以此祭圜丘之禮示卿等，欲與諸賢考之厥衷。

按：“下考叔世”下當置逗號，與上文“上參三皇”相對。“復未考《周官》，爲不刊之法令”的主語是“近代都祭圜丘之禮”。

又按：點校本《魏書》失誤在先（2752 頁 6 行）。

（7）3012 頁 10 行：察記傳之文，

按：“記傳”二字應標作《記》、《傳》。《記》，指的是《禮記》，因爲上文徵引了《王制》，而《王制》是《禮記》中的一篇。《傳》，指的是上文徵引的《公羊傳》。

又按：點校本《魏書》失誤在先（2760 頁 9 行）。

（8）3045 頁 6 行：太常卿劉芳議：“案喪服乃士之正禮，含有天子、諸侯、卿大夫之事，其中時復下同庶人者，皆别標顯。”

按：此“喪服”非普通名詞，而是《儀禮》篇名，應加書名號。“其中時

① 《魏書》，第 3018 頁。

② 《禮記正義》，第 207 頁。

③ 《魏書》，第 201 頁。

復下同庶人者"，例如，《儀禮·喪服》齊衰三月章："大夫在外，其妻、長子爲舊國君。傳曰：何以服齊衰三月也？妻，言與民同也；長子，言未去也。"①是其例。《欽定儀禮義疏》卷二二《喪服》就徵引了劉芳這段話。

又按：點校本《魏書》失誤在先（2793頁6行）。

（9）3053頁7行：但禮崇公卿出入之儀，至有趨以采齊，行以肆夏。

按："采齊""肆夏"，均應加書名號。知者，《周禮·春官·樂師》："教樂儀，行以《肆夏》，趨以《采齊》。"鄭玄注引鄭司農云："《肆夏》《采齊》，皆樂名。或曰皆逸《詩》。"②

又按：點校本《魏書》失誤在先（2801頁5行）。

八、避諱字没有改回者2例：

（1）3029頁到3行：三年之喪，雖則自古，然中代已後，未之能行。朕謂中代所以不遂三年之喪……

按：唐人諱"世"字，改作"代"。這兩個"中代"，均應改作"中世"。下文3033頁6行，還有一例"然中代已後"，亦未改回。

又按：點校本《魏書》失誤在先（2781頁4行）。

（2）3037頁3行：縱有所涉，甘受後代之譏。

按："後代"之"代"，亦當改作"世"。修訂版《魏書》中"代"字未改回者頗多，遽數之不能終其物。

又按：點校本《魏書》失誤在先（2785頁1行）。

六、中華書局《金史》三志修訂本與點校本的引經校點失誤對比

所謂中華書局《金史》三志，謂《金史》之《禮志》《樂志》《輿服志》，凡13卷，筆者粗讀一過，發現其引經校點失誤有十：一、表述既違背經文，又違背前史者，1例；二、受鄭玄誤注影響而説錯話者，1例；三、校勘失誤者，26例（其中有一條含3例）；四、破句，6例；五、錯簡，1例；六、史志明引經文而失於核查者，1例；七、史志暗引經文而渾然不覺者，5例；八、不辨

① 《儀禮注疏》，第686—687頁。

② 《周禮注疏》，第702—703頁。

書名者，3 例；九、失加專名號、書名號，各 1 例；十、“太祖”“始祖”濫用專名號，6 例。凡 52 例。修訂本這 52 例失誤，百分之百都是承襲中華書局點校本的失誤。詳下。

一、表述既違背經文，又違背前史者，1 例：

827 頁 4 行①：《金史》卷三二《禮五》“上尊謚”。

按：從本卷標題“上尊謚”三字來看，結合本卷内的上尊謚文字表述，給人一種感覺，金人似乎不知天子之謚是“天”給的，而是由臣下議定。議定之後，再“上尊謚”。儘管本卷中的“十四年八月庚戌，文武百僚、太師宗磐等上議曰”中有“稱天以誄”四字，實際上不過是徒託空言而已。例如：

本卷 827 頁倒 2 行：天會十三年三月七日，遣攝太尉皇叔祖大司空昱奉玉册玉寶，上尊謚曰文烈皇帝，廟號太宗。

此下的志文，基本上都是這種風格，不煩贅述。

按：《禮記・曾子問》：“賤不誄貴，幼不誄長，禮也。”鄭玄注：“誄，累也，累列生時行跡，誄之以作謚。謚當由尊者成。”②《曾子問》又曰：“唯天子稱天以誄之。”鄭玄注：“以其無尊焉。《春秋公羊》説以爲讀誄制謚於南郊，若云受之于天然。”孔穎達疏：“‘唯天子稱天以誄之’者，諸侯及大夫，其上猶有尊者爲之作謚。其天子，則更無尊于天子者，故唯爲天子作謚之時，於南郊告天，示若有天命然，不敢自專也。”③ 這就是“唯天子稱天以誄之”的理論根據。

《白虎通義・謚》：“天子崩，臣下至南郊謚之者何？以爲人臣之義，莫不欲褒大其君，掩惡揚善者也，故之南郊，明不得欺天也。故《曾子問》：‘孔子曰：天子崩，臣下之南郊告謚之。’”④ 按《後漢書・儒林傳序》：“建初中，大會諸儒于白虎觀，考詳同異，連月乃罷。肅宗親臨稱制，如石渠故事，顧命史臣，著爲《通義》。”李賢注：“即《白虎通義》是。”⑤ 白虎觀會議，是由漢章帝親自主持並對討論問題作出最後決斷的一次經學會議。這就是説，《白虎通義》是皇帝欽定之書。具體地説，以“天子崩，臣下至南郊謚之”這一條來

① 此頁碼行數，是中華書局 2020 年修訂版《金史》頁碼行數。下同，不一一。

② 《禮記正義》，第 796 頁。

③ 同上書，第 796 頁。

④ （清）陳立《白虎通義疏證》，第 72 頁。

⑤ 《後漢書》第 9 册，第 2546 頁。

説，已經從經書的條文，變成了皇帝認可的成例。《後漢書·明帝紀》："太尉憙告謚南郊。"李賢注引應劭《風俗通》曰："禮，臣子無爵謚君父之義也。故群臣累其功美，葬日，遣太尉於南郊告天而謚之。"①

下面，我們以宋代爲例，看看宋代皇帝死後的謚號是怎樣"稱天以誄之"的。

李燾《續資治通鑑長編》卷一九八仁宗嘉佑八年五月庚申："翰林學士王珪奏：謹按《曾子問》曰：'賤不誄貴，幼不誄長，禮也。惟天子稱天以誄之。'《春秋公羊》説：'讀誄制謚於南郊，若云受之于天然。'乾興元年夏，既定真宗皇帝謚。其秋，始告天於圜丘。史臣以爲，天子之謚，當集中書、門下、御史臺五品以上，尚書省四品以上，諸司三品以上於南郊，告天議定，然後連奏以聞。近制，唯詞臣撰議，即降詔命，庶僚不得參聞，頗違'稱天'之義。臣奉命撰上先帝尊謚，欲望明詔有司，稽詳舊典，先之南郊，而後下臣僚之議，庶先帝之茂德休烈，可信萬世之傳。"②

這條史料表明，在宋代前期的太祖、太宗、真宗朝，在"天子稱天以誄之"問題上，曾經在做法上不夠嚴肅，不遵守正當程序。本當先到南郊告天，然後再定帝謚。而實際上卻是，先議定了帝謚，而後才去南郊告天。南郊請謚，本來就是走一個過場，但也不能做得太離譜，形同兒戲。現在仁宗死了，王珪又奉敕撰寫仁宗謚號議，就上奏英宗皇帝，建議改正舊的作法。陳均《九朝編年備要》説，對於王珪的建議，"詔從之，遂爲定制"③。

下面是一些宋代皇帝死後南郊請謚的記載。《宋史》卷一二二："嘉祐八年三月晦日，仁宗崩，英宗立。七月，宰臣以下宿尚書省，宗室團練使以上宿都亭驛，請謚於南郊。治平四年正月八日，英宗崩，神宗即位。四月三日，請謚（按：據上下文，此處疑脱"於南郊"三字）。元豐八年三月五日，神宗崩。七月五日，請謚於南郊。紹興五年四月甲子，徽宗崩于五國城。七年正月，問安使何蘚等還以聞。六月，張浚請謚於南郊。紹興三十一年五月，金國使至，以欽宗訃聞。七月，宰臣陳康伯等率百官詣南郊請謚，廟號欽宗。"④《宋史·理宗紀》："嘉定十七年閏月丁酉，寧宗崩于福寧殿。十二月辛酉，請大行皇帝謚

① 《後漢書》，第96頁、97頁。

② （南宋）李燾《續資治通鑑長編》第14册，北京：中華書局1995年校點本，第4808頁。

③ （南宋）陳均《九朝編年備要》，景印文淵閣四庫本，史部328册，第424頁。

④ 以上諸帝請謚南郊的記載，分別見於中華書局1977年校點本《宋史》第9册之第2853頁、2854頁、2857～2859頁、2860頁。

號于南郊，謚曰‘仁文哲武恭孝皇帝’，廟號曰寧宗。”[①]

天子的謚號，怎樣“稱天以誄之”，對照《禮記・曾子問》和《白虎通義》的論述，對照東漢、宋代的實際做法，可知《金史》的“上尊謚”一卷的做法，不僅違背經典表述，而且違背前史慣例。

又按：點校本《金史》失誤在先（773 頁 1 行）[②]。

二、受鄭玄誤注影響而説錯話者，1 例：

1046 頁 8 行：冕制：天板長一尺六寸，廣八寸，……前後珠旒共二十四旒，各長一尺二寸。

按：“前後珠旒共二十四旒”之説是錯誤的。爲什麽？因爲天子之冕只有前旒十二。讓我們首先看看經部文獻的記載，因爲這是冕旒之制的源頭：

①《周禮・夏官・弁師》：“掌王之五冕，皆玄冕朱裏，延紐。五采繅十有二就，皆五采玉十有二。”[③] 孫詒讓《周禮正義》云：“一就爲一斿，則十二就即十二斿也。”[④] 按：《説文解字・玉部》：“瑬，垂玉也，冕飾。”段玉裁《注》云：“按：《弁師》作‘斿’，《玉藻》從俗字作‘旒’，皆‘瑬’之假借字。”[⑤]

②《禮記・禮器》：“禮有以文爲貴者，天子之冕，朱緑藻，十有二旒。”[⑥]

③《禮記・玉藻》：“天子玉藻，十有二旒，前後邃延。”[⑦]

④《禮記・郊特牲》：“祭之日，王被衮以象天，戴冕藻十有二旒，則天數也。”鄭玄注：“天之大數，不過十二。”[⑧] 意思是説，作爲天子，無論你多麽講究排場，都不能突破“十二”這個上限。

或難曰：前旒十二，後旒十二，並不違背“天之大數，不過十二”呀，怎麽能説錯了呢？

答曰：那麽，讓我們來看看冕旒的用處是什麽，就明白了。

①《大戴禮・子張問入官篇》：“冕而前旒，所以蔽明也。黈纊塞耳，所以

---

① 《宋史》第 3 册，第 784 頁。

② “又按”後的括注頁碼行數，是中華書局 1975 年校點本《金史》頁碼行數。下同，不一一。

③ 《周禮注疏》，第 983 頁。

④ （清）孫詒讓《周禮正義》，第 2528 頁。

⑤ （清）段玉裁《説文解字注》，上海：上海古籍出版社 1981 年版，第 14—15 頁。

⑥ 《禮記正義》，第 974 頁。

⑦ 同上書，1175 頁。

⑧ 同上書，1068 頁。

弇聰也。故水至清則無魚，人至察則無徒。”①

②《晏子春秋·外篇上·景公欲誅斷所愛橚者晏子諫》：“冕前有旒，惡多所見也；纊紘充耳，惡多所聞也。”②

③《淮南子·主術訓》：“古之王者，冕而前旒，所以蔽明也；黈纊塞耳，所以掩聰。”③

以上三條書證的措辭雖然不無異同，但大旨則一，即“冕而前旒”，其用意在於不希望帝王明察秋毫，以致於鬧到“水至清則無魚，人至察則無徒”的地步。明乎此義，則冕後之旒，非畫蛇添足而何！

其次，讓我們再看看正史的記載：

《後漢書·輿服志下》：“孝明皇帝永平二年，初詔有司采《周官》《禮記》《尚書·皋陶篇》，乘輿服從歐陽氏説，公卿以下從大小夏侯氏説。冕皆廣七寸，長尺二寸，前圓後方，朱緑裏，玄上，前垂四寸，後垂三寸，係白玉珠爲十二旒。三公、諸侯七旒，青玉爲珠；卿大夫五旒，黑玉爲珠。皆有前無後，旁垂黈纊。”④

按：《後漢書·輿服志》明確提出了冕旒“皆有前無後”的原則。漢明帝永平二年（西元59年）的冕服定制，是《二十四史》中的第一次，開了一個好頭。可惜，好景不長。

或曰：“二十四旒”説是怎樣産生的呢？答曰：“二十四旒”説始於經學權威鄭玄對《禮記》和《周禮》的誤解。

筆者之所以把鄭玄對《禮記》誤解放在《周禮》前面，是根據鄭玄的解讀思維路線作出的排序。鄭玄首先誤解了《禮記·玉藻》，自以爲是，然後將對《禮記·玉藻》的誤解“代入”到《周禮·弁師》的解讀中，導致一誤再誤。請看：

《禮記·玉藻》：“天子玉藻，十有二旒，前後邃延。”鄭玄注：“雜采曰藻。天子以五采藻爲旒，旒十有二。前後邃延者，言皆出冕前後而垂也，天子齊肩。延，冕上覆也，玄表纁裏。”⑤

按：先説《玉藻》經文中的關鍵字“延”字。“延”字怎麼講？鄭注説：

① （清）孔廣森《大戴禮記補注》，北京：中華書局2013年版，第152頁。

② 吴則虞《晏子春秋集釋》，北京：中華書局1982年版，第452—453頁。

③ 劉文典《淮南鴻烈集解》，北京：中華書局2017年版，第270頁。

④ 《後漢書》，第3663頁。

⑤ 《禮記正義》，第1175—1176頁。

“延，冕上覆也，玄表纁裏。”筆者認爲，“延”字鄭注没有錯，“延”在這裏是名詞，是冕上覆蓋的一塊木板，也就是志文所説的“天板”，外包麻布，表是黑色，裏是紅色。延，《左傳》桓公二年作“綖”，杜預注：“綖，冠上覆。”①與鄭注意思一樣。“延”與“綖”，蓋古今字。

再説“前後邃延”怎樣講？鄭注云：“‘前後邃延’者，言皆出冕前後而垂也，天子齊肩。”請各位注意，導致上千年誤解的“二十四旒”説就出在“前後邃延”四字的鄭注上。鄭注犯了“增字解經”的錯誤。清儒江永《禮記訓義擇言》駁正鄭玄説：“按：鄭氏謂冕前後皆垂旒，非也。東方朔云：‘冕而前旒，所以蔽明。’其説在漢儒之先，若後旒，安所取義？《禮器》《郊特牲》及此文皆云‘十有二旒’，不云‘二十四旒’。鄭氏蓋因此云‘前後邃延’而誤。前後邃延，但謂前後之延，自延端至冕武（按：武，冠圈，在延的中部）皆深邃（按：即皆有一定的長度），不謂前後皆有旒也。此鄭説之不可不辨者。”②

按：江永一語道破癥結所在：“鄭氏蓋因此云‘前後邃延’而誤。”下面我們再看鄭玄如何把他對《禮記·玉藻》的誤解移植到《周禮》：

> 《周禮·夏官·弁師》：“掌王之五冕，皆玄冕朱裏，延紐。五采繅十有二就，皆五采玉十有二。”鄭玄注：“延，冕之覆，在上，是以名焉。紐，小鼻，在武上，笄所貫也。繅，雜文之名也，合五采絲爲之繩，垂於延之前後各十二，所謂邃延也。就，成也。繩之每一帀而貫五采玉十二斿，則十二玉也。每就間蓋一寸。此爲衮衣之冕十二斿，則用玉二百八十八。”③

按：《周禮》經文只有一個“延”字，怎麽能夠生發出“垂於延之前後各十二，所謂邃延也”這麽嘟嘟啦啦的一長串含義？此無他，就是因爲鄭玄把他對《禮記·玉藻》的解讀直接代入了他對《弁師》的解讀。如果説《玉藻》鄭注是增字解經，那麽，《弁師》鄭注則是在“增字解經”上的變本加厲，錯得更離譜了。

由於鄭玄是經學權威，朝野上下對他的迷信達到了“寧道孔聖誤，諱聞鄭服非”的嚇人程度。隋唐以後，“二十四旒”説就不再是一個紙上寫寫、嘴上説説的話題，而是天子頭上所戴的冕也都變成了貨真價實的二十四旒！幸讀者

① 《春秋左傳正義》，第165頁。

② （清）江永《禮記訓義擇言》，景印文淵閣《四庫全書》第128册，第347頁。

③ 《周禮注疏》，第983—984頁。

明辨之。

顧頡剛先生《古史辨自序·戰國秦漢間人的造僞與辨僞》——《司馬遷與鄭玄的整齊故事》："訓詁中最有權威的是鄭玄，他曾遍注群經，學問最博，而留下的新問題最多。他的經注，可駁的實在太多了。"①

在現當代歷史學家當中，管見所及，只有吕思勉先生不同凡響，獨樹一幟。吕思勉《中國制度史》第五章《衣服》云："按：《大戴記》云：'冕而前旒，所以蔽明也；黈絖塞耳，所以弇聰也。'後旒失蔽明之義矣。《續漢書·輿服志》：'孝明皇帝永平二年，初詔有司采《周官》《禮記》《尚書·皋陶篇》，乘輿服從歐陽氏説，公卿以下從大小夏侯氏説，冕皆廣七寸，長尺二寸，前圓後方，朱緑裏，玄上，前垂四寸，後垂三寸，係白玉珠爲十二旒，以其綬采色爲組纓。三公、諸侯七旒，青玉爲珠；卿大夫五旒，黑玉爲珠。皆有前無後。各以其綬采色爲組纓，旁垂黈纊。'此蓋有所受之，鄭説非也。"②

當然，作爲點校本，我們不可能如此長篇大論。但我們不妨以簡要按語出之。例如，可以説：按："制冕二十四旒"之説是錯誤的，其説源出鄭玄對《禮記·玉藻》和《周禮·夏官·弁師》的誤注，前人已有批駁。可以參看清人江永《禮記訓義擇言》卷五、吕思勉《中國制度史》第五章《衣服》。

這樣做，對校點者來説是有史識；對讀者來説，是功德之舉。

又按：點校本《金史》失誤在先（976 頁 8 行）。

三、校勘失誤者，24 例：

(1) 741 頁 10 行：按《禮記》"萬物本乎天，人本乎祖，此所以祖配上帝也"。【三】

校勘記【三】此所以祖配上帝也　按《禮記·郊特牲》，"配"上無"祖"字。

按：無"祖"字是也。《景刊唐開成石經》中的《禮記》無"祖"字③。影印南宋越刊八行本《禮記正義》亦無"祖"字④。建議改寫校勘記，删去"祖"字。

又按：點校本《金史》失誤在先（693 頁倒 5 行）。

---

① 顧頡剛《古史辨自序》上，石家莊：河北教育出版社 2000 年版，第 168 頁。

② 吕思勉《中國制度史》，上海：上海教育出版社 2001 年版，第 162 頁。

③ 《景刊唐開成石經》第 2 册，北京：中華書局 1997 年版，第 1073 頁。

④ 《影印南宋越刊八行本禮記正義》中册，北京：北京大學出版社 2014 年版，第 804 頁。

(2) 742 頁 2 行：仰惟太祖之基命，詔我本朝之燕謀，奄有萬邦。

按：“詔”，景印文淵閣四庫本作“詒”，是[①]。蓋形近而誤。按：《毛詩·大雅·文王有聲》：“詒厥孫謀，以燕翼子。”此即“詒我本朝之燕謀”之出典。

又按：點校本《金史》失誤在先（694 頁 3 行）。

(3) 744 頁倒 2 行：又設陪祀皇族於道南，西向。

按：《欽定續文獻通考》卷六五[②]、秦蕙田《五禮通考》卷一七[③]徵引此節在“皇族”下有一“位”字，是。應出校，補“位”字。

又按：點校本《金史》失誤在先（697 頁 1 行）。

(4) 748 頁 5—8 行：光禄卿帥其屬入實祭器，昊天上帝、皇地祇、配位每位籩三行，以右爲上，形鹽在前，魚鱐糗餌次之。第二行榛實在前，乾桃乾穣乾棗次之【一六】，第三行乾菱在前，乾芡乾栗鹿脯次之。豆三行，以左爲上，芹菹在前，筍菹葵菹次之，第二行薤菹在前，菁菹魚醢兎醢次之，第三行豚胉在前，醓醢酏食鹿臡次之。簠黍，簋稷，登皆大羹。

按：這一段文字，既有校勘失誤，也有標點不達意。關鍵在於校點者没有找到這段文字的出典。按：《政和五禮新儀》卷二五《皇帝祀昊天上帝儀一》：“光禄卿帥其屬入實正配位籩豆、簠簋。”小字注云：“籩三行，以右爲上。第一行，形鹽在前，魚鱐、糗餌次之。第二行，榛實在前，乾桃、乾穣、乾棗次之。第三行，菱在前，芡栗、鹿脯次之。三行，左爲上。第一行，芹菹在前，笋菹、菁菹葵菹次之。第二行，韭菹在前，配食、魚醢次之。第三行，豚拍在前，（按：此脱“酏食”二字）鹿臡、醢（按：“醓”字之誤）醢次之。簠實以稻，簋實以黍，登實以太羹。”

筆者認爲，《政和五禮新儀》這段文字就是《金史·禮志》這段文字的出典。《金史·禮志》序云：“金人之入汴也，時宋承平日久，典章禮樂，粲然備具。金人既悉收其圖籍，載其車輅、法物、儀仗而北。”又云：“宣宗南播，彊宇日蹙。圖籍散逸，既莫可尋。故書之存，僅《集禮》若干卷，其藏史館者，又殘缺弗完。”從中可知，第一，金人在建立禮制上是很借重宋代文獻的；第二，元人修《金史·禮志》時，已痛感金代文獻殘缺。這兩點就提醒我們，在點校《金史·禮志》時，應注意上溯宋代文獻。

下面讓我們言歸正傳。對比可知，《金史·禮志》的“形鹽在前”前脱

---

① 《金史》，景印文淵閣四庫本，第 290 册，第 372 頁。

② 《欽定續文獻通考》，景印文淵閣四庫本，第 628 册，第 11 頁。

③ （清）秦蕙田《五禮通考》，景印文淵閣四庫本，第 135 册，第 443 頁。

“第一行”三字，“芹菹在前”前脱“第一行”三字，“筍菹”下脱“菁菹”二字（按：下文的“菁菹、魚醢、兎醢次之”和“醓醢、酏食、鹿臡次之”，都是三種供品，而唯獨此處是兩種供品，其爲脱文可知）。

除了三處脱文之外，再看《修訂本》“乾𧀼”之“𧀼”的校勘記：“𧀼”，原作“橑”，據局本改。按：“𧀼”，音老，狹義爲乾梅，廣義則泛指乾果。“橑”，《廣韻》音盧皓切、落蕭切，即有老、聊二音，意爲屋椽、柴薪、車蓋弓。據文義，此處作“𧀼”是。下同改，不另出校。

按：這條校勘記，“按：‘𧀼’，音老”云云，有點捨近求遠。試舉一則“𧀼”字爲是的他校證據：《周禮·天官·籩人》：“饋食之籩，其實棗、栗、桃、乾𧀼、榛實。”鄭玄注：“乾𧀼，乾梅也。”[①] 這是“乾𧀼”一詞的最早出處。用此他校證據，簡潔明快。

又按：點校本《金史》失誤在先（700頁6—9行）。

（5）748頁末行：山罍爲下，實以三酒。

按：“三酒”，《大唐開元禮》卷四《皇帝冬至祀圜丘》[②]、《通典》卷一〇九《皇帝冬至祭圜丘》作“清酒”[③]，是。按：《周禮·天官·酒正》：“辨三酒之物，一曰事酒，二曰昔酒，三曰清酒。”鄭玄注引鄭司農云：‘事酒，有事而飲也；昔酒，無事而飲也；清酒，祭祀之酒。’”[④] 這裏講的正是祭祀，故用清酒。

又按：點校本《金史》失誤在先（700頁末行）。

（6）749頁2行：山尊爲下，實以三酒。

按：“三酒”，《唐六典》卷一五《光禄寺》[⑤]、《大唐開元禮》卷四《皇帝冬至祀圜丘》[⑥]、庫本《通典》卷一〇九《皇帝冬至祭圜丘》[⑦] 及《唐會要》卷八[⑧]皆作“清酒”，是。按：《周禮·天官·酒正》：“辨三酒之物，一曰事酒，二曰昔酒，三曰清酒。”鄭玄注引鄭司農云：‘事酒，有事而飲也；昔酒，無事而飲也；清酒，祭祀之酒。’”[⑨] 這裏講的正是祭祀，故用清酒。

---

① 《周禮注疏》，第159頁。
② 《大唐開元禮》，景印文淵閣四庫本，第646册，第72頁。
③ 《通典》，景印文淵閣四庫本，第604册，第354頁。
④ 《周禮注疏》，第142頁。
⑤ （唐）李林甫撰，陳仲夫點校《唐六典》，北京：中華書局1992年版，第448頁。
⑥ 《大唐開元禮》，景印文淵閣四庫本，第646册，第72頁。
⑦ 《通典》，景印文淵閣四庫本，第604册，第354頁。
⑧ 《唐會要》，北京：中華書局1955年版，第130頁。
⑨ 《周禮注疏》，第142頁。

又按：點校本《金史》失誤在先（701頁2行）。

(7) 749頁3行：概尊實以三酒。

按：“三酒”，《唐六典》卷一五“良醖令之職”作“清酒”[①]，是。按：《周禮·春官·鬯人》：“凡祼事用概，凡疈事用散。”鄭玄注：“概、散皆漆尊也。”[②] 按：《説文解字·礻部》：“祼，灌祭也。”[③] 又，《周禮·天官·酒正》：“辨三酒之物，一曰事酒，二曰昔酒，三曰清酒。”鄭玄注引鄭司農云：‘事酒，有事而飲也；昔酒，無事而飲也；清酒，祭祀之酒。’”[④] 這裏講的是祭祀，故用清酒。

又按：點校本《金史》失誤在先（701頁3行）。

(8) 761頁倒2行：初獻讀誓曰：“今年五月幾日夏至，祭皇地祇於方丘。”

按：《欽定續文獻通考》卷六九[⑤]、秦蕙田《五禮通考》卷三九[⑥]徵引此節“幾”作“某”，疑是。

又按：點校本《金史》失誤在先（711頁末行）。

(9) 766頁3行：山罍爲下，實以三酒。

按：“三酒”，當作“清酒”。詳上文748頁末行“山罍爲下，實以三酒”按語。

又按：點校本《金史》失誤在先（716頁4行）。

(10) 766頁5行：皆左實明水，右實玄酒，皆尚醖代。

按：下文作“以上尊，皆左以明水，右以玄酒，皆尚醖代之”，此處“皆尚醖代”下疑脱“之”字。

又按：點校本《金史》失誤在先（716頁6行）。

(11) 766頁5行：山罍爲下，實以三酒。

按：“三酒”，當作“清酒”。詳上文749頁2行“山罍爲下，實以三酒”按語。

又按：點校本《金史》失誤在先（716頁6行）。

(12) 766頁7行：概尊實以三酒。

按：“三酒”，當作“清酒”。詳上文749頁3行“概尊實以三酒”按語。

又按：點校本《金史》失誤在先（716頁8行）。

---

① （唐）李林甫撰，陳仲夫點校《唐六典》，第448頁。

② 《周禮注疏》，第602頁。

③ （東漢）許慎《説文解字》，北京：中華書局1963年版，第8頁。

④ 《周禮注疏》，第142頁。

⑤ 《欽定續文獻通考》，景印文淵閣四庫本，第628册，第88—89頁。

⑥ （清）秦蕙田《五禮通考》，景印文淵閣四庫本，第135册，第1008頁。

（13）766頁倒4行：禮直官、贊者分引太常卿、光禄卿、（太常）丞，監禮、祭、太官令等詣内壝東門外省牲位【八】。

按：《欽定續文獻通考》卷六九[①]、秦蕙田《五禮通考》卷三九“監禮、祭”作“監禮、監祭”[②]，是。應補“監”字。另，“（太常）丞”後的逗號，應作頓號。

又按：點校本《金史》失誤在先（716頁倒3行）。

（14）768頁末行：光禄卿實以籩豆簠簋【十二】

校勘記【十二】光禄卿實以籩豆簠簋　“以”字疑衍。按，《續文獻通考》卷六九《郊社考·北郊儀》記此事無“以”字。

按：“以”字確是衍文。兹補充一個他校證據：《明集禮》卷一“陪祀執事員數”也有一句“光禄卿實籩豆簠簋”，没有“以”字[③]。建議改寫校勘記，删去“以”字。

又按：點校本《金史》失誤在先（718頁1行）。

（15）772頁倒3行：高禖。歲以春分日祀青帝、伏羲氏、女媧氏，凡三位，壇上，南向，西上。姜嫄、簡狄位於壇之第二層，東向北上。

按：史志誤也。“青帝”與“伏羲氏”乃一人。“青帝”是“伏羲氏”的定語。不是“凡三位”，而是“凡二位”。知者，《禮記·月令·孟春之月》：“其帝大皞。天子乘鸞路，駕倉龍，載青旂，衣青衣，服倉玉。”鄭玄注：“此蒼精之君。大皞，宓戲氏。”孔穎達疏：“蒼是東方之色，故下云‘駕蒼龍，服蒼玉’，此是蒼精之君也。龍與玉言‘倉’者，倉亦青也。”[④]《文選》卷三〇謝玄暉《始出尚書省》：“青精翼紫軑。”李善注：“《春秋元命苞》曰：‘殷紂之時，五星聚房。房者，蒼神之精，周據而興。’然青即蒼也。”[⑤]可知《月令》中的“蒼精之君”伏羲氏，一曰青帝。又，《政和五禮新儀》卷二《序例》：“春分高禖，祀青帝伏羲氏、帝高辛氏。”[⑥]也是兩位，只不過以高辛氏取代了女媧氏而已。

又按：點校本《金史》失誤在先（722頁末行）。

（16）772頁末行：陳御弓矢弓韣於上下神位之右，

---

① 《欽定續文獻通考》，景印文淵閣四庫本，第628册，第92頁。

② （清）秦蕙田《五禮通考》，景印文淵閣四庫本，第135册，第1011頁。

③ 《明集禮》，景印文淵閣四庫本，第649册，第83頁。

④ 《禮記正義》，第599頁、613頁。

⑤ （梁）蕭統編《六臣注文選》，北京：中華書局1987年版，第567頁。

⑥ 《政和五禮新儀》，景印文淵閣四庫本，第647册，第140頁。

按：此“御”字在此毫無來由。《禮記·月令·孟春之月》：“乃禮天子所御，帶以弓韣，授以弓矢，于高禖之前。”鄭玄注：“天子所御，謂今有娠者。於祠，大祝酌酒飲於高禖之庭，以神惠顯之也。帶以弓韣，授以弓矢，求男之祥也。”① 《明史》卷四九《禮志三》“高禖”：“高禖在壇下西向，牲數如之，禮三獻。皇帝位壇下北向，后妃位南數十丈外北向，用帷。壇下陳弓矢、弓韣，如后妃嬪之數。”② 《續通典》卷五四徵引明代高禖事，亦曰“壇下陳弓矢、弓韣，如后妃嬪之數”。③ 二書“陳”字下皆無“御”字。須知那個“御”字指的是懷孕的妃嬪，如何“陳”法？

又按：點校本《金史》失誤在先（723頁2行）。

（17）781頁1行：禘祫。大定十一年尚書省奏禘祫之儀曰：“《禮緯》‘三年一祫，五年一禘’。唐開元中，太常議，禘祫之禮皆爲殷祭，祫謂合食祖廟，禘謂禘序尊卑。申先君逮下之慈，成群嗣奉親之孝。自異常享，有時行之。祭不欲數，數則黷；不欲疎，疎則怠。是以王者法諸天道，以制祀典，烝嘗象時，禘祫象閏。五歲再閏，天道大成，宗廟法之，再爲殷祭。”

按：《金史》這段“太常議”以下的文字蓋取自《舊唐書》卷二六《禮儀六》：“太常議曰：禘祫二禮，俱爲殷祭。祫爲合食祖廟，禘謂禘序尊卑。申先君逮下之慈，成群嗣奉親之孝。事異常享，有時行之。然而祭不欲數，數則黷；亦不欲疎，疎則怠。故王者法諸天道，制祀典焉。烝嘗象時，禘祫如閏，五歲再閏，天道大成。宗廟法之，再爲殷祭者也。”④

兩相對比，《金史》的校勘、標點均有待改進之處。先説校勘。《金史》“自異常享”之“自”，《舊唐書》作“事”，是。再説標點。《金史》之“太常議”以下的十九句，均是引文，應加引號。而其中的“祭不欲數，數則黷；不欲疎，疎則怠”四句，則是引文中的引文，見《禮記·祭義》：“祭不欲數，數則煩；祭不欲疏，疏則怠。”⑤ 也應該加引號。

又按：點校本《金史》失誤在先（731頁1—5行）。

（18）793頁末行：散齋四日，治事如故，宿於正寢，唯不弔喪、問疾、作樂、判書刑殺文字、決罰罪人及預穢惡。致齋，三日於本司，唯享事得行，其

---

① 《禮記正義》，第631頁。

② 《明史》，北京：中華書局1974年點校本，第1276頁。

③ 《續通典》，景印文淵閣四庫本，第640册，第181頁。

④ 《舊唐書》，第997頁。

⑤ 《禮記正義》，第1806頁。

餘悉禁，一日於享所【一四】。

校勘記【一四】致齋三日於本司唯享事得行其餘悉禁一日於享所　按：本卷上文“前七日，受誓戒”“散齋四日”，則致齋共三日。其中二日於本司，一日於享所。疑此處“三日”爲“二日”之訛，或“於本司”前脱“二日”字。

按：校點者的兩種疑慮，後者是也。知者，《政和五禮新儀》卷一〇五《時享太廟儀》：“散齋七（按：七，當作“四”）日，治事如故。宿于正寢，不弔喪、問疾、作樂、判書刑殺文書、决罰罪人及與穢惡。致齋三日，二日于本司，唯享事得行，其餘悉禁。”[①] 此即《金史・禮志》此節文字之出典。

又按：點校本誤與此同，只是没有出校勘記而已（743頁倒3行）。

（19）798頁9行：其七祀，夏竈、中霤，秋門、厲，冬行，鋪設祭器，入實酒饌，俟終獻將升獻，獻官行禮，并讀祝文。

按：志文講“七祀”，但漏掉了二祀：户與司命。按：《禮記・祭法》：“王爲群姓立七祀，曰司命，曰中霤，曰國門，曰國行，曰泰厲，曰户，曰竈。”[②] 這是七祀的最早出典。《舊唐書》卷二五《禮儀五》：“時享之日，修七祀於太廟西門内之道南。司命、户以春，竈以夏，門、厲以秋，行以冬，中霤則於季夏迎氣日祀之。”[③] 這是唐代的七祀。《宋史》卷一〇三《禮志六》：“太廟：司命、户、竈、中霤、門、厲、行七祀。”[④] 這是宋代的七祀。《大金集禮》卷三八：“七祀通用祝文：維年月日甲子，皇帝遣具官姓名，昭告於司命、户、竈、中霤、門、厲、行。以兹孟月，享於太宫，惟爾有神，宜膺祀典。謹以犧齊、粢盛、庶品，式遵常禮，尚饗。”[⑤] 《續通志》卷一一三：“金七祀隨時享，春户、司命，夏竈、中霤，秋門、厲，冬行。凡郊祀前一日，朝享太廟，亦設七祀之座，遣官獻之。”[⑥] 這是金代的七祀。根據上述五種文獻記載，得出結論：志文“其七祀”下脱“春户、司命”四字，應補。

又按：點校本《金史》失誤在先（748頁3行）。

（20）806頁倒3行：又設文武群官位於横階之南，東、西向。

按：《續文獻通考》卷七六、秦蕙田《五禮通考》卷九四同。“東、西向”

① 《政和五禮新儀》，景印文淵閣四庫本，第647册，第572頁。

② 《禮記正義》，第1799頁。

③ 《舊唐書》，第941頁。

④ 《宋史》，第2521頁。

⑤ 《大金集禮》，景印文淵閣四庫本，第648册，第291頁。

⑥ 《續通志》，景印文淵閣四庫本，第393册，第723頁。

的表述罕見，且費解，疑誤。《金史》卷三〇《禮志三》：“又設助祭文武群官位於橫街之南，東向，北上。”① 可備參考。

又按：點校本《金史》失誤在先（754 頁倒 2 行）。

（21）813 頁 3 行：嘗雛雞以黍，羞以瓜【十一】。

校勘記【十一】嘗雛雞以黍羞以瓜　前一“以”字，疑當作“與”。按：《政和五禮新儀》卷五《祭器》“仲夏。豆二，實以雛，以黍；籩一，實以瓜”，知“雛雞”與“黍”爲二物。《續文獻通考》卷一一二《宗廟考・時享薦新》上記此事作“嘗雛雞與黍”。

按：校點者不知這幾句話的原始出典，所以校勘記没有説到點子上。按：《禮記・月令・仲夏之月》：“是月也，天子乃以雛嘗黍，羞以含桃，先薦寢廟。”鄭玄注：“此嘗雛也，而云以嘗黍，不以牲主穀也。必以黍者，黍，火穀，氣之主也。含桃，櫻桃也。”② 可知“嘗雛雞以黍”五字的問題，不在“以”字上，而在“雞”字上。説白了，“雞”是衍字。《説文解字・隹部》：“雛，雞子也。”段玉裁注云：“雞子，雞之小者也。③”簡言之，雛，小雞也。“雞”是衍字，顯而易見。再説“前一‘以’字，疑當作‘與’”的問題。楊樹達《詞詮》：“以，介詞，與也。”④ 這就是説，“以”字不誤，毋庸置疑。結論：這條校勘記應該改寫，論證“雞”是衍字，删掉它。

又按：點校本誤與此同，只是没有出校勘記而已（761 頁 4 行）。

（22）828 頁倒 3 行：保民耆艾曰明，

按：黄懷信等撰、李學勤審定《逸周書彙校集注》：“保民耆艾曰胡。”【彙校】劉師培云：《續博物志》“胡”作“明”，誤。《金史・禮志》亦作“明”，定爲后謚，尤誤。⑤ 按：《毛詩・周頌・載芟》：“胡考之寧。”毛傳：“胡，壽也。考，成也。”⑥ 是“胡”有“壽”義。爲什麽劉師培説“定爲后謚，尤誤”？按：《白虎通》卷二《謚》：“后夫人於何所謚之？以爲於朝廷。朝廷本所以治政之處，臣子共審謚，白之於君，然後加之。婦人天夫，故但白君而已。何以

---

① 《金史》，第 783 頁。

② 《禮記正義》，第 666 頁。

③ （清）段玉裁《説文解字注》，第 142 頁。

④ 楊樹達《詞詮》，北京：中華書局 1954 年版，第 354 頁。

⑤ 黄懷信等撰，李學勤審定《逸周書彙校集注》，上海：上海古籍出版社 1995 年版，第 701 頁。

⑥ 《毛詩正義》，北京：北京大學出版社 2000 年版，第 1599 頁。

知不之南郊也？婦人本無外事，何爲於郊也！《禮·曾子問》曰：'唯天子稱天以誄之。'唯者，獨也，明天子獨於南郊耳。"[①] 可知所謂"尤誤"，就誤在没有遵守"婦人天夫，故但白君而已"。

又按：點校本《金史》失誤在先（774頁倒4行）。

（23）829頁7行：申情見貌曰穆【四】，

校勘記【四】申情見貌曰穆　"申"，《世本》卷十《謚法》、《逸周書》卷六《謚法解》、《史記正義·謚法解》均作"中"。

按：作"中"是也。蓋形近而誤。知者，宋蘇洵《謚法》卷二："中情見貌曰穆。《詩》曰：'穆穆文王，於緝熙敬止。'又曰：'穆穆魯侯，敬明其德。'夫惟有於内而見於外，而後可以爲穆也。"宋黄榦《儀禮經傳通解續》卷六："中情見貌曰穆，性心露也。"黄懷信等撰、李學勤審定《逸周書彙校集注》："中情見貌曰穆。"【校注】中情：内心感情[②]。三家都是以"内"字注釋"中"字，明作"中"是。建議改字出校。

又按：點校本《金史》失誤在先，只是没有出校勘記（775頁6行）。

（24）1047頁11行：蓋鎮圭以鎮天下，以四鎮山爲飾。

按：《大金集禮》卷二九"飾"字上有一"瑑"（訛作"琢"）字，是，應補。《周禮·春官·典瑞》："瑑圭、璋、璧、琮。"鄭玄注引鄭司農曰："瑑，有圻鄂瑑起。"[③] 孫詒讓《周禮正義》云："此瑑圭亦有刻文隆起，故云'有圻鄂瑑起'也。"[④] 按：瑑（zhuàn 篆），在玉器上雕刻的隆起裝飾紋。

又按：點校本《金史》失誤在先（977頁10行）。

四、破句，6例：

（1）752頁末行：於昊天上帝位，司徒搢笏北向跪奉，粉餈籩在糗餌之前，糝食豆在醓醢之前，

按："跪奉"二字當屬下爲句。

又按：點校本《金史》失誤在先（704頁倒2行）。

（2）767頁10行：又贊"諸執事者各就位"，禮直官引諸執事各就其位俟，太祝跪取玉幣於篚，立於尊所。諸位太祝亦各取玉幣，立於尊所。

---

① （清）陳立《白虎通疏證》，第76頁。

② 黄懷信等撰，李學勤審定《逸周書彙校集注》，第292頁。

③ 《周禮注疏》，第630頁。

④ （清）孫詒讓《周禮正義》，第1583—1584頁。

按：破句。按《金史・禮志》文例，“俟”字皆在句首。此“俟”字，當屬下爲句。

又按：點校本《金史》失誤在先（717頁倒4行）。

（3）785頁2行：良醖令入實尊彝。斝彝、黄彝實以鬱鬯，犧尊、象尊、著尊實以玄酒外，皆實以酒，用香藥酒。

按：破句。“外”字當屬下爲句。此言“犧尊、象尊、著尊實以玄酒”，除此之外，“皆實以酒（用香藥酒）”。

又按：點校本《金史》失誤在先（735頁3行）。

（4）787頁倒3行：太祝、宫闈令捧出帝后神主，設於座。以次，逐室神主各設於内黼扆前，置定。

按：“以次”二字，當屬上爲句。即標作：太祝、宫闈令捧出帝后神主，設於座，以次。“以次”者，帝后神主甚多，按照先後順序“設於座”也（789頁3—4行）。

又按：點校本《金史》失誤在先（737頁末行）。

（5）813頁2行：薦新。……三月，韭，以卵、以葑。”

按：破句。當標作：韭以卵、以葑。知者，《禮記・王制》：“庶人春薦韭，夏薦麥，秋薦黍，冬薦稻。韭以卵，麥以魚，黍以豚，稻以鴈。”鄭玄注：“庶人無常牲，取與新物相宜而已。”孫希旦《禮記集解》：“春穀未成而韭可食，春物未成而卵易得，故‘韭以卵’。”[①] 所謂“韭以卵”，就是用韭菜配上雞蛋。“以”者，與也，詳楊樹達《詞詮》。

又按：點校本《金史》失誤在先（761頁3行）。

（6）1051頁1行：祭服。皇統七年，太常寺言：“太廟成後，奉安神主，祫享行禮，凡行事、執事、助祭、陪位官，準古典當服衮冕、九章畫降龍，隨品各有等差。”

按：“準古典當服衮冕、九章畫降龍”，如此讀法，破句。當標作“準古典當服衮冕九章，畫降龍”。知者，《周禮・春官・司服》：“享先王則衮冕。”鄭玄注：“《書》曰：‘予欲觀古人之象，日、月、星辰、山、龍、華蟲，作繢；宗彝、藻、火、粉米、黼、黻，希繡。’此古天子冕服十二章，舜欲觀焉。王者相變，至周，而以日、月、星辰畫於旌旗，所謂‘三辰旂旗，昭其明也’。而冕服九章，登龍於山，登火於宗彝，尊其神明也。九章，初一曰龍，次二曰山，次三曰華蟲，次

① （清）孫希旦《禮記集解》，北京：中華書局1989年版，第353頁。

四曰火，次五曰宗彝，皆畫以爲繢；次六曰藻，次七曰粉米，次八曰黼，次九曰黻，皆希以爲繡。則衮之衣五章，裳四章，凡九也。"① 所謂"畫降龍"，意謂畫一條頭朝下的龍。而天子則是"畫交龍"（一條頭朝上，一條頭朝下）。

又按：點校本《金史》失誤在先（980 頁倒 2 行）。

五、錯簡，1 例：

813 頁 6 行：制可。牛魚狀似鮪，鮪之類也。

按：錯簡。小字注文"牛魚狀似鮪，鮪之類也"，放在"制可"下不合適，應放在此頁上文"正月，鮪，明昌間用牛魚"句下。

又按：點校本《金史》失誤在先（761 頁 7 行）。

六、史志明引經文而失於核查者，1 例：

779 頁 6 行：《春秋》之義不以親親害尊尊，

按："不以親親害尊尊"應加引號。知者，《春秋穀梁傳》文公二年："君子不以親親害尊尊，此《春秋》之義也。"②

又按：點校本《金史》失誤在先（729 頁 6 行）。

七、史志暗引經文而渾然不覺者，5 例：

(1) 740 頁 5 行：嗚呼，禮之爲國也信矣夫。

按：《左傳》昭公二十六年："公曰：'善哉！我不能矣。吾今而後知禮之可以爲國也。'對曰：禮之可以爲國也久矣，與天地並。"③ 然則，"禮之爲國也"五字應加引號。

又按：點校本《金史》失誤在先（692 頁 5 行）。

(2) 741 頁 11 行：自外至者無主不止，

按：此八字是暗引經注，應加引號。知者，《禮記·喪服小記》："王者禘其祖之所自出，以其祖配之。"鄭玄注："禘，大祭也。始祖感天神靈而生，祭天則以祖配之。自外至者，無主不止。"④

又按：點校本《金史》失誤在先（693 頁倒 4 行）。

---

① 《周禮注疏》，第 646 頁。

② 《春秋穀梁傳注疏》，北京：北京大學出版社 2000 年版，第 186 頁。

③ 《春秋左傳正義》，第 1702 頁。

④ 《禮記正義》，第 1298 頁。

(3) 828 頁 3 行：且禮多爲貴，固前籍之美談；德厚流光，實本朝之先務。

按：兩處暗引經文。應標作：且“禮多爲貴”，固前籍之美談；“德厚流光”，實本朝之先務。知者，《禮記·禮器》：“禮有以多爲貴者：天子七廟，諸侯五，大夫三，士一；天子之豆二十有六，諸公十有六，諸侯十有二，上大夫八下，大夫六；諸侯七介七牢，大夫五介五牢；天子之席五重，諸侯之席三重，大夫再重。天子崩，七月而葬，五重八翣；諸侯五月而葬，三重六翣；大夫三月而葬，再重四翣。此以多爲貴也。”① 此“禮多爲貴”之出典。

《春秋穀梁傳》僖公十五年：“天子七廟，諸侯五，大夫三，士二，故德厚者流光，德薄者流卑。是以貴始，德之本也。始封必爲祖。”范甯注：“若契爲殷祖，棄爲周祖。”② 此“德厚流光”之出典。

又按：點校本《金史》失誤在先（774 頁 3 行）。

(4) 940 頁 5 行：乃取大樂與天地同和之義，名之曰“大和”。

按：《禮記·樂記》：“大樂與天地同和，大禮與天地同節。”③ 然則，“大樂與天地同和”應加引號。

又按：點校本《金史》失誤在先（882 頁 5 行）。

(5) 942 頁 11 行：故六變而樂止，則天神皆降，可得而禮也。

按：《周禮·春官·大司樂》：“若樂六變，則天神皆降，可得而禮矣。”④ 然則，“則天神皆降，可得而禮也”應加引號。

又按：點校本《金史》失誤在先（884 頁 10 行）。

八、不辨書名，3 例：

(1) 828 頁倒 4 行：謹按謚法，布義行剛曰景，主義行德曰元……

按：此“謚法”是《逸周書》篇名，應加書名號。按：《逸周書》卷六《謚法解》：“布義行剛曰景，主義行德曰元。”⑤

又按：點校本《金史》失誤在先（774 頁倒 4 行）。

(2) 855 頁倒 2 行：宣孝太子廟。大定二十五年七月，有司奏：“依唐典，故太子置廟，設官屬奉祀。”

---

① 《禮記正義》，第 963—964 頁。

② 《春秋穀梁傳注疏》，第 153 頁。

③ 《禮記正義》，第 1474 頁。

④ 《周禮注疏》，第 689 頁。

⑤ 《逸周書》，景印文淵閣四庫本，第 370 册，第 40—42 頁。

按：此“唐典”，非唐代之典，而是《唐六典》的簡稱，應標書名號。按：《唐六典》卷一四《太常寺》屬下：“諸太子廟，令各一人，從八品上；丞一人，正九品下。”①

又按：點校本《金史》失誤在先（799 頁倒 2 行）。

（3）895 頁 1 行：禮官言：“按唐典，皇家周親視三品，大功親、小功尊屬視四品，小功親、緦麻尊屬視五品，緦麻袒免以上視六品。（840 頁倒 4 行）

按：此“唐典”，也是《唐六典》的簡稱，應標書名號。知者，《唐六典》卷一六：“凡太皇太后、皇太后、皇后之親，分五等，皆先定於司封，宗正受而統焉。凡皇周親、皇后父母爲第一等，準三品。皇大功親，皇小功尊屬，太皇太后、皇太后、皇后周親，爲第二等，準四品。皇小功親，皇緦麻尊屬，太皇太后、皇太后、皇后周大功親，爲第三等，準五品。皇緦麻親爲第四等，皇袒免親、太皇太后小功卑屬、皇太后皇后緦麻親及舅母姨夫爲第五等，並準六品。”②

又按：點校本《金史》失誤在先（840 頁倒 4 行）。

九、失加專名號、書名號，1 例：

942 頁 7 行：又按《周禮·大司樂》，“凡樂，圜鐘爲宫，黄鐘爲角，太簇爲徵，姑洗爲羽。雷鼓、雷鼗，孤竹之管，雲和之琴瑟【二】，雲門之舞。冬日至地上之圜丘奏之【三】，若樂六變，則天神皆降，可得而禮矣。”

按：《周禮·大司樂》鄭玄注引鄭司農云：“雲和，地名也。”鄭玄自注云：“雲和，山名。”③ 又《周禮·大司樂》：“以樂舞教國子：舞《雲門》《大卷》《大咸》《大磬》《大夏》《大濩》《大武》。”鄭玄注：“此周所存六代之樂。黄帝曰《雲門》《大卷》，黄帝能成名萬物，以明民共財，言其德如雲之所出，民得以有族類。”④ 要之，“雲和”應加專名號，《雲門》應加書名號。

又按：點校本《金史》失誤在先（884 頁 6 行）。

十、“太祖”“始祖”濫用專名號，若干例：

（1）741 頁倒 3 行：後禮院上議，以爲對越天地，神無二主，由是止以太祖配。

① （唐）李林甫撰，陳仲夫點校《唐六典》，第 402 頁。

② 同上書，第 466 頁。

③ 《周禮注疏》，第 690—691 頁。

④ 同上書，第 677 頁。

741 頁末行：今止當以太祖配。

742 頁 2 行：仰惟太祖之基命，

《金史》中的“太祖”，數以百計，姑取以上三例爲例。

按：《周禮・天官・夏采》：“掌大喪以冕服復于大祖。”鄭玄注：“大祖，始祖廟也。”① 又，《儀禮・喪服》鄭玄注：“大祖，始封之君。始祖者，感神靈而生，若稷、契也。”② 又，《禮記・大傳》：“諸侯及其太祖。”鄭玄注：“太祖，受封君也。”③ 可知“太祖”一詞有二義：一是始祖廟，二是始封之君。此二義，都是普通名詞，不是專有名詞，不應使用專名號。

又按：點校本《金史》失誤在先（693 頁倒 2 行）。

(2) 784 頁 5 行：置於始祖尊彝所，

2 頁 4 行：金之始祖諱函普，初從高麗來，年已六十餘矣。”

787 頁倒 3 行：宫闈另升殿，開始祖祏室。

《金史》中的“始祖”，據查，有 79 例，姑取以上三例爲例。

按：《禮記・喪服小記》：“别子爲祖。”鄭玄注：“諸侯之庶子，别爲後世爲始祖也。”④ 《左傳》昭公二十九年杜預注：“棄，周之始祖，能播百穀。”⑤ 《春秋穀梁傳》僖公十五年：“天子七廟，諸侯五，大夫三，士二，故德厚者流光，德薄者流卑。是以貴始，德之本也。始封必爲祖。”范甯注：“若契爲殷祖，棄爲周祖。”⑥ 然則，始祖者，初始之祖也。《百家姓》上的任何一姓都有其始祖，始祖之爲普通名詞，顯而易見。作爲專有名詞處理，失之。

又按：點校本《金史》失誤在先（734 頁 6 行）。

（作者單位：河南師範大學文學院）

---

① 《周禮注疏》，第 259—260 頁。

② 《儀禮注疏》，第 668 頁。

③ 《禮記正義》，第 1349 頁。

④ 同上書，第 1299 頁。

⑤ 《春秋左傳正義》，第 1740 頁。

⑥ 《春秋穀梁傳注疏》，第 153 頁。

儒家典籍與思想研究（第十四輯）
北京大學出版社，2022年8月

《四庫全書總目》五經總義類四書類提要訂誤

孫利政

【内容提要】 《四庫全書總目》是中國古代集大成的目録學著作，然其中訛誤錯漏之處不在少數。文章以中華書局整理本《欽定四庫全書總目》爲底本，參校各種類型的四庫提要，並採用《總目》著録之典籍與提要徵引之原文獻，就經部五經總義類、四書類提要進行考校，共校正各類訛誤二十六則。

【關鍵詞】 四庫全書總目　五經總義類　四書類　訂誤

《四庫全書總目》是中國古代集大成的目録學著作，一直備受學者關注，對其進行考辨校訂的專著、論文也層出不窮。1997年中華書局出版了《欽定四庫全書總目》"整理本"，以殿本爲底本，以浙、粵二本爲校本，同時廣泛吸取前人校訂成果。2012年上海古籍出版社出版了魏小虎《四庫全書總目彙訂》，以浙本爲底本，對校殿本，極力蒐集2011年底前發表的考校成果，資料頗爲完備。然校書如掃塵，旋掃旋生，《總目》仍然存在不少問題。今以中華書局整理本《欽定四庫全書總目》爲底本，參校各種類型的四庫提要，並採用《總目》著録之典籍與提要徵引之原文獻，就經部五經總義類、四書類提要進行考校，凡排印之誤及前賢已訂正者從略，共校正各類訛誤二十六則。每條提要原文附整理本頁碼，以便按覈。

1. 鄭志三卷補遺一卷

《玉海》十八卷引《定之方中》詩，張逸問："仲梁子何時？"答曰："先師魯人。"此本"先師"之下多一"云"字，方知"先師"非指仲梁子。（卷三三，頁424）

按：多一云字，文淵閣書前提要、《文溯閣四庫全書提要》、文津閣書前提要、聚珍版書前提要作“多一説字”，是。文淵閣《四庫全書》本《鄭志》載：

> 張逸問：“楚宫今何地？仲梁子何時人？”答曰：“楚丘在濟河間，疑在今東郡界中。仲梁子，先師説魯人。（案《詩·定之方中》《正義》及《玉海》引此作“先師，魯人”，無“説”字。）當六國時，在毛公前。”[①]

《武英殿聚珍版叢書》本《鄭志》同。又提要所引王應麟《玉海》文見於卷三八《藝文》“魏毛詩義問”條[②]，是“十八卷”當爲“三十八卷”脱誤。又“何時”下，浙本、粵本、文淵閣書前提要、《文溯閣四庫全書提要》、文津閣書前提要、聚珍版書前提要有“人”字，與《玉海》原文合，殿本當據補。

2. 明本排字九經直音二卷

《祭法》“相近於坎壇”，“坎”字下云：“註作禳祈，《孔叢子》以爲祖迎。”……《籩人》“茆”字下云：“茆音卯，又音柳。”……又《周禮·醢人》“箈”字下云：“音治，又音殆。”（卷三三，頁 429）

按：文淵閣《四庫全書》本《明本排字九經直音》“相近”條云：“注作禳祈。《孔叢子》以爲祖迎。”[③] 元刻本《九經直音》“相近”條同[④]。《禮記·祭法》“相近於坎壇”鄭玄注：“相近，當爲‘禳祈’，聲之誤也。”孔穎達疏：“相近，當爲禳祈，禳，卻也。寒暑之氣應退而不退，則祭禳卻之，令退也。祈，求也。寒暑之氣應至而不至，則祭求之，令至也。”[⑤]《毛詩·大雅·雲漢》孔穎達疏引《禮記·祭法》作“禳祈於坎壇”[⑥]。是提要當稱“‘相近’字下”

---

① （魏）鄭小同《鄭志》卷上，《景印文淵閣四庫全書》第 182 册，臺北：商務印書館 1986 年版，第 330 頁。

② （宋）王應麟《玉海》卷三八，揚州：廣陵書社 2007 年版，第 722 頁。

③ （宋）不著撰人《明本排字九經直音》卷下，《景印文淵閣四庫全書》第 184 册，第 194 頁。

④ （宋）孫奕《九經直音》卷九，《四庫提要著録叢書》影印元刻本，經部第 91 册，北京：北京出版社 2010 年版，第 476 頁。

⑤ （唐）孔穎達疏《禮記正義》卷四六，（清）阮元校刻《十三經注疏》本，北京：中華書局 2009 年版，第 3446 頁。

⑥ （唐）孔穎達疏《毛詩正義》卷一八，（清）阮元校刻《十三經注疏》本，北京：中華書局 2009 年版，第 1210 頁。

云云，非注“坎”字。

又按：籩人，當作“醢人”。《周禮·醢人》“朝事之豆，其實韭菹、醓醢，昌本、麋臡，菁菹、鹿臡，茆菹、麇臡”《釋文》：“茆，音卯，北人音柳。”[①]《九經直音》“茆，卯。又柳”亦在“醢人”篇中[②]。

又按：醯人，浙本、粵本作“醢人”，是。《周禮·醢人》“加豆之實，芹菹、兔醢、深蒲、醓醢、箈菹、鴈醢、筍菹、魚醢”《釋文》：“箈音追。……又丈之反。”[③]《九經直音》“箈，治。又簄”在“醢人”篇中[④]。

3. 五經蠡測六卷

《春秋》僅説“滕子來朝”“子同生”“夫人姜氏遜于齊夫人姜氏會齊侯于禚”“公及夫人會齊侯于陽穀”“齊仲孫來”六條。（案“遜于齊”與“會禚”合爲一條。）（卷三三，頁431）

按：若依館臣按語將“遜于齊”與“會禚”合爲一條，則所舉凡五條，非“六條”。《五經蠡測》所説《春秋》確爲六條，第三條爲“夫人孫于齊夫人姜氏會齊侯于禚”[⑤]，即提要所稱“合爲一條”者。第五條“辛巳有事太廟仲遂卒于垂壬午猶繹萬人去籥”[⑥]，提要闕述。

4. 簡端録十二卷

明邵寶撰。……前有寶自敘，又有雍正壬子華希閔重刊序。稱“‘格物’一義，頓悟者方欲掃除一切。先生則曰：‘格物猶言窮理也，理即物之所以爲

① （唐）賈公彦疏《周禮注疏》卷六，（清）阮元校刻《十三經注疏》本，北京：中華書局2009年版，第1452頁。

② （宋）不著撰人《明本排字九經直音》卷下，第202頁；（宋）孫奕《九經直音》卷一〇，第480頁。

③ （唐）賈公彦疏《周禮注疏》卷六，第1452頁。

④ （宋）不著撰人《明本排字九經直音》卷下，第202頁；（宋）孫奕《九經直音》卷一〇，第480頁。

⑤ （明）蔣悌生《五經蠡測》卷三，《四庫提要著録叢書》影印明嘉靖刻本，經部第23册，第442頁。

⑥ （明）蔣悌生《五經蠡測》卷三，第443頁。

物也。不曰窮理，而曰物者，要之於其實也”云云。(卷三三，頁431)

按：華希閔，文淵閣書前提要、《文溯閣四庫全書提要》、文津閣書前提要作“華希閎”，是。《簡端録》卷首載“雍正壬子季春同里後學華希閎”序[①]，提要引文即見此序。邵氏《容春堂集》亦有雍正十年壬子（1732）華希閎校刊本傳世。華希閔乃希閎兄，《總目》提要誤記。

又按：而曰物者，文淵閣書前提要、《文溯閣四庫全書提要》、文津閣書前提要作“而曰格物者”，承上文“格物猶言窮理”，此亦當作“格物”。《簡端録》卷首華希閎序原文亦作“而曰格物者”[②]，是爲確證。

5. 經問十八卷

國朝毛奇齡説經之詞，其門人録之成編。皆一問一答……其中如論褚師聲子不解韤；論肅容、肅揖、肅拜三者之分。(卷三三，頁435)

按：“論肅容、肅揖、肅拜三者之分”句誤。《經問》載：

> 甲問：“《曲禮》：‘主人肅客而入。’肅者，拱手也，推手而上也。蓋邀客入門，則必拱手以進之。鄭註以肅爲進是也。宋陳澔《集説》引吕氏曰：‘肅者，俯首以揖之，即所謂肅拜也。’則肅既是揖，又是拜。豈肅即是拜，拜即是揖乎？且九拜有稱肅拜者，豈即此肅乎？”曰：“肅是肅，揖是揖，拜是拜。肅不是揖，揖不是拜，且肅與揖俱不是肅揖，肅與拜俱不是肅拜。……故肅揖爲長揖，肅拜爲長跪。”[③]

此即提要所本。《禮記·曲禮》：“主人肅客而入。主人入門而右，客入門而左。”鄭玄注：“肅，進也。進客謂道之。”[④] 是《經問》由《曲禮》“肅客”而討論“肅揖”“肅拜”二者之分，與“肅容”（指使儀容嚴肅莊重）無涉。提要殆因“肅客”而誤衍作“肅容”，故稱“三者之分”。

---

① （明）邵寶《簡端録》卷首，《景印文淵閣四庫全書》第184册，第540頁。

② 同上書，第541頁。

③ （清）毛奇齡《經問》卷一，《四庫提要著録叢書》影印清雍正刻《西河合集》本，經部第93册，第316—317頁。

④ （唐）孔穎達疏《禮記正義》卷二，第2681頁。

6. 十三經義疑十二卷

（吴）浩又於《儀禮·聘禮》引崔靈恩之説，謂諸侯三卿，司徒兼冢宰，司馬兼宗伯，司空兼司寇，諸侯雖正卿，猶不敢稱“大”……宋二王之後，故有大司馬。楚之有大司馬也，因僭稱王耳。今考《管子·王言篇》寧戚藝粟盡地利，立爲大司徒，王子城父爲大司馬，則春秋時諸侯正卿明稱“大”，而稱大司馬者又不止宋、楚矣。……《大戴禮·諸侯遷廟》例，祝、宗人及從者皆齊，宗人擯。（卷三三，頁435—436）

按：王言篇，當作“小匡篇”。提要所引《管子》文不見於《王言篇》，而載於《小匡篇》：“管仲曰：‘升降揖讓，進退閑習，辨辭之剛柔，臣不如隰朋，請立爲大行。墾草入邑，辟土聚粟，多衆，盡地之利，臣不如甯戚，請立爲大司田。平原廣牧，車不結轍，士不旋踵，鼓之而三軍之士視死如歸，臣不如王子城父，請立爲大司馬。’”① 且原文指寧戚爲大司田，齊農官，館臣蓋以其與西周掌管土地、民事、賦税的“大司徒”官職能類似，故改作“大司徒”。

又按：“諸侯遷廟例”之“例”，浙本作“齊”。《大戴禮記·諸侯遷廟》云：“成廟將遷之新廟。君前徒三日，齊。祝、宗人及從者皆齊。”② 有學者據此校從浙本③。然《大戴禮記》原文“齊”屬上，不當與“祝”連讀。考文淵閣書前提要“例”作“禮”，即“諸侯遷廟禮”爲讀，當爲提要本義。今《大戴禮記》之篇名雖無“禮”字，然學人稱述時可逕加“禮”字。如《總目》著録元吴澄《儀禮逸經傳》，提要云：“凡經八篇：曰《投壺禮》，曰《奔喪禮》，取之《禮記》。曰《公冠禮》，曰《諸侯遷廟禮》，曰《諸侯釁廟禮》，取之《大戴禮記》，而以《小戴禮記》相參定。曰《中霤禮》，曰《禘於太廟禮》，曰《王居明堂禮》，取之鄭康成《三禮注》所引逸文。”④ 諸篇名之“禮”字即吴氏所增。《〈肆獻祼饋食禮〉提要》稱“鄭氏、孔氏皆未及引《大宰》《小宰》文，

---

① 黎翔鳳《管子校注》卷八，北京：中華書局2004年版，第447頁。

② 方向東《大戴禮記彙校集解》卷一〇，北京：中華書局2008年版，第1078頁。

③ 陳果《〈四庫全書總目〉殿本與浙本異文研究——以經部爲中心》，南京大學2014年碩士學位論文，第241頁。

④ （清）紀昀等《欽定四庫全書總目》卷二〇，北京：中華書局1997年版，第252—253頁。

及《大戴禮・諸侯遷廟禮》爲據。……《諸侯遷廟禮》明云”云云[①]，《〈禮記訓義擇言〉提要》稱“引《大戴禮・諸侯遷廟禮》‘奉衣服由廟而遷于新廟’，此廟實爲殯宫”[②]，即館臣於《大戴禮記》“諸侯遷廟”篇加“禮”之證，是提要“例”當爲“禮”之音誤。浙本作“齊”，蓋據《大戴禮記》臆改，似是實非。

7. 古微書三十六卷

(孫)瑴嘗雜採舊文，分爲四部，總謂之《微書》。一曰樊微，輯秦以前逸書。(卷三三，頁441)

按：樊微，浙本、粤本、文津閣書前提要、《翁方綱纂四庫提要稿》作“焚微”，是。《古微書・略例》載“一曰焚微”云：“書以焚亡，亦以焚重。非焚之重，焚而有不焚，故焚重也。漢桓錮黨黨愈烈，齊武滅僧僧愈繁。時勢固然。然則上古至文，星星皪皪，雖秦之炎，而寒煙落灺中，猶可拾取焉。是亦鳳之一毛，而虬之一甲也。次焚微。”[③] 是“焚”指秦始皇“焚書”事，“樊”爲“焚”字形誤甚明。

8. 群經辨疑録三卷

其説以三光、五行爲七政，則不及古傳日月五星之確。(卷三四，頁442—443)

按：五行，當作“四時”。《疑辨録》“在璿璣玉衡以齊七政”條云：

> 七政者，蔡氏本孔傳以爲日月五星。然《堯典》云：“曆象日月星辰。”蔡氏謂星則二十八宿衆星爲經，金、木、水、火、土五星爲緯，辰則以日月所會，分周天爲十二次。則是二十八宿、十二辰與日月五星皆附於機象之上。至此但言日月五星，而不及二十八宿、十二辰者，則是前後自相矛盾。其意蓋謂若增以二十八宿及十二辰，則於七政爲講不通。臣則以爲七政者，恐指三光、四時而言。……三光順四時而行，四時由三光而

① (清)紀昀等《欽定四庫全書總目》卷二〇，第261頁。

② 同上書，第273頁。

③ (明)孫瑴《古微書》，濟南：山東友誼書社1990年版，第23頁。

定。是機衡之在，既有以齊日月星辰之運，即有以齊春夏秋冬之序。三光齊於上而天道正矣，四時齊於下而人事脩矣。聖人敬天勤民之政，不外此七者，故曰七政也。[①]

是《疑辨録》以“三光、四時”解“七政”甚明。而古傳以“日月五星”解“七政”，所稱“五星”指金、木、水、火、土，與五行名同實異。

9. 説經劄記六卷（浙江巡撫採進本）

明蔡汝楠撰。……是編《説易》《説書》《説詩》《説春秋》《説禮記》《説論語》《説學庸》《説孟子》各爲一卷，末附《太極問答》數則。（卷三四，頁443）

按：六卷，浙本、粵本作“八卷”，是。《浙江採集遺書總録》：“《説經劄記》八卷，刊本。明衡州府知府德清蔡汝楠撰。因與友人談説經義，隨筆劄記，分《五經》《學庸》《語》《孟》爲八卷。末附《太極問答》。”[②] 提要所稱“是編《説易》《説書》《説詩》《説春秋》《説禮記》《説論語》《説學庸》《説孟子》各爲一卷”，亦合“八卷”之數。考《千頃堂書目》著録蔡汝楠《説經劄記》八卷[③]，《明史・藝文志》[④]、《經義考》[⑤] 所載並同。今存《説經劄記》有八卷和十卷二本，八卷本之《説大學記》《説中庸記》（即提要所稱“《説學庸》”）爲一卷，十卷本爲二卷；八卷本所附《太極問答》，十卷本别爲一卷。是殿本“六卷”當爲“八卷”之誤。《續文獻通考・經籍考》著録此書爲“六卷”[⑥]，蓋襲《總目》稿本之誤而未察。

---

① （明）周洪謨《疑辨録》卷上，《四庫全書存目叢書》影印明嘉靖刻本，經部第147册，濟南：齊魯書社1997年版，第33頁。

② （清）沈初等撰，杜澤遜、何燦點校《浙江採集遺書總録》閏集，上海：上海古籍出版社2019年版，第766頁。

③ （清）黄虞稷撰，瞿鳳起、潘景鄭整理《千頃堂書目》卷三，上海：上海古籍出版社2001年版，第83頁。

④ （清）張廷玉等《明史》卷九六，北京：中華書局1974年版，第2367頁。

⑤ （清）朱彝尊撰，林慶彰等主編《經義考新校》卷二四八，上海：上海古籍出版社2010年版，第4463頁。

⑥ （清）嵇璜《續文獻通考》卷一五七，《景印文淵閣四庫全書》第630册，第154頁。

10. 經書音釋二卷

明馮保撰。保字永亭，號雙林，深州人。嘉靖中秉筆司禮太監，隆慶及萬歷之初最用事。事蹟具《明史·宦官傳》。……末有隆慶辛未保自跋，其私印曰“内翰之章”，尤可怪笑。(卷三四，頁 444)

按：永亭，當作“永享”。《明史·宦官·馮保傳》未載其字號，《經書音釋》卷末載“隆慶辛未季夏吉旦，鎮陽雙林馮保”《跋〈經書音釋〉後》，末鈐“永享”“内翰之章”二印[①]，當即提要所據。今傳宋張擇端《清明上河圖》卷後有馮保跋，鈐有“馮永享收藏書畫記”“馮保印”“永享”等印，可證提要“亭”當爲“享”字轉寫形誤。

11. 重編五經圖十二卷

國朝盧雲英編。雲英，廬江人。明江西布政司参政盧謙之曾孫也。以謙在永豐所刻《五經圖》原本行款参差，復釐定增補以成是編。(卷三四，頁 449)

按：盧雲英乃盧謙孫，非曾孫。《重編五經圖》卷首楊恢基序云：“廬陽盧君，自其先大父以進士起家，宦成高隱，嘗摹《五經圖》石本爲傳之梨棗，欲使人易購也，其用意已善。今盧君又以原書闊大，爲更其式，藻繪加工，縹緗益富，刊布於世，繼成先業……盧君雲英，令似辰告，其先大父諱謙，號芳萎，由侍御歷官江西參政。清義著於朝廷，大節炳乎天壤，國史家乘備矣。”[②]又卷端題“灊川盧雲英夏子、男辰告秪襄重梓”[③]。《總目·〈五經圖〉提要》云：“考明盧謙，字默存，廬江人，萬歷甲辰進士，官至江西布政使參政。初官永豐縣知縣時，得信州學《五經圖》石本，廬江縣知縣章達爲刻之。其始末見李維楨序及謙孫雲英重編《五經圖》中。”[④] 是重梓者爲盧謙孫雲英、曾孫辰告，提要以雲英爲“盧謙之曾孫”，誤。

---

① （明）馮保《經書音釋》卷末，《四庫全書存目叢書》影印明隆慶五年刻本，經部第 150 册，第 45 頁。

② （清）盧雲英輯《重編五經圖》卷首，《四庫全書存目叢書》影印清雍正二年刻本，經部第 152 册，第 267—269 頁。

③ （清）盧雲英輯《重編五經圖》卷端，第 276 頁。

④ （清）紀昀等《欽定四庫全書總目》卷三四，第 442 頁。

12. 説書偶筆四卷

是書一卷、二卷説《大學》《論語》《中庸》。三卷説《孟子》，附以《四書補遺》及《宗獻九獻歌括》。……（李）在坊序又稱："明永樂間，有耑以詆朱註爲能者，上其所著書。成祖深加譴責，急命火其書，磔其人。"考楊士奇《三朝聖諭録》載："永樂二年，饒州府士人朱季之獻所著，專斥濂、洛、關、閩之説。上覽之怒甚，敕行人押季之還饒州，會布政司、府、縣官及鄉之士人明論其罪，笞以示罰。而搜檢其家，所著書會衆焚之。"則但火其書耳，無磔人之事。（卷三四，頁453）

按：宗獻九獻歌括，當作"宗廟九獻歌括"。《説書偶筆》卷三末條題"宗廟之祭禮儀繁多故爲歌括以便記誦"，云："入時王東后西序，尸入后乃西房去。尸入衮冕肆夏奏，王不迎尸反室避。一獻再獻酌鬱鬯，王珪后瓚灌於地……既尸已飲八可獻，鄉賓酌盎齊九獻。"① 提要"宗獻"蓋涉下"九獻"而誤。

又按：朱季之，當作"朱季支"。楊士奇《聖諭録》原文云：

> 永樂二年，饒州府士人朱季支獻所著書，專斥濂、洛、關、閩之説，肆其醜詆。上覽之，怒甚，曰："此儒之賊也。"時禮部尚書李至剛、翰林學士解縉、侍讀胡廣、侍講楊士奇侍側，上以其書示之。觀畢，縉對曰："惑世誣民，莫甚於此。"至剛曰："不罪之，無以示儆，宜杖之，擯之遐裔。"士奇曰："當燬其所著書，庶幾不誤後人。"廣曰："聞其人已七十，燬書示儆足矣。"上曰："謗先賢、毀正道，非常之罪，治之可拘常例耶？"即勅行人押季支還饒州，會布政司、府、縣官及鄉之士人，明諭其罪，笞以示罰，而搜檢其家，所著書會衆焚之。②

又楊士奇參與纂修之《明太宗實録》載：

> （永樂二年七月）壬戌，饒州鄱陽縣民朱季友進書，詞理謬妄，謗毀聖賢。禮部尚書李至剛、翰林學士解縉等請置於法。上曰："愚民若不治之，將邪説有誤後學。"即遣行人押還鄉里，會布政司、按察司及府縣官

① （清）丁愷曾《説書偶筆》卷三，《四庫全書存目叢書》影印民國二十四年青島趙永厚堂排印《望奎樓遺稿》本，經部第153册，第834—835頁。

② （明）楊士奇撰，劉伯涵、朱海點校《東里文集》，北京：中華書局1998年版，第387頁。

杖之一百，就其家搜檢所著文字，悉毁之。①

楊氏二書所記史實相同，而其人“朱季支”“朱季友”不同，後世史書記載此事二名恒見，無有記作“朱季之”者。竊疑其名當以“季友”爲是，而《總目》“季之”則爲“季支”之誤。又提要“獻所著”下鈔脱“書”字。

13. 四書或問三十九卷

中間《大學或問》用力最久。故朱子答潘恭叔問，嘗自稱“諸書修得一過，《大學》所改尤多，比舊已極詳密”。(卷三五，頁462)

按：潘恭叔，當作“潘端叔”。朱熹《答潘端叔》云：“今年諸書都修得一過，《大學》所改尤多，比舊已極詳密。”② 潘恭叔爲端叔弟，朱熹《答潘恭叔》稱“修得《大學》《中庸》《語》《孟》諸書，頗勝舊本”③，與“諸書修得一過”“比舊已極詳密”文義相合，然無“《大學》所改尤多”一句，可證提要實本《答潘端叔》，而誤記爲“潘恭叔”。

14. 中庸輯略二卷

宋石塾編，朱子删定。塾字子重，號克齋，新昌人。紹興十五年進士，官至太常主簿，出知南康軍。……明嘉靖中，御史新昌吕信卿始從唐順之得宋槧舊本，刻之毘陵。(卷三五，頁463)

按：石塾，浙本、粤本、《文溯閣四庫全書提要》、文津閣書前提要、《四庫全書初次進呈存目》、姚鼐分纂稿作“石𡼏”，是。《四庫全書簡明目録》“《中庸輯略》二卷”條云：“宋朱熹編。因石𡼏《中庸輯略》而删其繁蕪，據《中庸章句》,《集注》初附《章句》之末，其後乃别本孤行也。”④ 考《中庸輯略》卷首載宋朱熹序云：“熹之友會稽新昌石君𡼏子重乃始集而次之，合爲一書，以便

---

① (明)楊士奇等《明太宗實録》卷三三，臺北：“中央研究院”歷史語言研究所1962年版，第581頁。

② (宋)朱熹《晦庵先生朱文公文集》卷五〇，朱傑人等主編《朱子全書(修訂本)》第22册，上海：上海古籍出版社2010年版，第2292頁。

③ (宋)朱熹《晦庵先生朱文公文集》卷五〇，第2307頁。

④ (清)紀昀等《欽定四庫全書簡明目録》卷四，《景印文淵閣四庫全書》第6册，第63頁。

觀覽，名曰《中庸集解》。……以簡帙重繁，分爲兩卷。”[①] 明唐順之序亦云：“《中庸輯略》凡二卷，初宋儒新昌石憝子重采兩程先生語，與其高第弟子游、楊、謝、侯諸家之説《中庸》者爲《集解》，凡幾卷，朱子因而芟之，爲《輯略》。”[②] 朱氏《晦庵先生朱文公文集》、唐氏《荆川先生文集》載《中庸集解序》文同[③]。宋張栻《跋中庸集解》云：“右石憝子重所編《集解》兩卷，某刻于桂林郡學宫。”[④]《宋史·藝文志》載：“石憝《中庸集解》二卷。”[⑤] 石氏生平詳見朱熹《知南康軍石君墓誌銘》[⑥]。

15. 四書纂疏二十六卷

宋趙順孫撰。順孫字格庵，括蒼人。考《黄溍集》有順孫阡表，曰：“自考亭朱子合《四書》而爲之説，其微詞奥旨，散見於門人所記録者，莫克互見。公始採集以爲《纂疏》。蓋公父少傅魏公雷，師事考亭門人滕先生璘，授以《尊所聞集》。公以得於家庭者，溯求考亭之原委，《纂疏》所由作也。”（卷三五，頁467）

按：魏公，當作“衛公”。黄溍《格庵先生阡表》云：“考諱雷，以再薦於鄉，特贈開府儀同三司、少傅、衛國公。”[⑦] 朱彝尊《經義考》“趙氏順孫《四書纂疏》”條引黄溍《阡表》稱“蓋公父少傅衛公雷，師事考亭門人滕先生璘”云云[⑧]，即提要所據，可證提要稱“魏公”誤。

16. 四書辨疑十五卷

其中如駁“湯盤”非沐浴之盤，謂盤乃淺器，難容沐浴。是未考《禮·喪

---

① （宋）石憝《中庸輯略》卷首，《景印文淵閣四庫全書》第198册，第557—558頁。

② 同上書，第558頁。

③ （宋）朱熹《晦庵先生朱文公文集》卷七五，第3640頁；（明）唐順之撰，馬美信、黄毅點校《唐順之集》卷一〇，杭州：浙江古籍出版社2014年版，第432頁。

④ （宋）張栻撰，楊世文點校《張栻集》卷三三，北京：中華書局2015年版，第1271頁。

⑤ （元）脱脱等《宋史》卷二〇二，北京：中華書局1985年版，第5052頁。

⑥ （宋）朱熹《晦庵先生朱文公文集》卷九二，第4241—4245頁。

⑦ （元）黄溍撰，王頲點校《黄溍集》卷三三，杭州：浙江古籍出版社2013年版，第1222頁。

⑧ （清）朱彝尊撰，林慶彰等主編《經義考新校》卷二五二，第4527頁。

大記》鄭註有“盤長二尺，深三尺”之文，頗爲疎舛。(卷三六，頁469)

按：盤長二尺，浙本作“盤長二丈”。《禮記·喪大記》“君設大盤”鄭玄注：“漢禮：大盤廣八尺，長丈二，深三尺，赤中。”[①] 有學者據此校從浙本[②]。然鄭注“丈二”指“一丈二尺”，而非“二丈”。《周禮·天官·凌人》“大喪，共夷槃冰”鄭玄注：“漢禮器制度：大槃廣八尺，長丈二尺，深三尺，漆赤中。”[③] 陸德明《經典釋文》、賈公彦疏引漢禮器制度同。《續漢書·禮儀志》“槃冰如禮”劉昭注引《周禮》鄭玄注亦作“長丈二尺”[④]，皆其證。是殿本“二尺”前當脱“丈”字。浙本所據本蓋已誤作“二尺”，因據鄭注改爲“丈二”，寫刻中又不慎誤倒作“二丈”。

17. 論語學案十卷

其解“多聞擇善，多見而識”章有云：“世謂聞見之知與德性之知有二，予謂聰明睿知非性乎？睿知之體不能不窮於聰明，而聞見啓焉。今必以聞見爲外，而欲隳明黜聰求睿知，并其睿知而槁矣。是隳性於空而禪學之談柄也。”其鍼砭“良知”之末流，最爲深切。……其解“見危致命”章曰：“人未有錯過義理關，而能判然於生死之分者。”卒之明社既屋，甘蹈首陽之一餓，可謂大節皭然，不負其言矣。(卷三六，頁475)

按：隳明黜聰，文淵閣書前提要、文津閣書前提要作“隳體黜聰”，是。《論語學案·述而》云：“睿知之體不能不竅於聰明，而聞見啓焉。亦性聞見也。效性而動者，學也。今必以聞見爲外，而欲隳體黜聰求睿知，并其睿知而槁矣。”[⑤]“體”指前文“睿知之體”，《文溯閣四庫全書提要》《總目》提要改爲“明”字，殆以與“黜聰”相應，實非原義。又原文“竅”與下“啓”相應，提要作“窮”亦誤。

又按：義理，文淵閣書前提要、《文溯閣四庫全書提要》、文津閣書前提要作“義利”，是。《論語學案·子張》“見危致命”章云：“學問只有生死一關爲

① (唐)孔穎達疏《禮記正義》卷四四，第3417頁。

② 陳果《〈四庫全書總目〉殿本與浙本異文研究——以經部爲中心》，第251頁。

③ (唐)賈公彦疏《周禮注疏》卷五，第1444頁。

④ (晉)司馬彪撰，(梁)劉昭注《續漢書》志第六，北京：中華書局1965年版，第3142頁。

⑤ (明)劉宗周《論語學案》卷四，《景印文淵閣四庫全書》第207册，第581頁。

究竟地，尋常只有義利一關最難破。”[①] 又《子罕》“衣敝”章亦云：“人有言：學問一事，開大眼孔，豎立一硬脊梁，只爲富貴貧賤打不過。打得義利關便打得生死關。”[②] 可證。

18. 孟子師説二卷

國朝黄宗羲撰。……（劉）宗周之學雖標慎獨爲宗，而大旨淵源，究以姚江爲本。故宗羲所述，仍多闡發“良知”之旨。然於“滕文公爲世子”章，力闢沈作喆語，辨“無善無惡”之非；於“居下位”章，力闢王畿語，辨“性亦空寂，隨物善惡”之説，則亦不盡主姚江矣。（卷三六，頁476）

按：王畿，文淵閣書前提要、《文溯閣四庫全書提要》、文津閣書前提要作“王塘南”。《孟子師説·居下位章》云：

> “惟精惟一”，明是精，善是一。不明乎善，則二三其德，此身非我所有。然明善最難，以王塘南之學問，一生直至看《大乘止觀》謂“性空如鏡，妍來妍見，蚩來蚩見”，因省曰：“然則性亦空寂，隨物善惡乎？此説大害道。乃知孟子性善之説，終是穩當。向使性中本無仁義，則惻隱、羞惡從何處出來？吾人應事處人，如此則安，不如此則不安，此非善而何？由此推之，不但‘無善無惡’之説非，即謂‘性中只有一箇性而已，何嘗有仁義來’，此説亦不穩。”[③]

原文“王塘南”指王時槐，姚江學派分支江右學派的重要人物，《明史·儒林》有傳[④]。《總目·〈廣仁類編〉提要》云：“明王時槐撰。時槐字子植，號塘南。”[⑤] 王時槐《塘南居士自撰墓誌銘》稱“予姓王氏，名時槐，字子植，其先出唐吉州刺史諱順之後，世居吉之安福南鄉金田下塘南。嘉靖間，始徙吉郡城，然不敢忘所自出也，故自號‘塘南居士’云”[⑥]，可知其“號塘南”原由。

---

① （明）劉宗周《論語學案》卷一〇，第694頁。

② （明）劉宗周《論語學案》卷五，第603頁。

③ （清）黄宗羲《孟子師説》卷下，《景印文淵閣四庫全書》第208册，第861頁。

④ （清）張廷玉等《明史》卷二八三，第7284頁。

⑤ （清）紀昀等《欽定四庫全書總目》卷一三一，第1736頁。

⑥ （明）王時槐《友慶堂存稿》卷五，載錢明、程海霞編校《王時槐集》，上海：上海古籍出版社2015年版，第156頁。

黄宗羲《明儒學案》"太常王塘南先生時槐"條載王時槐語與《孟子師説》文同[①]。王畿字汝中，號龍谿，王守仁門人，《明史·儒林》亦有傳[②]。是《總目》據書前提要轉寫時，誤考"王塘南"爲"王畿"。要之《總目》此當稱"王時槐"。

19. 四書講義困勉録三十七卷

國朝陸隴其撰。……創始於順治戊戌，草稿尚未全定，而隴其歿。後其族人公穆始爲繕寫編次，其門人席永恂等爲之刊板。其曰《困勉録》者，則隴其所自署也。(卷三六，頁476—477)

按：公穆，文淵閣書前提要、文津閣書前提要作"公鏐"，是。《四書講義困勉録》卷端題"當湖陸隴其稼書纂輯，叔祖陸公鏐蒿菴編次"，卷首"康熙己卯七月七十二老人舊溪逸叟陸公鏐"序云："余與族孫稼書居同里，髫年即相契……奈《困勉》一書皆蠅頭細楷録於書眉空白間，棼如亂絲。余逐條繕寫之，三年而脱稿。然後再加編次，伊姪用中佐之，又諸及門相與較訂參閲之，乃登之梨棗。"[③] 又"舊溪逸叟公鏐"撰《例言》稱"是編有前後兩編"，此即前編，"後編"指《續困勉録》，卷端所題同《困勉録》[④]。陸隴其輯《三魚堂四書集注大全》卷首《同校姓氏》載"姻戚同宗"云："公鏐蒿菴，平湖。"[⑤] 可證《總目》"穆"爲"鏐"字形誤。

20. 大學證文四卷

是書備述諸家《大學》改本之異同。首列《註疏》本……次列漢始平石經本……次爲魏正始石經本……次爲明道程子改本，次爲伊川程子改本，次

---

① (清) 黄宗羲《明儒學案》卷二〇，北京：中華書局2008年版，第467頁。

② (清) 張廷玉等《明史》卷二八三，第7274頁。

③ (清) 陸隴其《四書講義困勉録》卷首，《四庫提要著録叢書》影印清康熙三十八年嘉會堂刻本，經部第104册，第7—8頁。

④ (清) 陸隴其《續困勉録》卷端，《四庫全書存目叢書》影印清康熙三十八年刻本，經部第172册，第345頁。

⑤ (清) 陸隴其輯《三魚堂四書集注大全》卷首，《四庫全書存目叢書》影印清康熙嘉會堂刻本，經部第170册，第665頁。

爲朱子改本，皆録全文。次爲王柏改本，次爲季本改本，次爲高攀龍改本，即崔銑改本，次爲葛寅亮改本，皆僅列其異同之處，而不録全文。（卷三六，頁 478）

按：文淵閣《四庫全書》本《大學證文》"王氏魯齋改本"與"季氏彭山改本"間尚有"明蔡氏虚齋改本"一目①，餘目次與提要所述全合。《毛西河先生全集》本《大學證文》與《四庫》本卷次皆同。"蔡虚齋"即蔡清，撰有《四書蒙引》，《明史·儒林》有傳②。此蓋傳寫脱之，當於"次爲王柏改本"下補"次爲蔡清改本"六字。又"始平石經"當從浙本、粵本、《文溯閣四庫全書提要》作"熹平石經"，陳果已發③。

21. 四書釋地一卷四書釋地續一卷四書釋地又續二卷四書釋地三續二卷

是編因解《四書》者昧於地理，往往致乖經義，遂撰《釋地》一卷，凡五十七條。復摭所未盡，爲《釋地續》一卷，因牽連而及人名，凡八十條。後因地理、人名而及物類、訓詁、典制，得一百六十三條，謂之《又續》。其他解釋經義者又得一百二十六條，謂之《三續》……四百二十一條之中，可據者十之七八。（卷三六，頁 478—479）

按：一百二十六條，文津閣書前提要作"一百二十二條"；四百二十一條，《文溯閣四庫全書提要》作"四百二十六條"。《總目》提要所述《四書釋地》及諸續書凡計"四百二十六條"，與"四百二十一條"之數不合。考《釋地》爲五十七條，《釋地續》爲八十條，諸提要所述皆同。《四庫》本《四書釋地又續》卷首閻氏自序云："余既成《釋地續》八十條，間釋及人，以地非人不傳也。兹作《釋地又續》一百六十三條，遂因人而及物矣。"④ 清刻本此書閻氏序稱"兹作《釋地又續》一百六十二條"⑤，目録所列亦一百六十二條。檢核其目，《四庫》本較清刻本多"亡人"一條。又清刻本《四書釋地三續序》云：

---

① （清）毛奇齡《大學證文》卷四，《景印文淵閣四庫全書》第 210 册，第 312 頁。

② （清）張廷玉等《明史》卷二八二，第 7234 頁。

③ 陳果《〈四庫全書總目〉殿本與浙本異文研究——以經部爲中心》，第 252 頁。

④ （清）閻若璩《四書釋地又續》卷首，《景印文淵閣四庫全書》第 210 册，第 370 頁。

⑤ （清）閻若璩《四書釋地又續》卷首，《四庫提要著録叢書》影印清乾隆眷西堂刻本，經部第 103 册，第 525 頁。

“余之《釋地》也既廣，而釋人及物且廣而釋訓詁、釋典制矣，又續得一百六十二條，合前二編共三百條……久之，遂得一百二十二條，仍曰《釋地》者，意未能忘乎其造端託始也。”① 前三書合計，序既云“三百條”，則《又續》爲“一百六十三條”不誤。據此可知提要初稿當本閻氏《又續》《三續》自序稱“一百六十三條”“一百二十二條”，合《釋地》“五十七條”與《釋地續》“八十條”則爲“四百二十二條”，此稱“四百二十一條”誤。唯《三續》序雖稱“一百二十二條”，而計其條目實爲一百二十四條，則四書實四百二十四條。提要或作“一百二十六條”者，殆館臣計數有誤。

22. 大學指歸二卷

其辨“致知在格物”云：“……反躬力如萬鈞，把柄在手，可以作聖矣。是故病莫重於知誘物化，樂莫重於格物致知。”（卷三七，頁 484）

按：樂，當作“藥”。《大學指歸》原文云：“是故病莫重於知誘物化，藥莫要於格物致知。”② “藥”與上文“病”對言，提要訛作“樂”字。

23. 四書酌言三十一卷

解“是知也”句，謂“知原在知不知外理會，其他學問不過此知中之法塵。此處掃除，乃爲逕機，又扭來補綴”，則純乎明末狂禪之習矣。（卷三七，頁 489）

按：逕機，當作“逗機”。《晚照山居參定四書酌言·論語》“由誨女章”條原文作“逗機”③。“逗機”又稱“投機”（“逗”爲“投合”義），禪林習語，即謂機機投合，指禪師與學人之機彼此相契，又謂學人徹底大悟而契合佛祖之要機。

---

① （清）閻若璩《四書釋地三續》卷首，第 575 頁。

② （明）魏校《大學指歸》，《四庫全書存目叢書》影印明太原王道行刻《莊渠先生遺書》本，經部第 156 册，第 550 頁。

③ （明）寇慎《四書酌言》卷三，《四庫全書存目叢書》影印清道光二十三年濟峰活字本，經部第 164 册，第 282 頁。

24. 四書反身錄六卷

國朝李顒撰。顒字中孚，盩厔人。康熙己未薦舉博學鴻詞，以老不能赴京而罷。(卷三七，頁494)

按：老，浙本作“年老”。《紀曉嵐刪定〈四庫全書總目〉稿本》作“老病”，當是。《總目·〈溉堂前集〉提要》云：“國朝孫枝蔚撰。……康熙己未薦舉博學鴻詞，以老病不能入試，授中書舍人，罷歸。”① 《〈紫峰集〉提要》云：“國朝杜越撰。……康熙己未薦舉博學鴻詞，以老疾未及赴試而罷。”② 又《〈豐川易説〉提要》云：“國朝王心敬撰。……乾隆元年薦舉賢良方正，以老病不能赴京而罷。”③ 句式並同。浙本“年老”雖通，然參之《稿本》，竊疑所據底本亦如殿本抄脱“病”字，故浙本增“年”以足義，要非《總目》原文。

25. 考定石經大學經傳解一卷

國朝邱嘉穗撰。嘉穗字實亭，上杭人。康熙壬午舉人，官歸善縣知縣。(卷三七，頁495)

按：壬午，當作“庚午”。丘嘉穗《先府君仁菴公行狀》自云：“嘉穗，乙丑拔貢，庚午舉人，考授知縣。”④ 清人葉適《邑侯邱實亭先生墓表》載：“先生邱姓，諱嘉穗，字秀瑞，學者稱實亭先生，福建上杭人。……康熙己未，先生年二十，補郡博士弟子員。甲子食餼，乙丑拔貢成均，作學宫祀典儀，爲翁鐵庵、曹峨薛、彭訪濂諸先生所器重。庚午魁閩闈，數上春官，聲名噪都下……丁亥謁選，得粤之歸善。”⑤ 《（乾隆）上杭縣志·人物志》載其傳云：“邱嘉穗字秀瑞，來蘇里人。有才名。康熙丁卯，知縣蔣廷銓修志，延入局，記著多經裁定。庚午，由拔貢舉于鄉，任歸善知縣。……卒於官。著有《東山草堂詩文

① （清）紀昀等《欽定四庫全書總目》卷一八一，第2520頁。

② 同上書，第2520頁。

③ （清）紀昀等《欽定四庫全書總目》卷六，第66頁。

④ （清）丘嘉穗《東山草堂文集》卷一四，《四庫全書存目叢書》影印清康熙刻本，集部第259册，第194頁。

⑤ 包樹棠《汀州藝文志》卷一六，北京：方志出版社2010年版，第534頁。

集》《陶詩箋》《邇言》等書行世。"[①] 又《選舉志・薦舉》清康熙二十九庚午（1690）鄉試潘金鹵榜載："邱嘉穗，字秀瑞，來蘇里人。府學拔貢，任歸善知縣。"[②]《四庫全書初次進呈存目》集部著録邱嘉穗《東山草堂文集》，亦云："嘉穗，字實亭，上杭人。康熙庚午舉人。官歸善縣知縣。"[③] 並可證《總目》"壬午"爲"庚午"之誤。且丘氏字"秀瑞"，與其名"嘉穗"義合，"實亭"當爲其號。

26. 四書本義匯參四十五卷

是書凡《大學》三卷，附一卷；《中庸》七卷，附一卷；《論語》二十卷，《孟子》十四卷。（卷三七，頁497）

按：提要所述《四書》凡四十六卷，不計所附二卷亦四十四卷，皆與此書"四十五卷"之數不合。今存清乾隆十年（1745）敦復堂刻本《四書朱子本義匯參》凡四十七卷，即《大學》三卷、《中庸》六卷、《論語》二十卷、《孟子》十四卷，四書各附卷首一卷。《大學》《論語》《孟子》卷數與提要均合，惟《中庸》卷數有異，因疑提要《中庸》"七卷"當作"六卷"，如此方合"四十五卷"之數。

（作者單位：泰州學院人文學院）

① （清）顧人驥、（清）沈成國等修纂《上杭縣志》卷九，《故宫珍本叢刊》第122册，海口：海南出版社2001年版，第200頁。

② （清）顧人驥、（清）沈成國等修纂《上杭縣志》卷八，第178頁。

③ 江慶柏等整理《四庫全書初次進呈存目》，北京：人民文學出版社2015年版，第444頁。

儒家典籍與思想研究（第十四輯）
北京大學出版社，2022年8月

從三科九旨論大一統義

涂漢培

【内容提要】 《公羊傳》開篇即以五始之“王”“正月”引出大一統，故而大一統有“新王受命”與“布政施教”兩義：前者爲大一統之前提，後者爲方法。此二義可涵攝於三科九旨：其通三統科内三旨以以《春秋》當新王爲主，故三統中以新王一統爲大；其異外内科與張三世科相通，正新王布政施教之方法，其達成之狀態亦爲大一統。

【關鍵詞】 五始　三科九旨　大一統

大一統是中國經史傳統中極爲重要的理論。大一統之經義出自《春秋公羊傳》，按《公羊傳》“大居正”“大復仇”“大追戎”等“大”之用法，“大一統”之“大”亦應爲動詞，意爲“尊崇”，“大一統即尊崇一統”① 之意。故王葆玹曰：“有人説‘大一統’的‘大’乃是動詞，意謂張大或推崇‘一統’……今人稱其爲尊崇‘一統’，與《公羊傳》原義頗一致。”② 而大一統之史義蓋最能體現在董仲舒之對孝武册：“《春秋》大一統者，天地之常經，古今之通誼也。今師異道，人異論，百家殊方，指意不同，是以上亡以持一統；法制數變，下不知所守。臣愚以爲諸不在六藝之科孔子之術者，皆絶其道，勿使並進。”③ 周桂鈿曰：“大一統包括思想統一和政治統一兩個方面……董仲舒所謂大一統主要是要統一思想。”④ 如此，“大一統”之“大”便爲形容詞，乃是形容實現尊崇一統後之狀態，意爲大統一。楊向奎曰：“《公羊》的理想是大一統。”⑤ 大一統作爲孔子所制《春秋》之經義，有待後聖來取法，故經義爲有待實現之理

① 蔣伯潛《十三經概論》，上海：上海古籍出版社2010年版，第296頁。
② 王葆玹《今古文經學新論》，北京：中國社會科學出版社1997年版，第260—261頁。
③ （漢）班固撰，（唐）顔師古注《漢書》第8册，北京：中華書局2014年版，第2523頁。
④ 周桂鈿《董仲舒評傳》，南寧：廣西教育出版社1995年版，第35頁。
⑤ 楊向奎《大一統與儒家思想》，北京：北京出版社2016年版，第78頁。

想。楊氏又言其史義："西漢盛時的確是大一統的天下，公羊的理想實現了，尤其是武帝時代，内實統一而外攘匈奴，完成了大一統事業。"① 漢儒謂孔子作《春秋》爲漢制法，漢帝爲後聖。漢帝遵大一統之經義而行，實現大一統之理想，使大一統之史義得到體現。

清末民初，經學瓦解，故此後論者多言大一統之史義，甚至在特定之歷史情境下，大一統常被膠著在"封建專制""中央集權"之上②。本文則欲反本溯源，以經證經，專從公羊學三科九旨例論大一統之經義。之所以如此者，論者謂公羊學之解經方法有以義解經與以例解經之分，而二者實殊途同歸：義蘊於例，例發爲義。大一統是公羊學第一義，而五始、三科九旨又是公羊學最爲核心之條例，那麽，二者之間有無此種對應之關係？亦即，五始、三科九旨是否可以體現大一統之義？

一

《公羊傳》開篇即言："元年者何？君之始年也。春者何？歲之始也。王者孰謂？謂文王也。曷爲先言王而後言正月？王正月也。何言乎王正月？大一統也。"然則《公羊傳》何以"王正月"發明"大一統"義？衆所周知，《公羊傳》之發傳體例多採取一問一答的形式。先問後答，前後問之間亦有緊密之聯繫，因此，如何問就顯得相當有深意。就《公羊傳》開篇五問而論，前三問分别問"元年""春""王"的意指，第四問獨標異幟③，其所欲言者，示"王""正月"爲一整體，且引出第五問及其答案"大一統"。

董仲舒解"王正月"："何以謂之王正月？曰：王者必受命而後王。王者必改正朔，易服色，制禮樂，一統於天下。"④ 王者先受命，而後新布王政。何休亦曰："以上繫於王，知王者受命布政施教所制月也。王者受命必徙居處，改

---

① 楊向奎《大一統與儒家思想》，第71—72頁。

② 如陳其泰曰："（大一統）是講用封建專制政治來統一全國。"見陳其泰《清代公羊學》，上海：上海人民出版社2011版，第55頁。

③ 類比第四問，前亦可問曷爲先言元年而後言春、曷爲先言春而後言王，如何休《解詁》於後所發明者。

④ 鍾肇鵬主編《春秋繁露校釋（校補本）》，石家莊：河北人民出版社2005年版，第421頁。

正朔。”[①]“上繫於王”者，“正月”也，是“王正月”即受命新王改正朔以布政施教也[②]。何氏又解“大一統”之“統”曰：“統者始也，總繫之辭。”顯然，何氏“統”之兩個意涵“始”與“總繫”分別來自“王”與“正月”。何氏接着解釋《公羊傳》何以“王正月”發明“大一統”：“夫王者始受命改制，布政施教於天下，自公侯至於庶人，自山川至於草木昆蟲，莫不一一繫於正月，故云政教之始。”[③] 同時，與“王”“正月”相連爲一個整體相應，“統”之“始”“繫”兩義亦然，故公侯至於草蟲作爲王者始受命布政施教之對象，總繫於作爲王者政教之始的正月。

如果注意到公羊家於此開篇所發明的“五始例”及其名義，就能更好地理解何休關於“大一統”的解詁。何氏《文謚例》曰：“五始者，元年、春、王、正月、公即位是也。”[④] 徐彥疏傳文“春者何歲之始也”：“元是天地之始，春是四時之始，王、正月、公即位者，人事之始。欲見尊重天道、略於人事故也。”[⑤] 徐氏亦以略於人事之故，而總言後三者爲人事之始。若詳言之，可見《左傳·隱公元年》孔穎達疏：“説公羊者云：‘元者氣之始，春者四時之始，王者受命之始，正月者政教之始，公即位者一國之始。’”[⑥] 又孔穎達疏《禮記·王制》曰：“《春秋》書‘元年春王正月公即位’爲五始。元者[⑦]，氣之始[⑧]，則天地也；春者，四時之始，則四時也；王者，政教之始，則禮義也；

---

① （漢）何休解詁，（唐）徐彥疏《春秋公羊傳注疏》，上海：上海古籍出版社 2014 年版，第 11 頁。

② 《論語·顔淵》：“政者，正也。”《説文解字》：“政，正也。”“政”“正”義同可通用，故《禮記·月令》“仲春班馬正”之“正”，即爲“政”。天子於歲之首月布政，故稱“政月”。至始皇名“政”，故改“政月”爲“正月”，音蒸。

③ （漢）何休解詁，（唐）徐彥疏《春秋公羊傳注疏》，第 12 頁。

④ 同上書，第 6 頁。

⑤ 同上書，第 8 頁。

⑥ （周）左丘明傳，（晉）杜預注，（唐）孔穎達正義《春秋左傳正義》，北京：北京大學出版社 2000 年版，第 45 頁。

⑦ 關於五始之首，何休《文謚例》以爲“元年”，徐彥、説公羊者、孔穎達則以爲“元”，二者孰是？《公羊傳》明言：“元年者何？君之始年也。”何休注：“元者，氣也。無形以起，有形以分，造起天地。天地之始也。”（漢）何休解詁，（唐）徐彥疏《春秋公羊傳注疏》，第 7 頁。是五始之首當從《解詁》而爲“元”。

⑧ 何休、徐彥以爲“元”是“天地之始”，孔穎達及其所引“説公羊者”則以爲“氣之始”，二者孰是？案何氏以爲“元者氣也”，則元既是氣，則不能同時又是“氣之始”，故當以何、徐正説爲是。

正月者，十二月之始，則月以爲量也；公即位者，即一國之始，亦禮義也。"[①]此説與前二説小異，又非直解《春秋》，且比附《禮運》原文"天地""四時""禮義""月以爲量"，又與何休説不盡合，故爲不取。然其言"氣之始則天地"，正好證明前二説爲一，僅詳略之别[②]。由此可見，王爲受命之始，正月爲政教之始，二者合爲一個整體"王正月"，引出"大一統"，所以何休乃以"始""繫"解"統"，因而"大一統"包含新王受命與布政施教兩個維度。

王、正月爲五始之二，而五始間存在着嚴密的邏輯關係，自爲一個整全的系統，因此，由王正月直接引出的"大一統"與五始緊密相連。何休《解詁》在點明五始後[③]總結道：

> 《春秋》以元之氣正天之端，以天之端正王之政，以王之政正諸侯之即位，以諸侯之即位正竟内之治。諸侯不上奉王之政，則不得即位。故先言"正月"而後言"即位"。政不由王出，則不得爲政。故先言"王"，而後言"正月"也。王者不承天以制號令，則無法。故先言"春"，而後言"王"。天不深正其元則不能成其化，故先言"元"而後言"春"。五者同日並見，相須成體，乃天人之大本，萬物之所繫。[④]

何氏實承自董仲舒："《春秋》之道，以元之深正天之端，以天之端正王之政，以王之政正諸侯之即位。五者俱正而化大行。"[⑤] 顯然，元之氣言"元"，

---

① （漢）鄭玄注，（唐）孔穎達正義《禮記正義》，上海：上海古籍出版社 2011 年版，第 930 頁。

② 楊士勛則直指實孔疏所謂"説公羊者"爲何休："何休注《公羊》，取《春秋緯》'黄帝受圖立五始'，以爲元者氣之始，春者四時之始，王者受命之始，正月者政教之始，公即位者一國之始。"見（晉）范甯集解，（唐）楊士勛疏《春秋穀梁傳注疏》，北京：北京大學出版社 2000 年版，第 1 頁。

③ 何休曰："元者……天地之始也。"又"文王，周始受命之王。"又"正月……政教之始。"又"即位者，一國之始。"見（漢）何休解詁，（唐）徐彦疏《春秋公羊傳注疏》，第 7、10、12、13 頁。而"春者何歲之始也"則爲《傳》文。

④ （漢）何休解詁，（唐）徐彦疏《春秋公羊傳注疏》，第 13 頁。

⑤ 董仲舒、何休皆言"五者"，而目皆爲四。王葆玹由是乃據何休注補足"以諸侯之即位正竟内之治"一句，可見其"五者"爲何。見王葆玹《今古文經學新論》，第 263 頁。然何休言"五者同日並見，相須成體"，董仲舒謂"五者俱正而化大行"，若依王説，"元之深""竟内之治"等五者"同日並見"，究謂何哉？可見王氏所謂之"五始"爲不辭矣。故鍾肇鵬謂"'五者'，即指五始。"堪爲定論。見鍾肇鵬主編《春秋繁露校釋（校補本）》，第 342 頁。而此僅元之氣（深）、天之端、王之政、諸侯之即位四者，何哉？實則王之政對應王、正月二始，亦可證明王、正月多作爲一個整體出現。而所以然者，大一統之故也。

天之端謂“春”，王之政對應“王正月”，則含“王”“正月”二始，諸侯之即位即“公即位”。何氏言五者爲天人之大本，徐彦疏：“‘元年’‘春’者，天之本，‘王’‘正月’‘公即位’者，人之本。”[①] 可見，五者又可分爲天、人二類，亦即蔣慶所謂“形上”“形下”：“具體説來，公羊家對《春秋》‘元年春王正月’一語作了形上形下的闡釋：‘元年春’是説明政治秩序合法性的基礎必須建立在超越形上的價值本源上，‘王正月’是説明超越形上的價值本源必須在歷史中的特定政治形態——王政——中表現出來。”[②] 而何休解“大一統”言公侯繫於正月，所以“公即位”實際上乃是涵攝於“大一統”之中。因此，五者可以“大一統”而斷天、人，前二者言“大一統”的形上根據，後三者則爲“大一統”的形下含義[③]。因此，《春秋》開篇之五始，即聚焦於“大一統”，故王葆玹言：“《春秋》公羊學之義，首推‘大一統’。”[④] 李長春亦謂：“‘大一統’説不但是《公羊春秋》第一義，而且是整個今文經學的宏綱巨領。”[⑤]

二

五始之中，王、正月作爲一個整體，直接引出“大一統”，故而“大一統”有新王受命與布政施教兩個面向。其中，“王”在五始中居於中間位置，上承深正其元之天，下施王政於天下人物，頗合於董仲舒之王者貫通天地人之義[⑥]。李長春言：“‘元者氣之始，春者四時之始’講天道；‘正月者政教之始，公即位者一國之始’講人事。而‘王者受命之始’居於兩者之間，故聖王成爲‘大一統’的承擔者，‘受命’成爲連接天與人的橋樑。”[⑦] 即是説，新王受命是實現大一統的前提，布政施教則是方式。正是在這個意義上，王葆玹方謂：“‘大

---

① （漢）何休解詁，（唐）徐彦疏《春秋公羊傳注疏》，第 13 頁。

② 蔣慶《公羊學引論》，福州：福建教育出版社 2014 年版，第 227 頁。

③ 可參蔣慶《公羊學引論》之《大一統説》之《大一統思想的形上含義》與《大一統思想的形下含義》部分，兹不贅述。見蔣慶《公羊學引論》，第 228—238 頁。

④ 王葆玹《今古文經學新論》，第 260 頁。

⑤ 李長春《經典與歷史——廖平經學研究》，中山大學 2009 年博士論文，第 116 頁。

⑥ 董仲舒《春秋繁露·王道通三》曰：“古之造文者，三畫而連其中，謂之王。三畫者，天地與人也，而連其中者，通其道也。取天地與人之中以爲貫而參通之，非王者孰能當是?”許慎《説文解字》：“董仲舒曰：‘古之造文者，三畫而連其中謂之王。三者，天、地、人也，而參通之者王也。’孔子曰：‘一貫三爲王。’”其中，地當包含於天，以“元”爲“天地之始”也。

⑦ 李長春《經典與歷史——廖平經學研究》，第 118—119 頁。

一統’是從‘以《春秋》當新王’的思想引申出來的。”①

而以《春秋》當新王正是公羊學核心條例三科九旨之通三統科内之旨。三科九旨者，何休云：“新周，故宋，以《春秋》當新王，此一科三旨也……所見異辭，所聞異辭，所傳聞異辭，二科六旨也……内其國而外諸夏，内諸夏而外夷狄，是三科九旨也。”② 孔子復周禮而不得，得西狩獲麟受命之符後，乃加王心作《春秋》，以《春秋》代周爲新王。由是周便退等諸侯，而《春秋》新王即賜其後以大國，爵位爲公，如此周便由王者變爲新的二王後，故曰新周。宋本是周代新的二王後，新周之後，宋便成爲新王的舊二王後，是爲故宋。所以，不論新周還是故宋，其主語都是新王，亦即，受命新王，新周、故宋以存二王後。周、宋雖貴爲二王後，卻依舊是新王之諸侯，所以，《春秋》新王、周、殷固然構成一個時間上的三統序列，但通三統三旨卻並非如文面所顯示的那般是並列、對等的關係。正如郭曉東所言，通三統三旨，“以‘《春秋》當新王’爲其中最重要的内容”③。也可以説，殷、周二統被《春秋》新王以“新”“故”的途徑、存二王後的形式一統於新王之統，此便是“大一統”。正是在這個意義上，劉逢禄言：“大一統者，通三統爲一統。”④ 因此，作爲“大一統”前提的便是《春秋》受命新王。

然而，《春秋》“元年春王正月”之“王”，《公羊傳》何以“謂文王也”？何休解“文王”：“周始受命之王。天之所命，故上繫天端。方陳受命制正月，故假以爲王法。不言謚者，法其生不法其死，與後王共之。”⑤ 可見，何氏此處解“春王正月”之“王”，包含兩層意思：一者作爲舊有之前代始受命王的文王，一者作爲當下之“假以爲王法”的主體的《春秋》新王。

王葆玹曰：“《公羊傳》稱‘王正月’謂周文王，本是指魯公奉周王正朔，將魯置於周的‘一統’之下。”⑥ 段熙仲言：“《春秋》内魯，文王又魯之所自出。”⑦ 魯爲文王後裔，自奉文王之法度，一統於周王。故《公羊傳·文公十三年》曰：“封魯公以爲周公主，然則周公曷爲不之魯？欲天下之一乎周也。”天

---

① 王葆玹《今古文經學新論》，第 260 頁。

② （漢）何休解詁，（唐）徐彦疏《春秋公羊傳注疏》，第 5 頁。

③ 曾亦、郭曉東《春秋公羊學史》，上海：華東師範大學出版社 2017 年版，第 945 頁。

④ （清）劉逢禄《公羊申墨守》，載曾亦點校《春秋公羊經何氏釋例·春秋公羊釋例後録》，上海：上海古籍出版社 2013 年版，第 294 頁。

⑤ （漢）何休解詁，（唐）徐彦疏《春秋公羊傳注疏》，第 10 頁。

⑥ 王葆玹《今古文經學新論》，第 261 頁。

⑦ 段熙仲《春秋公羊學講疏》，南京：南京師範大學出版社 2002 年版，第 429 頁。

下“一乎周”，即一統於周王。職是之故，在行事上，《春秋》仍以人物繫於周王，如《春秋·僖公八年》：“春王正月，公會王人、齊侯、宋公、衛侯、許男、曹伯、陳世子款、鄭世子華於洮。”《傳》曰：“王人者何？微者也。曷爲序乎諸侯之上？先王命也。”何休注：“銜王命會諸侯，諸侯當北面受之，故尊序於上。”① 王人且位在諸侯之上，則諸侯一統於周王而尊王之義可見②。而尊王正是“大一統的形下含義”③。

魯史記奉周正朔，以文王爲始受命王，乃是事、史。孔子因魯史記，“竊取其義”④ 而作《春秋》，《春秋》由是不再爲史，而爲藴涵孔子王心之“經”。然則《春秋》何爲而作？孟子曰：“王者之跡熄而《詩》亡，《詩》亡然後《春秋》作。”（《孟子·離婁下》）太史公曰：“桀、紂失其道而湯、武作，周失其道而《春秋》作。”（《史記·太史公自序》）《説苑·君道》則從反面印證：“夏道不亡，商德不作，商德不亡，周德不作，周德不亡，《春秋》不作。”孔子作《春秋》，代周爲新王。因此，文王爲周始受命王是史事，《春秋》新王則是經義。經義即孔子所“竊取”之“王心”，所謂“游、夏不能贊一辭”，自然不能徒見。蔣慶曰：“《春秋》所書‘元年春王正月’之‘王’非真指周之文王，而是託周之文王以明大一統之制……何注云《傳》言王者謂文王是‘假以爲王法’即是此義。”⑤ 楊向奎曰：“以周文王爲一統之象徵，實行一統，當别求新王。依後來公羊家説，公羊學説是孔子爲新王立法，當周之世，作新王之法，權假文王，實際以《春秋》當新王。”⑥ 是孔子假文王受命之史實以見《春秋》新王之經義。

然而，何休注《公羊傳》“元年者何君之始年也”：“《春秋》託新王受命於魯，故因以録即位，明王者當繼天奉元，養成萬物。”⑦ 何氏又以魯隱公爲始受命王。如此，同是始受命新王，魯隱公與《春秋》新王又是什麽關係？

---

① （漢）何休解詁，（唐）徐彦疏《春秋公羊傳注疏》，第409頁。

② 尊王之義，前賢發明甚多，兹不贅述。可參見：陳柱《公羊家哲學》之《尊王説》，見陳柱《公羊家哲學（外一種）》，上海：華東師範大學出版社2014年版，第21—36頁；蔣慶《公羊學引論》之《大一統思想的形下含義》，見蔣慶《公羊學引論》，第233—238頁。

③ 蔣慶《公羊學引論》，第233頁。

④ 《孟子·離婁下》：“晉之《乘》，楚之《檮杌》，魯之《春秋》，一也。其事則齊桓、晉文，其文則史。孔子曰：‘其義則丘竊取之矣。’”

⑤ 蔣慶《公羊學引論》，第226頁。

⑥ 楊向奎《大一統與儒家思想》，第71頁。

⑦ （漢）何休解詁，（唐）徐彦疏《春秋公羊傳注疏》，第7頁。

劉逢禄曰："王魯者，即所謂'以《春秋》當新王'也。夫子受命制作，以爲託諸空言不如行事博深切明，故引史記而加乎王心焉。"① 陳立亦曰："以《春秋》當新王，不能見之空言，故託之於魯，所以見之行事也，所謂'託新王受命於魯'也。"② 可見，以《春秋》當新王乃是空言，其見之於《春秋》之行事，則是王魯，即《春秋》託新王受命於魯，以魯隱公爲始受命王。因此，在《春秋》之内，魯既被託爲王，尊王亦即尊魯，故《公羊傳·隱公三年》："八月，庚辰，宋公和卒。"何休注："不言'薨'者，《春秋》王魯，死當有王文。聖人之爲文辭孫順，不可言'崩'，故貶外言'卒'，所以褒内也。"徐彦疏："魯得尊名，不與外諸侯同文，即是尊魯爲王之義。"③《春秋》之所以託王於魯而非其他諸侯，不僅僅在於孔子爲魯人而據魯史記以作《春秋》，更重要的内在理據乃是魯之先祖周公曾攝政稱王："周公攝政稱王是儒家素王説或王魯説的理論前提。"④ 因此，魯即具類似二王後之特殊地位⑤。

不論董仲舒還是何休，在論通三統時，尚多論絀杞、王魯。但二者與新周、故宋一樣，都最終指向以《春秋》當新王。也就是説，要以《春秋》當新王，則必須同時絀杞、故宋、新周、託王於魯。其中，前三者所後之先王夏、商、周構成一個真實的歷史三統序列；相應地，周、魯、春秋也構成一個面向未來的經義三統序列⑥，而且周、魯亦一統於春秋新王。不論周文王，還是王魯後的魯隱公，皆爲以《春秋》當新王所託：文王在《春秋》之前，代表新王之歷史依據；王魯則只在《春秋》之中，是新王空言的行事表現；《春秋》當

---

① （清）劉逢禄《春秋公羊經何氏釋例》，北京：北京大學出版社 2012 年版，第 109 頁。

② （清）陳立《公羊義疏》，北京：中華書局 2017 年版，第 15 頁。

③ （漢）何休解詁，（唐）徐彦疏《春秋公羊傳注疏》，第 64 頁。王魯即已包含尊魯之義，其義可參見劉逢禄《何氏釋例》之《王魯例》，見（清）劉逢禄《春秋公羊經何氏釋例》，第 106—110 頁。

④ 劉豐《周公"攝政稱王"及其與儒家政治哲學的幾個問題》，《人文雜誌》2008 年第 4 期，第 38 頁。

⑤ 《論語》《禮記·禮運》《孔子家語》等文獻即多次將魯列於周之二王後杞、宋之後。故張載曰："杞宋之郊則爲其二王之後也，魯用天子禮，必是成王之意，不敢臣周公，故以二王之後待魯。"轉引自（宋）衛湜《禮記集説》，長春：吉林出版集團有限責任公司 2005 年版，第 2 册，第 1112 頁。

⑥ 實際上，在歷史三統序列到經義三統序列，尚存在一個過渡三統序列：商、周、魯。故劉逢禄曰："終運之以三頌，《春秋》之通三統也。"見劉逢禄《詩古微序》，《劉禮部集》卷九，《續修四庫全書》第 1501 册，上海：上海古籍出版社 2002 年版，第 170 頁。孔子删《詩》，終之以周、魯、商三頌，劉氏正以商、周、魯爲三統。

新王在《春秋》之後，即是設空言的素王，素王爲萬世制法。因此，何休言文王乃是“假以爲王法”，又“與後王共之”，即是《公羊傳·哀公十四年》所謂“制《春秋》之義以俟後聖”。故莊存與直謂：“聖人別嫌疑於《春秋》之始，書‘元年春王正月’，所以爲大一統也……大一統亦所以爲後王法也。”① 新王受命之後，布政施教，其目標即在“大一統”。

三

三科九旨通三統科以以《春秋》當新王爲指歸，建立“大一統”之主體，是爲前提；而異外內、張三世則是新王布政施教之方式，亦是新王所以“大一統”者，即二者爲尊崇一統之表現，其達成之狀態亦爲“大一統”。

《公羊傳·成公十五年》：“《春秋》内其國而外諸夏，内諸夏而外夷狄。”異外内之外内有三：其國、諸夏、夷狄，三者固各自不同。何休注：“内其國者，假魯以爲京師也。諸夏，外土諸侯也。”② 是何氏以其國即京師。又《公羊傳·桓公九年》：“京師者何？天子之居也。京者何？大也。師者何？衆也。天子之居，必以衆大之辭言之。”《中庸》云：“非天子不議禮，不制度，不考文。”京師乃王者之所在③，而爲禮之所出。《左傳·定公十年》：“裔不謀夏。”孔穎達疏：“夏，大也。中國有禮儀之大，故稱夏。”④ 何休曰：“中國者，禮義之國也。”⑤ 諸夏有禮義，是禮儀之諸侯國。《禮記·王制》列四夷：東方曰夷、南方曰蠻、西方曰戎、北方曰狄。《爾雅·釋地》曰：“九夷、八狄、七戎、六蠻，謂之四海。”孫炎注：“海之言晦，晦暗於禮義。”⑥ 夷狄爲晦於禮義之四海。因此，其國天子制禮，諸夏遵禮，夷狄無禮，三者可由“禮”而定⑦。反過來，異外内還表現在，其國、諸夏、夷狄對王者有不同的稱謂。賈逵曰：

---

① 轉引自段熙仲《春秋公羊學講疏》，第 433 頁。

② （漢）何休解詁，（唐）徐彦疏《春秋公羊傳注疏》，第 758 頁。

③ 即今文學王者爲天下人所歸往之義。

④ （周）左丘明傳，（晉）杜預注，（唐）孔穎達正義《春秋左傳正義》，第 1827 頁。

⑤ （漢）何休解詁，（唐）徐彦疏《春秋公羊傳注疏》，第 97 頁。

⑥ 見（漢）鄭玄注，（唐）孔穎達正義《禮記正義》，第 459 頁。

⑦ 禮、樂常並稱，而此不連言樂以區分三者，以夷狄亦有樂故也。《白虎通·禮樂》：“（王者）制夷狄樂，不制夷狄禮何？以爲禮者，身當履而行也，夷狄之人不能行禮；樂者，聖人作爲以樂之耳，故有夷狄樂也。”

“畿内稱王，諸夏稱天王，夷狄稱天子。”① 王者因所對而異其稱雖是左氏義，卻也與公羊異外内義相通②。

其國、諸夏有禮，而夷狄則無與於禮，新王自然分别治之。新王封邦建國，可視爲將京師移植、複制於各諸侯國，故天子、諸侯皆爲南面之君。就禮而言，“正月”爲政教之始，即受命新王布政施教，首改正朔以制正月；“公即位”爲一國之始，即諸夏諸侯“上奉王之政”，遵行新王所改之正朔，以“正竟内之治”；五始無關於夷狄，表示王者正朔不加於夷狄，亦即新王不治夷狄。《公羊傳·昭公十六年》：“夷狄相誘，君子不疾也。曷爲不疾？若不疾，乃疾之也。”不疾者，不治之意也③。故包慎言《五始説》言：“王奉天出教，諸侯奉行之以治其國，各以歲時述職於王，所以大一統也。”④ 此在其國、諸夏、夷狄各得其治的情況下，由三者組成天下，大一統於新王。

在靜態的層面上，新王根據其國、諸夏、夷狄在地域、性質上的不同而異其治，所以内外在空間上便是相對的。董仲舒曰：“《春秋》……於諸夏也，引之魯則謂之外，引之夷狄則謂之内。”⑤ 諸夏在其國與夷狄之間，相對於魯國而言爲外，相較於夷狄則爲内。但是，同一諸夏，於内其國時爲外，於外夷狄時爲内，爲内、爲外必不能同時，則異外内三旨是針對不同時世而言。即是説，按去新王的距離，其國、諸夏、夷狄由近及遠、由内而外，依次相接，而且其國、諸夏、夷狄三者禮文程度依次遞減，因此可以將異外内視爲王化逐漸由京師向諸夏、夷狄擴散的一個動態過程。因此，異外内便加入了縱向的時間維度。段熙仲曰：“《春秋》内外異辭，自近者始，而其究極，則爲王者之大一統。”⑥ “近者”本是空間上之其國，而此“大一統”之“究極”則表示此王化逐漸普及天下之動態過程完成。這也恰好是張三世題中應有之義。因此，何休即將異外内三旨與張三世三旨一一對應：“於所傳聞之世，見治起於衰亂之中，用心尚麤觕，故内其國而外諸夏……於所聞之世，見治升平，内諸夏而外夷狄……至所見之世，著治大平，夷狄進至於爵，天下遠近、大小若一。”⑦ 此注

① （清）劉文淇《春秋左氏傳舊注疏證》，北京：科學出版社 1959 年版，第 4 頁。
② 可參拙文《三科九旨通義》，《經學研究論叢》第 24 輯，第 83 頁。
③ 見段熙仲《春秋公羊學講疏》，第 510 頁。
④ 轉引自段熙仲《春秋公羊學講疏》，第 438 頁。
⑤ 锺肇鵬主編《春秋繁露校釋（校補本）》，第 83 頁。
⑥ 段熙仲《春秋公羊學講疏》，第 513 頁。
⑦ （漢）何休解詁，（唐）徐彦疏《春秋公羊傳注疏》，第 38 頁。

《公羊傳·隱公元年》“所見異辭，所聞異辭，所傳聞異辭”，何氏乃以異外内解之，故皮錫瑞言異外内與張三世相通①。

張三世即分張《春秋》一世爲所見、所聞、所傳聞三世，三世在書法上異辭。顯然，張三世之主語，亦即誰之見、聞、傳聞，自爲作《春秋》之孔子。而孔子所見、所聞、所傳聞，即見、聞、傳聞之内容，則爲魯國十二公事。故董仲舒曰：“哀、定、昭，君子之所見也；襄、成、文、宣，君子之所聞也；僖、閔、莊、桓、隱，君子之所傳聞也。”② 皮錫瑞即以君子指孔子，而“以三世爲孔子之三世”③。《公羊傳·哀公十四年》在解釋“始隱”問題時，就有將三世與孔子之先祖對應起來之傾向：“《春秋》何以始乎隱？祖之所逮聞也。”何休則明確將三世與孔子之父、祖、曾高祖聯繫起來：“‘所見’者，謂昭、定、哀，己與父時事也。‘所聞’者，謂文、宣、成、襄，王父時事也。‘所傳聞’者，謂隱、桓、莊、閔、僖，高祖、曾祖時事也。”④

何休接言：“所以三世者，禮爲父母三年，爲祖父母期，爲曾祖父母齊衰三月。立愛自親始，故《春秋》據哀録隱，上治祖禰。”⑤ 何氏之所以要將孔子先祖與魯君對應起來，正是要以五服有三等喪服來解釋《春秋》爲何要分張十二公爲三世而非它世。徐彦釋之：“緣情制服，宜爲三世。故禮爲父三年，爲祖期，爲高祖、曾祖齊衰三月。”⑥ 董仲舒先亦言：“於所見微其辭，於所聞痛其禍，於所傳聞殺其恩，與情俱也。”⑦ 在孔子先祖之服制上，離己愈遠，位愈尊、情愈淺而服愈輕，反之，則位愈卑、情愈深而服愈重。相應地，在《春秋》諸公之治法上，去己越久，化越狹、法越略而世越亂；去己越近，化越廣、法越詳而世越治。但實際上，從隱公到哀公，從所傳聞世到所見世，世道卻愈發混亂。劉逢禄言：“魯愈微而《春秋》之化益廣……世愈亂而《春秋》之文

① （清）皮錫瑞著，周春健校注《經學通論·論異外内之義與張三世相通當競争之時尤當講明春秋之旨》，北京：華夏出版社2011年版，第371頁。

② 鍾肇鵬主編《春秋繁露校釋（校補本）》，第17頁。

③ （清）皮錫瑞著，周春健校注《經學通論·論異外内之義與張三世相通當競争之時尤當講明春秋之旨》，第371頁。《公羊傳·莊公七年》：“君子修之曰：‘星隕如雨。’”《公羊傳·哀公十四年》：“君子曷爲爲《春秋》？”君子皆指孔子。

④ （漢）何休解詁，（唐）徐彦疏《春秋公羊傳注疏》，第38頁。

⑤ （漢）何休解詁，（唐）徐彦疏《春秋公羊傳注疏》，第38頁。實則爲高祖父母亦齊衰三月，故徐彦曰：“不言高祖父母者，文不備。”（漢）何休解詁，（唐）徐彦疏《春秋公羊傳注疏》，第41頁。

⑥ （漢）何休解詁，（唐）徐彦疏《春秋公羊傳注疏》，第4頁。

⑦ 鍾肇鵬主編《春秋繁露校釋（校補本）》，第17頁。

益治。"[①] 孔子得西狩獲麟之受命之符，乃作《春秋》，上推魯隱公爲始受命王，經三世之進化，至哀之獲麟，功成治定。因而麟爲《春秋》新王太平之祥瑞。職是之故，所傳聞、所聞、所見僅是三世之形式，何休則實以衰亂、升平、太平之内容。時間是單向性的，如水向下流逝，故而三世終究會達至太平之終點。

前謂異外内與張三世相通，何休以異外内解張三世，故於所傳聞世，先内其國而外諸夏，先正京師以治諸夏也；於所聞世，諸夏既治而正矣，則内之而合爲一，以攘夷狄；於所見世，夷狄接中國久，漸爲中國所化而有禮義，則進爲中國，如是天下遠近、大小若一，内夷狄而無外。新王張三世以達至天下太平，即大一統。故段熙仲言："大一統者，太平之高致也。"[②] 反過來，若以張三世解異外内，則在同一時間，其國處於太平世之狀態，諸夏升平，夷狄衰亂[③]。故孔子曰："夷狄之有君，不如諸夏之亡也。"（《論語·八佾》）康有爲注："若亂世野蠻有君主之治法，不如平世文明無君主之治法。"[④] 有君之夷狄，還是處於衰亂世，而無君之諸夏，已在升平世，故不如也。是康氏用三世進化斷内外治亂。合異外内與張三世而觀之，新王受命布政施教，在空間上，正京師以治諸夏而夷狄，尚需考慮到三者在時間上發展的不平衡性，如諸夏而夷狄行則夷狄之，反之亦然；在時間上，由據亂以期升平而太平，亦需顧及三世之狀態體現在空間上的不協調性，如同在所聞世，京師太平、諸夏升平而夷狄依舊衰亂。無論如何，新王布政施教，由内及外、由近及遠，以漸治之，終將達至大一統。

綜上所述，《春秋》開篇言"五始"，《公羊傳》合"王""正月"爲一以發明"大一統"之義，故而"大一統"有"新王受命"與"布政施教"兩義：前者爲"大一統"之前提，後者爲方法。此二義可涵攝於公羊學最爲核心之條例三科九旨中：通三統以《春秋》當受命新王，故三統中以新王一統爲大；異外内與張三世相通，正新王布政施教之方法，其效終至於太平而致麟，是爲"大一統"。與三科九旨一樣，"大一統"貫穿於《春秋》始終，可謂《春秋》第一義。

（作者單位：吉首大學人文學院）

---

① （清）劉逢禄《春秋公羊經何氏釋例》，第 4 頁。

② 段熙仲《春秋公羊學講疏》，第 512 頁。

③ 用《孟子》之言而論，太平、升平爲"平世"，衰亂爲"亂世"，而前謂其國即制禮新王所在之京師、諸夏遵"禮"，夷狄無"禮"，即平世有"禮"，亂世無"禮"，故《禮記·樂記》言"王者功成作樂，治定制禮"，治定即爲太平。

④ （清）康有爲著，樓宇烈整理《論語注》，北京：中華書局 2012 年版，第 33 頁。

儒家典籍與思想研究（第十四輯）
北京大學出版社，2022年8月

通達禮義與化禮成俗

——吕大臨踐禮之進路

孫　倩

【内容提要】　理之一字，在宋明理學體系中有着諸多含義。吕大臨語境中，“理”同“義”連用最爲頻繁，他將“天理”同“理義”嫁接，表達出一種“天道之理”，也就是“天道秩序”的内涵。與此相應，其“天理”之“理”，展現出一種内在的價值秩序。通過“禮”“理”互訓，他將這種内在的價值秩序指向人道秩序，用“理義”橋接天道與人道，表明人道秩序的“禮”稟受於天，是天道秩序在人間的具現。吕大臨認爲“禮義”是人之所以爲人的依據，通達禮義便是聖人制禮之目的，“文”擯相習慣之，“義”君子知之，先習禮之文，後通達禮之義，君子皆當以通達禮義爲目的踐行禮。而庶人無知，不能認知“禮義”，需爲其另闢蹊徑，即化禮成俗，通過對禮文一絲不苟地踐行，使得民庶皆可在日常生活中内化禮文中的禮義。他通過“禮義”這一概念爲媒介闡釋“禮不下庶人”，進而區分禮與俗、君子與庶人之踐禮進路。

【關鍵詞】　吕大臨　禮　俗　禮義　理義

道學誕生之初便面臨種種壓力，其壓力來自唐宋社會變革下的階級重組，來自唐末戰亂帶來的社會動蕩，來自佛、老精緻哲學思維帶來的衝擊及對儒家倫理綱常和傳統社會風俗的侵襲。在此種時代背景之下，當世宋儒開始積極尋找應對之方。

> 教化者，朝廷之先務；廉耻者，士人之美節；風俗者，天下之大事。朝廷有教化，則士人有廉耻；士人有廉耻，則天下有風俗。或朝廷不務教化而責士人之廉耻，士人不尚廉耻而望風俗之美，其可得乎？①

① （宋）羅從彦《羅豫章集》，北京：中華書局1985年版，第101頁。

教民以道德仁義，化之爲俗，則天下之風俗皆可正，統禦民庶之最優方式莫過於教化，教化直接關係到天下風俗之美醜，故美風俗則須依靠教化來實現。唐君毅先生曾説："宋明理學家之精神，則幾全用於教化。"[①] 面對社會變革以及佛、老對儒家倫理綱常的衝擊和對傳統社會風俗的侵襲，宋儒所選應對之方便是教化。

吕大臨，字與叔，號芸閣。出身北宋名門藍田吕氏一族，藍田四吕之一[②]。三十一歲拜張載爲師，爲張載親傳弟子中最爲出色者。張載離世後問學於二程，後爲程門四先生之一[③]。《宋史》評價吕大臨道："通《六經》，尤邃於《禮》。每欲掇習三代遺文舊制，令可行，不爲空言以拂世駭俗。"[④] 吕大臨尤精於禮學，不僅精通傳統禮學之典章名數，於後更結合關洛二家之理學思想重新建構古禮，其禮學思想對於研究北宋禮學的重構脈絡至關重要。吕大臨以"禮之教化也微，其止邪也於未形"（《禮記・經解》）爲領，認爲禮教之本在於内化，以禮爲教短時間内雖收效甚微、難有立竿見影之效，卻可在無形中内化於民，經久之下必可起到教民以善的作用。拙文旨在辯明吕大臨如何將禮同天理道體相聯繫，推演出君子與庶人之不同踐禮進路——通達禮義與化禮成俗，進而終達美教化、易風俗之目的。

一、禮與俗的交匯

禮與俗，有分而論之者，有合而論之者，俗作爲禮的補充，與禮須臾不離，是我國禮學史上非常重要的概念。葉國良教授認爲俗與禮之起源同樣源遠流長，二者之間没有絶對的區别，但多有一定形式的儀式[⑤]。也就是説二者最基本的構成因子都是"儀式"，它們同樣起源於原始宗教儀式，從這一點來説二者並無區别，柳詒徵先生針對"禮""俗"之源流也曾表示"禮俗之界，至

① 唐君毅著，黄克劍、鍾曉霖編《唐君毅集》，北京：群言出版社 1993 年版，第 284 頁。

② 藍田四吕：藍田吕氏一門在北宋曾盛極一時，吕蕡曾任比部郎中，贈左諫議大夫，其五子登科（吕大忠、吕大防、吕大鈞、吕大受，吕大臨）。吕大忠曾任陝西路運轉副史、吕大防曾官至宰相，二者均爲北宋名臣；吕大鈞、吕大臨則勝在學術成就，吕大忠、吕大防、吕大鈞、吕大臨四人被合稱爲"藍田四吕"。

③ "學於程頤，與謝良佐、游酢、楊時在程門，號'四先生'。"（元）脱脱等撰，顧頡剛等點校《宋史》，北京：中華書局 2011 年版，第 10848 頁。

④ （元）脱脱等撰，顧頡剛等點校《宋史》，第 10848 頁。

⑤ 葉國良《中國傳統生命禮俗》，臺北：五南圖書出版有限公司 2014 年版，第 3 頁。

難劃分”（《中國禮俗史·發凡》）。許慎則將“俗”解作“習”①，《周禮·大司徒》：“以俗教安，則民不愉。”鄭玄注曰：“俗，謂土地所生習也。”② 鄭玄把“俗”解釋爲某片區域内産生的“習”，這就將“俗”這個概念與“空間”相聯繫，俗逐漸被框定在一個狹限空間範圍内。《禮記·曲禮》中有“入國而問俗”一句，鄭玄注曰：“俗謂常所行與所惡也。”③《漢書·地理志》將“所行所惡”解釋爲“好惡取捨，動靜無常，隨君上之情欲，謂之俗”④。這就將“俗”與“時間”進行關聯，俗被認知爲一個常變的量，其“動靜無常”具有十分顯著的時限性特點。從空間維度來看，禮在較大範圍内施行，俗在較小地域範圍内施行；從時間維度來講，禮具有常性，而俗無常、是時限較短的傳統。楊志剛教授認爲“俗具有地方性、變易性、多樣性的特點”⑤，换言之，俗受到較嚴的時空限制，它常因時間、空間的改變而變化。而當“‘禮’定型爲一種‘理想形態’的行爲規範，並凝結成典章制度，就與俗有了明確的分野”⑥。自西周禮樂文明始，禮的外延就不僅僅只包含“儀”這一形式意義，它更是同國家制度及律法相聯繫，而相對的“俗”並没有上升到國家制度和律法層面。“禮往往經過國家的規範而成爲法律、制度，俗只在民間施行，不具强制性。”⑦ 這也解釋了“俗”爲何通常與“民”字相連用。作爲國家典章制度的“禮”起源於巫史傳統，也就是三代之“禮”“俗”，經過漫長時間的洗禮，有些上升爲法，成爲國家典章制度，有些則不停輪轉與地方特性相結合化爲“習”。

> 以八則治都鄙：一曰祭祀，以馭其神。二曰法則，以馭其官。三曰廢置，以馭其吏。四曰禄位，以馭其士。五曰賦貢，以馭其用。六曰禮俗，以馭其民。七曰刑賞，以馭其威。八曰田役，以馭其衆。⑧

① 《説文解字》：“俗，習也。”（漢）許慎《説文解字》，北京：中華書局2013年版，第163頁。

② （漢）鄭玄注，（唐）賈公彦疏，趙伯雄整理，王文錦審定《周禮注疏》，北京：北京大學出版社2000年版，第290頁。

③ （漢）鄭玄注，（唐）賈公彦疏，龔抗雲整理，王文錦審定《禮記正義》，北京：北京大學出版社2000年版，第100—101頁。

④ （漢）班固撰，（唐）顔師古注，顧頡剛等點校《漢書》，北京：中華書局2011年版，第1640頁。

⑤ 楊志剛《中國禮儀制度研究》，上海：華東師範大學出版社2001年版，第559頁。

⑥ 同上書，第559頁。

⑦ 葉國良《中國傳統生命禮俗》，第3頁。

⑧ （漢）鄭玄注，（唐）賈公彦疏，彭林整理《周禮注疏》，上海：上海古籍出版社2010年版，第41頁。

祭祀（先君、社稷、五祀）對應鬼神，法則（法、典、則）對應官，廢置（退位舉賢）對應吏，禄位（俸禄和爵位）對應士，禮俗對應民[①]。《周禮》在劃分等級制度之時，一一制定對應之法，以祭祀事鬼神，以法則制度駕馭官員，以舉賢任能選拔小吏，以功名利禄驅使學士，以禮俗統治民庶。“刑不上大夫，禮不下庶人”，有士禮而無庶人禮，固而强調以俗馭民而非以禮，民庶只能用“俗”或説“禮俗”來加以約束。《孔子家語・五刑解》有“所謂禮不下庶人者，以庶人遂其事而不能充禮，故不責之以備禮也”一句[②]，把禮不下庶人的原因歸結於“遂事”，認爲民庶主要承擔農耕等職責，其時間精力當用在遂事之上，這是其天職所在，固不能約之於禮。鄭玄在“遂事”後加“備物”一條：“禮不下庶人，爲其遽於事，且不能備物。”[③] 即認爲民庶因在時間、經濟等條件上的局限，導致其不具備“禮”的要求。而孔疏則在此基礎上將其理由二分：

> “禮不下庶人者”，謂庶人貧，無物爲禮，又分地是務，不服燕飲，故此禮不下與庶人行也。白虎通云：“禮爲有知制，刑爲無知設。”禮謂酬酢之禮，不及庶人，勉民使至於士也，故士相見禮云：“庶人見於君，不爲容，進退走”。[④]

其一，大體同鄭注，即認爲民庶因經濟條件所限，難以備齊行禮所需之器物，且民庶多忙於農耕等地務，諸如燕飲等禮儀則無暇以顧。其二，則落在“知”上：士“有知”，當以禮約之；庶人“無知”，刑法無所謂知，只要奉行即可，固只需用刑法管控。“由士以上則必以禮樂節之，衆庶百姓則必以法數制之”[⑤]，禮樂和刑罰的作用同爲節制，但禮樂只能節制士大夫，對庶民無效，庶民無知，只能通過刑罰來駕馭。吕大臨對禮不下庶人的認識基本源於此，不同的是他用“賢愚”與“貴賤”加以區别：

> 庶人，愚且賤者也，不可以侍君子之事責之。大夫，賢且貴者也，不

① “祭祀，其先君、社稷、五祀。則，亦法也。典、法、則，所用異，異其名也。法則：其官之制度。廢猶退也，退其不能者，舉賢而置之。禄，若今月俸也。位，爵次也。”（漢）鄭玄注，（唐）賈公彦疏，彭林整理《周禮注疏》，第 41 頁。

② 王國軒、王秀梅譯註《孔子家語》，北京：中華書局 2011 年版，第 352 頁。

③ （漢）鄭玄注，（唐）孔穎達正義，吕友仁整理《禮記正義》，上海：上海古籍出版社 2008 年版，第 103 頁。

④ 同上。

⑤ （唐）楊倞注，耿芸標校《荀子》，上海：上海古籍出版社 2014 年版，第 109 頁。

可以待小人之法辱之。故古之制禮，皆自士始，庶人則略而已。①

吕大臨所説的“賤”，同鄭註、孔疏無甚差别，即以遂事爲由，認爲庶人並無踐行禮儀的時間和經濟條件。而吕氏所謂的“愚”雖亦爲無知之義，但其對“知”的理解，則與前人不盡相同。“禮之所尊，尊其義也。其文則擯相習慣之，其義則君子知之，修其文，達其義，然後可以化民成俗也”②，“文”擯相習慣之，“義”君子知之，君子當先習禮之文，後通達禮之義。“知”是知禮之義，他把禮義與天理相勾連，通過“禮之義”爲媒介闡釋禮不下庶人，進而區分禮與俗、君子與庶人之踐禮進路。

二、天秩人序：吕大臨的理義與禮義

通觀吕大臨遺作中的“理”，其含義基本可以歸納爲三類。第一類是形而上學本體論層面上的“理”。此類“理”基本包含天道、天道秩序、自然規律等意義。例如：“故知天下通一氣，萬物通一理。此一也，出於天道之自然，人謀不與焉。”③ 第二類爲倫理綱常、仁義道德等人道秩序層面意義的“理”。例如：“雖有是具以御臣，然所以御之者，理也。理義，人心之所同然，天所以命於人。‘君君、臣臣、父父、子子’，所以保乎天下國家也。”④ 第三類則直接等同於禮，以理代禮，以理義代替禮義。例如：“立教之謂‘教’，訓説理義之謂‘訓’，皆所以正風俗之不正，故曰‘非禮不備’也。”⑤ 在形上層面，吕大臨的“理”同關、洛二學的“理”分别有所關聯的同時，又具有其自身的特點。吕大臨以“道”爲宇宙最高本體，而他在“天理”一詞的使用上，則更多地表現出了同張載的“理”相近之義。他很少在道體層面上使用天理一詞，但在表示事物之理時與二程的物理、朱子的分殊之理意義十分相近。比較特殊的是吕大臨經常在“天道秩序”的層面上使用“理”字，他這樣做的目的是連接天道與人道，天道秩序與人道秩序。所以他經常使用“理”來表示三綱五常、道德倫理。而吕大臨的“理”最爲特别之處是他常把“理”“禮”互訓，並且

① （宋）吕大臨《禮記解·曲禮第一》，（宋）吕大臨等著，曹樹明點校整理《藍田吕氏集》，西安：西北大學出版社 2015 年版，第 33 頁。

② （宋）吕大臨《禮記解·鄉飲酒義第四十五》，《藍田吕氏集》，第 196 頁。

③ （宋）吕大臨《禮記解·大學第四十二》，《藍田吕氏集》，第 176 頁。

④ （宋）吕大臨《禮記解·表記第三十二鄉》，《藍田吕氏集》，第 139 頁。

⑤ （宋）吕大臨《禮記解·曲禮第一》，《藍田吕氏集》，第 7 頁。

頻繁地使用“理義”或“義理”，當理與禮互訓之時，禮義便直接等同於理義，同天理相聯繫。

相對於“理”“天理”而言，大臨更加偏重於使用“理義”一詞，在他的哲學體系中，“理義”所代表的意義不僅僅停留在單一層面，而是更加靈活和多元化。理義一詞的靈活使用，是吕大臨理學的一個顯著特徵，其著作中“理”“氣”“天理”等詞彙實際出現的頻率並不高，而與此相對“理義”一詞出現得尤爲頻繁。那麽問題就隨之而來，爲什麽吕大臨常常棄“理”“天理”等詞彙不用，反而使用“理義”一詞呢？對這一問題的考察需要首先回到吕大臨對《禮記·曲禮》中“是故聖人作，爲禮以教人，使人以有禮，知自别於禽獸”一句所作的釋解。

> 是則（人）所以貴於萬物者，蓋有理義存焉。聖人因理義之同然而制爲之禮，然後父子有親、君臣有義、男女有别，人道所以立而與天地參也。縱恣怠敖，滅天理而窮人欲，將與馬牛犬彘之無辨。①

首先，吕大臨完全認同禮是區别人與禽獸之標誌這一觀點，他説：“此人之所以爲人，必在乎禮義也。”② 禮之所以可以區别人與禽獸，其根本就在於“禮義”的存在。“禮所以與義合者，禮者，體也。統之於心，行之合道，謂之禮也。義者，宜也，行之於事，各得其宜，謂之義也。是禮據其心，義據其事，但表裏之異，意不相違。”③ 孔疏把禮義二字拆分開來，以禮爲體，以義爲用。禮義二分爲内外兩層含義：禮表内，義表外。内便是指心，所以禮便是指心中之禮，合於道之禮。孔疏將“義”訓爲“宜”，即行事得宜，“宜”便是“適宜”之意，它區别於心之禮，要求踐禮要合乎時宜。由“心”與“宜”之解，得出“禮義”便是適宜地踐行心中合道之禮的結論。而吕大臨的“禮義”則全然不同，孔疏把禮義的核心定爲“行之合道”，落脚點在行，也就是在如何踐履上，此雖把禮分爲心中之禮與實際踐行之禮，但仍以形而下的踐履方向作爲闡釋中心。而吕大臨則不同，他希望建構禮的形而上學體系，故其在闡釋禮義時將重點放在了“禮”字之上，通過把“禮”訓爲“理”，從而將“禮義”和“理義”等同起來。所以他一方面説“是則（人）所以貴於萬物者，蓋有理義存焉”；一方面又説“此人之所以爲人，必在乎禮義也”。大臨將“禮義”等同

① （宋）吕大臨《禮記解·曲禮第一》，《藍田吕氏集》，第8—9頁。

② （宋）吕大臨《禮記解·冠義第四十三》，《藍田吕氏集》，第185—186頁。

③ （漢）鄭玄注，（唐）孔穎達正義，吕友仁整理《禮記正義》卷三一，第946頁。

於“理義”的目的，就是要將人間的禮與天道的理聯繫在一起。至於“義”，他則認爲“理之所當然之謂義”，所當然指的是“時中”，吕大臨語境中的時中並非從適宜的角度闡釋，而是從天理的高度加以要求，這點同孔疏注重的踐行之道全然不同。由此可見，吕大臨在闡釋“禮義”時，落脚點在“天理”之上，其目的在於建立“禮”同形而上的最高本體之間的關聯。

“鸚鵡能言，不離飛鳥。猩猩能言，不離禽獸。今人而無禮，雖能言，不亦禽獸之心乎？夫唯禽獸無禮，故父子聚麀。是故聖人作禮，爲禮以教人，使人以有禮，知自别於禽獸。”① 禮是區别人與禽獸的標誌，是人之所以爲人的最大表徵，吕大臨發揮這一説法，把“禮義”與“理義”帶入其中並加以發揮。

> 人之血氣、嗜欲、視聽、食息與禽獸異者幾希，特禽獸之言與人異爾，然猩猩、鸚鵡亦或能之。是則所以貴於萬物者，蓋有理義存焉。聖人因理義之同然而制爲之禮，然後父子有親、君臣有義、男女有别，人道所以立而與天地參也。縱恣怠敖，滅天理而窮人欲，將與馬牛犬彘之無辨。②

天下萬物本道而生，從形體上來看其構成的基礎物質都是氣。尤其從身體器官等方面來看，人與飛禽走獸相近。人的身體由血肉組成，飛禽走獸的身體亦是由血肉組成；人有眼耳口鼻等感覺器官，飛禽走獸亦有眼耳口鼻等感覺器官；人的食慾、睡欲等基本生理要求也與禽獸一般無二；人類的精妙語言系統動物雖不具備，但某些動物依舊可以模仿人類的發音，所以單從形體角度來看人與動物並無二致。既然身體、言語等外部特徵不能成爲區别人與獸的標誌，那麼人與獸的區别必然在内部。“是則所以貴於萬物者，蓋有理義存焉”，吕大臨認爲理義便是人之所爲人的根本原因，同時理義也是禮形成的原因，是禮之根源所在。“聖人因理義之同然而製爲之禮，然後父子有親、君臣有義、男女有别，人道所以立而與天地參也”，理義是天道秩序的體現，聖人據理義而制禮，然後有父子、君臣、夫婦等人倫綱常。這就把人間的禮代入到了天理的世界，理義成爲了禮與理、人倫與天理之間溝通的媒介。

> 知崇禮卑，崇效天，卑法地，故知禮者，人之天地也，唯有天地不具而能有物者也。此人之所以爲人，必在乎禮義也。③

---

① （漢）鄭玄注，（唐）孔穎達正義，吕友仁整理《禮記正義》卷三一，第 19 頁。

② （宋）吕大臨《禮記解・曲禮第一》，《藍田吕氏集》，第 8—9 頁。

③ （宋）吕大臨《禮記解・冠義第四十三》，《藍田吕氏集》，第 185—186 頁。

飛禽走獸之流自有其生存秩序，而人類的生存秩序便是倫理綱常，人道秩序稟受於天，是天道秩序在人間的體現，所以儒家的倫理綱常便是天道秩序在人間的具現。“縱恣怠敖，滅天理而窮人欲，將與馬牛犬彘之無辨”，禮是人之所以爲人的依據，如果違背禮義，人與獸也就無甚區别。吕大臨之所以重用“理義”一詞，是期望通過“理義”把天道與人世的倫理道德、禮法相聯繫，“理義”一方面向上聯通天道，一方面向下聯通道德禮法，它貫通了天與人、天道與人道。“道”是生成論意義上的本體，是萬物之所由生的本根。吕大臨的“理義”是天下萬物所應當遵循的那個法則，當然這個法則的合法性來自於道，但“道”是天之道，它高高在上且不言不語，無法輕易感知；人雖爲萬物之靈，本自於道，但人與天道之間需要一個勾連的媒介，在吕大臨看來“理義”便是天道與人道之間的媒介。

三、通達禮義與化禮成俗

“教不本於禮，則設之不當”，吕大臨認爲教化的本質在於教民以禮，而教民以禮的目的就在於正風俗之不正。

> 先王制禮，教民之中而已。教不本於禮，則設之不當；設之不當，則所以教者不備矣。“教訓正俗”，其義皆教也。立教之謂“教”，訓説理義之謂“訓”，皆所以正風俗之不正，故曰“非禮不備”也。①

孔疏將“教”訓爲“教人師法”，而吕大臨則認爲“教”當爲“立教”之教，“訓”當爲訓説義理之意。相較於師法而言，吕大臨更爲重視對禮中之義理的訓教，他認爲禮中内涵的“義理”即“禮義”，是禮之本核，失去禮義的禮只是單純的文飾，並不具有美風俗的作用。如單純用禮文來移風易俗，反而會造成流俗之弊。吕大臨在總結三代之治時言道：

> 夏尚忠，忠者奉上，故尊命。殷尚質，質者不欺，故尊神。周尚文，文者多儀，故尊禮……賞罰用爵列者，如“刑不上大夫”“禮不下庶人”……之類。雖主於文，亦人情之近厚者，所以親而不尊也。先王之政，苟無道以救之，其末也不能無蔽，如清之末至於隘，和之末至於不恭也。忠之政，使民近人而已，不求其所不能知，勸於爲善而已，不責其所不能爲。及其末

① （宋）吕大臨《禮記解·曲禮第一》，《藍田吕氏集》，第7頁。

> 也，人不知進於學，故守其顓蒙；不困於刑罰，故不爲詐諼。其民則蠢而愚，其風則喬而野，其事則朴而不文也……忠之弊至於愚而野，故殷人尊神而救之，民知敬於鬼神，則莫非誠也，誠則質矣……及其末也，求神於虛無不可知之域，則茫然不知其所安；畏威於無所措手足之地，則不知禮義之所貴。故民蕩而不敬，其俗勝而無恥也……故周人尊禮以救之。禮，人文也，人文之著則上下有等、親疏有辨。及其末也，溺於文而不求其實，拘於末而不返其本。故其事則"利而巧"，近人故苟利，尚文故巧文；其俗則"文而不慚"，文勝質則不知其義也。其民則"賊而敝"，不反其本，故賊於其末，不求其實，故蔽於虛文也。①

夏"忠之俗"，尊命；商"質之俗"，尊神；周"文之俗"，尊禮。吕大臨認爲夏人尊命以致其社會風俗趨於"喬而野"，妄自驕大而無文；殷人尊神以致其風俗"勝而無恥"，不知禮義之所貴；周人雖尚禮，但卻將工夫用在禮文條目之上，以致其社會風俗"文而不慚"，文勝質而不知其義。"《書》曰'天敘有典'，體也，人倫之謂也；'天秩有禮'，用也，冠、昏、喪、祭、射、鄉、朝、聘之類也。二者皆本於天，此禮之所由生也。"② 天秩、天敘是天道秩序，人倫和禮儀共同體現出了儒家的内在價值秩序，這便是人道的秩序。理義貫通天道秩序與人道秩序，從而爲倫理綱常及禮儀從天道處獲得權威。就人道秩序而言，大臨把其分爲人倫與禮儀，倫理綱常爲體，冠、昏、喪、祭、射、鄉、朝、聘等禮儀爲用。"二者皆本於天，此禮之所由生也"，這裏的禮便是合體與用的禮，是統合倫理綱常及禮儀的禮。吕大臨認爲禮本身有體有用，禮之體便是禮義，是儒家倫理綱常，合體與用爲一的禮便是人道秩序，它等同於理義，和於天道秩序。

無論忠之俗、質之俗還是文之俗，本質上都是不知禮義，質與文之間的平衡需要通過理解禮義來把握。禮義爲體，禮之所以可以化民成俗，在於禮的内在精神指向，它通向的是天道秩序在人間的具現，即儒家的價值秩序；禮文爲用，是禮義的文飾，禮文存在的目的是將儒家的價值觀通過文字的形式傳遞出去，並在對禮文踐行的過程中不斷深化。白溪教授認爲："'禮'既然是泛指一系列要求人們去遵守的行爲規範，那麽，對'禮'的實行或遵守就可以有兩種

① （宋）吕大臨《禮記解·表記第三十二》，《藍田吕氏集》，第133頁。

② （宋）吕大臨《禮記解·喪服四制第四十九》，《藍田吕氏集》，第216頁。

情況：一種是有意識的實行遵守，一種是無意識的實行遵守。”① 也就是説，當禮指代人的行爲規範時，同樣的依禮而行，就分爲了有意識的踐行與無意識的遵守，這也就是吕大臨所説的“賢”與“愚”。將禮融入百姓日常生活中，當禮爲人所無意識的遵守時，便會被民庶認知爲俗，使得他們在不理解爲何需要執行的情況下，仍然可以無意識地實行遵守，這便是吕氏化禮成俗目的之所在。有意識的踐行，則要求認識禮文、理解禮義，最終在自我意識主導下主動踐行。

“禮之所尊，尊其義也。其文則擯相習慣之，其義則君子知之，修其文，達其義，然後可以化民成俗也。”② 君子當先習禮之文，後通達禮之義。對於民庶的教化則需使禮成爲他們的習慣，由此即可使其無意識地踐行。“此人之所以爲人，必在乎禮義也……禮主乎行，行則致之，故盡躬之實，然後可以極乎密察。”③ 一方面，禮義爲禮之本，通達天理，是天道具現在人間的秩序，是人之所以爲人的依據。另一方面，禮主行，禮的落腳處在於行，需將禮落實在踐履上，而非空談義理。所以吕大臨不僅重視對禮文的學習，亦重視對禮的踐履。在其眼中只有通過踐行禮文才能通達禮義，從這個角度説，禮文雖爲外在文飾，卻非爲細枝末節、可略之物。那麽，庶人是否可以通過學而通達禮義呢？答案是否定的，“庶人，愚且賤者也，不可以侍君子之事責之”，吕大臨並不認爲人人皆可通達禮義，因此則需“化禮成俗”，即民庶需要通過對禮文一絲不苟地踐行，使禮文中藴含的禮義内化於民。“一飲食之間，可以化民成俗，則升降之文不爲末飾也”④，切實踐行禮文，禮文便非末飾，而是通向禮義的路徑。對於民庶而言，行住坐卧之間皆須一絲不苟地依禮而行，久而久之可成“習”，“習”在經年累月之下便會化爲“俗”，所以化民成俗的關鍵在於百姓日用而不自知。

> 鄉飲之禮，以謹遜之道尊賓……尊讓、絜、敬之禮行，則尊讓、絜、敬之俗成，禮行至於成俗，則天下之人皆將遠於鬥辯，而免於人禍，則先王制禮也有道，非苟爲繁文飾貌、升降之末者也。⑤

---

① 白溪《援仁入禮仁禮互動——對“克己復禮爲仁”的再考察》，《中國哲學史》2008 年 01 期。

② （宋）吕大臨《禮記解·鄉飲酒義第四十五》，《藍田吕氏集》，第 196 頁。

③ （宋）吕大臨《禮記解·冠義第四十三》，《藍田吕氏集》，185—186 頁。

④ （宋）吕大臨《禮記解·鄉飲酒義第四十五》，《藍田吕氏集》，第 196 頁。

⑤ 同上書，第 194 頁。

先王制禮作樂自有其道，即“尊讓、絜、敬”，實際内涵指向的亦是儒家價值秩序。吕大臨在踐禮的過程中預設了兩條通向“達道”的路徑：賢者之道與愚者之道，即君子之道與庶人之道。《禮記·學記》：“就賢體遠，足以動衆，未足以化民。君子如欲化民成俗，其必由學乎！”① 賢者須先學禮文，進而通過踐行禮文來體察禮義、通達天理。愚者只要求在日常生活中依禮而行，使禮成爲他們生活習慣的一部分，人人自敬而敬人，遠離鬥辨、免於人禍，社會秩序自會安定。“强不犯弱，衆不暴寡，人倫既正，教行俗美，熏沐涵濡，遷善而不自之…… 鄉黨習見儀容之盛，漸乎禮義之俗，孝悌之行不肅而成，行禮之效也。”② 禮内化的過程，便是化禮成俗的過程，當禮化爲民間風俗之時，禮俗就可以成爲價值導向，從而指導人們的日常生活，使之不脱離倫理綱常之外。這就是化禮成俗的效用，將禮義内化於民，使民雖不明禮義爲何，卻可自覺遵循禮教。“孝悌之行不肅而成”，風俗便會自然而然地導正，民庶也會在不知不覺間回歸到儒家價值秩序籠罩下，即所謂天下之俗皆美。

（作者單位：北京大學《儒藏》編纂與研究中心）

① 王文錦釋解《禮記釋解》，北京：中華書局2001年版，第513頁。

② （宋）吕大臨《禮記解·鄉飲酒義第四十五》，《藍田吕氏集》，第196頁。

儒家典籍與思想研究（第十四輯）
北京大學出版社，2022年8月　　

“爲人後”例辨析：

漢代經學的文質論與君臣父子倫理構建

劉　斌

【内容提要】　“爲人後”是聚訟紛紜的經學問題，關係到政治倫理和宗法倫理的傳繼。通過考察以《春秋公羊傳》爲主的春秋學文獻以及以《喪服》爲主的禮學文獻，以漢儒經説爲基礎，以“躋僖公”和“蒯輒爭國”爲例分别考察昆弟相後、嫡孫後祖兩種非常情況，可以發現，爲祖後、爲大宗後、爲君後是爲人後的三種情況，所後者與爲後者的關係皆是對“父—長子”關係的模擬，即君臣、宗法倫理的傳繼必須建立在“父—長子”關係或擬“父—長子”關係之上，這是儒家秩序理念的不變之經。其可變之權，則通過周禮、《春秋》關於爲人後的昭穆之異來體現尊尊與親親的文質之變。

【關鍵詞】　爲人後　君臣　父子　文質

“爲後”及相關經學問題關係到政治倫理和宗法倫理的傳繼問題，君臣、父子的倫理問題在爲後的問題中集中體現。“爲後”諸問題中，尤以“爲人後”問題最複雜，其經傳依據主要涉及《喪服》“爲人後者”及《公羊傳》“爲人後者爲之子”等内容，後儒議論紛紛。“爲人後”包括爲祖後、爲大宗後、爲君後三種情況，三者糾葛頗多，且與君臣、父子倫理密切相關，涉及複雜的經學和禮制問題，而目前學界尚缺乏從文本和義理角度全面審視此問題者①，因而

① 相關研究主要有：［日］石井良助《長子相続制》，東京：日本評論社1950年版；［日］藤川正數《人の後たる者の禮について》，《漢代における禮學の研究（增訂版）》，東京：風間書房1985年版，第139—170頁；［日］滋賀秀三《承重について》，《國家學會雜誌》71卷8號，1957年，第72—87頁；張壽安《“爲人後”：清儒論“君統”之獨立》，《十八世紀禮學考證的思想活力》第三章，北京：北京大學出版社2005年版，第144—226頁；周飛舟《爲人後者爲之子》，收入吴飛主編《婚與喪——傳統與現代的家庭禮儀》，北京：宗教文化出版社2012年版，第91—107頁；李曉璇《大禮議非禮——清代禮學家對“昭穆不紊”的認識》，（轉下頁）

亟需深入辨别。

“爲人後”運用在現實中常引發很多問題。就爲大宗後、爲君後而言，二者皆涉及以父行以上、己行、子行、孫行以下爲後諸情況。若以子行、孫行以下爲後，所後者與爲後者之間即是擬父子關係，不會引起大的争議。若以己行甚或父行以上爲後，則會涉及複雜的倫理問題，其中以同父昆弟爲後和以伯叔父爲後具有代表性。就爲祖後而言，除所後祖與爲祖後者之間之外，諸親屬之間仍維持原本的親屬關係，但爲祖後者與其不立之父祖之間、所後祖與其不立之子孫之間卻有複雜的倫理問題①。此外，爲後還涉及天子、諸侯、大宗、小宗立後法之同異問題，以及昭穆問題等，而且涉及文質之變的重要問題。本文著重論述昆弟相後（此是針對爲君後、爲大宗後）和嫡孫後祖（此是針對爲祖後），以伯叔父爲後附於昆弟相後論述之，嫡曾孫後曾祖附於嫡孫後祖論述之。鑒於《公羊》學在漢代經學和政治中的重要地位，以及《公羊》學在義理和體例上之豐富完善，當涉及三《傳》異義時，本文以《公羊》義爲主。

一、昆弟相後（伯叔父爲後附）

昆弟相後是爲君後的特殊情況。《春秋》中涉及昆弟相後的主要是“躋僖公”和“仲嬰齊”問題。“躋僖公”及相關問題是諸侯以昆弟相後，與之相關的兄弟相後的昭穆問題成爲一個重要的經學問題；“仲嬰齊”問題則是大夫以昆弟相後，與之相關的“爲人後者爲之子”成爲一個重要的經學命題。

《春秋》文公二年，“八月，丁卯，大事于大廟，躋僖公”。《公羊傳》曰：

> 大祫者何？合祭也。其合祭奈何？毁廟之主，陳于大祖。

何休解詁曰：

> 毁廟，謂親過高祖，毁其廟，藏其主于大祖廟中。……大祖，周公之廟。陳者，就陳列大祖前，大祖東鄉，昭南鄉，穆北鄉，其餘孫從王父。

（接上頁）《中國哲學史》2012 年第 4 期；馮茜《經典、習俗與禮法：對喪服“嫡孫承重”的歷史考察》，《漢學研究》第 38 卷第 4 期；許穎《“兄終弟及”：君位繼承與禮學論争》，武漢大學 2017 年博士學位論文。

① 需注意，以孫行爲後和爲祖後不同。以孫行爲後是就天子、諸侯、大宗而言，是當天子、諸侯、大宗自己無子孫時，取同宗孫行爲後；而爲祖後是就天子、諸侯、大宗、小宗而言，是當四者自己有子孫，但子早卒或有廢疾不立時，取自己的孫爲後。

父曰昭，子曰穆。昭取其鄉明，穆取其北面尚敬。①

此是何氏所云諸侯昭穆制度，昭穆指示父子關係。何休"示昭穆相繼代，有所改更也"之言②，强調這種父子相繼的繼代關係。毛奇齡曰：

宗祝書昭穆，一以人君入廟之先後書爲次第，如桓王繼平王，則祖爲昭而孫爲穆；定王繼匡王，則兄爲昭而弟爲穆；孝王繼懿王，則兄子爲昭而叔父爲穆；夷王繼孝王，則從孫爲昭而從祖爲穆。先入者爲昭，後入者爲穆。昭即爲父，穆即爲子，一昭一穆，毋容紊亂。③

這是就天子、諸侯而言，不論嗣君與先君是何關係，皆以父子論昭穆。《公羊傳》曰：

躋者何？升也。何言乎升僖公？譏。何譏爾？逆祀也。其逆祀奈何？先禰而後祖也。

據"臣子一例"原則，僖公是庶兄而繼閔公，則僖公既是閔公之臣，又是閔公之子。此傳文是説閔公與僖公異昭穆，閔公作爲僖公之君父，其神主應居僖公之上，而文公逆祀，將僖公之神主升於閔公之上，故曰"先禰而後祖"而譏之④。何休解詁云：

升謂西上。禮，昭穆指父子。近取法《春秋》，惠公與莊公當同南面西上；隱、桓與閔、僖亦當同北面西上，繼閔者在下。文公緣僖公於閔公爲庶兄，置僖公於閔公上，失先後之義，故譏之。傳曰"後祖"者，僖公以臣繼閔公，猶子繼父，故閔公於文公，亦猶祖也。自先君言之，隱、桓及閔、僖各當爲兄弟，顧有貴賤耳；自繼代言之，有父子君臣之道，此恩

---

① （漢）何休解詁，（唐）徐彦疏，刁小龍整理《春秋公羊傳注疏》卷一三《文公》，上海：上海古籍出版社 2014 年版，第 522—523 頁。

② （漢）何休等《春秋公羊傳注疏》卷一七《成公》，第 710 頁。

③ （清）毛奇齡《辨定嘉靖大禮議》卷一，《四庫全書存目叢書》影印清康熙刻《西河合集》本，第 271 册，濟南：齊魯書社 1997 年版，第 620 頁上欄。

④ 《毛詩·閟宮》是頌僖公之詩，詩中"莊公之子"指僖公，其"新廟奕奕"，毛傳以爲閔公廟，鄭箋以爲姜嫄廟。[（漢）毛亨傳，（漢）鄭玄箋，（唐）孔穎達疏，朱傑人、李慧玲整理《毛詩注疏》卷二〇《魯頌》，上海：上海古籍出版社 2013 年版，第 2101 頁] 孔廣森云："由族屬言之，父子不可改，詩曰'莊公之子'是也。由廟制言之，僖公時固祀莊于祖，祀閔于禰，《詩》曰'新廟奕奕'，毛公傳以爲閔公廟是也。至于文公，則當禰僖而祖閔。"[（清）孔廣森撰，陸建松、鄒輝傑點校《春秋公羊經傳通義》卷五《文公》，上海：上海古籍出版社 2014 年版，第 477 頁] 孔氏以族屬和廟制來區分僖公以莊公爲父和以閔公爲禰，是可取的。

義逆順各有所施也。①

何休在此區分了周禮與《春秋》，周禮昭穆指示父子關係，而《春秋》之昭穆則在此基礎上有所改易。何休據傳文“先禰而後祖”，以及“以臣繼君猶以子繼父”之義，而知閔公是祖，僖公是禰，文公因僖公爲閔公之兄，而升僖公於閔公之上，失先後之序，故《春秋》譏之。閔公與僖公，若據周禮，當異昭穆，閔公在上。然以兄繼弟，難免亂昭穆、失父子之親，故何休以爲《春秋》以閔公僖公同昭穆，閔公在上，如此則既符合“臣子一例”之義，又不割裂昆弟父子之親，此即所謂“恩義逆順各有所施”。“自先君言之，各當爲兄弟”，是就親親上來説；“自繼代言之，有父子君臣之道”，是就尊尊上來説，如凌曙所論：“門内之治恩掩義，閔、僖不得異昭穆；門外之治義斷恩，閔、僖遂儼如父子。何也？宗廟之内親親也，朝廷之上尊尊也，君子不以親親害尊尊，故曰先禰而後祖也。”② 因而，何休以親親、尊尊二原則來分判同昭穆和爲後，既兼顧了二原則，又體現了《春秋》尚質的改制精神③。朱大韶認爲昭穆是就人而言，而非就廟、主而言：“昭穆者，子孫世序之名，不可通之於廟，又不可通之於廟主。”④ 據何休此注，可知何休所論昭穆既非就人而言，亦非就廟、主而言，而是就太祖廟之左右而言，在左者皆爲昭，在右者皆爲穆。然則若昆弟同昭穆，則天子七廟、諸侯五廟有同班者，即昆弟之廟並立於一昭或一穆之處。

由躋僖公問題引發的兄弟昭穆問題是經學史和禮制史的一個焦點問題，要之不外兄弟同昭穆與異昭穆兩説⑤。黄銘、曾亦指出：“《公羊傳》以爲閔公與

① （漢）何休等《春秋公羊傳注疏》卷一三《文公》，第 523—524 頁。

② （清）凌曙撰，黄銘點校《公羊禮説》，收入《春秋公羊禮疏（外五種）》，上海：上海古籍出版社 2015 年版，第 287 頁。

③ 因此，凌曙云：“臣子一例，此例自施之於服制，必不可通之於廟制，所謂《春秋》無達例也。”［（清）凌曙《公羊禮説》，第 286 頁］可知由於昭穆同異之辨，容有君父與臣子同昭穆的情況存在，故臣子一例的原則不適用於廟制。

④ （清）朱大韶撰，楊柳青點校《春秋傳禮徵》卷五，收入《春秋公羊禮疏（外五種）》，第 484 頁。

⑤ 參李衡眉《兄弟相繼爲君的昭穆異同問題》，初刊於《史學集刊》1992 年第 4 期，後收入氏撰《昭穆制度研究論集》，濟南：泰山出版社 2004 年版，第 34—42 頁；張富祥《昭穆制新探》，《中國社會科學》2007 年第 2 期；陳筱芳《春秋“躋僖公”新解》，《西南民族大學學報（人文社會科學版）》2010 年第 3 期；許子濱《〈春秋〉“躋僖公”解》《論“昭穆”之命名取義》，載氏撰《〈春秋〉〈左傳〉禮制研究》，上海：上海古籍出版社 2012 年版，第 439—483 頁。《三傳》及其注疏對“躋僖公”及兄弟昭穆問題的討論，可參看馬清源《“躋僖公”三傳闡釋考》，《北大史學》第 19 卷，2014 年，第 13—23 頁；馬清源《“躋僖公”與兄弟昭穆異同》，《構擬與再造——基於經學視角之“魯禮”相關問題研究》第七章，北京大學 2016 年博士學位論文。

僖公是異昭穆，文公逆祀是顛倒昭穆。何休則認爲，文公逆祀非昭穆之逆，閔公與僖公是兄弟，昭穆相同，文公逆祀是在同一昭穆的前提下將僖公主升於閔公之上。二説不同。"[①] 按，關於閔公、僖公之昭穆同異，據《小宗伯》注、《冢人》注疏、《禮器》注疏、《三傳》注、《國語》注、《春秋繁露》、《五經異義》、《駁異義》、《春秋胡氏傳》、《穀梁古義疏》，可知夏父弗忌、宗有司、左丘明、公羊高、穀梁赤、董仲舒、劉向、班固、許慎、鄭玄、服虔、韋昭、孔穎達、賈公彦、胡安國皆認爲閔公、僖公異昭穆，閔公在上，何休、杜預以爲同昭穆，閔公在上，范甯則認爲"躋僖公"是將僖公升於其父莊公之上。程頤、朱熹亦認爲兄弟相後則異昭穆[②]。所不同者，夏父弗忌認爲昭穆無常，賢者居上，僖公賢於閔公，故居上，宗有司、左丘明、韋昭譏之；公羊高、董仲舒、何休、鄭玄以爲逆祀小惡，左丘明、許慎、杜預以爲大惡；何休所言閔僖同昭穆是説閔公僖公是父子，此是孔子所改之制，周禮異昭穆，而杜預所言閔僖同昭穆是説僖公是庶兄，不得爲父子，此是周禮當如此，《春秋》因仍之，而范甯認爲"閔公非僖公之父"。案服虔云"自躋僖公以來，昭穆皆逆"[③]，《禮器》孔疏、《冢人》賈疏强爲之解，陳立認爲賈疏採自服説，或《左氏》先儒亦如是。陳立又云："鄭《駁異義》以爲小惡，明止登僖主於閔主上爾，不必如服氏説，但傳明言'先禰後祖'，恐是升僖爲昭，則必降閔爲穆，然文仍昭，宣仍穆，與閔爲昭、僖爲穆無異，何至自此以下昭穆皆逆？賈、孔所疏殊屬牽强。"[④] 按，服、孔、賈説固誤，然陳説亦有誤。若如何休所論，閔僖同昭，則文當穆，宣當昭，與周禮閔昭僖穆、文昭宣穆異。蓋陳立誤以爲鄭、何所説相同，閔僖皆昭，而文仍昭，宣仍穆。皮錫瑞《兄弟廟制異昭穆考》駁陳立説，以爲《喪服》《春秋經》《三傳》《國語》皆言兄弟相後當異昭穆，此爲古制；又謂漢人董仲舒、何休、鄭玄皆誤[⑤]。按，皮氏亦非。皮氏所謂"古制"，實即周禮，鄭玄實主周禮，與何休不同。

---

① 黄銘、曾亦譯注《春秋公羊傳》，北京：中華書局 2016 年版，第 347—348 頁。

② （清）黄式三、黄以周撰，程繼紅輯箋《黄式三黄以周禮學文獻輯箋》，南京：鳳凰出版社 2017 年版，第 134 頁。

③ （漢）鄭玄注，（唐）孔穎達疏，龔抗雲整理，王文錦審定《禮記正義》卷二三《禮器》，北京：北京大學出版社 2000 年版，第 862 頁下欄。

④ （清）陳立撰，劉尚慈點校《公羊義疏》卷三八《文元年盡二年》，北京：中華書局 2017 年版，第 1457 頁。

⑤ （清）皮錫瑞疏證，王豐先點校《駁五經異義疏證》卷六，北京：中華書局 2014 年版，第 419—420 頁。

案《五經異義》：

《公羊》董仲舒説：“躋僖公，逆祀，小惡也。”《左氏》説：“爲大惡也。”許君謹案：“同《左氏》説。”①

鄭玄《駁異義》云：

兄弟無相後之道。登僖公主於閔公主上，不順，爲小惡也。②

鄭玄辭義簡奥，張錫恭認爲鄭玄認爲閔公、僖公異昭穆③，然則與何休異，此爲周禮，突出爲人後者爲之子之義。按，鄭玄之所以認爲登僖公主於閔公主之上是小惡，是因爲鄭玄認爲昆弟不應相後，應以子行、孫行爲後，故昆弟相後是大惡，相較而言，閔公主、僖公主誰在上誰在下只是次序順逆的問題，與僖公不應繼承君位相比是小惡。何休未言“躋僖公”是大惡還是小惡，然據公羊學“内大惡諱，小惡書”的義例，《春秋》直書之，可知何休亦當以此爲小惡④。不過，雖然鄭玄認爲天子、諸侯不應以諸父、昆弟爲後，但若諸父、昆弟後天子、諸侯，也應當“爲之子”，即異昭穆，且爲後者在下。結合“仲嬰齊卒”條何休注⑤，可知何休、鄭玄皆認爲昆弟不得相後，不論天子、諸侯還是大夫、士皆然，不過應作區分。就大夫、士而言，昆弟不得相後，無疑義。就天子、諸侯而言，始封之君不臣昆弟，可知始封之君不以昆弟爲後，則繼體之君亦當無昆弟相後之道。但是由於君統重於宗統，故非常情況下天子、諸侯得昆弟相後，則爲後者爲之子，此是周禮和《春秋》之所同。所不同者，何休認爲天子、諸侯昆弟相後應當同昭穆，而鄭玄認爲異昭穆，此則是周禮與《春秋》之異。

---

① 《春秋繁露》曰：“文公……亂其群祖，以逆先公。小善無一，而大惡四五。”［（清）蘇輿撰，鍾哲點校《春秋繁露義證》卷一《玉杯》，北京：中華書局1992年版，第35頁］此處董子是將躋僖公歸於大惡，不過此“大惡”是與“小善”相對而言，是修辭手法，故董子並非將躋僖公歸爲大惡。

② （清）皮錫瑞《駁五經異義疏證》卷六，第415頁。

③ 張錫恭曰：“知鄭君不以閔、僖同昭穆，升僖公於閔公上爲不順者，案《國語》稱弗忌云‘我爲宗伯，明者爲昭，其次爲穆’，則閔、僖異昭穆之證也。即云鄭君不從《左氏》説，而用《公羊》説，案《公羊傳》亦云‘先禰而後祖’，以閔爲祖、以僖爲禰也，則亦異昭穆之證也。”［（清）張錫恭撰，吴飛點校《喪服鄭氏學》卷二《斬衰》，上海：上海書店出版社2017年版，第173頁］按，張説是也。又按，張錫恭對鄭玄所言“小惡”的解釋牽强。張錫恭又認爲鄭玄所云“兄弟無相後之道”是就大夫、士而言，而不包括天子、諸侯，亦不確，詳見下文。

④ 段熙仲將“躋僖公”歸入譏例，則是以之屬小惡。（段熙仲《春秋公羊學講疏》，南京：南京師範大學出版社2002年版，第363頁）

⑤ （漢）何休等《春秋公羊傳注疏》卷一八《成公》，第751—754頁。

綜上可知，通常情況下，天子、諸侯、大夫、士皆昆弟不得相後，若無子孫的情況下，天子、諸侯以昆弟相後，則爲後者爲之子，而大夫、士則不可，這是周禮、《春秋》的共同原則。具體而言，若所後之人是大夫、士之大宗，則不可以昆弟爲後，當以昆弟後其父，而因仍宗法之昭穆①，“仲嬰齊卒”條即屬於此情況②；小宗無子孫則絶，不立後。若所後之人是天子、諸侯，則爲人後者必爲之子，不得因仍宗法之昭穆，“躋僖公”條及僖公繼閔公傳言“子”即屬於此情況③。所不同者，周禮天子、諸侯昆弟相後異昭穆，《春秋》則同昭穆（異廟同班）。兹將昆弟相後與爵位、宗法、周禮、《春秋》的關係列表如下。

表一　昆弟相後與爵位、宗法、周禮、《春秋》之關係

	天子、諸侯	大夫、士（大宗）	
周禮	爲之子	——	爲人後者
	異（爲後者在下）	——	昭穆
《春秋》	爲之子	——	爲人後者
	同（爲後者在下）	——	昭穆

伯叔父爲後是爲君後的又一特殊情況。經傳注未言以伯叔父爲後的情況，由天子、諸侯盡臣諸父、昆弟，可知若天子、諸侯無兄弟、子行、孫行以下，則得以伯叔父爲後。由臣子一例之義，可知伯叔父爲後，亦當爲君之子。至於其昭穆，經師無説，由周禮昆弟相後異昭穆，可知周禮以伯叔父爲後亦當異昭

① 大夫、士無主，不禘祫。案《周禮·冢人》“冢人掌公墓之地……凡諸侯居左右以前，卿大夫士居後，各以其族”，鄭玄注云：“子孫各就其所出王，以尊卑處其前後，而亦併昭穆。”［（漢）鄭玄注，（唐）賈公彦疏，彭林整理《周禮注疏》卷二四《冢人》，上海：上海古籍出版社 2010 年版，第 818 頁］可知大夫、士也有昭穆，此是墓地的昭穆。大夫三廟，適士二廟，官師一廟，庶士無廟，大夫、士又有大小宗之别，其廟制的昭穆較爲複雜，本文暫不展開討論。

② 孔穎達曰：“凡宗子成人而死，則得立子孫爲後，若立兄弟爲後則不可。故成十五年《公羊傳》譏仲嬰齊是公孫歸父之弟，當云公孫嬰齊，而云仲嬰齊者，爲歸父之後，譏其亂昭穆，故云仲是也。”［（漢）鄭玄等《禮記正義》卷一九《曾子問》，第 715 頁上欄］張錫恭曰：“大夫不得以兄弟爲後，則没而無子，又無子行可爲後者，亦庶昆弟行攝主之禮。”［（清）張錫恭《喪服鄭氏學》卷二《斬衰》，第 177 頁］

③ 黄以周曰：“諸侯奪宗，不可拘以宗法。大夫以下，以宗法齊之而已。或拘兄弟同昭穆之説，閔、僖不得爲父子；或據爲人後者爲之子之説，并謂歸父可以子嬰齊，胥失之矣。”［（清）黄以周撰，王文錦點校《禮書通故》第八《宗法通故》，北京：中華書局 2007 年版，第 299 頁］

穆，且爲後者在下[①]。至於《春秋》制之昭穆，伯叔父不得與其昆弟爲君者（即所後君之父）同昭穆，此無疑義，然伯叔父與所後之君是否同昭穆，則需探討。鑒於何休認爲昆弟相後亂昭穆且失父子之親（“仲嬰齊卒”條解詁），且認爲僖公雖爲兄，繼閔公而同昭穆且僖公在下，可推知伯叔父繼其昆弟之子，則應同昭穆且爲後者在下，纔能不失伯叔父與其昆弟爲君者之間的兄弟之親，且不失伯叔父與其昆弟之子之間的君臣之義，即何休所云“恩義逆順各有所施”（“躋僖公”條解詁）。若大夫、士之大宗無兄弟、子行、孫行以下，則由其伯叔父後其祖，而不爲其立後；若小宗無兄弟、子孫，則絶。玆將伯叔父爲後與爵位、宗法、周禮、《春秋》的關係列表如下。

表二　伯叔父爲後與爵位、宗法、周禮、《春秋》之關係

	天子、諸侯	大夫、士（大宗）	
周禮	爲之子	——	爲人後者
	異（爲後者在下）	——	昭穆
《春秋》	爲之子	——	爲人後者
	同（爲後者在下）	——	昭穆

二、嫡孫後祖（嫡曾孫後曾祖附）

嫡孫後祖是君位繼世和宗法傳重的特殊情況，適用於天子、諸侯、大宗、小宗。周禮關於嫡孫後祖的原則是嫡子死則立嫡孫，或曰有適子者無適孫[②]。《檀弓》記載了孔子對周禮立孫的看法：

公儀仲子之喪，檀弓免焉。仲子舍其孫而立其子。（鄭玄注：此其所立非也。公儀蓋魯同姓。周禮，適子死，立適孫爲後。）檀弓曰：“何居？我未之前聞也。”趨而就子服伯子於門右，曰：“仲子舍其孫而立其子，何也？”伯子曰：“仲子亦猶行古之道也。昔者文王舍伯邑考而立武王，微子

① 孔廣森舉周孝王與周懿王之例以證，云：“凡新主則必納禰宫，不以倫序而異。若周之初，孝王嗣懿王，懿之叔父也，然祀懿必於禰，假令兄弟同昭穆，則孝王當與共王同位，而以臣躋懿上，是即逆祀矣。”［（清）孔廣森《春秋公羊經傳通義》卷五《文公》，第478頁］孝王是懿王叔父，以叔父爲後，亦猶如以子繼父。

② 然則可推知有嫡孫者無嫡曾孫，有嫡曾孫者無嫡玄孫。

> 舍其孫腯而立衍也。夫仲子亦猶行古之道也。”（注：伯子爲親者隱耳，立子非也。文之立武王，權也。微子適子死，立其弟衍，殷禮也。）子游問諸孔子，孔子曰：“否。立孫。”（注：據周禮。）

孔穎達疏云：

> 案文王在殷之世，殷禮自得舍伯邑考而立武王。而言權者，殷禮若適子死，得立弟也。今伯邑考見在而立武王，故云權也。故《中候》云：“發行誅紂，且弘道也。”是七百年之基驗也。①

可知孔子認爲周禮嫡子死則立嫡孫，鄭玄則補充了殷禮與周禮的不同之處，認爲殷禮嫡子死則立其弟②。

然則周禮所立之嫡孫與祖之間是什麽關係，其昭穆如何？案上所舉《檀弓》公儀仲子是士，其所論則是文王、微子之事，可知周禮立嫡孫之制通天子、諸侯、大夫、士而言，然則《喪服》“適孫”條經傳注皆是通上下而言。此雖是通上下而言，然尚需分殊。

就天子、諸侯繼體之君而言，據《喪服》“爲君之父母、妻、長子、祖父母”條經傳注③，可知今君作爲嫡曾孫既爲其曾祖服斬，據臣子一例之原則，以臣繼君猶以子繼父，可知嫡曾孫與其曾祖的關係亦可視爲爲後者與父之關係，即曾祖以其嫡曾孫爲子。上已述及，嫡曾孫與其不立之父祖之间、曾祖與其不立之子孫之間有複雜的倫理關係，因而天子、諸侯嫡孫後祖，不適用“爲君後者爲之子”，而應當稱之爲“爲祖後者爲嫡孫”。周禮重尊尊，若天子、諸侯傳位於嫡孫，則嫡孫之父不當入宗廟，蓋當爲之别築廟於外④。故周禮天子、

---

① （漢）鄭玄等《禮記正義》卷六《檀弓上》，第194—196頁。

② 立孫立弟問題比較複雜，本文暫不展開論述。

③ （漢）鄭玄注，（唐）賈公彦疏，王輝整理《儀禮注疏》卷三一《喪服》，上海：上海古籍出版社2008年版，第934頁。

④ 《春秋》爲夫人爲先君之妾者築廟於外，其義蓋通於此。《穀梁傳》曰：“禮，庶子爲君，爲其母築宫，使公子主其祭也。”范甯注曰：“公當奉宗廟，故不得自主也。公子者，長子之弟及妾之子。”［（晉）范甯集解，（唐）楊士勛疏，夏先培整理，楊向奎審定《春秋穀梁傳注疏》卷二《桓公》，北京：北京大學出版社2000年版，第23頁］母宫與宗廟對舉，可知庶子爲君者，其母之宫在宗廟之外。且《公羊傳》曰：“未逾年之君也，有子則廟，廟則書葬。無子不廟，不廟則不書葬。”可知未逾年君無臣，其立廟與否視其有子無子，經傳注疏雖未言立廟於何處，然以理推之，當於宗廟之外。臣爲君之不立之父祖服期而非服斬，可知君之不立之父祖亦無臣，比照未逾年君，則當爲其立廟於外。故孔廣森舉周平王太子洩父爲證，云：“凡新主則必納禰宫，不以倫序而異……其後桓王嗣平王，平之孫也，然祀平亦於禰，而太子洩父（轉下頁）

諸侯與其嫡孫應異昭穆，不因仍原本的昭穆。

就大夫、士而言，據《喪服》“爲人後者”條經傳注①，支子爲大宗後即如親子，支子爲所後者之親服如親子。而嫡孫與包括祖在内的五服之内的親屬有密切的親緣關係，與支子較遠的親緣關係不同，嫡孫爲其親仍服原本的親服，只是爲祖加隆至斬，祖則爲之不杖期。故大夫、士嫡孫後祖，嫡孫與祖雖類似於父子，但不得如支子那樣爲所後者之親服如親子，因而大夫、士嫡孫後祖不適用“爲人後者若其子”，應當稱之爲“爲祖後者爲嫡孫”。由於大夫、士不適用臣子一例之義，故大夫、士嫡孫後祖，其昭穆應因仍原本的昭穆。

以上論述所據主要是《喪服》，《喪服》大體屬周禮，可知周禮就天子、諸侯、大夫、士而言，若立嫡孫、嫡曾孫，則“祖—嫡孫”“曾祖—嫡曾孫”皆可類比於“父—爲後者”的關係，即嫡孫後祖類似以庶子後父。但是天子、諸侯、大夫、士若嫡孫後祖，不適用“爲人後者爲之子”“爲人後者若其子”，而應當稱之“爲祖後者爲嫡孫”。

《春秋》關於嫡孫後祖無明文，不過衛靈公逐蒯聵而立輒之事可反映嫡孫後祖之義。《春秋》定公十四年秋，“衛世子蒯聵出奔宋”，何休解詁：

> 主書者，子雖見逐，無去父之義。②

劉逢禄論曰：“曰‘公子不得臣異國’，衛蒯聵世子、秦鍼母弟尤悖也。”③此明子不得去父，公子不得臣於異國，故經書“世子”以起之。《穀梁傳》對“世子”無説，而江熙據此而認爲靈公命蒯聵而不命輒。范甯據其論，而認爲《穀梁傳》有誤④。《左傳》孔疏同江、范⑤。而鄭玄釋“世子”曰：“蒯聵欲殺母，

（接上頁）不序於七廟。”［（清）孔廣森《春秋公羊經傳通義》卷五《文公》，第478頁］段玉裁亦曰：“假令世宗不得子武宗，只可子孝宗，……是周平王、桓王祖孫之間可以平王太子泄補之也，是謂衛輒之嗣靈公不當禰其祖也。”［（清）段玉裁撰，鍾敬華校點《經韻樓集》卷一〇《明世宗非禮論六》，上海：上海古籍出版社2008年版，第256—257頁］太子洩父是平王之子、桓王之父，未即位而早卒，可知周禮早卒之太子有子則以其子繼祖，而太子之廟不序於天子七廟而别立廟於外。

① （漢）鄭玄等《儀禮注疏》卷二九《喪服》，第886頁。

② （漢）何休等《春秋公羊傳注疏》卷二六《定公》，第1116頁。

③ （清）劉逢禄撰，曾亦點校《春秋公羊經何氏釋例 春秋公羊釋例後録》，上海：上海古籍出版社2013年版，第128頁。

④ （晉）范甯等《春秋穀梁傳注疏》卷二〇《哀公》，第384頁下欄。

⑤ （周）左丘明傳，（晉）杜預注，（唐）孔穎達疏，浦衛忠等整理，楊向奎審定《春秋左傳正義》卷五七《哀公》，北京：北京大學出版社2000年版，第1860頁下欄。

靈公廢之是也。若君薨，有反國之道，當稱‘子某’，如齊子糾也。今稱‘世子’，如君存，是《春秋》不與蒯聵得反立明矣。”① 可知鄭玄同《公》《穀》，認爲蒯聵不得反立。

哀公二年夏，“四月丙子，衛侯元卒”，“晉趙鞅帥師納衛世子蒯聵于戚”，《公羊傳》曰：

> 戚者何？衛之邑也。曷爲不言入于衛？父有子，子不得有父也。

何休解詁：

> 明父得有子而廢之，子不得有父之所有，故奪其國文，正其義也。不貶蒯聵者，下曼姑圍戚無惡文，嫌曼姑可爲輒誅其父，故明不得也。不去國見挈者，不言入于衛，不可醇無國文。輒出奔不書者，不責拒父也。主書者，與頓子同。②

此明石曼姑得爲靈公誅其子（即下文《傳》“曼姑受命乎靈公而立輒”），而不得爲輒誅其父，故《春秋》不責石曼姑拒蒯聵。

哀公二年冬，“十月，葬衛靈公”；三年“春，齊國夏、衛石曼姑帥師圍戚”，《公羊傳》曰：

> 齊國夏曷爲與衛石曼姑帥師圍戚？伯討也。此其爲伯討奈何？曼姑受命乎靈公而立輒。（何休解詁：靈公者，蒯聵之父。）以曼姑之義，爲固可以距之也。（解詁：曼姑無惡文者，起曼姑得拒之。曼姑臣也，距之者，上爲靈公命，下爲輒故，義不可以子誅父，故但得拒之而已。傳所以曼姑解伯討者，推曼姑得距之，則國夏得討之明矣。不言圍衛者，順上文辟圍輒。）輒者曷爲者也？蒯聵之子也。然則曷爲不立蒯聵而立輒？（解詁：據《春秋》有父死子繼。）蒯聵爲無道，靈公逐蒯聵而立輒。然則輒之義可以立乎？（解詁：輒之義不可以拒父，故但問可立與不。）曰可。其可奈何？不以父命辭王父命，（解詁：不以蒯聵命辭靈公命。）以王父命辭父命，（解詁：辭，猶不從。）是父之行乎子也。（解詁：是靈公命行乎蒯聵，重本尊統之義。）不以家事辭王事，（解詁：以父見廢故，辭讓不立，是家私

① （晉）范甯等《春秋穀梁傳注疏》卷二〇，第383頁下欄—384頁上欄。柯劭忞駁江熙之言可參。[（清）柯劭忞撰，張鴻鳴點校《春秋穀梁傳注》卷一五《哀公》，北京：中華書局2020年版，第470—471頁]

② （漢）何休等《春秋公羊傳注疏》卷二七《哀公》，第1138—1139頁。

事。）以王事辭家事，（解詁：聽靈公命立者，是王事公法也。）是上之行乎下也。（解詁：是王法行於諸侯。雖得正，非義之高者也，故"冉有曰：'夫子爲衛君乎?'子貢曰：'諾，吾將問之。'入曰：'伯夷、叔齊何人也?'曰：'古之賢人也。'曰：'怨乎?''求仁而得仁，又何怨?'出曰：'夫子不爲也。'"主書者，善伯討。）①

傳提出"不以父命辭王父命，以王父命辭父命，是父之行乎子也；不以家事辭王事，以王事辭家事，是上之行乎下也"，持論甚正，因王父命重於父命，王事重於家事，符合尊尊之義，故輒得即位，而國夏得伯討、石曼姑得拒蒯聵②。僅從書法和傳文來看，此條表達了對輒即位、國夏伯討、石曼姑圍戚拒蒯聵的肯定，但未顯示對輒的譏刺。董仲舒亦然③。《穀梁傳》與此類似，曰："以輒不受父之命，受之王父也。信父而辭王父，則是不尊王父也。其弗受，以尊王父也。"劉向亦然："《春秋》拒蒯聵，不爲不孝。"④ 但父子争位，畢竟傷於父子之情，從親親之義來看，輒不得拒蒯聵，即子不得拒父。《穀梁傳》無伯討之義，區分了拒父與圍父，曰："此衛事也，其先國夏何也?子不圍父也。不繫戚於衛者，子不有父也。"即認爲石曼姑不得爲輒圍父。廖平進一步指出："可拒之人，不得圍之。"⑤《左氏》先儒、杜預亦認同《穀梁》"子不圍父"之説⑥。可知《穀梁》《左氏》皆以子不得拒父難《公羊》。故何休兩次指出"不可以子誅父""不可以子拒父"，並在最後引用《論語》指出，孔子雖許可輒、國夏、石曼姑的行爲，但認爲此只是無奈之舉，並無高義⑦，從而在論述《公

① （漢）何休等《春秋公羊傳注疏》卷二七《哀公》，第1140—1142頁。

② 段熙仲曰："尊王父命，故輒可以立。尊君命，故曼姑可以距蒯聵也。"（段熙仲《春秋公羊學講疏》，第629頁）孔穎達疏《左傳》，謂："輒之立也，以周禮無適子則立適孫，緣是以得立耳，非有靈公之命使立之也。"［（周）左丘明等《春秋左傳正義》卷五七《哀公》，第1870頁上欄］蓋據《左傳》所言衛靈公命公子郢爲後而郢不從之事，以及經書"衛世子"。此與《公》《穀》不同，二傳皆以爲輒、石曼姑受命於靈公。

③ ［日］重澤俊郎《春秋董氏傳 左傳賈服注攟逸》，武漢：長江出版社、崇文書局2018年版，第85頁。

④ （清）廖平撰，郜積意點校《穀梁古義疏》卷一一《哀公》，北京：中華書局2012年版，第686頁。

⑤ （清）廖平《穀梁古義疏》卷一一《哀公》，第688頁。

⑥ （周）左丘明等《春秋左傳正義》卷五七《哀公》，第1869頁下欄。

⑦ 龔自珍申何曰："許止雖見赦，猶不宜爲君；衛輒雖得正，猶不合義。後之決事者，雖不得誅若人，若人亦不得自援《春秋》。"［（清）龔自珍撰，王佩諍校《龔自珍全集》，上海：上海古籍出版社1975年版，第64頁］以此杜絶後人藉衛輒事以自開脱。

羊傳》所含尊尊層面的義理的同時，補充了傳文未提及的親親層面的義理。鄭玄亦認爲輒拒父並無高義："父子争國，惡行也。孔子以伯夷、叔齊爲賢且仁，故知不助衛君明也。"① 包慎言論之曰："衛輒之事，夫子不爲，而公羊不責其拒父，何也？曰蒯聵自絶於父出奔，義無得國之理。夫子之不爲衛君者，謂其所以處骨肉之間者未盡其道耳，非謂輒之不宜君衛也。"② 段熙仲曰："以父子之義言之，輒可以立；以君臣之義言之，曼姑可以距。以輒距之，則未可也。……輒不能如札之去，猶可言也；距其父，不可言也。"③ 良是。

案《五經異義》：

> 衛輒拒父，《公羊》以爲孝子不以父命辭王父之命，許拒其父。《左氏》以爲子而拒父，悖德逆倫，大惡也。

此"許拒其父"是許石曼姑拒蒯聵，而非許輒拒蒯聵。鄭玄《駁異義》云：

> 以父子私恩言之，則傷仁愛。

袁堯年曰："據下《駁義》文，知鄭從《公羊》，則許從《左氏》。"④ 可知鄭玄亦認爲蒯聵不得争位。由於上所引《公羊傳》主要從公義上講輒不得争位，而《左傳》認爲子不得拒父，故鄭玄進而以公義與私恩對《公羊》《左傳》作區分和調和，如孔穎達所云："鄭意以《公羊》所云公義也，《左氏》所云是私恩也。"⑤ 此公義是從尊尊層面講，私恩是從親親層面講，此公私之分對評判靈公祖孫三代有重要意義⑥。

---

① （南朝梁）皇侃撰，高尚榘校點《論語義疏》卷四《述而》，北京：中華書局2013年版，第166頁。柯小剛認爲《論語》與《春秋》在此事上是一貫的。[柯小剛《〈論語〉"夫子不爲衛君"章的政治哲學解讀》，《同濟大學學報（社會科學版）》第22卷第1期，2011年2月]

② （清）陳立《公羊義疏》卷七三《哀元年盡五年》，第2805頁。孔廣森、廖平解此義亦精。[（清）孔廣森《春秋公羊經傳通義》卷一一《哀公》，第703—704頁；（清）廖平《穀梁古義疏》卷一一《哀公》，第685—686頁] 孔穎達認爲若輒有靈公之命、天子之敕，敕命其拒蒯聵，則輒無以子拒父之嫌。[（周）左丘明等《春秋左傳正義》卷五七《哀公》，第1870頁] 此論是也。

③ 段熙仲《春秋公羊學講疏》，第413頁。

④ （清）皮錫瑞《駁五經異義疏證》卷六，第443頁。

⑤ （漢）鄭玄等《禮記正義》卷一〇《檀弓》，第371頁下欄。

⑥ 雷天籟用尊尊和親親二義來分判輒尊王父命和不得拒父。（雷天籟《再論"衛輒拒父"——基於〈喪服〉和〈春秋〉的考察》，收入中國比較文學學會古典學專業委員會編《第八屆全國古典學年會論文集·中學編》，2021年）歷代學者屢屢論及聵輒争國問題，論點頗有不同，可參看黎漢基《父命抑或王父命？——從聵輒争國看儒家政治倫理的發展》，氏撰《門户以外——〈春秋〉研究新探》第六章，上海：上海古籍出版社2020年版，第262—294頁。

以上是就蒯聵被其父廢黜而與其子輒争位的情況而言，若無被廢和争位的干擾，則是通常意義上的嫡孫後祖，“不以父命辭王父命，以王父命辭父命，是父之行乎子也；不以家事辭王事，以王事辭家事，是上之行乎下也”同樣適用，且無傷父子親情之嫌，藉此可以探討嫡孫後祖，祖、嫡孫、嫡孫之父三者之間的倫理。“不以父命辭王父命，以王父命辭父命，是父之行乎子也”是從宗法上講父子，“不以家事辭王事，以王事辭家事，是上之行乎下也”是從政治上講君臣。蒯聵被廢，即成爲庶子，故靈公祖孫三代之間涉及庶子的父子和君臣的父子兩層關係。靈公與蒯聵之間是君臣的父子關係（由父子關係而生君臣關係），靈公與輒之間是君臣的擬父子關係（由君臣關係而生擬父子關係），而蒯聵與輒之間只有庶子的父子關係，而無君臣的父子關係。故靈公祖孫三代的倫理衝突的根源是蒯聵—輒的庶子的父子關係與靈公—蒯聵的君臣的父子關係、靈公—輒的君臣的擬父子關係的衝突。“門内之治恩掩義，門外之治義斷恩”，庶子的父子關係必然讓位於君臣的父子關係，因而靈公—蒯聵的君臣的父子關係、靈公—輒的君臣的擬父子關係皆可以斷除蒯聵—輒的庶子的父子關係。即在君臣領域，蒯聵不得以其與靈公的庶子的父子關係來掩蓋他們之間的君臣的父子關係，蒯聵也不得以其與輒的庶子的父子關係來掩蓋靈公與輒之間的君臣的擬父子關係。但在庶子領域，蒯聵與輒之間的父子關係不容抹滅，故何休兩次指出“不可以子拒父”。不過，庶子的父子關係必然讓位於君臣的父子關係，故雖輒不得拒父，而靈公得廢蒯聵，國夏得伯討，石曼姑得爲靈公、輒拒蒯聵。結合喪服服制來看，雖然輒爲靈公、蒯聵皆服斬，但靈公爲輒服不杖期，而不爲蒯聵服，且輒之臣當爲靈公服斬，而爲蒯聵則從君而服不杖期，這就從服制上將靈公祖孫三人的倫理地位區别開來。

以上所述是就君而言。若就大宗、小宗而言，嫡孫後祖，祖、父、嫡孫三代之間涉及庶子的父子和宗法的父子兩層關係。祖與父之間是宗法的父子關係，祖與嫡孫之間是宗法的擬父子關係，而父與嫡孫之間只有庶子的父子關係，而無宗法的父子關係。故祖孫三代的倫理衝突的根源是父—嫡孫的庶子的父子關係與祖—父的宗法的父子關係、祖—嫡孫的宗法的擬父子關係的衝突。與君類似，庶子的父子關係必然讓位於宗法的父子關係，故祖得廢其子而立嫡孫，而嫡孫不得拒其父。結合喪服服制來看，雖然嫡孫爲祖、父皆服斬，祖爲嫡孫和嫡孫之父皆服不杖期（祖爲嫡孫之父服爲衆子之服），但是這與庶孫爲其父服斬而爲祖服不杖期不同，也與祖爲其長子服斬而爲庶孫服大功不同，這就從服制上將祖孫三人的倫理地位區别開來。

可知《春秋》若就天子、諸侯而言，嫡孫後祖涉及所後祖、不立之父祖、爲祖後者三方的關係，不適用“爲君後者爲之子”，而應當稱之爲“爲祖後者爲嫡孫”；大夫、士亦然，不適用“爲人後者若其子”，亦應當稱之爲“爲祖後者爲嫡孫”。由何休不與閔公、僖公異昭穆，以爲其亂昭穆、失父子之親，可推知《春秋》天子、諸侯嫡孫後祖，不應如周禮那樣在宗廟之外爲不立的父祖另外立廟。至於如何安排嫡孫與其父之昭穆，經傳無文，經師無説，可能是將嫡孫與其父同昭穆，其父在上，如此纔能體現嫡孫與祖之間的擬父子關係，且不失嫡孫與其父的父子之親，但是亂昭穆則無法避免。大夫、士無君臣尊尊之義，嫡孫後祖，因仍宗法之昭穆。

綜上所述，可知嫡孫後祖不僅有天子、諸侯與大夫、士之别，還有周禮與《春秋》制之别。周禮，天子、諸侯嫡孫與祖之間是擬父子關係，由於不加入父，故嫡孫與所後祖異昭穆；大夫、士（大宗、小宗）嫡孫與祖之間是擬父子關係，嫡孫爲祖加隆至斬，祖爲嫡孫加隆至不杖期，然嫡孫與其他親屬仍互相服本服，由於加入父，故嫡孫與祖同昭穆。《春秋》制，天子、諸侯嫡孫與祖之間是擬父子關係，由於加入父，故嫡孫與所後祖異昭穆（嫡孫與其父同昭穆，異廟同班，且在其父下）；大夫、士（大宗、小宗）嫡孫與祖之間是擬父子關係，嫡孫爲祖加隆至斬，祖爲嫡孫加隆至不杖期，然嫡孫與其他親屬仍互相服本服，由於加入父，仍按宗法之昭穆，故嫡孫與祖同昭穆。兹將嫡孫後祖與爵位、宗法、周禮、《春秋》之關係列表如下。

表三　嫡孫後祖與爵位、宗法、周禮、《春秋》之關係

	天子、諸侯①	大夫、士（大小宗）②	
周禮	子＋孫	子＋孫	爲人後者
	異（不加入父）	同（加入父）	昭穆
《春秋》	子＋孫	子＋孫	爲人後者
	異（加入父）	同（加入父）	昭穆

若以曾孫後曾祖，經傳無文，可推知，周禮，天子、諸侯嫡曾孫與曾祖之間是擬父子關係，由於不加入父、祖，故嫡曾孫與曾祖異昭穆；大夫、士（大

① 此“天子、諸侯”列的“子”是就祖與嫡孫之間的擬父子關係而言，“孫”是就嫡孫與其不立之父仍互服本服而言。表四的“子＋曾孫”同。

② 此“大夫、士”列的“子”是就祖與嫡孫之間的擬父子關係而言，“孫”是就嫡孫與祖父母之外的其他親屬仍互服本服而言。表四的“子＋曾孫”同。

宗、小宗）嫡曾孫與曾祖之間是擬父子關係，嫡曾孫爲曾祖加隆至斬，曾祖爲嫡曾孫加隆至不杖期，然嫡曾孫與其他親屬仍互相服本服，由於加入父、祖，故嫡曾孫與曾祖異昭穆。《春秋》制，天子、諸侯嫡曾孫與曾祖之間是擬父子關係，由於加入父、祖，故嫡曾孫與曾祖異昭穆（嫡曾孫與其父、祖同昭穆，異廟同班，且嫡曾孫在下）；大夫、士（大宗、小宗）嫡曾孫與曾祖之間是擬父子關係，嫡曾孫爲曾祖加隆至斬，曾祖爲嫡曾孫加隆至不杖期，然嫡曾孫與其他親屬仍互相服本服，由於加入父、祖，仍按宗法之昭穆，故嫡曾孫與曾祖異昭穆。兹將嫡曾孫後曾祖與爵位、宗法、周禮、《春秋》之關係列表如下。

表四　嫡曾孫後曾祖與爵位、宗法、周禮、《春秋》之關係

	天子、諸侯	大夫、士（大小宗）	
周禮	子＋曾孫	子＋曾孫	爲人後者
	異（不加入父祖）	異（加入父祖）	昭穆
《春秋》	子＋曾孫	子＋曾孫	爲人後者
	異（加入父祖）	異（加入父祖）	昭穆

三、結語：爲後與經權、文質

爲人後的三種情況（爲祖後、爲大宗後、爲君後）的所後者與爲後者之間是擬父子關係，即爲人後的諸情況皆建立於父子關係或擬父子關係之上，皆是對“父—長子”關係的模擬，以在非常情況下實現君臣關係和宗法關係的傳繼。這種“父—長子”關係和擬“父—長子”關係是秩序的代際傳繼的首要原理。漢儒的秩序理念是在“父—長子”關係或擬“父—長子”關係之上建立宗法關係和君臣關係，父子與宗法、父子與君臣合而爲一，不得分離①。

此建立於“父—長子”或擬“父—長子”關係之上的“父子—宗法”“父子—君臣”的倫理原則是漢儒政治理念的不變之經，這是周禮、《春秋》之所同；而親親與尊尊隨歷史而各有側重則是可變之權，周禮主文，主尊尊，《春秋》以質救文，以親親救尊尊，由此而進入漢儒的歷史理念。就“君父－臣子”倫理而言，這種歷史理念由爲君後、爲祖後（天子、諸侯）的昭穆同異來

① 參見拙稿《“爲後”與漢代經學對父子君臣倫理的構建》（待刊）。

體現文質之變①。董仲舒曰：

> 王者以制，一商一夏，一質一文。……主天法商而王，其道佚陽，親親而多仁樸……夫妻昭穆别位……。主地法夏而王，其道進陰，尊尊而多義節……婦從夫爲昭穆……。主天法質而王，其道佚陽，親親而多質愛……夫婦昭穆别位……。主地法文而王，其道進陰，尊尊而多禮文……婦從夫爲昭穆……②

由此可知夫婦昭穆同位異位是文質之變的重要内容。結合上文所論，可推知就天子、諸侯而言，兄弟相後之兄弟昭穆、嫡孫後祖之祖孫昭穆亦當得以體現此文質之變，即兄弟異昭穆、祖孫異昭穆（不加入父）屬文，兄弟同昭穆、祖孫異昭穆（加入父）屬質，由此有望將經學史、禮制史上争論不休的天子、諸侯爲後之昭穆問題在經學框架内解決。就天子、諸侯而言，周禮主文，重尊尊，爲後者與其君父異昭穆，不成君者不入昭穆；《春秋》變周之文，從殷之質，以親親救尊尊，兄弟相後、以諸父爲後之爲後者與其君父容同昭穆（異廟同班），以嫡孫後祖、以嫡曾孫後曾祖之爲後者之父祖容進入昭穆（嫡孫與其父、嫡曾孫與其父祖同昭穆，異廟同班）。就大夫、士而言，其昭穆制度則因仍原本的宗法制度的昭穆。

曾亦據董仲舒之言而曰：

> 孔子改制，不獨不從周，實損益四代而爲新制也。
>
> 堯舜禹三聖之禪讓，乃治世之相繼，故無文質損益之變。若夏殷周三代之革命，則亂世之相繼也，故有文質損益之改。《春秋》之作，本撥亂世而反諸正也，是以其言改制，實在文質損益方面。③

繼治世者其教同，繼亂世者其教變，此乃文質論之精髓。然則就天子、諸侯的爲人後而言，三代以上禪讓是繼治世，無文質之變，爲後者與所後者異昭穆；

---

① 李曉璇亦云：“昭穆之常乃是父子相繼，但宗廟之中的昭穆除了父子相繼的常態外還會出現兩種非常狀況：一是以己行或尊行爲後，如以弟後兄，以伯叔爲後等；二是以非子行之卑行爲後，如以孫後祖、曾祖、高祖。如果説父子相繼爲昭穆是‘經’，那麽這兩種情況下的昭穆安排則是由禮學家們依照宗法原則所做出的‘權’。”（李曉璇《大禮議非禮——清代禮學家對“昭穆不紊”的認識》，第 55 頁）

② （清）蘇輿《春秋繁露義證》卷七《三代改制質文》，第 204—211 頁。

③ 曾亦、郭曉東《春秋公羊學史》，上海：華東師範大學出版社 2017 年版，第 1325、1326 頁。

三代以降革命是繼亂世，當有文質之變，則爲後者與所後者有昭穆之同異，未成君者、不立者有是否入昭穆之異。周公致太平而作周禮，由於周禮主文，難免失道覆亡，故只可當一王之法。孔子作《春秋》，文致太平，至太平世文質兼備，無失道覆亡之虞，足爲萬世之法①，而爲人後的文質之變則在太平之前隨歷史而各有側重。

（作者單位：北京大學哲學系、《儒藏》編纂與研究中心）

① 高瑞傑《漢代三統論之演進——從董仲舒到何休》，《哲學分析》第12卷第3期，2021年6月，第103頁。

儒家典籍與思想研究（第十四輯）
北京大學出版社，2022 年 8 月

康有爲“四書”注的釋經特色

康立坤

【内容提要】 1901—1903 年間康有爲集中注釋了“四書”，在經書中尋求政治改革的理論依據是其主要目的。在這樣的背景下，樹立孔子素王的權威，並託孔子之言闡述自身改制學説成爲其釋經的原則。然而，經典與其所提倡的西方政治民主觀念實難相契，由此在注疏中删改經文、認作僞經和過度引申經文成爲他圓融其説的方法。這些做法與康有爲的個人性格和注疏的意圖相關，在這些考量的基礎上，對康有爲的注疏活動作出客觀評價具有重要意義。

【關鍵詞】 康有爲　四書　注疏

康有爲並非傳統意義上的經師，他對經典的注釋並不像其他清代經師那樣將重心放在考據、訓詁，對經典進行文字考證和經文疏解上，他的目的是在經典裏尋求契合其觀點的言説，並利用聖人的權威爲其思想佐證。而這一經過聖人“加持”的學説是爲了構建和完善其心目中新的文明秩序。因此，在 1901—1903 年間，康有爲在對“四書”的注釋活動中顯露出了别具一格的特色。本文將對這一注經活動中使用的具體方法以及其背後的注經原則和目的進行梳理。

一、注疏的目的和原則

在注“四書”時，康有爲所堅持的注疏原則、所欲達成的目的以及使用的方法之間存在着緊密的聯繫。康有爲的注疏方式中的確存在着諸多問題，然而在辨析其注疏原則和方法之前，對其注疏“四書”的背景作一個簡單梳理將會使我們能更客觀地看待康有爲這一時期的注經活動。

學界歷來認爲 20 世紀的前兩年是康有爲的思想逐漸成熟、慢慢定型的階段，如蕭公權先生説：“康氏對待其他的經書，與《春秋》有異，他不把這些經書作爲他哲學思想的泉源，而視作其他用途。他治這些經時，他的思想已定型，他的改革哲學已明確。他不再從這些經書中求靈感。”① 陳來先生也曾表示康有爲“著《禮運注》《中庸注》《孟子微》《大學注》《論語注》，完成了其南海聖人儒學的建構。辛亥革命以後，他的儒學思想並没有進一步的發展，至於《大同書》的思想乃至後來的發表，屬於超越儒學的部分，已不在儒學思想的範圍之内了。由此來看，康氏的《論語注》乃是他儒學第三階段成熟期的代表性作品”②。從二位先生的論述來看，康氏的儒學和政治改革思想確實從這一階段開始逐漸穩定下來，不再有太大的變化。據《康南海自編年譜》來看，康氏在戊戌變法失敗之後，旅居海外，先後在日本、新加坡和加拿大等地有過短暫的停留，最終在1900年到印度度過了幾年的“閒居”時光。注疏“四書”的工作正是在這一時期完成的。在此期間，康氏除了注經活動之外，還編纂了年譜《我史》，並整理了舊年的許多講稿，從變法失敗到整理舊説再到注疏經書，他的思想經歷了反思、重估的過程，也許正是在這樣一系列的融合、碰撞和衝擊之中，他的思想才漸漸定型。

康氏從未放棄過改變近代中國現狀的偉大抱負，因此戊戌變法失敗後，縱使在他遭到反對派的圍剿而不得不流亡海外之時，也仍然心繫國家危亡。他曾在信件中這樣感慨：“僕雖流亡，貌仍豐腴，誠以效命聖主，心無尤悔也。自恨薄才，辜負詔命，兩年奔走，無能爲役。坐視聖主西狩，中國危亡，生民塗炭，憂心慘慘，白髮滿鬢。”③ 並且在流亡之中也不忘考察他國的政體、社會和經濟制度，思考改革的未來走向。如果説在戊戌變法時，爲其做變法理論依據的《春秋》經被詬病太過單一武斷的話，那麽將其政治理念注入到其他經書中爲其佐證則是他對戊戌變法反思的結果，更是其調整變法策略和擴大變法思想的一個重要途徑。從“四書”注的序言中皆可發現“四書”中存有孔子微言大義之語，如《論語注》中“實多微言，所發大同神明之道”“發大同之漸”④，《中庸注》中“此篇繫孔子之大道，關生民之大澤”“著三世三統之變”⑤，《孟子微》

---

① 隨後，蕭公權在文中指出“這些經”即《禮運注》《中庸注》《孟子微》《大學注》以及《論語注》，與本文討論的内容一致（參見蕭公權《康有爲思想研究》，北京：新星出版社2005年版，第53頁）。

② 曹潤青《康有爲〈論語注〉思想研究》（序），北京：商務印書館2019年版，第1頁。

③ （清）康有爲著，羅崗等編選《我史》，南京：江蘇人民出版社1999年版，第75頁。

④ （清）康有爲《論語注》，載姜義華、張榮華編校《康有爲全集》第六集，北京：中國人民大學出版社2007年版，第378、379頁。

⑤ （清）康有爲《中庸注》，載姜義華、張榮華編校《康有爲全集》第五集，第369頁。

中“傳平世大同之仁道，得孔子之本者也”[①]，《禮運注》中“孔子三世之變、大道之真，在是矣”，“是書也，孔氏之微言真傳”[②] 等。因此，注疏活動不僅是爲了整合其儒學體系，更是爲政治變法尋找更多的理論支撑。

通過梳理其注疏内容，從結果上來看，其整體上的變法策略並無大的變化，仍然是託孔子而改制。因此，他在注疏中堅持託孔子之言闡述自身改制學説的原則。這一原則體現在注疏中的思路是：先確立孔子的無上權威，做實孔子素王的身份，使孔子所言變爲放之四海而皆準的真理，然後再將三世説冠之於孔子，如此又打開了經文可詮釋性的維度。這個結果的好處是，不僅能爲其政治變革提供可行的理論依據，還能夠使儒家文明經受得住被時代重估的考驗。這也是爲何他在詮釋儒家經典的過程中不停地將西方民主學説融入其中的重要原因。他重新解釋群經，挖掘孔子的微言大義絶不是毫無根據的，他堅信孔子是一位“張三世”的“時之聖者”，孔子提前預知到了未來世界文明秩序的變化，而預先留下了應對這一變化的真言，即“尚恐法久生弊，又預爲三重之道，因時舉措，通變宜民，惟其錯行代明，故可並行不悖”，並且孔子之説並不拘於一法，而是“廣張萬法，不持乎一德，不限乎一國，不成乎一世，蓋浹乎天人矣”[③]，在他心目中，儒家思想具有超越時空的價值，是最好的救世良方，也正是因爲他堅信這一點，他才有十足的底氣重新詮釋儒家經典。

二、解決矛盾時的釋經方法

如上文所述，康氏闡釋經文往往帶着强烈的目的性，闡釋經文是要爲政治改革的目標服務的，又因爲其政治改革最主要的方式就是託孔子改制，因此維護孔子爲改制素王的身份是其注釋的第一原則，因此在注經中他不僅要在經文中尋求一切可以與民主、自由、平等、公議等觀念相通之處而加以闡釋，以滿足他政治改制的需求，又要堅持孔子所言一切都是正確、合理、不容置疑的原則。在需要兼顧這兩個要求的前提下，注釋經文就變成了兩項工作，即解決矛盾和賦予經文新義。針對第一項工作，如果經文的内容不符合康氏的意圖，那麽他有兩種解決矛盾的辦法，一是認作僞説，推給古文經文，一是直接篡改經

① （清）康有爲《中庸注》，載姜義華、張榮華編校《康有爲全集》第五集，第 411 頁。
② 同上書，第 553 頁。
③ （清）康有爲著，羅崗等編選《我史》，第 81—82 頁。

文，以附和己意。

1. 認作僞説

以“子曰：甚矣吾衰也！久矣吾不復夢見周公”一章爲例①，康氏注解説：

> 衰，肌膚消也。按《論語》一稱周公，但曰才美。周公之盛德，不過類本朝開國之攝政王，孟子僅稱其兼夷狄、驅猛獸耳。孔子包舉百王，民主稱堯、舜，君主尊文王，群經皆不甚稱周公，亦不甚慕周公，況至人無夢乎？劉歆僞經皆託周公，欲以易孔子。故首以僞《周禮》託之周公，因謂《儀禮》亦周公所作。于《易》則稱爻辭爲周公所作，《爾雅》又謂周公所作，遍徵其文於群書，以證成之。唐時乃至尊周公爲先聖，抑孔子爲先師，謬甚矣。此章既無大義，託之孔子夢幻，特以尊周公抑孔子，蓋劉歆竄入之僞古文也。(《論語注》)

康氏作爲今文學派的傳人，自然是尊孔子爲聖王，以其享有至高無上的地位。而對於古文學派所尊崇的周公，康氏自然有意貶抑其身份，以維護孔子的威望和獨一無二性。“久矣吾不復夢見周公”的經文原意本是説明孔子自壯年時就立志奉行周公之道，因此在夢寐之間也時常能夠見到周公，然而如今年歲已高，力不從心，也無法繼續推行周公之行，因此也不復與周公夢中相見。

如此明顯地表露孔子對周公的肯定是康氏當然不能允許的，因此他借孟子之説來打壓周公的貢獻，然而孟子的原文卻是“昔者禹抑洪水，而天下平；周公兼狄，驅猛獸，而百姓甯；孔子成春秋，而亂臣賊子懼”，只是對先聖之功的分别概括，並無有意强調高下之分，並且孟子緊接着説：“無父無君，是周公所膺也。我亦欲正人心，息邪説，距詖行，放淫辭，以承三聖者。豈好辯哉？”孟子也在這裏肯定周公討伐無父無君的人，欲以其爲榜樣，並且還尊稱周公爲聖。可見康氏在此引述孟子之説以爲論據，不僅是超出了孟子原文的大義，並且還是在斷章取義的基礎上進行引用的，可以説，康氏的這種解經方式超越了以往的經文傳統，而有了明顯的跳脱之感了。

而後又繼續説周公的貢獻不過相當於開國之時的攝政王而已，抬高了他所認爲“正統”的堯、舜、文王、孔子一系的地位，而對周公的功績隻字未提，又説群經之中也並不甚重視和提及周公，以此來證明周公不及孔子的論點。如此大費周折地否定經文内容的可靠性，最終也不能將此謬誤推給孔氏門人，只

① （清）康有爲《論語注》，載姜義華、張榮華編校《康有爲全集》第六集，第425—426頁。

得稱“劉歆僞經皆託周公”，認爲劉歆將《周禮》《儀禮》《易·爻辭》《爾雅》冠之以周公所作之名是别有用心，是欲以周公代孔子，因此孔子就不復夢周公一章也必然爲劉歆竄改，是不值得稱信的僞古文了。

由於“證據”確鑿，論據充分，對於上述章節，康氏毫不猶豫地注明其爲被古文經者修改後的僞古文。然而，對於有些“證據”不足的經文，康氏的推斷卻顯得有些猶豫。他在注釋“民可使由之，不可使知之”一章時就暴露出了這個問題。他説：

> 孔子曰：道之不明也，我知之矣。智者過之，愚者不及。深憂長歎，欲人人明道。若不使民知，何須憂道不明而痛歎之乎？愚民之術，乃老子之法，孔學所深惡者。聖人遍開萬法，不能執一語以疑之。且《論語》、六經多古文竄亂，今文家無引之，或爲劉歆傾孔子僞竄之言，當削附僞古文中。(《論語注》)

孔子作爲康有爲心中完美的聖王，是絶不會行此種愚民之法的，因此他認作此章爲僞説，將其推給古文經學家竄改的結果。但是此次推卸並不十分肯定，他只説了因今文家少引此章，因此或許是劉歆僞竄的古文。與前文相較，此章論據明顯不足，此處的推卸也便少了許多自信。由此可見，在遇到不符合自己心意的經文時，康氏慣用的對策之一就是將其定性爲僞古文説，哪怕並没有充分的依據，康氏依舊如此行事。這種做法的原因要追溯到公羊學帶給他的啓發，重視經文大義，而非經文所記録的史實，“《春秋》三傳何從乎？從公羊氏。有據乎？據於孟子。孟子發《春秋》之學曰：‘其事則齊桓、晉文，其文則史，其義則丘取之矣。’《左傳》詳文與事，是史也，於孔子之道無與焉。惟《公羊》獨詳《春秋》之義”①。他把“義”而非“文與事”視爲闡釋經典的原則，因此他看重經文背後的“義”，經文本身以及表面的意思並不重要。他將孔子視爲改制的聖王，將從經文中挖掘孔子真言作爲注疏的第一要義，如果經文並不能體現他心目中的孔子學説，那麽將其視爲被篡改的僞説是最好的解決方案，畢竟康氏最主要的目的乃是在於揭示儒學具有永恒的價值，爲政治變法提供合法的依據。在這樣大的宏偉願景下，將一小部分不符合要求的經説視爲僞説也就顯得無可厚非了。

2. 篡改經文

大膽改動經文是康有爲注釋的特點之一。康有爲的一生對政治革命和經學

---

① (清)康有爲《春秋董氏學》，載姜義華、張榮華編校《康有爲全集》第二集，第307頁。

改革都飽含熱情，他的視野和格局無疑都放在更加宏大和長遠之處，但是同樣地，小心、謹慎這些詞彙與他毫無關係，如果他的謹慎等如他的熱情一般，那麼也許他會在歷史上留下不一樣的一筆。在面對經典時，康有爲的熱情也遠遠大於謹慎。這種特點有時表現在對經文的改動，他爲了遷就己説，不惜改動經文原貌，進而作出符合其預期的解釋；有時表現在引據經典時並不重視經文的完整性和準確性。

在《論語注》中，他大膽删改《論語》原文，以作出符合己説的論述來。在闡釋“天下有道，則政不在大夫”和“天下有道，則庶人不議”這兩句經文時，康有爲竟私自將兩句中的“不”字删去，變成了“天下有道，則政在大夫”和“天下有道，則庶人議”①。而他給出的删改理由只有短短一句話，“今本有‘不’字，衍，據舊本改定”。就是説，康氏認爲原文中的“不”字是多出來的，應該要删去。而這一評斷依據則僅是根據“舊本”而定，而此處的“舊本”並未給出明確的交代。而接下來的具體闡釋，則讓康氏的用意大白。他説：“政在大夫，蓋君主立憲。有道，謂升平也。君主不負責任，故大夫任其政。”爲了將經文與西方政治思想嵌套在一起，突出大夫議政參政的君主立憲制，而將“不”字去掉，如此實現康氏的目的。首先，康氏借删改此句經文，得出“政在大夫，蓋君主立憲”的結論，實際上是在表明他對於政治體制的看法，在升平世之中，最合適的政治制度是君主立憲制，而實行君主立憲制的關鍵就是由大夫議政，因此將“不”字删去剛好巧妙地符合了他對“三世”中不同政治制度的設計。其次，在康有爲的政治改革理論中，其時的中國已經進入升平世，《中庸注》中明言“今當升平之時，應發自主自立之義，公議立憲之事，若不改法，則大亂生”②，及時更换適合升平世的政治制度是十分緊要的，而最適宜的就是君主立憲制，而改動這句經文看上去有兩個好處：一、君主立憲制本就以公議群議爲特徵，弱化君主的權威而突出大夫的職能，因此，將“不”字删去，成全了他欲發掘孔子早就預言了君主立憲制度這一想法，也就能借此正當地大肆宣揚其政治改革理論。二、如若能順利改君主專制爲君主立憲制，那麼康有爲作爲具有參議政事權利的大夫，必然可以在“君主立憲制”的舞臺上爲構建他心目中理想的政治和文明大展身手，這與他自詡爲孔子改制聖王接班人的自我期待是一致的。

---

① （清）康有爲《論語注》，載姜義華、張榮華編校《康有爲全集》第六集，第512頁。

② （清）康有爲《孟子微·禮運注·中庸注》，北京：中華書局1987年版，第223頁。

而在“天下有道，則庶人議”一句下，康氏删動經文的理由似乎更加充分了些，他說：“《洪範》稱：‘謀及庶人’，‘庶人從，謂之大同’。《傳》稱士，《傳》言‘與夫建鞀設鐸，皆欲庶人之議’。若如今本‘庶人不議’，則專制防民口之厲王爲有道耶？與群經義相反，固知爲衍文之誤也，或後人妄增。”[①] 他旁經引據來證明“庶人不議”不符合儒家經義，更指稱此説與周厲王的“防民之口甚於防川”的做法相同，進而推出其自相矛盾，最後得出“庶人不議”爲誤的結論。如果僅從字面的意義上來看，康氏的推論或許不無道理，然而，進一步推敲，康氏有偷换概念的嫌疑。在此句經文下，康氏首先給“議”這一概念限定了含義，他説“大同，天下爲公，則政由國民公議”，“議”一詞由此變爲了“公議”的含義，即康氏常掛嘴邊的帶有民主色彩的共同商議。而關於“議”，朱熹的解釋是“上無失政，則下無私議。非箝其口使不敢言也”[②]，孔安國的解釋是“無所非議”[③]。無論是“私議”還是“非議”，都是指百姓對君王政治的不滿而私下議論的含義，而非康氏所説的民主公議。就“若如今本‘庶人不議’，則專指防民口之厲王爲有道耶”一句而言，康氏偷换了“不”的概念，如若“庶人不議”等同于厲王防民之口的話，那麼“不”字應該表示不敢。而同樣是根據朱熹的“無私議”和孔安國的“非議”來看，“庶人不議”的“不”本意是作爲“議”的否定首碼，即否定百姓有所議論、有所抱怨的意思。並且朱熹的解釋還特意表明“非箝其口使不敢言也”，更像是遠隔時空之外對康氏的否定。

雖説從經典的基本語境出發，進行闡釋並與整體的思想特質相呼應是對作注者的基本要求。但是注解經典畢竟是見仁見智，隨着時代的變化，面對經典的注疏者也在不斷發生變化，其自身對經文的需求和所處的歷史環境不同，也就決定了不同的注釋者具有不同的風格。對康有爲而言，他所面臨的是亡國亡種的空前危機，保全國家和文明的主體性是最緊要的，因此他急迫地從經典中找尋根據，而剛好有這樣一句經文能夠契合其心意，前提是需要改動一個字。可以試想，在這樣的情況下，删改一個“不”字也許是最微不足道的事情了。況且，康氏將西學、春秋學等學説雜糅進經典之中，作出了思想整體一致的解説，未嘗不是一種恰當的詮釋。

---

① （清）康有爲《論語注》，載姜義華、張榮華編校《康有爲全集》第六集，第 512 頁。

② （宋）朱熹《四書章句集注》，北京：中華書局 2012 年版，第 172 頁。

③ （魏）何晏注，（宋）邢昺疏，朱漢民整理《論語注疏》，北京：北京大學出版社 2000 年版，第 224 頁。

三、未發生矛盾時——賦予新義

如前文所述，康有爲注疏的目的不只是爲了整合其儒學的思想資源，更是爲了變法而確立理論依據，以及調整一些具體的變法策略。而他對政治體制的設計思想來源於西方民主政治學説，爲此，他需要將這些學説託之於孔子，然後再通過注疏將其微言大義發明出來。雖然這與前述經文文義與康氏釋經目的之間發生矛盾的情況不同，但這也並非是一項容易的工作，比如他欲將西方政治學説引入，但其與儒家傳統思想較難契合，再如他欲將三世説和論述孔子爲改制聖王的觀點貫穿於經典之中，也並非易事。因此爲了從經書中得出他想要的結論，他繼續沿襲今文經學的釋經特色，在解釋經文的基礎上進一步引申經文原義。

在《中庸注》“仲尼祖述堯、舜，憲章文、武，上律天時，下襲水土”一章下①，康氏作注，闡發其新意，他説：

> 蓋堯、舜，民主之法也。文、武，君主之法也。孔子纂《書》首堯、舜，删《詩》首文王，傳《春秋》大義。《公羊》起于文王，終於堯、舜。起于君主之聖，終於民主之聖也。祖述者，傳二聖之心。憲章者，奉時王之法。孟子亦動稱堯、舜、文王，蓋孔門家法。此爲孔子制作大旨，故子思特標仲尼以發明之。鄭説蓋漢時先師口説，鄭雖古學，而不能没此大義也。（《中庸注》）

將堯舜之治比作民主之法，將文武之治比作君主之法，乃是康有爲首創。民主、君主來源於西方政治學説，是他所提倡的君主立憲制中的重要觀念，而在中國古代是不存在這種西方式的民主觀念的，然而爲了變法，他必須將這些觀念“植根于”中國傳統政治思想之中，也必須讓孔子“發明”出這些觀念，因爲他將孔子置於堯、舜、文、武的聖人譜系中，爲此他首先將堯舜、文武之治描述成民主、君主之治，然後再順理成章地使孔子也擁有了這樣的民主觀念，以此來達到爲政治變革尋求依據的目的。

在《論語注》中，也有相似的闡述。例如，在解釋“子曰：無爲而治者，其舜也與？夫何爲哉？恭己正南面而已矣”一章時②，康氏就將其詮釋爲孔子

---

① （清）康有爲《中庸注》，載姜義華、張榮華編校《康有爲全集》第五集，第389頁。

② （清）康有爲《論語注》，載姜義華、張榮華編校《康有爲全集》第六集，第501頁。

早已預言出的君主立憲制。他説：

> 舜任官得人，故無爲而治。蓋民主之治，有憲法之定章，有議院之公議，行政之官，悉由師錫，公舉得人。故但恭己，無爲而可治；若不恭己，則恣用君權，撓犯憲法，亦不能治也。故無爲之治，君無責任，而要在恭己矣。此明君主立憲，及民主責任政府之法。今歐人行之，爲孔子預言之大義也。(《論語注》)

此章文本的本意爲孔子讚歎舜之時無爲而治的政治秩序，但是康氏將民主、憲法、議院等觀念引入，將舜之恭己正南面之治闡釋爲"民主之治"，並給出了民主之治得以順利運行的原因，即民主政治下，有憲法作爲規章依據，有議院對政治事務的決策和共同評議，管理行政事務的人員也由衆人推舉而來。因此在這樣的體制下，舜方能"任官得人"，進而方可恭己南面。不難發現，康氏有意在中國古代和西方近代中，將他所認爲的兩種較理想的政治體制置於一處並試圖加以會通的嘗試。在孔子的時代，孔子所認爲的最理想的禮制就是堯舜之時的無爲而治，恭己正南面，而到了康有爲之時，他也處在一個社會政治的大變革時期，也面臨着與兩千多年前的孔子同樣的疑問，何種政治才是最好的政治。這一點上，康有爲選擇了西方的君主立憲制。他通過將君主立憲制與恭己正南面之治相貫通來實現與孔子的"對話"，並通過這種方式企圖爲君主立憲在中國找到一個可以生根發芽的契機。

論證孔子爲改制的聖王，也是康有爲注疏的首要原則，在"四書"注中不乏這樣的論證，如在《孟子微》中詮釋"浩生不害問曰：樂正子何人也？孟子曰：善人也，信人也"一章時①，康有爲在闡釋孟子根據人格將人分爲六等的基礎上進一步延伸了經文大義，而延伸的内容就是來論證孔子的"神明聖王"地位。康氏云：

> 此孟子立人格之等，思慕可欲，即好善也。但好之耳，未得之。有諸己者，居安資深而自得之也。《中庸》所謂"曲能有誠"也。充實者，《易》所謂"剛健篤實"也，……聖人作而萬物睹，陶鈞天下，化育群生，聖人也。聖人盛德之至，至誠之極，而其上有神人，聖而不可知者。含元統天，大明終始，時乘六龍，變化屈伸，前知無窮，化身無盡，其惟孔子乎？莊子以老子爲至人，彭盛、關尹爲真人，至於言孔子，則曰神何由降，明何由出？聖有所生，

① (清)康有爲《孟子微》，載姜義華、張榮華編校《康有爲全集》第五集，第483—484頁。

王有所成，上尊號曰“神明聖王”，亦以孔子爲神人焉！孟子以聖人爲第二等，故夷，惠皆以許之。後世不知此義，僅以聖人稱孔子，失孟子、莊子之義，不幾於從降乎？故稱孔子以“神明聖王”，至宜也。（《孟子微》）

首先，他先概括此章經文的原義，即“此孟子立人格之等”，再引《中庸》《易》中的内容來詮釋孟子所提出的幾種人格的標準，然後從“聖人作而萬物睹”這裏開始直到此段結尾，給出了他對“聖人”和“神人”的理解，最後再引出他心目中的神人就是孔子的結論。他通過引用《莊子》中的“神明聖王”來指稱孔子，他認爲莊子所言本就是針對孔子。然後又通過孟子以“聖人”爲第二等，來説明孟子言外之意是第二等之上還有第一等的“神人”，那必定就是孔子。如此，孔子就成爲了超越老子、關尹等“至人”“真人”的“神人”了。可以看出康氏的論證思路十分簡單，首先總結經文原義，再引經據典論述，最後給出自己的見解和結論，這是非常常規的注疏方式。而從經文含義上看，他的闡釋也並未超出原文本意，只是在結論上作了將孔子稱爲“神明聖王”此一處延伸，可見對經文原義是没有破壞性的。在“四書”注中，這樣的常規注疏方式佔據了絶大多數情況。

再如在《中庸注》中對“溥博淵泉，而時出之。溥博如天，淵泉如淵”一句注釋時①，康有爲就在闡釋原文文義的基礎上引入了三世説，他説：

言孔子之聰明睿智如天之溥博，如泉之淵深，廖廓流行，無所不有，隨其時而出之，以治世也。時當亂世，則出其撥亂之法。時當升平，則出其升平之法。時當太平，則出其太平之法。天覆無方，泉流無定，行止因時而已。（《中庸注》）

在這段闡釋中，最重要的是對“時”的解釋，在這段注釋中，康氏的“時”有兩個層面的意思。第一，是“隨其時”，可以理解爲適時、應時，也就是指孔子之睿智、聖德是在適其時的時候才會顯發，並且其隱含的意思是需要處理何種問題時就會相應地顯現何種德行。這個解釋在以往的注解中，也多次出現，如孔穎達將其解釋爲“既思慮深重，非得其時，不出政教，必以伺時而出”②，朱熹的解釋也類似，“言五者之德，充積於中，而以時發見於外也”③。

---

① （清）康有爲《中庸注》，載姜義華、張榮華編校《康有爲全集》第五集，第390頁。

② （漢）鄭玄注，（唐）孔穎達正義《禮記正義》下，上海：上海古籍出版社2008年版，第2048頁。

③ （宋）朱熹《四書章句集注》，北京：中華書局1983年版，第38頁。

“以時”“伺時”就是適時，待時，也就是“隨其時”，這一個層面上，康有爲與古代諸賢的解釋是别無二致的。然後，康有爲的“時”還有“世”的意思，也就是他在後面指出的“亂世”“升平”和“太平”。從這個解釋來看，此處“時”爲三世的含義則是康有爲發揮的結果，是他將三世説與“時”結合，進而説明孔子制作三世之法，根據不同之世的具體狀況而相應地實施不同的法制。從這裏可以看出，康有爲以公羊三世説爲基礎，通過將“時”與“世”這兩個概念的涵義互通，而恰當地將孔子作三世説，從而把孔子爲不同之世預設不同法度的改制聖人形象勾勒了出來，完成了他抬高孔子地位、宣揚三世説，爲其自身改制做鋪墊的目的。可見，在經文文義與其自身要求並無衝突時，康氏的解經過程看起來是合理且順暢的。在大多數情況下，他對儒家經典的解讀都屬於這種類型，他對經典有所改動和否定的情況是極少的，更多的時候他的注釋工作是對經文原義的延伸，這仍在今文經學解經的傳統之下。雖然他所做的延伸工作在當時的社會中看起來有些“叛逆”，然而我們必須考慮到他所處的歷史環境，如果些許的“叛逆”能夠使儒家傳統得以延續和保存，能夠使中國重新獨立，有何不可呢？

綜上所述，康有爲帶着明顯的爲政治改革尋找理論根基的目的，並依據樹立孔子素王權威，託其言闡述自身改制學説的原則注釋了“四書”。在面對其政治意圖和經典文本之間如此强烈的斷裂感時，他試圖用作僞説和否定、改動經文的方法來圓融。這一做法的後果就是，有些看起來融合得當，屬於那個時代學者的治學特色，但有些卻顯得生拉硬扯，像是急於得出符合注者預期的結論，然而，大多數情況下，經文與康氏的目的和原則之間並無衝突，他只需要在經文本身大義的基礎上再對其作進一步的延伸即可達到他的目的。在康有爲看來，儒家經典與他的改革理論之間本就不矛盾，因爲在他心中，一直將自己看成延續着孔子素王之血脈的後繼聖人，他從不屑將自己與同時代的改革者相提並論，因爲他自負肩負着接續孔子素王改制使命的大任，唯有他才能讀懂孔子在六經中隱而未發的大義。從這個角度來看，康有爲注疏“四書”不僅是爲了政治改革和構建思想體系，更有一種與孔子相隔兩千年的遥遠呼應以及改制者之間的惺惺相惜之感。

（作者單位：北京大學哲學系）

儒家典籍與思想研究（第十四輯）
北京大學出版社，2022 年 8 月

陳榮捷及其《王陽明傳習録詳註集評》

黎業明

【内容提要】 陳榮捷的學術成就，主要在於中學西傳、朱子研究，但是陳榮捷對王陽明的《傳習録》也有深入研究。陳榮捷的《王陽明傳習録詳註集評》，雖然存在校勘不夠精細、註釋錯誤不少、評語頗有疏漏、考證值得斟酌等問題，而且句讀方面的錯誤亦復不少。然而，由於其書中語詞註釋之詳備、文獻徵引之豐富、語録拾遺之較多，因此《王陽明傳習録詳註集評》目前仍不失爲王陽明《傳習録》註釋方面的一本名著。

【關鍵詞】 陳榮捷　《王陽明傳習録詳註集評》　王陽明

陳榮捷（1901—1994），現代著名學者。1901 年 8 月 18 日（清光緒二十七年七月初五），陳榮捷出生於廣東開平縣三江鄉南溟里。1921 年，陳榮捷在嶺南學堂讀完中學之後[①]，入讀嶺南學堂的大學部，興趣在哲學。1924 年 6 月，陳榮捷在嶺南學堂的大學部畢業，獲文學學士學位。隨後赴美國留學。陳榮捷先是申請入讀哈佛大學英文系，選修英國文學、文學批評；第二年，改入哈佛大學哲學系，主修美學與西洋哲學，但“興趣在中國哲學”[②]。1927 年，陳榮捷在哈佛大學獲碩士學位後，停學一年，在波士頓華人餐廳服務，備辦學費繼續修讀博士學位。1929 年 6 月，陳榮捷在哈佛大學榮獲哲學博士學位，其博士論文爲《莊子哲學》（*The Philosophy of Chuang Tzu*），指導教師爲伍兹

---

① 嶺南學堂，設有初級部、中級部、大學部，是集小學、中學、大學爲一體的學堂。創辦於 1888 年，開始時稱爲格致書院；1903 年，改稱爲嶺南學堂；1912 年，改稱爲嶺南學校，英文名均爲 Canton Christian College。1927 年改稱嶺南大學，英文名改爲 Lingnan University。（參崔玉軍《陳榮捷與美國的中國哲學研究》，北京：社會科學文獻出版社 2010 年版，第 187 頁）

② 華靄仁整理《陳榮捷（1901—1994）：一份口述自傳的選録》，彭高翔譯，《中國文化》，1997 年第十五、十六期，第 336 頁。

(James Haughton Woods, 1864—1935) 教授。同年 9 月，應母校嶺南大學聘請，陳榮捷出任秘書兼哲學教授。第二年，出任嶺南大學教務長。1935 年秋季起，陳榮捷接受夏威夷大學的聘請，先後以訪問教授、中國哲學教授的身份，在該校講授中國哲學。1941 年 12 月，日本偷襲美國珍珠港，太平洋戰爭爆發。陳榮捷於是離開夏威夷，並接受美國達慕思學院（Dartmouth College，現譯作“達特茅斯學院”）的聘請，出任該校中國文化與哲學教授。1951 年，陳榮捷擔任達慕思學院文科主任，任期四年。在當時的美國大學，“這是東方人擔任的最高職位”①（1965 年起，獲聘爲哥倫比亞大學訪問教授，講授中國思想，直到 1990 年前後）。1966 年 8 月，陳榮捷從達慕思學院退休。1966 年 9 月，陳榮捷接受徹談慕學院（Chatham College，現譯作“查塔姆學院”）的敦聘，出任格利斯派（Anna R. D. Gillespie）講座教授。1982 年 8 月，陳榮捷從徹談慕學院退休。1994 年 8 月 12 日，陳榮捷病逝於其賓夕法尼亞州匹兹堡家中，享年九十三歲。

陳榮捷著作宏富，可以分爲翻譯作品、英文著作、中文著作三類。其翻譯作品有：《傳習録》（*Instructions for Practical Living, and Other Neo-Confucian Writings by Wang Yang-ming*，1963）；《老子》（*The Way of Lao Tzu, A Translation and Study of the Tao-te Ching*，1963）；《六祖壇經》（*The Platform Scripture, the Basic Classic of Zen Buddhism by Hui-neng*，1963）；《中國哲學資料書》（*A Source Book in Chinese Philosophy*，1963。此書中文譯本名爲《中國哲學文獻選編》，楊儒賓、吴有能、朱榮貴、萬先法譯，黄俊傑校閲，1993）；《近思録》（*Reflections on Things at Hand, the Neo-Confucian Anthology by Chu Hsi and Lü Tsu-chien*，1967）；《王弼老子注》（*Wang Pi' s Commentary on the Lao Tzu*，1979。與 Ariane Rump 合作）；《北溪字義》（*Neo-Confucian Terms-Explained Ch' en Ch' un*，1986）。英文著作有：*Religious Trends in Morden China*（1953。其中文譯本名爲《現代中國的宗教趨勢》，廖世德譯，1987）；*Neo-Confucian, Etc.: Essays by Wing-tsit Chan*（《陳榮捷哲學論文集》，1969）；② *Chu Hsi: Life and Thought*（1987），

① 華靄仁整理《陳榮捷（1901—1994）：一份口述自傳的選録》，彭高翔譯，《中國文化》，1997 年第十五、十六期，第 339 頁。

② 此書收録英文論文 14 篇、英文書評 3 篇，516 頁；中文論文 9 篇、代序 1 篇（即陳澄之《廣東開平陳榮捷先生年譜》），141 頁。其中文論文 9 篇，後抽出單行，書名題爲《王陽明與禪》（由臺北無隱精舍 1973 年印行）。1984 年臺灣學生書局版《王陽明與禪》，增加論文 6 篇。

Chu Hsi：*New Studies*（1989）。中文著作主要有：《朱學論集》（1982）、《朱子門人》（1982）、《王陽明傳習録詳註集評》（1983）、《王陽明與禪》（臺灣學生書局，1984）、《朱子新探索》（1988）、《朱熹》（1990）、《近思録詳註集評》（1992）、《宋明理學之概念與歷史》（1994）、《中國哲學論集》（1994）、《新儒學論集》（1995）①。

從陳榮捷的著作看，其一生的主要學術成就有二：一是中學西傳。陳榮捷將多種中國哲學典籍譯爲英文（他編譯的《中國哲學資料書》，更是佳評如潮、風行歐美、享譽國際，至今還没有可以取而代之者②），同時還爲《大英百科全書》等撰寫關於中國哲學的詞條。二是朱子研究。1982 年 7 月，夏威夷大學舉辦“國際朱子會議”，參加會議的馮友蘭先生會上有贈陳榮捷詩，詩云：“白鹿薪傳一代宗，流行直到海之東。何期千載檀山月，也照匡廬洞裏風。”③ 稱讚陳榮捷爲國際上研究宋明理學、尤其是朱子學研究的一代宗師。然而，陳榮捷的學術成就並不局限於中學西傳、朱子研究。其實，陳榮捷對王陽明、尤其是王陽明《傳習録》也有精深的研究，他先是將《傳習録》譯爲英文，繼而撰作《王陽明傳習録詳註集評》。兹不揣淺陋，僅就見聞所及，對陳榮捷的《王陽明傳習録詳註集評》略加論述。

一

陳榮捷的學術研究工作，雖然主要成就在中學西傳、朱子研究，但是陳榮捷對王陽明的《傳習録》也有極爲深入的研究。1960 年代之初，陳榮捷應美國哥倫比亞大學出版社之約，將《傳習録》譯爲英文。爲此，陳榮捷“搜集中日註釋，務求詳盡”④。1963 年，陳榮捷英譯《傳習録》（*Instructions for Practical Living, and Other Neo-Confucian Writings by Wang Yang-ming*）由哥倫比亞大學出版社出版。後來，陳榮捷在英譯《傳習録》基礎上，“整理

① 崔玉軍先生輯有“陳榮捷先生著述詳録”，對陳氏著作詳加臚列。（崔玉軍《陳榮捷與美國的中國哲學研究》，第 406—429 頁）

② 參韋政通《白鹿薪傳一代宗——國外弘揚中國哲學六十年的陳榮捷先生》，《讀書》，北京：生活·讀書·新知三聯書店，1995 年第三期，第 134 頁。

③ 馮友蘭《一九八二年赴夏威夷參加國際朱熹討論會》，《三松堂全集（2 版）》第 14 卷，鄭州：河南人民出版社 2001 年，第 538 頁。

④ 陳榮捷《王陽明傳習録詳註集評》，臺北：臺灣學生書局 2006 年版，第 5 頁。

舊稿，增益註疏”[①]，完成中文版《王陽明傳習録詳註集評》。對於《王陽明傳習録詳註集評》一書的整理與撰作原則，陳榮捷説，“注中有詞必釋，有名必究。引句典故，悉溯其源。不特解釋，且每録經典原文，以達全意。註家有所引者，皆檢查原書，備舉卷頁。英譯無評語，今則廣擇中日評論二十餘家。以前諸家從來未採馮柯，亦不用日人東正純與國人但衡今富有哲學性之精到案語。後者或未之聞，前者則必其以馮氏攻擊陽明而避之也。今則純以學術立場爲主，贊毁在所不論。其於陽明之言有所發明或修正，如劉宗周與佐藤一齋等人之語，則寧多毋少；其徒事表揚或止重述陽明之意，如孫奇逢、東敬治等人之語，則寧少毋多。間或敢自下評語……註釋中亦有多少考證”[②]。1983 年 12 月，《王陽明傳習録詳註集評》由臺灣學生書局出版發行。

陳榮捷《王陽明傳習録詳註集評》的内容：1. 概説，其中包括“傳習録略史”“傳習録版本”“傳習録註評”“引用書簡稱與版本”，主要敘述《傳習録》三卷的編輯刊刻過程，並分别羅列《傳習録》版本、《傳習録》注評引用書目，且對《傳習録》版本説明其特色、對《傳習録》注評、書目評論其優劣；2. 正文，包括《傳習録》上中下三卷（有原文、有集評、有註釋）、“傳習録拾遺”（在佐藤一齋所輯 37 條陽明語録基礎上，多輯録出 14 條，均加以註釋）、《朱子晚年定論》（將其置於“傳習録拾遺”之後，且聲明“只事標點，不加評註”[③]）；3. 附録，收入論文《從朱子晚年定論看陽明之于朱子》。陳榮捷文中認爲，王陽明之《朱子晚年定論》，“其最大缺點，在斷章取義、獨提所好。其摘朱子之語以爲定論，亦如早年摘取《五經》之語以爲脗合也。所採三十四書，實只代表二十三人。朱子與通訊者，所知者約四百三十人，今所取幾不及二十分之一。即此可見其所謂晚年定論，分毫無代表性。朱子致書所存者約一千六百餘通，以朱子思想之淵博，若謂選三數十書便可斷其定論，則任何言説，均可謂爲定論矣”[④]。

1984 年 6 月，林慶彰先生在《漢學研究》雜誌上發表《評陳榮捷著〈王陽

① 陳榮捷《王陽明傳習録詳註集評》，第 5 頁。

② 同上書，第 5—6 頁。案：其實，這也是陳榮捷《近思録詳註集評》的整理與撰作原則。其《近思録詳註集評》引言云，“註中有詞必釋，有名必究，引句必溯其源。不特解釋，且録經典原文，以達全意。語之於《近思録》本文有所發明或增新殊意義者，不論毁譽，皆所採用。其無病呻吟者，則敬鬼神而遠之”。（陳榮捷《近思録詳註集評》，臺北：臺灣學生書局 1998 年版，卷首第 2 頁）

③ 陳榮捷《王陽明傳習録詳註集評》，第 421 頁。

④ 同上書，第 445 頁。

明傳習録詳註集評〉》的書評，將《王陽明傳習録詳註集評》的特色（或優勝之處），概括爲“註釋力求詳瞻”“集評兼容並蓄”“拾遺巨細無闕”三個方面[①]，可謂得當。下面我們也從這三個方面，對陳榮捷《王陽明傳習録詳註集評》的特色，略加論述。

（一）註釋相當詳備

陳榮捷《讀林慶彰先生書評後》云，其《王陽明傳習録詳註集評》一書“註釋共一千六百餘，去其重複，亦在千數”[②]。對於原文只有八萬字左右的《傳習録》來説，這一千六百餘條的註釋，可謂相當詳備。而且，陳榮捷在註釋《傳習録》的時候，力求遵照其“注中有詞必釋，有名必究。引句典故，悉溯其源。不特解釋，且每録經典原文，以達全意。註家有所引者，皆檢查原書，備舉卷頁”的原則。例如，其註釋《傳習録》卷上“問聖人應變不窮，莫亦是預先講求否”條（第 21 條[③]）之“沖漠無朕，而萬象森然已具”云：

> “沖漠無朕，而萬象森然已具”。程伊川語（《二程遺書》，卷一五，頁八上。採入《近思録》，卷一，第三二條）。太田錦城（1765—1825）《疑問録》，天保二年（1832）本上，頁二十下，列舉《老子》“沖”“泊”“未兆”等字，與《莊子》“淡”“漠”“沖”“無朕”“恬淡”“寂寞”等句，及永嘉（712 年卒）《證道歌》“萬象森羅”之語（《景德傳燈録》，四部叢刊本，卷三〇，頁十一上），以爲伊川之語出自佛典。查“萬象森羅”亦見《壇經》第二十節。然山崎闇齋（1618—1682）曾羅列宋明學者引用此語［《續山崎闇齋全集》，東京，昭和二年，1936，日本古典學會，下(册)，頁七十八至八十六］，並未言其出自佛典。宋儒每用禪家字句，然語則伊川之語也。[④]

其註釋《傳習録》卷中“來書云周子曰‘主靜’”條（第 156 條）之“體用一原”云：

> “體用一原”。“體用一源，顯微無間”，此爲伊川《易傳序》之語。

① 林慶彰《評陳榮捷著〈王陽明傳習録詳註集評〉》，《漢學研究》，1984 年 6 月，第 2 卷第 1 期，第 333—335 頁。

② 陳榮捷《讀林慶彰先生書評後》，《漢學研究》，1984 年 12 月，第 2 卷第 2 期，第 665 頁。案：陳榮捷此文，爲對林慶彰《評陳榮捷著〈王陽明傳習録詳註集評〉》之回應。

③ 説明：本文使用的《傳習録》條目序號，爲陳榮捷《王陽明傳習録詳註集評》中的序號。

④ 陳榮捷《王陽明傳習録詳註集評》，第 61 頁。

> 貝原益軒（1630—1714）在其《大疑録》下，明和四年（1767）本，頁四下，謂語出清涼大師澄觀（約760—838）《華嚴經註》，但未詳出處。日本《近思録》註家與《大漢和辭典》均從之。註家謂“體用一原”決爲澄觀語。然據太田錦城（1765—1825）《疑問録》上，天保二年（1832）本上，頁六，謂澄觀《清涼大疏》百卷、《清涼録》五卷、《清涼玄義》二十卷，皆無此語。查《華嚴經註》原有一百二十卷，今卷二十一至七十、卷九十至一百、卷一一一與一一二均佚，其餘載《續藏經》第一輯第八十八套。豈語本在佚文耶？澄觀註言體用顯微者多（尤其是卷三、頁三十五上下）。且尚直引編《歸元直指》引此語爲清淳（澄觀）語（同上，第一輯，第二編，第十三套）。太田謂“顯微無間”爲賢首大師法藏（643—712）之語，然不言出處。十一世紀以後，儒者佛者均常用之。唐順之（荆川，1507—1560）《中庸輯略》序云：“儒者曰體用一原，佛者曰體用一原；儒者曰顯微無間，佛者曰顯微無間，孰從而辨之?”①

其註釋《傳習録》卷下“先生曰衆人只説‘格物’要依晦翁”條（第318條）之“錢友”云：

> 錢友，佐藤一齋謂是錢德洪。然經東敬治指出，此處云在居夷之前，則此錢友必非錢德洪。蓋此時德洪尚未來學也。②

至於其註釋“來書云道之大端易於明白”條（第139條）之“割股”一詞③，洋洋灑灑“達一千七百餘字，最爲詳盡”，對此陳榮捷頗爲自得，亦相當爲人稱賞④。當然，在《王陽明傳習録詳註集評》的註釋中，更多的是像“親親仁民。《孟子・盡心篇第七上》，第四十五章”“義外，《孟子・告子篇第六上》，第四章，‘仁，内也，非外也；義，外也，非内也’”“學問思辨。《中庸》，第二十章，‘博學之，審問之，慎思之，明辨之，篤行之’”“‘即’，朱文啓本作‘則’”“窮理，孫鏘云：末句‘窮理’二字，他本多脱”“闊疎，宋本作‘疎闊’”“三代，夏、商、周”“舊説汩没，沉没于舊説。有謂指程朱之學”“孟源，字伯生，滁州（今安徽滁縣）人。餘不詳。《明儒學案》無傳。此條爲陸

① 陳榮捷《王陽明傳習録詳註集評》，第219頁。

② 同上書，第371頁。

③ 同上書，第184—186頁。

④ 參陳榮捷《王陽明傳習録詳註集評》，第5、6頁；林慶彰《評陳榮捷著〈王陽明傳習録詳註集評〉》，《漢學研究》，1984年6月，第2卷第1期，第334頁。

澄所記，普通應用字，今用名，或是孟源爲後輩也”“費，魯之邑名，在山東沂州府（今山東臨沂縣）”這様比較簡略的註釋①。

從《王陽明傳習録詳註集評》的註釋看，陳榮捷基本上是力求遵照其“注中有詞必釋，有名必究。引句典故，悉溯其源。不特解釋，且每録經典原文，以達全意。註家有所引者，皆檢查原書，備舉卷頁”註釋原則的。而且，值得一提的是，陳榮捷在註釋中，比較多的利用日本學者的考證或學術成果，如引文中的太田錦城、山崎闇齋、具原益軒等都是，涉及的學者數目不少；而且，對於他們的錯誤，能加以訂正。利用日本學者的考證或學術成果來註釋《傳習録》，此前似乎還没有中國學者這樣做過，陳榮捷可能是這様做的第一人。（1984 年底，陳榮捷在回應林慶彰的書評時，曾説“以前我國註家曾採用日註否?”②）

（二）評語兼容並蓄

1960 年代之初，陳榮捷應美國哥倫比亞大學出版社之約，將《傳習録》譯爲英文時，雖然“搜集中日註釋，務求詳盡”，但是當中並没有收録前賢對於《傳習録》的評語。而在《王陽明傳習録詳註集評》中，則增添“集評”一項，廣擇中日評論二十餘家，其中有中國的馮柯、劉宗周、施邦曜、黄宗羲、王應昌、唐九經、陶潯霍、彭定求、梁啓超、孫鏘、倪錫恩、許舜屏、但衡今、于清遠，日本的三輪執齋、佐藤一齋、吉村秋陽、東正純、東敬治等（而且在評語當中，陳榮捷自己亦時加案語）。而此前的孫鏘《傳習録集評》，不過是“將餘姚施公邦曜、山陰劉公宗周、容城孫公奇逢、餘姚黄公宗羲、瀏陽陶公潯霍，以及近人新會梁啓超君等各家總評散評，彙録書内”③，只有六家；日本安岡正篤、中田勝編《傳習録諸註集成》，則於“每條之下，引三輪執齋、佐藤一齋、吉村秋陽、劉宗周、孫鏘（誤以爲施邦曜）、許舜屏六書之註與評語”④，同樣只有六家。顯然，陳榮捷《王陽明傳習録詳註集評》所摘録之評語、涉及的學者，數目遠遠超過孫鏘《傳習録集評》以及安岡正篤、中田勝編《傳習録

---

① 陳榮捷《王陽明傳習録詳註集評》，第 28、29、32、35、40、50、51、59、66 頁。

② 陳榮捷《讀林慶彰先生書評後》，《漢學研究》，1984 年 12 月，第 2 卷第 2 期，第 665 頁。

③ 孫鏘《王陽明先生傳習録集評序》，吴光、錢明、董平、姚延福編校《王陽明全集（新編本）》第六册，杭州：浙江古籍出版社 2011 年版，第 2213 頁。案：2015 年，北京九州出版社將孫鏘輯校《傳習録集評》點校出版。不知何故，出版者將此書改其署名爲“梁啓超點校”。

④ 陳榮捷《王陽明傳習録詳註集評》，第 22 頁。案：由於條件限制，安岡正篤、中田勝編《傳習録諸註集成》未得經目。

諸註集成》。在《王陽明傳習録詳註集評》中，陳榮捷所摘録這些學者的評語，數目不一（具體情況見統計表）。

陳榮捷《王陽明傳習録詳註集評》所摘録之評語數目統計表

評語作者姓名	評語數目（條）	評語出處
馮　柯	14	《求是編》
劉宗周	59	《陽明傳信録》
孫奇逢	11	《理學宗傳》
施邦曜	27	《陽明先生集要》
黄宗羲	1	《明儒學案》
王應昌	20	《傳習録論》
唐九經	7	《傳習録論》
陶潯霍	7	《王陽明先生全集》批註
彭定求	5①	《密證録》、《陽明釋毁録》
三輪執齋	28	《標注傳習録》
佐藤一齋	64②	《傳習録欄外書》
吉村秋陽	7③	《王學提綱》
東正純	40	《傳習録參考》

① 彭定求這五條評語，出自《密證録》《陽明釋毁録》，均見於佐藤一齋《傳習録欄外書》，其中有四條標明“佐藤一齋引”。［陳榮捷《王陽明傳習録詳註集評》，第 40、73、143、352、369 頁；佐藤一齋《傳習録欄外書》（黎業明點校），上海：上海古籍出版社 2017 年版，第 17、35、76—77、226、240 頁］在我們的統計中，有三條與佐藤一齋評語重複。

② 在佐藤一齋這些評語中，“‘天聰明’，即良知也。聖人自然，故曰‘有’；學者用功，故曰‘存’”條，被誤作三輪執齋之評語；“心之官爲思，存得此心，只是思一箇理也。‘常見在’，謂動静一貫也；‘過去未來事，思之何益’，蓋就原静受病處言之”“‘何道可得’，來書全文，意必有此語，節略耳”兩條，被誤作施邦曜評語；而“‘説庶民’三字，疑係黄以方誤記。《中庸》中‘庶民’字兩見，並皆泛言，非指不能修道者。故知此語誤於記者焉”條，則不見於《傳習録欄外書》。［陳榮捷《王陽明傳習録詳註集評》，第 100、107、236、306 頁；佐藤一齋《傳習録欄外書》（黎業明點校），第 51、55、129、191—192 頁］

③ 在吉村秋陽這些評語當中，有兩條僅爲引述劉宗周評語（陳榮捷《王陽明傳習録詳註集評》，第 32、85 頁）；而“字句間微有未瑩者，而大意固好”一條（陳榮捷《王陽明傳習録詳註集評》，第 179 頁），並非《傳習録・答顧東橋書》之評語，而是吉村對於《重修山陰縣學記》之評語。（吉村晉《王學提綱》，岡田武彥、荒木見悟主編《和刻影印近世漢籍叢刊・思想三編》第十二册，日本京都：中文出版社 1977 年影印本，第 85 頁）

續表

評語作者姓名	評語數目（條）	評語出處
東敬治	2	《傳習録講義》
梁啓超	8	《節本明儒學案》
孫　鏘	3	《傳習録集評》
倪錫恩	1	《詳注王陽明全集》
許舜屏	13	《評注傳習録》（《評注王陽明先生全集》）
但衡今	56	《王陽明傳習録札記》
于清遠	10	《王陽明傳習録註釋》
陳榮捷	63	“集評”之案語

從統計看，陳榮捷共摘録評語 383 條，其自加案語 63 條。在中國學者當中，陳榮捷摘録評語最多的是劉宗周、但衡今、施邦曜、王應昌、馮柯、許舜屏，分别爲 59 條、56 條、27 條、20 條、14 條、13 條；在日本學者當中，陳榮捷摘録評語最多的是佐藤一齋、東正純、三輪執齋，分别爲 64 條、40 條、28 條。陳榮捷摘録這九位學者的評語共有 321 條，佔其所摘録全部評語的百分之八十以上，説明他們在《傳習録》研究上具有重要的地位。其中，馮柯、王應昌、東正純、但衡今等，此前均未見有人引述。這 380 餘條評語當中，有的只有短短一句話，例如，在“至善者，性也。性元無一毫之惡，故曰至善。止之，是復其本然而已”條（第 91 條），摘録許舜屏評語云，“本然者，良知也”①，只有六個字；有的則有好幾頁，例如“丁亥年九月，先生起復征思田”條（第 315 條），摘録王畿（《天泉證道紀》）、劉宗周、佐藤一齋、梁啓超的評語②，字數長達 2500 字左右（即使把王畿《天泉證道紀》排除在評語之外，字數也在 1700 字左右）。對於其摘録評語的原則，陳榮捷説，“以前諸家從來未採馮柯，亦不用日人東正純與國人但衡今富有哲學性之精到案語。後者或未之聞，前者則必其以馮氏攻擊陽明而避之也。今則純以學術立場爲主，贊毁在所不論。其於陽明之言有所發明或修正，如劉宗周與佐藤一齋等人之語，則寧多毋少；其徒事表揚或止重述陽明之意，如孫奇逢、東敬治等人之語，則寧少毋多。間或敢自下評語”。

① 陳榮捷《王陽明傳習録詳註集評》，第 113 頁。

② 同上書，第 360—364 頁。

正如有學者説，陳榮捷《王陽明傳習録詳註集評》所摘録的評語“未必都有價值”①，但是，當中相當多的評語，對我們理解陽明《傳習録》是富有啓發意義的，是十分有幫助的。例如，在“先生又曰格物，如《孟子》‘大人格君心’之‘格’”條（第7條），陳榮捷摘録王應昌評語云：

> 王應昌云：“格有兩義，元應並存。”②

在“愛問‘道心常爲一身之主，而人心每聽命’”條（第10條），陳榮捷摘録了馮柯、劉宗周、施邦曜、三輪執齋、佐藤一齋、東正純、但衡今的評語，其中馮柯、劉宗周評語云：

> 馮柯云：“人心之人，非以雜以人僞而謂之人也，孟子所謂‘耳目口體之欲，小體也’；道心之道，非以未雜於人而謂之道也，孟子所謂‘仁義禮智之心，大體也’（《告子篇第六下》，第十五章）。從其大體爲大人，從其小體爲小人。道心爲主而人心聽命，從其大體者也。道心不能爲主而反見役於人心，從其小體者也。朱子之言，分明出於孟子，豈有弊哉?”（《求是編》，卷一，頁十五上下）
>
> 劉宗周云：“先生説人、道只是一心，極是。然細看來，依舊只是程、朱之見，恐尚有剩義在。孟子曰‘仁，人心也’，人心便只‘人心也’之人心，道心即是‘仁’字。以此思之，是一是二？人心本只是人之心，如何説他是僞心、欲心？敢以質之先生。”（《遺編》，卷一三，《陽明傳信録》三，頁四上）③

在“來書云真知即所以爲行，不行不足謂之知”條（第133條），陳榮捷摘録劉宗周、施邦曜、三輪執齋、東正純、但衡今評語云：

> 劉宗周云：“吾心之良知，即所謂天理也。”（《遺編》，卷一一，《陽明傳信録》一，頁十一下）
>
> 施邦曜云：“人若真真了得知行合一之説，即如晦翁（朱子）説亦不妨。先生是合而言之，以證本體；晦翁是分而言之，以曉後學。言殊而理則一，在人善看耳。”

---

① 楊祖漢《傳習録注疏序》，鄧艾民注《傳習録注疏》，基隆：法嚴出版社2000年版，第13頁；吴震《〈傳習録〉精讀》，上海：復旦大學出版社2011年版，第41頁。

② 陳榮捷《王陽明傳習録詳註集評》，第39頁。

③ 同上書，第42—43頁。

> 三輪執齋云："朱子亦言具衆理而應萬事（《大學章句》，註經文明明德），本心之外，豈亦有物理耶？"
>
> 東正純云："'知之真切篤實處即是行，行之明覺精察處即是知'，此是文成説知行之定本，比之'知（是）行之初；行（是）知之成'（見第五條）等之言，更親切透徹。"
>
> 但衡今云："考亭（朱子）於知行重行，陽明於知行重知。重知爲偏於行者言，重行爲偏於知者言，其所以爲教則一也。重知不必一，重行未必二。相益則兩是，相損則兩非。考亭謂'心雖主乎一身而實管乎天下之理，理雖散在萬事而實不外乎一人之心'，何嘗不是'一致而百慮''百慮而一致'（《易經·繫辭下傳》，第五章）也？必欲分作兩扇門看，則陽明之言合一，已有二在，特未之深思耳。"①

諸如此類。限於篇幅，我們無法將陳榮捷所摘録的評語一一加以臚列；同樣，限於篇幅，我們也無法對陳榮捷所摘録的這些評語一一加以分析。在此，我們僅僅以陳榮捷在"先生又曰格物，如《孟子》'大人格君心'之'格'"條（第7條）所摘録王應昌評語爲例，略作説明。王應昌云"格有兩義，元應並存"，這是事實。因爲"格"字，既有"至"的涵義，也有"正"的涵義。我們知道，"格物"之詞，語出《大學》"古之欲明明德於天下者，先治其國；欲治其國者，先齊其家；欲齊其家者，先修其身；欲修其身者，先正其心；欲正其心者，先誠其意；欲誠其意者，先致其知；致知在格物"，朱熹注云，"明明德於天下者，使天下之人皆有以明其明德也。心者，身之所主也。誠，實也。意者，心之所發也。實其心之所發，欲其一於善而無自欺也。致，推極也。知，猶識也。推極吾之知識，欲其所知無不盡也。格，至也。物，猶事也。窮至事物之理，欲其極處無不到也。此八者，大學之條目也"②，將"格物"之格，解釋爲"至"。"大人格君心"之言，語本《孟子·離婁上》"孟子曰：'人不足與適也，政不足間也。惟大人爲能格君心之非。君仁莫不仁，君義莫不義，君正莫不正。一正君而國定矣。'"朱熹注云："趙氏曰：'適，過也；間，非也；格，正也。'徐氏曰：'格者，物之所取正也。《書》曰"格其非心"。'"③將

① 陳榮捷《王陽明傳習録詳註集評》，第167—168頁。

② （宋）朱熹撰，徐德明校點《四書章句集注》，上海、合肥：上海古籍出版社、安徽教育出版社2001年版，第5頁。

③ （宋）朱熹撰，徐德明校點《四書章句集注》，第336頁。

“惟大人爲能格君心”之格，解釋爲“正”。顯然，朱子以爲“惟大人爲能格君心”之“格”，可解釋爲“正”；陽明亦以爲“惟大人爲能格君心”之“格”，可解釋爲“正”，此其同也。然而，朱子並不認爲“惟大人爲能格君心”之“格”與《大學》“格物”之“格”同義，陽明則認爲“惟大人爲能格君心”之“格”與《大學》“格物”之“格”同義，此其異也。我們認爲，王應昌所謂“格有兩義”，即有“至”的涵義與“正”的涵義，應係來源於朱子；王應昌所謂“元應並存”，乃表明其對於王陽明將“格物”之“格”理解爲“正”，並不贊同。像王應昌這樣的評語，對於我們理解陽明《傳習録》中的一些觀點，是有啓發意義的。

(三) 語録拾遺更多

明隆慶六年（1572）謝廷傑刊刻本《王文成公全書》，其中《傳習録》收録陽明先生語録 343 條。後來日本學者佐藤一齋撰作《傳習録欄外書》在全書本《傳習録》基礎上，根據其他版本《傳習録》，輯出陽明先生語録四十二條(其中録入《傳習録欄外書》注語者 8 條①、附録於《傳習録欄外書》書末者 34 條②)。陳榮捷《王陽明傳習録詳註集評》云，“又於《傳習録》三百四十二條與佐藤一齋增補三十七條之上，從《王文成公全書》卷目抄出四條，又從《年譜》抄出十條，均未見我國諸本《傳習録》與評註”③。其實，全書本《傳習録》收録陽明先生語録 343 條，而陳榮捷謂“《傳習録》三百四十二條”，是因爲《王陽明傳習録詳註集評》將《傳習録》卷上的“持志如心痛。一心在痛上，豈有工夫説閒話、管閒事”一條視爲衍文④，没有將其計算在内，没有爲其編號；佐藤一齋《傳習録欄外書》輯録陽明先生語録有 42 條，而陳榮捷謂“佐藤一齋增補三十七條”，是因爲陳榮捷所得見者，是東京啓新書院印刷、松

① 佐藤坦《傳習録欄外書》，東京：啓新書院印刷、松山堂書店 1919 年第十八版，上卷第 13、27 頁，下卷第 10—11、26、31—32、36 頁；佐藤坦《伝習録欄外書》（山崎道夫校注），《佐藤一齋全集》第五卷，東京：明德出版社 1998 年版，第 352、358、381、386—387、388—389、391 頁。

② 佐藤坦《傳習録欄外書》（東京啓新書院印刷、松山堂書店發行本），下卷，卷末；佐藤坦《伝習録欄外書》（山崎道夫校注），《佐藤一齋全集》第五卷，第 392—396 頁。案：《傳習録欄外書》（東京啓新書院印刷、松山堂書店發行本）卷末，收録《傳習録》所不載之陽明先生語録爲二十九條；佐藤一齋全集本《伝習録欄外書》（山崎道夫校注）卷末，收録《傳習録》所不載之陽明先生語録爲三十四條，較《傳習録欄外書》（啓新書院印刷、松山堂書店發行本）多五條。

③ 陳榮捷《王陽明傳習録詳註集評》，第 6 頁。

④ 同上書，第 64 頁。

山堂書店發行本《傳習録欄外書》，而没有見到作爲佐藤一齋全集本《傳習録欄外書》底本的一齋居士稿本《傳習録欄外書》。作爲佐藤一齋全集本《傳習録欄外書》底本的一齋居士稿本《傳習録欄外書》之末，較啓新書院印刷、松山堂書店發行本《傳習録欄外書》，多輯録陽明先生語録五條①。陳榮捷《王陽明傳習録詳註集評》，在啓新書院印刷、松山堂書店發行本佐藤一齋《傳習録欄外書》"增補三十七條"基礎上，又輯録出陽明先生語録十四條，數目較佐藤一齋爲多。

陳榮捷《王陽明傳習録詳註集評》又云，"今之增補，不特志求完璧，而亦因拾遺諸條有新義也。如拾遺第三條言工夫本體，誠爲《傳習録》第二〇四、三一五、三三七等條所未及。拾遺第四條鄉愿狂者之辨，比《傳習録》第三一二條爲精微。拾遺第五條言尊德性、第二十三條伊川言覺、第二十四條言戒懼與慎獨之關係，皆有新見解。凡此於王學研究，不無小補也"②。陳榮捷謂其"今之增補，不特志求完璧"，此應無可疑；陳榮捷謂拾遺某條爲《傳習録》某條"所未及"、謂拾遺某條較《傳習録》某條更爲"精微"，則屬於見仁見智之事。例如，陳榮捷謂"拾遺第四條鄉愿狂者之辨，比《傳習録》第三一二條爲精微"，就頗爲值得斟酌。《傳習録拾遺》第四條云：

> 薛尚謙、鄒謙之、馬子莘、王汝止侍坐，請問鄉愿狂者之辨。曰："鄉愿以忠信廉潔見取於君子，以同流合污無忤於小人，故非之無舉，刺之無刺。然究其心，乃知忠信廉潔，所以媚君子也；同流合污，所以媚小人也。其心已破壞矣，故不可與入堯舜之道。狂者志存古人，一切紛囂俗染，舉不足以累其心，真有鳳凰翔于千仞之意，一克念，即聖人矣；惟不克念，故闊略事情，而行常不掩；惟行不掩，故心尚未壞而庶可與裁。"曰："鄉愿何以斷其媚世?"曰："自其譏狂狷知之。曰'何爲踽踽涼涼，生斯世也，爲斯世也，善斯可矣'。故其所爲，皆色取不疑，所以謂之似。然三代以下，士之取盛名于時者，不過得鄉愿之似而已。究其忠信廉潔，或未免致疑于妻子也，雖欲純乎鄉愿亦未易得，而况聖人之道乎?"曰："狂狷爲孔子所思，然至乎傳道，不及琴張輩，而傳習曾子，豈曾子乃狂狷乎?"曰："不然。琴張輩，狂者之稟也，雖有所得，終止于狂。曾子中

① 佐藤坦《伝習録欄外書》（山崎道夫校注），《佐藤一齋全集》第五卷，第396頁；佐藤一齋《傳習録欄外書》（黎業明點校），第260—262頁。

② 陳榮捷《王陽明傳習録詳註集評》，第6頁。

行之稟也，故能悟入聖人之道。”①

而《傳習録》第三一二條（“薛尚謙、鄒謙之、馬子莘、王汝止侍坐”條）則云：

薛尚謙、鄒謙之、馬子莘、王汝止侍坐。因嘆先生自征寧藩已來，天下謗議益衆。請各言其故。有言先生功業勢位日隆，天下忌之者日衆；有言先生之學日明，故爲宋儒争是非者亦日博；有言先生自南都以後，同志信從者日衆，而四方排阻者日益力。先生曰：“諸君之言，信皆有之。但吾一段自知處，諸君俱未道及耳。”諸友請問。先生曰：“我在南都已前，尚有些子鄉愿的意思在。我今信得這良知真是真非，信手行去，更不著些覆藏。我今纔做得個狂者的胸次，使天下之人都説我行不揜言也罷。”尚謙出曰：“信得此過，方是聖人的真血脈。”②

根據《陽明先生年譜》，拾遺第四條乃係接着《傳習録》第三一二條而作的進一步討論③。這就是説，拾遺第四條與《傳習録》第三一二條，並不是同一件事的兩種不同記録，而是同一件事的兩個不同階段討論之記録，兩者根本無法作哪一條更爲精微的比較。然則，陳榮捷所謂“拾遺第四條鄉愿狂者之辨，比《傳習録》第三一二條爲精微”之語，實屬無謂之言。

二

雖然陳榮捷《王陽明傳習録詳註集評》具有“註釋相當詳備”“集評兼容並蓄”“語録拾遺更多”這樣的特色，但是，智者千慮，難免一失。其實，陳榮捷的《王陽明傳習録詳註集評》錯漏舛誤亦復不少。1984 年，林慶彰先生撰

---

① 陳榮捷《王陽明傳習録詳註集評》，第 391 頁。案：引文中原有幾處錯别字，如“鳳凰翔于”誤作“鳳凰干”、“闊略”誤作“洞略”、“媚世”誤作“媚也”、“取盛名于時”誤作“取盛名干時”，兹據佐藤一齋《傳習録欄外書》改正。[佐藤坦《伝習録欄外書》（山崎道夫校注），《佐藤一齋全集》第五卷，第 386—387 頁；佐藤一齋《傳習録欄外書》（黎業明點校），第 229 頁]

② 陳榮捷《王陽明傳習録詳註集評》，第 355 頁。

③ （明）錢德洪《陽明先生年譜》，（明）王守仁《王文成公全書》第五册，上海：商務印書館，“四部叢刊”初編縮印本（據明隆慶六年謝廷傑刊本縮印），1936 年版，第 958—959 頁；（明）錢德洪《陽明先生年譜》，吴光、錢明、董平、姚延福編校《王陽明全集（新編本）》第四册，第 1296—1297 頁。

寫《評陳榮捷著〈王陽明傳習録詳註集評〉》，對《王陽明傳習録詳註集評》所存在的傳刻版本之遺漏、年代年號之疏忽、註釋體例之可商、注解内容之可議等缺點加以批評[①]。據林慶彰先生《對陳榮捷先生一文的幾點説明》云，他在撰寫書評前，曾經以一個多月的時間，勘正 1983 年臺灣學生書局初版《王陽明傳習録詳註集評》的錯誤“三百四十餘處”，而陳榮捷自己所作的勘誤表，則勘正“三十三條”，其中彼此相同者二十三處，“其餘三百一十七處，皆爲陳先生之表所無”[②]。可見，初版《王陽明傳習録詳註集評》的錯漏十分驚人。1992 年，《王陽明傳習録詳註集評》出版修訂版，對初版《王陽明傳習録詳註集評》的文字之錯漏、年代之疏忽、注解之可議者，作了相當多的修改訂正。然而，從臺灣學生書局 2006 年 9 月修訂版四刷《王陽明傳習録詳註集評》看，其中錯漏舛誤依舊不少。主要有：

（一）校勘不夠精細

我們只要依據明隆慶六年（1572）謝廷傑刊本《王文成公全書》（簡稱“謝廷傑本”）、施邦曜輯評《陽明先生集要》（我們使用的是北京中華書局 2008 年王曉昕、趙平略點校本。簡稱“施邦曜本”）、陳龍正輯評《陽明先生要書》（明崇禎八年陳龍正刻本。《四庫全書存目叢書》集部第 49 册，濟南：齊魯書社，1997 年影印本。簡稱“陳龍正本”）、張問達輯《王陽明先生文鈔》（清康熙二十八年致和堂刻本。《四庫全書存目叢書》集部第 49 册，濟南：齊魯書社，1997 年影印本。簡稱“張問達本”）、俞嶙輯《王陽明先生全集》（清康熙十二年刻本。《四庫全書存目叢書》集部第 50—51 册，濟南：齊魯書社，1997 年影印本。簡稱“俞嶙本”）、三輪希賢《標注傳習録》（日本東京：青木嵩山堂，線裝刻本。簡稱“三輪執齋本”）、佐藤坦《傳習録欄外書》（山崎道夫校注，載《佐藤一齋全集》第五卷，日本：明德出版社，1998 年版。簡稱“佐藤一齋本”）等版本，來與陳榮捷《王陽明傳習録詳註集評》略加校對，就會發現陳榮捷《王陽明傳習録詳註集評》在校勘、校對方面，還存在相當多的錯誤與疏漏。陳榮捷《王陽明傳習録詳註集評》在校勘、校對方面的錯誤與疏漏，主要

① 林慶彰《評陳榮捷著〈王陽明傳習録詳註集評〉》，《漢學研究》（臺北），1984 年 6 月，第 2 卷第 1 期，第 335—342 頁。案：其中，林先生對“傳刻版本之遺漏”的批評，似乎没有什麽意義。

② 林慶彰《對陳榮捷先生一文的幾點説明》，《漢學研究》（臺北），1984 年 12 月，第 2 卷第 2 期，第 665—666 頁。案：林先生此文，爲對陳榮捷《讀林慶彰先生書評後》（《漢學研究》，1984 年 12 月，第 2 卷第 2 期）之回應。

包括：

1. 脱文。例如，“愛問至善只求諸心”條（第3條）“冬時自然思量父母的寒，便自要求個温的道理。夏時自然思量父母的熱，便自要求個凊的道理”數句①，其中兩“便自要求個”，謝廷傑本、施邦曜本、俞嶙本、三輪執齋本、佐藤一齋本作“便自要去求個”，均脱“去”字；“問不睹不聞是説本體”條（第266條）“見得真時，便謂戒慎恐懼是本體，不睹不聞是功夫”數句②，其中“不睹不聞是功夫”，謝廷傑本、施邦曜本、俞嶙本、張問達本、三輪執齋本、佐藤一齋本作“不睹不聞是功夫亦得”，脱“亦得”二字；“一友問功夫不切”條（第280條）“一友問功夫不切。先生曰：‘學問功夫，我已曾一句道盡，如何今日轉遠，都不着根？’”數句③，其中“今日轉遠”，謝廷傑本、施邦曜本、俞嶙本、張問達本、三輪執齋本、佐藤一齋本作“今日轉説轉遠”，脱“轉説”二字；“先生曰先儒解格物爲格天下之物”條（第317條）“心之發動不能無善，故須就此處着力，便是在誠意”數句④，其中“不能無善”，謝廷傑本、三輪執齋本、佐藤一齋本作“不能無不善”，脱“無不善”之“不”字。

2. 錯字。例如，“問孟子言執中無權猶執一”條（第52條）“先生曰：‘中只有天理、只是易，隨時變易，如何執得？……’”數句⑤，其中“只有”，謝廷傑本、施邦曜本、俞嶙本、三輪執齋本、佐藤一齋本作“只是”，以作“只是”爲是；“蕭惠好仙釋”條（第124條）“先生曰：‘汝今只是了人事問。待汝辨個真要求爲聖人的心來與汝説。’”數句⑥，其中“辨”，謝廷傑本、施邦曜本、俞嶙本、三輪執齋本、佐藤一齋本作“辦”，以作“辦”爲是；“來書云良知心之本體”條（第155條）“來書云：‘良知，心之本體，即所謂性善也、未發之中也、寂然不動之體也、廓然大公也，何常人皆不能，而不待於學邪？……’”數句⑦，其中“不待”，謝廷傑本、施邦曜本、俞嶙本、張問達本、三輪執齋本、佐藤一齋本作“必待”，以作“必待”爲是；“薛尚謙、鄒謙之、馬子莘、王汝止侍坐”條（第312條）“薛尚謙、鄒謙之、馬子萃、王汝止侍坐”一

① 陳榮捷《王陽明傳習録詳註集評》，第30頁。

② 同上書，第326頁。

③ 同上書，第335頁。

④ 同上書，第368頁。

⑤ 同上書，第89頁。

⑥ 同上書，第148頁。

⑦ 同上書，第217頁。

句[①]，其中“馬子莘”，謝廷傑本、施邦曜本、俞嶙本、張問達本、三輪執齋本、佐藤一齋本作“馬子莘”，以作“馬子莘”爲是；《傳習録拾遺》“嘗聞先生曰吾居龍場時”條（拾遺第17條）“與論知行之説，更無抽挌。久之，並夷人亦欣欣相向。及出與士夫言，反多紛紛同異，拍挌不入”數句[②]，其中“抽挌”“拍挌”，佐藤一齋《傳習録欄外書》均作“扞格”[③]。以作“扞格”爲是。

3. 失校。例如，“愛問昨聞先生止至善之教”條（第6條）“愛昨曉思，格物的‘物’字，即是‘事’字。皆從心上説”數句[④]，其中“昨曉”，施邦曜本、俞嶙本、三輪執齋本、佐藤一齋本作“昨晚”，陳榮捷没有出校[⑤]；“愛曰先儒論六經”條（第13條）“《易》是包犧氏之史。《書》是堯舜以下史。《禮》、《樂》是三代史”數句[⑥]，其中“《禮》、《樂》”前，施邦曜本、陳龍正本、俞嶙本、三輪執齋本、佐藤一齋本有“《詩》”字，陳榮捷没有出校；“士德問曰格物之説”條（第100條）“士德曰：‘晚年之悔，如謂“向來定本之悟”。……’”數句[⑦]，其中“悟”字，施邦曜本、俞嶙本、三輪執齋本、佐藤一齋本作“悞”或“誤”，以作“悞”或“誤”爲是（“向來定本之悞”，語本朱熹《答黄直卿書》“此是向來定本之誤”[⑧]）。陳榮捷在註釋中引述《朱子晚年定論》所採録朱熹《答黄直卿書》，亦作“此是向來定本之誤”[⑨]，不知何故，他在《傳習録》正文當中却没有校正；“正德乙亥九川初見先生於龍江”條（第201條）“以顔

① 陳榮捷《王陽明傳習録詳註集評》，第355頁。

② 同上書，第399頁。

③ 佐藤坦《伝習録欄外書》（山崎道夫校注），《佐藤一齋全集》第五卷，第393頁。

④ 陳榮捷《王陽明傳習録詳註集評》，第37頁。

⑤ 頗爲奇怪的是，陳榮捷英文譯本《傳習録》、英文編譯本《中國哲學資料書》（中文譯本書名題爲《中國哲學文獻選編》）亦作“昨晚”（Last night）。［*Instructions For Practical Living And Other Neo-confucian Writings By Wang Yang-ming*，translated by Wing-tsit Chan，Columbia University Press，1964，p14；*A Source Book In Chinese Philosophy*，translated and compiled by Wing-tsit Chan，Princeton University Press，1973，p673；陳榮捷《中國哲學文獻選編》（楊儒賓、吴有能、朱榮貴、萬先法譯，黄俊傑校閲），南京：江蘇教育出版社2006年版，第560頁］然而，他在《王陽明傳習録詳註集評》中却没有出校。

⑥ 陳榮捷《王陽明傳習録詳註集評》，第51頁。

⑦ 同上書，第121頁。

⑧ （宋）朱熹《晦庵先生朱文公續集》，朱傑人等編《朱子全書》第二十五册，上海：上海古籍出版社2002年版，第4648頁。

⑨ 陳榮捷《王陽明傳習録詳註集評》，第123頁。

子‘有不善未嘗知之，知之未嘗復行’爲證”數句[①]，其中“未嘗知之”，俞嶙本、三輪執齋本、佐藤一齋本作“未嘗不知”，以作“未嘗不知”爲是（“顔子‘有不善未嘗不知，知之未嘗復行’”，語本《周易·繫辭下傳》“子曰：‘顔氏之子，其殆庶幾乎！有不善未嘗不知，知之未嘗復行。’”[②]）。陳榮捷没有校正。

根據《王陽明傳習録詳註集評》卷首所列舉之“傳習録版本”“傳習録注評”，我們所引述的版本，除了山崎道夫校注本《傳習録欄外書》之外（陳榮捷所得見者爲啓新書院印刷、松山堂書店發行本《傳習録欄外書》），均爲陳榮捷先生所得見[③]。也就是説，我們所臚列出來的這些校勘、校對方面的錯誤與疏漏（限於篇幅，在此我們没有將所發現的錯漏都列舉出來），是可以避免出現的，也是不應該出現的。

（二）註釋錯誤不少

雖然陳榮捷《王陽明傳習録詳註集評》以註釋相當詳備著稱，但是其書中註釋錯誤亦復不少。例如：

陳榮捷在“徐愛引言”注 4 云：“徐愛，字曰仁，號横山（1488—1518）。”[④] 陳榮捷將徐愛生卒年定爲 1488—1518，非是。蕭鳴鳳《明故奉議大夫南京工部都水清吏司郎中徐君墓誌銘》云，“丙子秋，考績，便道歸省。明年五月十七日，以疾卒於山陰寓館，距生成化丁未春，□三十有一”[⑤]；黄宗羲《明儒學案》亦云，“徐愛字曰仁，號横山，餘姚之馬堰人。正德三年進士。出知祁州，陞南京兵部員外郎，轉南京工部郎中。十一年歸而省親，明年五月十七日卒，年三十一”[⑥]。可見，徐愛生於成化二十三年（1487）丁未春，卒於正德十二年（1517）丁丑五月十七日，略當西元 1487—1517 年。

陳榮捷在“愛問道心常爲一身之主”條（第 10 條）注 3 云，“人心道心。伊川云，‘人心，私欲也；道心，正心也’（《二程遺書》，卷一九）。倪錫恩誤以爲明道語”[⑦]。陳榮捷此注謂“人心道心”，是指《傳習録》此條王陽明所説

---

① 陳榮捷《王陽明傳習録詳註集評》，第 281 頁。

② （宋）朱熹《周易本義》，朱傑人等編《朱子全書》第一册，第 141 頁。

③ 陳榮捷《王陽明傳習録詳註集評》，第 11—22 頁。

④ 同上書，第 26 頁。

⑤ （明）徐愛《横山遺集》，《徐愛、錢德洪、董澐集》，南京：鳳凰出版社 2007 年版，第 93 頁。案：“□三十有一”，疑爲“年三十有一”。

⑥ （清）黄宗羲《明儒學案（修訂本）》上册，北京：中華書局 2008 年版，第 220 頁。

⑦ 陳榮捷《王陽明傳習録詳註集評》，第 44 頁。

“程子謂人心即人欲，道心即天理”。其實，陽明所引程子之言，乃本《河南程氏遺書》卷一一“‘人心惟危’，人欲也；‘道心惟微’，天理也”①。《河南程氏遺書》卷一一所録，爲明道先生語。《河南程氏外書》卷二云，“人心，人欲；道心，天理”②。此爲伊川先生語。二程均有“人心即人欲，道心即天理”之説。而不是像陳榮捷所説，其語出自“伊川云，‘人心，私欲也；道心，正心也’（《二程遺書》，卷一九）”。因此，倪錫恩之説，未必非；陳榮捷之説，未必是。

陳榮捷在“希淵問聖人可學而至”條（第 99 條）注 9 云，“百千。《孟子》同章續云，‘人一能之，己百之；人十能之，己千之’”③。其實，所謂“人一能之，己百之；人十能之，己千之”，語見《中庸》④。陳榮捷所謂“《孟子》同章續云”，應作“《中庸》云”。

陳榮捷在“侃去花間草”條（第 101 條）注 14 云，“周茂叔。周敦頤，字茂叔。稱濂溪先生（1017—1073）。道州營道（河南）人”⑤。周敦頤爲湖南道州人，陳榮捷所謂“河南”，應作“湖南”。

陳榮捷在“正德乙亥九川初見先生於龍江”條（第 201 條）注 22 云，“無物，總述伊川之意。《二程外書》卷一一頁三上云，‘堯夫（邵雍）胸中無事如此’”⑥。其實，“胸中無物”，即“胸中無事”，《河南程氏外書》卷一一原文作：“范堯夫經筵坐睡。先生語人曰：‘堯夫胸中無事如此。’有朝士入朝，倒執手板。先生曰：‘此人胸中不是無事。’”⑦ 程伊川此所謂“堯夫”，乃范堯夫（范純仁，字堯夫。范仲淹次子。宋蘇州吴縣人），而非邵堯夫。陳榮捷用括弧説明堯夫爲邵雍，顯然是將范堯夫誤解爲邵堯夫。

陳榮捷在“先生曰烝烝乂不格奸”條（第 296 條）注 1 云，“象（舜之兄）傲”。陳榮捷先生謂象爲“舜之兄”⑧，非是。其實，象爲舜之弟。

陳榮捷在“先生曰古樂不作久矣”條（第 297 條）注 9 云，“芬遂躍，當拜

① （宋）程顥、程頤著，王孝魚點校《二程集》第一册，北京：中華書局 1984 年版，第 126 頁。

② 同上書，第 364 頁。

③ 陳榮捷《王陽明傳習録詳註集評》，第 121 頁。

④ （宋）朱熹撰，徐德明校點《四書章句集注》，第 36—37 頁。

⑤ 陳榮捷《王陽明傳習録詳註集評》，第 126 頁。

⑥ 同上書，第 286 頁。

⑦ （宋）程顥、程頤著，王孝魚點校《二程集》第二册，第 413 頁。

⑧ 陳榮捷《王陽明傳習録詳註集評》，第 346 頁。

弟子"[①]。據《陽明先生年譜》，陳榮捷所謂"芬遂躍，當拜弟子"，應作"芬遂躍然拜弟子"[②]。

陳榮捷在"薛尚謙、鄒謙之、馬子莘、王汝止侍坐"條（第 312 條）注 4 云，"王汝止，名艮，號心齋，泰州之安豐（今江西九江）人"[③]。陳榮捷謂泰州之安豐爲"今江西九江"，非是。王艮爲泰州安豐場人，泰州安豐場，今屬江蘇東臺。（在正文及註釋中，陳榮捷均將"馬子莘"誤作"馬子萃"）

陳榮捷在"先生鍛鍊人處"條（第 313 條）注 7 云，"張叔謙，名元沖，字叔謙，號浮峰。越之山陰（浙江紹興）人。嘉靖十六年（1537）進士。官至右副都御史。以敢諫名。年六十二登陽明之門。陽明贊其最爲真切純篤。參看《明儒學案》卷一四，頁五下至六上"[④]。陳榮捷所謂張元沖"嘉靖十六年（1537）進士""年六十二登陽明之門"，均非。黃宗羲《明儒學案》"中丞張浮峰先生元沖"云："張元沖字叔謙，號浮峰，越之山陰人。嘉靖戊戌進士。授中書舍人，改吏科給事中。分宜入相，先生言其心術不光，不宜在天子左右。又請罷遣中官織造。遷工科都給事中，諫世廟玄修不視朝。一時稱爲敢諫。出爲江西參政，廣東按察使，江西左右布政使，陞右副都御史，巡撫江西，奉旨回籍。又二年而卒，年六十二。先生登文成之門，以戒懼爲入門，而一意求諸踐履。文成嘗曰：'吾門不乏慧辨之士，至於真切純篤，無如叔謙。'"[⑤] 據黃宗羲《明儒學案》，張元沖乃嘉靖十七年戊戌（1538）進士[⑥]，而非"嘉靖十六年（1537）進士"；張元沖乃卒年六十二，而非"年六十二登陽明之門"。

陳榮捷在"癸未春鄒謙之來越問學"條（第 314 條）注 2 云，"鄒謙之，名守益，號東廓……旋落職閒居四十一年，講學不休。卒謚文莊。參看《明儒學案》，卷十六"[⑦]。陳榮捷謂鄒守益"旋落職閒居四十一年，講學不休。卒謚文莊"，有誤。據黃宗羲《明儒學案》，應作"旋落職閒居，講學不休。四十一年

---

① 陳榮捷《王陽明傳習録詳註集評》，第 347 頁。

② （明）錢德洪《陽明先生年譜》，（明）王守仁《王文成公全書》第五册，第 950 頁；（明）錢德洪《陽明先生年譜》，吴光、錢明、董平、姚延福編校《王陽明全集（新編本）》第四册，第 1286 頁。

③ 陳榮捷《王陽明傳習録詳註集評》，第 355 頁。

④ 同上書，第 358 頁。

⑤ （清）黄宗羲《明儒學案（修訂本）》上册，第 300 頁。

⑥ 又據明清進士題名碑録，嘉靖十七年戊戌科有"張元沖"之名。（朱保炯、謝沛霖《明清進士題名碑録索引》下册，上海：上海古籍出版社 2004 年版，第 2523 頁）

⑦ 陳榮捷《王陽明傳習録詳註集評》，第 359 頁。

卒，年七十二，……謚文莊"[①]。所謂"四十一年"，乃指嘉靖四十一年(1562)，而非指落職閒居長達四十一年也。

陳榮捷"傳習録拾遺"第4條（"薛尚謙、鄒謙之、馬子莘、王汝止侍坐，請問鄉愿狂者之辨"條）注4云，"王汝止，名畿。參看二五七條，注一"[②]。陳榮捷所謂"王汝止，名畿"，非是。其第二五七條注一云，"王汝中，名畿，别號龍溪"。其實，王汝止，名艮。陳榮捷似乎是將王汝止（王艮）與王汝中（王畿）兩人之名混淆了。

在陳榮捷《王陽明傳習録詳註集評》的註釋當中，有年歲時間錯誤（如謂徐愛生卒年爲"1488—1518"、謂張元沖"年六十二登陽明之門"、謂鄒守益"落職閒居四十一年"），有引文出處錯誤（如將"人心即人欲，道心即天理"誤爲出自程伊川、將"人一能之，己百之"云云出自《孟子》），有地名方面錯誤（如將周敦頤所在省份湖南誤作河南；將王艮籍貫泰州安豐場，即今江蘇東臺誤作"今江西九江"），有人名字號錯誤［如將范堯夫之"堯夫"誤解爲邵雍、將王汝止之名誤解爲"（王）畿"］等。註釋中，錯别字也比較多。諸如此類，不一而足。

（三）評語頗有疏漏

雖然陳榮捷《王陽明傳習録詳註集評》以評語兼容並蓄知名，但是其書中所摘録評語之錯漏頗多。例如：

陳榮捷在"愛問先生以博文爲約禮功夫"條（第9條）摘録評語云，"許舜屏云：以'精一'二字釋博約之道，是直隨時隨地無一而非，即無一而非知之所存也"[③]。其實，許舜屏此語原作："以精一二字釋博約之道，是直隨時隨地無一而非心之所在，即無一而非知之所存也。"[④] 陳榮捷此所引述許氏之言，脱"心之所在"四字，以致義不可解。

陳榮捷在"問知識不長進如何"條（第30條）摘録評語云，"唐九經曰：能擬先生學問之變化處"[⑤]。其中"擬"字，《王陽明先生傳習録論》作"探"[⑥]。

---

① （清）黄宗羲《明儒學案（修訂本）》上册，第331頁。

② 陳榮捷《王陽明傳習録詳註集評》，第391頁。

③ 同上書，第42頁。

④ 許舜屏《評注王陽明先生全集》第一卷，上海：中原書局1929年版，第9頁。

⑤ 陳榮捷《王陽明傳習録詳註集評》，第69頁。

⑥ 王應昌《王陽明先生傳習録論》卷上之二，第8頁。

陳榮捷在“問《律吕新書》”條（第61條）摘録評語云，“許舜屏云：此説似乎不確。蓋心中如能先曉得冬至之刻，何必再用管以候氣？正惟其不曉得，故須用管來試驗耳。先生之意，殆亦徒成爲上、藝成而下，不欲以術數之學誤其學問耶？”[①] 其中，“徒成爲上、藝成而下”，應作“德成而上、藝成而下”，語出《禮記·樂記》“是故德成而上，藝成而下，行成而先，事成而後”[②]。許舜屏原文已將“德成而上、藝成而下”誤作“徒成爲上、藝成而下”，義不可解。陳榮捷此乃沿襲許氏之錯誤。

陳榮捷在“善念發而知之、而充之”條（第71條）摘録評語云，“三輪執齋云：‘天聰明’，即良知也。聖人自然，故曰‘有’；學者用功，故曰‘存’”[③]。其實，“‘天聰明’，即良知也”云云，爲佐藤一齋《傳習録欄外書》中語[④]，非三輪執齋《標注傳習録》之言。陳榮捷此將佐藤之語誤作三輪之言。

陳榮捷在“問身之主爲心”條（第78條）摘録評語云，“施邦曜云：心之官爲思，存得此心，只是思一箇理也。‘常見在’，謂動静一貫也；‘過去未來事，思之何益’，蓋就原静受病處言之”[⑤]。其實，“心之官爲思”云云，乃爲佐藤一齋《傳習録欄外書》中語[⑥]，而非施邦曜之言。陳榮捷此將佐藤之語誤作施氏之言。

陳榮捷在“來書云教人致知明德”條（第137條）摘録評語云，“吉村秋陽云：字句間微有未瑩者，而大意固好”[⑦]。陳榮捷將吉村秋陽此言引以爲對《答顧東橋書》之點評，非是。經查，吉村此言並非對於《答顧東橋書》之評論，而爲對於《重修山陰縣學記》之評語[⑧]。

陳榮捷在“來書云：先生又曰照心非動也”條（第160條）摘録評語云，“東正純云：（黄安白）《懷謝軒講義》云，‘陽明先生答陸元静無妄無照之論，蓋本之佛書。佛書言：“妄心即真心影像。妄本無妄，心有感故；感亦無感，以能照故。”若是，則照妄之心，即是無妄之心，云何復得有妄心？……釋氏言宗心，

① 陳榮捷《王陽明傳習録詳註集評》，第93頁。
② （清）朱彬《禮記訓纂》下册，北京：中華書局1996年版，第587頁。
③ 陳榮捷《王陽明傳習録詳註集評》，第100頁。
④ 佐藤坦《伝習録欄外書》（山崎道夫校注），《佐藤一齋全集》第五卷，第356頁。
⑤ 陳榮捷《王陽明傳習録詳註集評》，第107頁。
⑥ 佐藤坦《伝習録欄外書》（山崎道夫校注），《佐藤一齋全集》第五卷，第357頁。
⑦ 陳榮捷《王陽明傳習録詳註集評》，第179頁。
⑧ 吉村晉《王學提綱》，岡田武彦、荒木見悟主編《和刻影印近世漢籍叢刊·思想三編》第十二册，第85頁。

言妄心，謂常住不動之真心爲宗，像者爲妄。……’（東正純自云）：……無照而不妄，無妄而不照。照亦照，妄亦妄；即照即妄，即妄即照。……”① 其實，“心有感故”，《傳習録參考》作“以有感故”；“像者爲妄”，作“緣（起）者爲妄”；“照亦照，妄亦妄”，作“照非照，妄非妄”②。陳榮捷此所引述錯誤頗多，甚至意思完全相反。

陳榮捷在“來書云昔周茂叔每令伯淳尋仲尼顔子樂處”條（第166條）摘録評語云，“施邦曜曰：樂不是快活之謂，是胸中有一段自得處。常人與聖賢不能同樂者，蓋聖賢有得，常人無得也。得則事變不能遷，無得便逐境爲憂喜。故有大憂、大怒、大驚、大懼之事，聖賢未嘗不加敬惕，然其自得於已者，事變之窽會，無不了當於胸中，只是臨事敬慎耳；若常人毫無把柄，便惶惑憂懼。故仁者之不憂、知者之不惑、勇者之不懼，聖賢之能樂也，常人未免憂懼惑，安得樂？常存戒懼，正是君子求自得處。‘何道可得’，來書全文，意必有此語，節略耳”③。其中，“然其自得於已者”之“已”，《陽明先生集要》作“己”④。又：“‘何道可得’，來書全文，意必有此語，節略耳”數句，非施邦曜之言，乃佐藤一齋之語⑤。陳榮捷將佐藤此數語誤作施氏之言。

陳榮捷在“先生曰：‘惟天下至聖，爲能聰明睿知’，舊看何等玄妙”條（第283條）摘録評語云，“但衡今云：陽明謂良知本無知，……爲之引而申之”⑥。其實，但衡今此條評語，據《王陽明傳習録札記》，應爲第282條（“先生曰無知無不知，本體原是如此”條）之評語⑦，而非第283條（“先生曰：‘惟天下至聖，爲能聰明睿知’，舊看何等玄妙”條）之評語。陳榮捷將但衡今此評語誤置。

在陳榮捷《王陽明傳習録詳註集評》所摘録評語當中，有錯别字脱漏字（如第9條摘録許舜屏語，脱“心之所在”四字；第30條摘録唐九經語，將

① 陳榮捷《王陽明傳習録詳註集評》，第225—226頁。

② 東正純《傳習録參考》，《澤瀉先生全集》上册，第652頁。案：東正純所引黄尊素《懷謝軒講義》，見《明儒學案》。其中“緣起者爲妄”之“起”字原缺，兹據《明儒學案》補出。[（清）黄宗羲《明儒學案（修訂本）》下册，第1494—1495頁]

③ 陳榮捷《王陽明傳習録詳註集評》，第236頁。

④ （明）王守仁原著，（明）施邦曜輯評《陽明先生集要》上册，北京：中華書局2008年版，第176頁。

⑤ 佐藤坦《伝習録欄外書》（山崎道夫校注），《佐藤一齋全集》第五卷，第367頁。

⑥ 陳榮捷《王陽明傳習録詳註集評》，第337頁。

⑦ 但衡今《王陽明傳習録札記》下卷，手寫影印本，第84頁。

“探”誤作“擬”；第160條摘録東正純語，將“照非照，妄非妄”誤作“照亦照，妄亦妄”），有評語張冠李戴（如第71條所摘録評語，將佐藤一齋之語誤作三輪執齋之言；第78條所摘録評語，將佐藤一齋之語誤作施邦曜之言；第166條所摘録評語，將末尾“‘何道可得’，來書全文，意必有此語，節略耳”數句佐藤一齋之語，誤作施邦曜之言；第137條所摘録評語，將吉村秋陽評論《重修山陰縣學記》之言，誤作評論《答顧東橋書》之言），這些錯誤，對於我們理解《傳習録》可能産生誤導。

（四）考證值得斟酌

陳榮捷的《王陽明傳習録詳註集評》，以考證見稱於世，楊祖漢先生説，陳書註釋“以考證之功多”①；吴震先生説，陳書註釋“重在考據”②。然而，其書中有些考證值得斟酌。

陳榮捷《王陽明傳習録詳註集評》在“子仁問學而時習之不亦樂乎”條（第111條）注1云：

> 子仁，佐藤一齋謂子仁，欒氏名惠，浙江人。孫鏘則謂子仁姓馮名恩，號尚江，華亭人。見《儒林宗派》。並謂不知一齋何據。按欒惠姓名見於《陽明年譜》正德九年五月，陽明至南京，欒惠、陸澄等二十餘人同聚師門。但未言欒惠之字爲子仁。……葉［紹］鈞謂子仁，欒惠字，浙江西安人。郡守請往施行鄉約，四方學者雲集。不知葉氏何所本。《學案》無欒惠傳。余重耀《陽明弟子傳纂》目録頁十八有欒惠，謂見於《陽明年譜》，無字里，《傳纂》亦無傳。綜上所論，則孫鏘是也。《明儒學案》卷二十五南中王門學案序云，“馮恩，字子仁，號南江（孫作尚江，蓋印誤），華亭（今江蘇松江）人。嘉靖丙辰進士。陽明征思田，南江以行人使其軍，因束脩爲弟子”。③

陳榮捷對自己關於“欒惠”的考證，頗爲自得④。其實，陳榮捷據孫鏘説法，以爲子仁爲馮恩，這是錯誤的。在王陽明《南都詩》當中，有《次欒子仁韻送别四首》，其序云：“子仁歸，以四詩請用其韻答之，言亦有過者，蓋因子仁之

---

① 楊祖漢《傳習録注疏序》，鄧艾民《傳習録注疏》，第13頁。

② 吴震《〈傳習録〉精讀》，第41頁。

③ 陳榮捷《王陽明傳習録詳註集評》，第133頁。

④ 同上書，第6頁。

病而藥之，病已則去其藥。"①《南都詩》題下注云，"正德甲戌四月陞南京鴻臚寺卿作"②。而王陽明《書欒惠卷（庚辰）》則云："欒子仁訪予於虔，舟遇於新淦。嗟乎！子仁久别之懷，兹亦不足爲慰乎？顧兹簿領紛沓之地，雖固道無不在，然非所以從容下上其議時也，子仁歸矣。乞骸之疏已數上，行且得報。子仁其候我于梧江之滸，將與子盤桓於雲門、若耶間有日也。聞子仁居鄉，嘗以鄉約善其族黨，固亦仁者及物之心，然非子仁所汲汲。孔子云：'言忠信，行篤敬，雖蠻貊之邦行矣。'然惟'立則見其參於前，在輿則見其倚於衡也，而後行'。子仁其務立參前倚衡之誠乎！至誠而不動者，未之有也；不誠未有能動者也。聊以是爲子仁别去之贈。"③ 由此可知，欒惠字子仁，正德九年甲戌(1514)，陽明陞任南京鴻臚寺卿時，經已從學陽明（這與《陽明先生年譜》"正德九年五月"條所載"自徐愛來南都，同志日親，黄宗明、薛侃、馬明衡、陸澄、季本、許相卿、王激、諸偁、林達、張寰、唐愈賢、饒文璧、劉觀時、鄭騮、周積、郭慶、欒惠、劉曉、何鼇、陳傑、楊杓、白説、彭一之、朱篪輩，同聚師門，日夕漬礪不懈"相應④，當中有欒惠）；正德十五年庚辰，陽明巡撫南贛，惠曾往訪陽明於虔。而徐象梅《兩浙名賢録》、嵇曾筠《（雍正）浙江通志》云，"欒惠，字子仁，西安人。師事王文成，潛心理學。事父母曲盡孝道。母嘗患瘋疾，手足拘攣者十三年，惠温衾扇枕，飲食撫摩，必躬必親，始終不怠。及父母相繼卒，與妻吴氏負土襄事，廬墓三載，朝夕哭奠，衰絰頃刻不去身。一夜風雨，虎入其廬，馴若畜犬然。服闋，南冑移書請爲六堂學長，辭不赴。時龍游水北梗化，郡邑申之監司，請惠往布行鄉約，梗化者革心。自是深居寡出，而四方學者雲集，無慮數百人。以壽卒於家"⑤。西安，今浙江衢州市。相反，根據《明儒學案》，馮恩乃在嘉靖七年（1528）陽明征思、田時，"以行人使其軍，因束脩爲弟子"⑥。《陽明先生年譜》云，正德十三年戊寅八月，"［薛］侃得徐愛所遺《傳習録》一卷、序二篇，與陸澄各録一卷，刻

---

① 吴光、錢明、董平、姚延福編校《王陽明全集（新編本）》第三册，第 781 頁。

② 同上書，第 772 頁。

③ 同上書，第 964 頁。

④ 吴光、錢明、董平、姚延福編校《王陽明全集（新編本）》第四册，第 1243 頁。

⑤ （明）徐象梅《兩浙名賢録》，《續修四庫全書》第 542 册，上海：上海古籍出版社 2002 年版，第 192 頁；嵇曾筠等修纂《（雍正）浙江通志》，《景印文淵閣四庫全書》第 524 册，臺北：商務印書館 1986 年影印本，第 128 頁。

⑥ （清）黄宗羲《明儒學案（修訂本）》上册，第 578 頁。

於虔”①。薛侃刻《傳習録》時，馮恩尚未從學於陽明。然則，此所謂子仁，應爲欒惠，而非馮恩。故佐藤一齋、葉紹鈞之説，不誤；陳榮捷及孫鏘之説，非是。

陳榮捷在“又問静坐用功，頗覺此心收斂”條（第204條）注4云：

> 于中，佐藤一齋云姓王，名未考。日本註家從之。予一九六三年英譯《傳習録》亦從之。中田勝與柳田達也則謂于中，姓王，名良勝，但不詳言。今查《陽明弟子傳纂》卷二，頁四十五，有夏良勝傳。良勝字子中，南城（江西）人。正德三年進士，官吏部考功員外郎。己卯（1519）南巡詔下，良勝與陳九川連署進言，下詔獄，廷杖除名。予敢謂于中乃子中之誤。查《年譜》，九川正德十六年（1521）侍陽明於南昌，與于中論内外之説。此于中必是與之連署進言之子中。《弟子傳纂》同頁萬潮傳謂與舒芬、夏良勝、陳九川稱江西四諫。舒芬即國裳，與九川、于中同論内外之説，可知九川與夏良勝往來甚密。故此于中必是子中，可無疑矣。②

對於陳榮捷“于中乃子中之誤”的説法，林慶彰先生曾説，“于中，日人皆以爲姓王，[陳榮捷] 先生則詳加論證，以爲子中之誤”③。林先生將陳榮捷所謂“于中乃子中之誤”，作爲陳榮捷“糾正前人失誤”的一個考證成就看待。其實，陳榮捷的這個説法，值得懷疑。《陽明先生年譜》附録二云：“舒國裳在師門，《文録》無所見，惟行福建市舶司取至軍門一牌。《傳習續録》則與陳惟濬、夏于中同時在坐問答語頗多。”④《明史·夏良勝傳》亦云，“夏良勝，字于中，南城人。少爲督學蔡清所知，曰‘子異日必爲良臣，當無有勝於子者’，遂名良勝”，正德三年進士⑤。據《四庫全書》，夏良勝著作有《中庸衍義》十七卷、《東洲初稿》十四卷⑥。陳榮捷依據余重耀《陽明弟子傳纂》卷二“夏子中先生良勝”“夏先生良勝，字子中，南城人”之説，曰“予敢謂于中乃子中之誤”“此于中必是子中”。陳氏謂“于中乃子中之誤”“此于中必是子中”，非是。經查，《陽明弟子傳纂》目録作“夏于中先生良勝”。而且，《陽明先生年

---

① 吴光、錢明、董平、姚延福編校《王陽明全集（新編本）》第四册，第1262頁。

② 陳榮捷《王陽明傳習録詳註集評》，第289—290頁。

③ 林慶彰《評陳榮捷著〈王陽明傳習録詳註集評〉》，《漢學研究》，1984年6月，第2卷第1期，第334頁。

④ 吴光、錢明、董平、姚延福編校《王陽明全集（新編本）》第四册，第1392頁。

⑤ （清）張廷玉《明史》第16册，北京：中華書局2003年版，第5020—5022頁。

⑥ 載《景印文淵閣四庫全書》，第715册；第1269册。

譜》《明史·夏良勝傳》均作“于中”。是故“子中”乃“于中”之誤，而非“于中乃子中之誤”①。

陳榮捷在“先生曰先儒解格物爲格天下之物”條（第 317 條）摘録評語並加案語云：

> 劉宗周云：“良知只是獨知時。然餘干主謹獨，先生言致知，手勢大不同。先生是出藍之見。”（遺編，卷一三，《陽明傳信録》三，頁三十下）
>
> 捷案：餘干似指胡居仁（字叔心，學者稱敬齋先生，1434—1484）。胡氏江西餘干人，其學以靜中戒謹恐懼爲主。門人婁諒（字克貞，别號一齋，江西廣信上饒人，1422—1491）得其傳。弘治二年（1489），陽明迎夫人諸氏歸餘姚，舟過廣信，謁婁諒。諒語宋儒格物之學，謂聖人必不可學而至。遂深契之。②

陳榮捷對自己關於“餘干”的考證，頗爲自許③。其實，在陳榮捷關於“餘干”的考證中，至少有兩個錯誤。其一，陳榮捷謂婁諒爲胡居仁之門人且得其傳，非是。婁諒與胡居仁，均爲吴與弼弟子，兩人屬同門。其二，陳榮捷謂陽明“謁婁諒。諒語宋儒格物之學，謂聖人必不可學而至。遂深契之”，亦非。《陽明先生年譜》“弘治二年己酉”條云，“是年，先生始慕聖學。先生以諸夫人歸[餘姚]，舟至廣信，謁婁一齋諒，語宋儒格物之學，謂‘聖人必可學而至’，遂深契之”④；黄宗羲《明儒學案》云，陽明“十八歲，過廣信，謁婁一齋，慨然以聖人可學而至”⑤。均明言陽明謁婁一齋，一齋告以“聖人必可學而至”。陳榮捷之言，可謂大謬矣。

陳榮捷在《王陽明傳習録詳註集評》卷首“概説·傳習録略史”論述南大吉續刻本《傳習録》時説：

> 嘉靖三年（1524）陽明五十三歲。是年十月，門人南大吉以初刻《傳習録》爲上册，陽明論學書九篇爲下册，命弟逢吉校對而刻於越（今浙江

---

① 順便説一句，關於《傳習録》部份人名之考證，可參看黎業明《王陽明〈傳習録〉人名考述補正》，景海峰編《燃薪集：深圳大學國學研究所 30 周年紀念文集》，北京：北京大學出版社 2014 年版，第 86—104 頁；黎業明《明儒思想與文獻論集》，北京：商務印書館 2017 年版，第 181—200 頁。

② 陳榮捷《王陽明傳習録詳註集評》，第 369 頁。

③ 同上書，第 6 頁。

④ 吴光、錢明、董平、姚延福編校《王陽明全集（新編本）》第四册，第 1228 頁。

⑤ （清）黄宗羲《明儒學案（修訂本）》上册，第 44 頁、179 頁。

> 紹興)，爲續刻《傳習録》。論學書九篇爲荅徐成之二篇、荅人（顧東橋）論學書、啓周道通書、荅陸元静二書、荅歐陽崇一書、答羅整庵書與荅聶文蔚書。卷首有十月八日南大吉序。……年譜嘉靖三年載大吉取陽明論學書復增五卷。今查南刻上册卷一爲徐愛所録、卷二爲陸澄所録，卷三爲薛侃所録。下册卷一至卷四爲論學書，卷五爲《示弟立志説》與《訓蒙大意》。佐藤一齋謂薛刻於虔爲四卷，南刻於越亦四卷，未知何所據而云然。①

而陳榮捷在《傳習録》卷中錢德洪小序之註釋3則云：

> 《傳習録》，薛侃首刻於虔爲三卷，即今之《傳習録》卷上。據年譜，嘉靖三年（1524）十月，南大吉刻《傳習録》，又名《續刻傳習録》，凡二册。上册即虔刻三卷，下册録陽明八書。然年譜繫《答顧東橋書》於嘉靖四年（1525），繫《答歐陽崇一書》與《答聶文蔚書》於五年（1526）。則南大吉之刻，或在嘉靖三年之後。②

陳榮捷一則曰南大吉續刻《傳習録》，在嘉靖三年十月；一則曰南大吉之續刻《傳習録》，“或在嘉靖三年之後”。1984年，林慶彰先生在《評陳榮捷著〈王陽明傳習録詳註集評〉》中，曾對此表示質疑③。陳榮捷在回應林先生的質疑時説，“林先生謂捷既定《續刻傳習録》於嘉靖三年，又謂‘或在嘉靖三年之後’，自應詳加討論，避免衝突。據捷所考，以嘉靖三年爲當，但亦有三年以後之可能。此處未見衝突。即詳加討論，結論亦不外如此”④。陳榮捷的説法值得斟酌。南大吉續刻《傳習録》只能是刊刻於嘉靖三年、或者只能是刊刻於嘉靖三年之後，兩個時間只有一個是正確的。陳榮捷之所以會得出南大吉續刻《傳習録》之時間，在嘉靖三年十月、“或在嘉靖三年之後”、“以嘉靖三年爲當，但亦有三年以後之可能”這樣的説法，是因爲他所得見之所謂南大吉續刻《傳習録》，收録了王陽明嘉靖五年的《答歐陽崇一書》與《答聶文蔚書》（陽明先生年譜繫《答顧東橋書》於嘉靖四年，值得懷疑）。其實，陳榮捷所得見

---

① 陳榮捷《王陽明傳習録詳註集評》，第8—9頁。案：陳榮捷謂“佐藤一齋謂薛刻於虔爲四卷，南刻於越亦四卷，未知何所據而云然”。其實，據佐藤一齋《傳習録欄外書》，佐藤一齋所見之所謂南大吉續刻《傳習録》爲嘉靖二十三年德安府重刊本。德安府重刻本《傳習録》，現藏日本東京都日比谷圖書館。

② 陳榮捷《王陽明傳習録詳註集評》，第162頁。

③ 林慶彰《評陳榮捷著〈王陽明傳習録詳註集評〉》，《漢學研究》，1984年6月，第2卷第1期，第335頁。

④ 陳榮捷《讀林慶彰先生書評後》，《漢學研究》，1984年12月，第2卷第2期，第661頁。

之所謂南大吉續刻《傳習録》，並不是南大吉嘉靖三年十月續刻《傳習録》之原本，而是南大吉續刻《傳習録》之重刻本。對於其所得見之所謂南大吉續刻《傳習録》，陳榮捷説：

> 南刻之《續刻傳習録》曾於嘉靖二十三年（1544）重刻於德安府（今湖北安陸縣治）。上册分四卷，以徐愛録爲卷一、陸澄録爲卷二、薛侃録爲卷三、《荅歐陽崇一》一篇與《荅聶文蔚書》三篇爲卷四。下册亦分四卷，以《荅徐成之書》二篇、《荅儲柴墟書》二篇、《荅何子元書》一篇、與《荅羅整庵書》一篇爲卷一，以《荅人論學書》爲卷二，以《啓周道通》一篇與《荅陸元靜書》二篇爲卷三，以《示弟立志説》與《訓蒙大意》爲卷四。《續刻傳習録》又有日本内閣記録課所藏一本，分六卷。以徐愛所録十二條爲卷一、陸澄所録四十二條爲卷二、薛侃所録二十五條爲卷三、以《示弟立志説》與《訓蒙大意》爲卷四、以《荅羅整庵書》爲卷五，以《荅人論學書》爲卷六。卷首有南大吉《續刻傳習録序》與初刻《傳習録》徐愛序與引言。

根據陳榮捷的這個敘述，其所得見之所謂南大吉續刻《傳習録》，應有兩種。第一種爲嘉靖二十三年德安府重刻本《傳習録》，與佐藤一齋所見相同；第二種爲日本内閣記録課所藏《傳習録》，與德安府重刊《傳習録》有别。然而，陳榮捷曾説，“今查南刻上册卷一爲徐愛所録、卷二爲陸澄所録，卷三爲薛侃所録。下册卷一至卷四爲論學書，卷五爲《示弟立志説》與《訓蒙大意》。佐藤一齋謂薛刻於虔爲四卷，南刻於越亦四卷，未知何所據而云然”，其中所説的南刻《傳習録》，似乎是一個與佐藤一齋所得見的嘉靖二十三年德安府重刊本《傳習録》不同的版本。若然，則陳榮捷所得見之所謂南大吉續刻《傳習録》，有三種不同的版本。但是，不論陳榮捷所見之所謂南大吉續刻《傳習録》是兩種還是三種，這些版本的所謂南大吉續刻《傳習録》，都不是南大吉嘉靖三年十月續刻《傳習録》之原本，而是南大吉續刻《傳習録》的重刻本。古人將書籍重刻時，往往會對其内容有所增删而不加説明。而陳榮捷所見之南大吉續刻《傳習録》重刻本，增加了陽明嘉靖五年《答歐陽崇一書》《答聶文蔚書》等内容。陳榮捷以經過增補的南大吉續刻《傳習録》重刻本，來判斷南大吉續刻《傳習録》之初刻本的刊行時間，顯然是忽略了古籍重刻本多有增删之例，其結論之可靠性，可想而知。

嘉靖三年十月南大吉序刊本續刻《傳習録》，分上下二册，其完整的原刻本是否留存於世，有待考證。然而其下册似乎還殘存世間，這就是臺北“國家圖書館”藏明刊本《傳習録》。臺北“國家圖書館”藏明刊本《傳習録》，現存下册四卷，其卷一爲《答徐成之書》（二首）、《答羅整庵少宰書》；卷二爲《答人論學書》（即《答顧東橋書》）；卷三爲《答周道通書》《答陸原靜書》（二首）；卷四爲《示弟立志説》《訓蒙大意示教讀劉伯頌等》《教約》。嘉靖三十年，蔡汝楠在石鼓書院校刻《傳習録》（又稱衡湘書院本《傳習録》），根據孫應奎《刻陽明先生傳習録序》云，其底本即陽明先生“舊所手授《傳習録》”①；而蔡汝楠《敘傳習録後》亦有相近説法②。石鼓書院刻本《傳習録》上册三卷，卷首有孫應奎《刻陽明先生傳習録序》、南大吉《刻傳習録序》、徐愛《傳習録序》（附南逢吉跋）；其卷一爲徐愛所録，卷二爲陸澄所録，卷三爲薛侃所録，每卷卷首有“同邑門人孫應奎重刊”、卷末有“蔡汝楠校”字樣。下册四卷，其卷一爲《答徐成之書》（二首，附南逢吉跋語）、《答羅整庵少宰書》；卷二爲《答人論學書》（即《答顧東橋書》）；卷三爲《答周道通書》《答陸原靜書》（二首）；卷四爲《示弟立志説》《訓蒙大意示教讀劉伯頌等》《教約》，每卷卷首有“同邑門人孫應奎重刊”、每卷卷末多有“門人蔡汝楠校”字樣。全書卷末爲蔡汝楠《敘傳習録後》。除若干校勘文字外，其下册所收録内容及編排次序，與臺北“國家圖書館”藏明刊本《傳習録》下册完全相同，没有收録《答歐陽崇一書》以及《答聶文蔚書》（一、二）。隆慶五年（1571），馮柯（1523—1601，字子新，號寶陰，浙江慈溪人）撰作《求是編》，批評陽明之《傳習録》。《求是編》卷四之末

---

① （明）王守仁《傳習録》，明嘉靖三十年蔡汝楠石鼓書院刻本，卷首；吴光、錢明、董平、姚延福編校《王陽明全集（新編本）》第六册，第 2101—2102 頁。案：在《燕詒録引》，孫應奎對自己獲陽明手贈《傳習録》事，有這樣的記載：“既弱冠，應奎舉於鄉，（先大人棲溪先生）又命之曰：‘陽明王先生倡道越中，豪傑景從，汝盍往師之?’應奎祇命入謁，先生留侍側授餐，隨事發明，近暮而退。如此者二日，而先生無倦容，有終日言□不出此圖之意。予聞之，心戚戚焉，機不自已，乃請師焉。先生引至天泉樓，授經文至‘致知格物’而止，示之曰：‘學問宗旨全在此四字。’然應奎未能問也。此在嘉靖乙酉歲十月也。踰月會試，行。先大人携之過越，命入請一言爲訓。應奎登堂立候移時，先生瞷之始見，率以‘離師輔學，易失宗致’勉。乃手授二書，其一《傳習録》，蓋論學語而門人記之也。”［（明）孫應奎《燕詒録》卷首，《四庫全書存目叢書》集部第 90 册，濟南：齊魯書社 1997 年版，第 532 頁］據此，則孫應奎師事陽明並獲贈《傳習録》，在嘉靖四年年底。然而，據《陽明先生年譜》以及《年譜附録一》，正德十六年辛巳九月，陽明歸餘姚省祖塋時，孫應奎已經從學於陽明。（參吴光、錢明、董平、姚延福編校《王陽明全集（新編本）》第四册，第 1291 頁、第 1347 頁）

② 蔡汝楠《敘傳習録後》云，“《傳習録》者，陽明先生之門人録師之指，圖相與習之者也。先生曾以是録手授今文宗蒙泉孫公，公今按部至衡，令汝楠刻置石鼓書院”。［（明）王守仁《傳習録》，明嘉靖三十年蔡汝楠石鼓書院刻本，卷末；吴光、錢明、董平、姚延福編校《王陽明全集（新編本）》第六册，第 2102 頁］

云："或曰：《傳習録》近有增定者，視舊加詳而辯不及，何也？曰：余所辯《傳習録》，蓋上册是陽明在贛時其徒徐曰仁、陸原静、薛尚謙之所録，而下册則陽明歸越而郡守南元善益以問答諸書者也。觀其序云'師之在日，精神足以自致，尚不能無賴於是録之助'，則是録實陽明親所裁定，而猶有遺論若此，況今所增定乃出於其没後錢德洪、王汝中之手，其又何足以爲據而與之辯哉？"① 然則，馮柯批評《傳習録》，其所依據者，應爲南大吉嘉靖三年十月序刊本續刻《傳習録》之原始版本。而從《求是編》所選録或摘録之陽明言論觀之，其涉及書信者，有《答徐成之》（二）、《答羅整庵少宰書》、《答顧東橋書》、《答周道通書》、《答陸原静書》（一、二），無《答歐陽崇一》以及《答聶文蔚》（一、二）。② 將石鼓書院刻本《傳習録》、馮柯《求是編》與臺北"國家圖書館"藏明刊本《傳習録》兩相比照，可以推斷，臺北"國家圖書館"藏明刊本《傳習録》，當即南大吉嘉靖三年十月續刻《傳習録》之原始版本。臺北"國家圖書館"藏明刊本《傳習録》，亦無《答歐陽崇一》以及《答聶文蔚》（一、二）。

臺北"國家圖書館"藏明刊本《傳習録》下册、蔡汝楠石鼓書院重刊本《傳習録》下册，其書信部份均按撰作年月之先後編輯。其中，《答徐成之書》（二首）作於正德七年壬申（1512）③，《答羅整庵少宰書》作於正德十五年六

① 馮柯《求是編》，岡田武彦、荒木見悟主編《和刻影印近世漢籍叢刊·思想三編》第15册，日本京都：中文出版社1977年影印本，第337—338頁；馮柯《貞白五書·求是編》，張壽鏞輯《四明叢書》第22册，揚州：廣陵書社2006年影印本，第13354頁。

② 馮柯《求是編》，岡田武彦、荒木見悟主編《和刻影印近世漢籍叢刊·思想三編》第15册，第240—334頁；馮柯《貞白五書·求是編》，張壽鏞輯《四明叢書》第22册，第13331—13353頁。案：馮柯《求是編》的最後一條，亦即"良知者，孟子所謂'是非之心，人皆有之'者也。是非之心，不待慮而知，不待學而能，是故謂之良知"條，（見《和刻影印近世漢籍叢刊·思想三編》第15册，第334—338頁；《四明叢書》第22册，第13353—13354頁）並非出自陽明《傳習録》，而是出自《大學問》。《大學問》乃陽明於嘉靖六年（1527）起復征思、田，即將離浙江赴廣西時所作。[參（明）王守仁《王陽明全集（新編本）》（吴光、錢明、董平、姚延福編校）第三册，第1014頁]

③ 陽明《答徐成之書》，《王文成公全書》將其編年爲"壬午"，即嘉靖元年（1522），[（明）王守仁《王文成公全書》，"四部叢刊初編"縮印本，第三册，第638—642頁；吴光、錢明、董平、姚延福編校《王陽明全集（新編本）》第三册，第843—848頁] 非是；《陽明先生年譜》將其繫於正德六年辛未；[（明）王守仁《王文成公全書》，"四部叢刊初編"縮印本，第五册，第912—913頁；《王陽明全集（新編本）》（吴光、錢明、董平、姚延福編校）第四册，第1238—1239頁] 山本正一則以爲作於壬申，且曰《王文成公全書》之編年"壬午"，乃爲"'壬申'之誤"。（山本正一《王陽明》。轉引自山下龍二《〈王文成公全書〉的成立——兼述〈傳習録〉的形成》，吴震、吾妻重二主編《思想與文獻：日本學者宋明儒學研究》，第307—308頁）以作於正德七年壬申爲是。

月，《答周道通書》作於嘉靖三年春夏之間，《答陸原靜書》（二首）亦作於嘉靖三年（1524）。而《答顧東橋書》（《答人論學書》）則置於《答羅整庵少宰書》與《答周道通書》之間，據此，《答顧東橋書》應作於嘉靖三年春夏間《答周道通書》之前。又《答顧東橋書》中有“來書云：‘所釋《大學》古本，謂“致其本體之知”，此固孟子盡心之旨’”之説，所謂“致其本體之知”一語，不見於陽明正德十三年庚寅（1518）七月所作《大學古本序》①，而見於其修改後之《大學古本序》②。據陽明正德十六年辛巳（1521）《與陸清伯書》“屢得書，見清伯所以省愆罪己之意，可謂真切懇到矣。即此便是清伯本然之良知。凡人之爲不善者，雖至於逆理亂常之極，其本心之良知，亦未有不自知者。但不能致其本然之良知，是以物有不格、意有不誠，而卒入於小人之歸。故凡致知者，致其本然之良知而已。《大學》謂之‘致知格物’，在《書》謂之‘精一’，在《中庸》謂之‘慎獨’，在《孟子》謂之‘集義’，其工夫一也。向在南都，嘗謂清伯喫緊于此。清伯亦自以爲既知之矣。近睹來書，往往似尚未悟，輒復贅此，清伯更精思之。《大學古本》一册寄去，時一覽。近因同志之士多於此處不甚理會，故序中特改數語。有得，便中寫知之。冀惟乾事，善類所共冤，望爲委曲周旋之”③，則《大學古本序》之修改在正德十六年④。然則，《答顧東橋書》應作於正德十六年修改《大學古本序》之後。由此可見，《答顧東橋書》應作於正德十六年修改《大學古本序》之後、嘉靖三年春夏間

① 陽明正德十三年庚寅七月所作《大學古本序》，見羅欽順《困知記》三續。[（明）羅欽順《困知記》，北京：中華書局 1990 年版，第 95 頁]

② （明）王守仁《王文成公全書》，“四部叢刊初編”縮印本，第二册，第 241 頁。案：《王陽明全集（新編本）》將“致”字誤作“至”。（吴光、錢明、董平、姚延福編校《王陽明全集（新編本）》第一册，第 258 頁）

③ 吴光、錢明、董平、姚延福編校《王陽明全集（新編本）》第三册，第 1060 頁。案：“冀惟乾”，原誤作“季惟乾”，逕改。

④ 劉勇先生依據李夢陽《白鹿洞書院新志》、鄭廷鵠《白鹿洞志》以及孫家驊等主編《白鹿洞書院碑刻摩崖選集》等資料，考證陽明修改其《大學古本序》之時間“在正德十六年，而且很可能就在該年五月陽明赴［白鹿］洞講學前後”。（劉勇《中晚明時期的講學宗旨、〈大學〉文本與理學學説建構》，《“中央研究院”歷史語言研究所集刊》，2009 年 9 月，第八十本第三分，第 424 頁注解）鄧艾民先生則以爲，《大學古本序》之最後修訂應在嘉靖二年。（參鄧艾民《傳習録注疏》，第 159 頁）其依據疑爲陽明嘉靖二年《寄薛尚謙（癸未）》所謂“致知二字，是千古聖學之秘，向在虔時終日論此，同志中尚多有未徹。近於古本序中改數語，頗發此意，然見者往往亦不能察。今寄一紙，幸熟味”之説。[（明）王守仁《王文成公全書》，“四部叢刊初編”縮印本，第一册，第 208 頁；吴光、錢明、董平、姚延福編校《王陽明全集（新編本）》第一册，第 213 頁]

《答周道通書》之前。(其具體年月，尚有待進一步考證)①。這就是說，錢德洪《陽明先生年譜》將《答顧東橋書》繫於嘉靖四年九月②，是值得懷疑的。既然陽明《答顧東橋書》作於正德十六年修改《大學古本序》之後、嘉靖三年春夏間《答周道通書》之前，其得以收録嘉靖三年十月南大吉續刻《傳習録》，是没有什麽問題的。

根據臺北"國家圖書館"藏明刊本《傳習録》下册、蔡汝楠石鼓書院重刊本《傳習録》下册、馮柯《求是編》等資料，以及嘉靖三年甲申王陽明《答王亹庵中丞》書"謹以新刻小書二册奉求教正。蓋鄙心之所欲效者，亦略具於其中矣"之説③，可以斷定南大吉續刻本《傳習録》乃梓行於嘉靖三年年底。因此，陳榮捷所謂南大吉續刻《傳習録》之時間，在嘉靖三年十月、"或在嘉靖三年之後"、"以嘉靖三年爲當，但亦有三年以後之可能"這樣模棱兩可的説法，是值得斟酌的。

可見，雖然陳榮捷的《王陽明傳習録詳註集評》以考證見稱於世，其自己也頗爲以此自得、以此自許，但陳榮捷在考證中的一些説法，還是值得斟酌的，甚至是錯誤的。

陳榮捷的《王陽明傳習録詳註集評》，除了存在校勘不夠精細、註釋錯誤不少、評語頗有疏漏、考證值得斟酌等問題之外，其在標點句讀方面的錯誤或疏漏，亦復不少，兹略舉數條爲例。第 9 條"愛問，'先生以博文爲約禮功夫，深思之未能得略，請開示。'"④ 當中"略"字應下讀，其正確的句讀爲"愛問：'先生以博文爲約禮功夫，深思之未能得，略請開示。'"第 145 條"來書云：上蔡嘗問天下何思何慮。伊川云，'有此理，只是發得太早'。在學者工夫，固是必有事焉而勿忘……"⑤。《傳習録》此所引述上蔡、伊川問答，語見《河南程氏外書》卷一二"傳聞雜記"所摘録謝良佐《上蔡語録》，其文略云："二十年前往見伊川，伊川曰：'近日事如何?'某對曰：'天下何思何慮?'伊川曰：

① 關於全書本《傳習録》所收録論學書信之編年考證，參黎業明《王陽明〈傳習録〉中卷論學書編年考證》，景海峰主編《儒家思想與當代中國文化建設》，北京：人民出版社 2013 年版，第 693—706 頁；黎業明《明儒思想與文獻論集》，第 201—220 頁。

② （明）王守仁《王文成公全書》，"四部叢刊初編"縮印本，第五册，第 963—967 頁；吴光、錢明、董平、姚延福編校《王陽明全集（新編本）》第四册，第 1303—1307 頁。

③ 吴光、錢明、董平、姚延福編校《王陽明全集（新編本）》第三册，第 862 頁。案：此所謂"新刻小書二册"，係指南大吉續刻《傳習録》。

④ 陳榮捷《王陽明傳習録詳註集評》，第 41 頁。

⑤ 同上書，第 202 頁。

‘是則是有此理，賢却發得太早在。’伊川直是會鍛鍊得人。説了，又道：‘恰好著工夫也。’”① 其正確的句讀爲：“來書云：上蔡嘗問天下何思何慮。伊川云：‘有此理，只是發得太早在。’學者工夫，固是必有事焉而勿忘……”。第285條“全得仁體，則天下皆歸於吾仁。就是‘八荒皆在我闥’意。天下皆與，其仁亦在其中”②。“天下皆與其仁”，乃“則天下之人皆與其仁”之節略，語出朱熹《論語集注》③。其正確句讀爲：“全得仁體，則天下皆歸於吾仁，就是‘八荒皆在我闥’意，‘天下皆與其仁’亦在其中”。諸如此類，不一而足。限於篇幅，無法詳盡羅列。

綜上所述，陳榮捷一生的工作，除了短時間在嶺南大學供職外，基本上是在美國幾所大學任教，其學術研究成就主要在於中學西傳、朱子研究，但是陳榮捷對王陽明的《傳習録》也有極爲深入的研究。陳榮捷的《王陽明傳習録詳註集評》，雖然其中還存在着校勘不夠精細、註釋錯誤不少、評語頗有疏漏、考證值得斟酌等諸多問題，而且其在標點句讀方面的錯誤或疏漏，亦復不在少數。然而，由於其書中語詞註釋之詳備、文獻徵引之豐富、語録拾遺之較多，因此《王陽明傳習録詳註集評》目前仍不失爲王陽明《傳習録》註釋方面的一本名著。

作者附識：拙文曾提交2021年4月廣州中山大學哲學系主辦之“通向世界的中國哲學：紀念陳榮捷先生誕辰120週年學術研討會”。會議期間，得以拜讀陳來先生在《中國哲學史》發表的《陳榮捷先生答陳來書二十八通》。根據陳榮捷先生1990年4月10日答陳來書，陳先生當時已經知道夏良勝之字乃爲“于中”，而非“子中”。（《中國哲學史》，2021年第一期，第121—122頁）然而，不知何故，臺灣學生書局2006年9月“修訂版四刷”之《王陽明傳習録詳註集評》，仍未將夏良勝之字由錯誤之“子中”改正爲“于中”。所需説明者，拙文對於相關問題之考證、評論，乃依據《王陽明傳習録詳註集評》。

（作者單位：深圳大學人文學院）

① （宋）程顥、程頤著，王孝魚點校《二程集》，第426頁。

② 陳榮捷《王陽明傳習録詳註集評》，第338頁。

③ （宋）朱熹撰，徐德明校點《四書章句集注》，第155頁。

儒家典籍與思想研究（第十四輯）
北京大學出版社，2022 年 8 月

正俗之間
——談談俗字及與古籍整理之關係

閆翠科

主講人：北京大學《儒藏》編纂與研究中心　閆翠科博士後
主持人：北京大學《儒藏》編纂與研究中心　張麗娟研究員
時間：2021 年 10 月 21 日
地點：北京大學紅二樓

主持人：感謝各位老師、同學參加我們第九期“儒藏講壇”。這次我們開始一個新的系列“青年學者論壇”，希望藉這個平臺給青年學者展示他們的最新成果。我們要特别感謝李中華教授、魏常海教授在百忙之中過來支持我們這個活動。本次講壇我們邀請到了閆翠科老師和孫倩老師分别做主講，她們兩個的題目有一個呼應，一個是講“正俗之間”，一個講“化禮成俗”。首先是閆翠科老師，閆老師的研究方向主要是漢語言文字學及古籍文獻的整理與研究。她的題目是《正俗之間——談談俗字及與古籍整理之關係》，我想這也是我們做古籍整理非常感興趣的話題。

主講人：感謝各位領導、老師莅臨指導！感謝中心給我們這樣一個機會，跟大家一起交流學習。這次論壇的題目是我根據自己的研究興趣和中心工作，確定的一個主題，主要向大家介紹一些俗字和古籍整理有關的基礎問題。報告主體分三個部分，先是介紹一下俗字的概念，然後介紹正俗字之間的一些溝通流變，還有古籍整理與辨識俗字的關係。最後列了一點參考書目。

一、俗字概説

俗字是漢字學，特别是近代漢字學當中一個重要的概念。長期以來，在文字學研究當中都是古文字研究佔主導地位，但是伴隨着 20 世紀 50 年代敦煌學的興起，以俗文字、俗語言、俗文學等爲代表的俗文化研究，便走入了人們的視野。至今爲止，俗字學研究已經發展得比較成熟了，取得了很多的成果，成爲漢字學研究當中的一個非常重要的組成部分。

（一）俗字的定義

俗字作爲一個系統的學問被人們重視，開始得比較晚，但是這個現象或者説這個詞在很久以前就已經有人關注了。

南北朝時期，在顔之推的《顔氏家訓·書證》當中較早出現了“俗字”這個詞，他談道：“虙字從虍，宓字從宀，下俱爲必。末世傳寫，遂誤以虙爲宓……孔子弟子虙子賤爲單父宰，即虙羲之後，俗字亦爲宓。”① 這裏顔之推認爲虙字在末世傳寫，産生了一個文字的訛變，這是他當時認定的一個俗字。段玉裁也是這麼認爲的，他也談到過這個字，段玉裁《説文解字注》曰：“古伏羲字作虙。《五經文字》引《論語》釋文云：‘宓子賤姓虙。文字譌舛，轉而爲宓，故濟南伏生稱子賤之後也。’”② 可見他們所言的俗字就是在末世，也就是文治廢弛的時代，經過訛變的漢字。

經過魏晉南北朝這樣一個文字的大變革時期，到了唐代就興起了字樣之學。唐代顔元孫的《干禄字書》就是這類文獻的代表。顔元孫在這本書中對文字進行了正、俗、通三體分類。《干禄字書》曰：“字書源流，起於上古。自改篆行隸，漸失本真。若總據《説文》，便下筆多礙，當去泰去甚，使輕重合宜……勒成一卷，名曰《干禄字書》。以平上去入四聲爲次，具言俗、通、正三體……所謂俗者，例皆淺近，唯籍帳、文案、券契、藥方，非涉雅言，用亦無爽。儻能改革，善不可加。所謂通者，相承久遠，可以施表奏、牋啓、尺牘、判狀，固免詆訶。所謂正者，並有憑據，可以施著述、文章、對策、碑碣，將爲允當。”③ “自改篆行隸，漸失本真，若總據《説文》，便下筆多礙，當去泰去甚，使輕重合宜”，是他當時撰寫此書的一個背景，意思是從篆書演變到隸書之後，漢字發生了很多的變化，跟《説文》當中所記録的原來的字形産生了很大的差異。

隨後，他對文字進行了俗、通、正的分類。他説俗者“例皆淺近，唯籍帳、文案、券契、藥方，非涉雅言，用亦無爽”，他所謂的“俗”是指一些淺

---

① 檀作文譯註《顔氏家訓》，北京：中華書局 2007 年版，第 255 頁。

② （清）段玉裁《説文解字注》，上海：上海古籍出版社 2012 年版，第 209 頁。

③ （唐）顔元孫撰，（唐）顔真卿書《干禄字書》上册，東京圖書館藏本影印，第 7—14 頁。

近的文字，這些文字的使用場合是不涉雅正的一些文書。平時使用一下也不能算錯，如果能改正的話則善不可加。所謂"通"者，是"相承久遠"的文字，這些文字可以使用在表奏、牋啓、尺牘、判狀中。即如果用在稍微正式一些的地方，也能不被苛責。"正"者，是"並有憑據"的，這就可以看到他所謂的"正"跟前邊的"俗"和"通"是不一樣的，因爲這個正字是有理據的，它可以用在非常正式的場合，是十分允當的。

所以説他的正、俗、通三體中，除了正字以外，俗和通都是俗字的範疇。只不過在通行的時間上，"通"字因襲的時間更久，故而有了一點因非成是的意思。

後來隨着俗字研究的愈發成熟，文字學家開始對俗字進行定義。蔣禮鴻先生的《中國俗文字學研究導言》是較早談論俗字概念的一個長篇論文，他説："俗字者，就是不合六書條例的（這是大多數學者的觀點，實際上俗字中也有很多是依據六書原則的），大多在平民日常中使用的，被認爲不合法的、不合規範的文字。應該注意的是，'正字'的規範既立，俗字的界限才能確定。"①

在蔣先生提出的概念中，除了指出俗字的使用場合以及不合規範的特徵以外，還有兩個值得注意的問題。首先是他將正與俗作了二元對立，這説明它們之間有一個相互依存的關係。其次是對俗字是否合於六書的探討，這在當時還是一個存在争議的問題。

裘錫圭先生在《文字學概要》中也是將正體和俗體並行來提出的，他説："所謂正體就是在比較鄭重的場合使用的正規字體，所謂俗體就是日常使用的較簡便的字體。"② 所以説正體和俗體的依存關係是非常顯而易見的。

張涌泉先生的《漢語俗字研究》是我國較早系統地研究俗字的一部專著，他在前人的基礎上對俗字的概念做了更嚴密的界定。他説："所謂俗字，是區别於正字而言的一種通俗字體。俗字是一種不合法的、其造字方法未必合於六書標準的淺近字體。"③ 可以看到，俗字是否合於六書在這裏就有了一個答案，張涌泉先生的意見是"未必合於六書"。這在後面我們通過具體的例子也可以看到。俗字是"適用於民間的通俗文書，適於平民百姓使用"。

我們看到，上述這些概念都是從俗字的特徵、使用場合、使用對象等角度切入的。推而廣之，我們可以從俗字形成的原因、動機、特點、使用對象和使

① 蔣禮鴻《中國俗文字學研究導言》，《杭州大學學報》1959年第3期。

② 裘錫圭《文字學概要》，北京：商務印書館2014年版，第48頁。

③ 張涌泉《漢語俗字研究（增訂本）》，北京：商務印書館2010年，第1頁。

用場合等方面來進一步描述這一文字現象。

下面這段話，是我在碩士研究生論文中對俗字進行的描寫："隨着社會的發展，文字不再是少數人的專利。伴隨着文字使用階層的擴大、書體的改革，以及手書的無定可循，爲追求書寫的便易性，文字這種'約定俗成'的語言符號正在經歷着纂改和變異。而這過程中産生的不合乎原初造字規範的一些淺近字體就是我們今天所説的'俗字'。"①

追求便易性是俗字産生的一個終極追求。俗字追求便易性不僅僅體現在書寫筆畫的減少或者説字形更簡單一些上，有些俗字也存在一些筆畫增多或者增加部件的現象，從使用的角度來看，增加筆畫或部件，可能更符合人的書寫或認知習慣，這也是便易性的一種體現。

（二）俗字類型舉例

下面我們按類型來看一些具體的例子。第一種是改换聲符。比如"驅"是《説文》當中的正字，"駈"是後來産生的一個俗字，"區""丘"雖然今天韻母相差很大，但古音十分接近，俗變後的"丘"具有指示讀音的作用。"園—园"這對正俗字中，把表示姓氏的袁改成比較簡單的元，寫起來就更加方便。"舊—舊"這對正俗字中，"舊"下面脱臼的"臼"是個聲符，但是"臼"的筆畫曲曲折折書寫起來不太方便，就演變成這種直筆"旧"的寫法。

另外一種是改换義符。義符在文字當中起到了表意的作用，通過一些相似、相關的構件之間的替换混用，就形成了這種改换義符類型的俗字。比如"莭—節""蕑—簡""蕭—簫""莘—等""著—箸"，在這類正俗字中，草和竹都是跟植物有關的，那麼它們都可以互相替换。"遍—徧""往—迬"這兩對正俗字中，彳與辶都跟行走有關，它們也可以互相替换。"寑—𥨊""富—冨"兩對中，宀、穴、冖，都和覆蓋的意思有關，所以寑就可以寫成穴字旁，而富的變化也與之類似。"狟—貆""狸—貍""澌—澌""軆—體"這幾對正俗字也是如此。

第三種是形聲改會意，比如説國字外面的方框口，讀同圍，表示疆域，裏面的"或"是它的聲符，可見國是一個形聲字。那麼俗字將裏面的"或"改成"王"，寫作国，就變成了一個會意字，取普天之下莫非王土之意。而窺字是從洞穴或者縫隙往裏看的意思，那麼這個穴就起到一個義符的作用，下面的規，則是聲符，俗字把規换成視，寫作窺，就成了會意字。鑿的俗字作鑿，將正字

① 閆翠科《殘本〈玉篇〉引經注異文研究》，四川大學 2013 年碩士學位論文，第 38 頁。

的聲符變成毀，毀、金組合在一起也有會意的作用。

以上三類都是合乎六書原則的，這就是上面蔣禮鴻先生所説的，很多俗字都合乎六書原則的一個根據。

第四種是形近訛混。有的俗字只是漢字形體的一種符號性的改造或變異，改造或變異後的部分在漢字的音義上没有任何作用。比如説扌和木二旁，在書寫時字形相近，所以它們就會互相訛混。揚就可以變成木字旁的楊，雖然有表示樹木的楊存在，但是表示發揚的揚同樣也可以寫成木字旁。再如，草書當中方和才的字形相近，所以於、旅、遊三字中間的構件“方”都可以寫作“才”。類似的現象還有禾、礻，巾、忄，東、柬，刀、力等。這些字在改變之後，在漢字的構形上是起不到任何功用的。

還有一種是減省。比如説曾字，把兩個小的細碎的點畫連接起來，變成一個直筆，就寫作了曽字。魯字也可以這樣寫作魯。參字中間的兩個厶，也可以變成直筆，又經過了一點變化，寫作了参。潛字的折筆也可以變成直畫，作潜。這些都是起到了一個減省的作用。爲是正字，上面從爫，俗字把爫保留一個點，然後把剩下的筆畫换成一個小撇和下面另一個撇連接上就寫作了為。

辭和繼二字，其中的一部分結構非常的繁複，俗字就將其换成了一個大致的輪廓，寫作辞與継。

俗字還可以簡略掉文字當中的一個小的構件，比如説“隱”字的俗字“隐”，就把“工”這個構件去掉了，然後上面的爫也做了一點變形。隰的俗字隰，則是將絲去掉了一半。“随—隨”也是相同的情况。

如果一個正字包含兩個相同的構件的話，俗字還可以用省略符號，也就是兩點來代替，我們現在在書寫當中還是這樣，比如“棗—枣”。其實，不僅點可以表示省略的符號，俗字有時還用“又”來表示省略。比如聶字本有三個耳，它的俗字聂就用“又”進行了代替。類似的，像雞鴨鵝的雞、姓氏的鄧，旁邊的複雜的部分在對應俗字中也都是用“又”替换了。

（三）俗字在漢字發展史上的意義

那麽，俗字在漢字發展當中起到一個什麽樣的作用呢？

其實俗字是跟漢字相伴相生，貫穿於漢字發展始終的。因爲從俗字的形成上來看，無論是社會的變革發展，還是文字使用群體的變化擴展，還有書寫工具的變化，都可能引起文字的變異，所以俗字似乎是文字發展當中一個必然的衍生品。而事實也證明，在漢字每個階段的發展變革當中，俗字都是一股强有勁的推動力量，推動漢字的演變。

比如，在甲骨文當中就已經産生俗字了。日字大家都很熟悉，甲骨文中“日”字有兩種寫法，一種直筆作，一種曲筆作。根據漢字的表意性，日應該是曲筆才更能代表它原來的文字字形。在跟甲骨文差不多同期的金文當中，“日”也是曲筆的。所以説筆畫方直的那類寫法是出於契刻的方便而作的文字的變形。還有止字，在甲骨文當中也有兩種寫法，一種作，一種作。下面的小方塊就是腳掌的部分，上面的則是腳趾的部分。一種寫法是勾畫一個輪廓，另一種則把腳掌部分填實。金文的情况也類似，下面金文的字形是從裘錫圭《文字學概要》一書中截的圖。金文又分記名金文和一般的金文。記名金文有的作，也有的作；一般金文作。記名金文的文字就相當地象形了，具體到腳的形狀。有的記名金文是填實的，有的則變成了一個輪廓，相對簡單一些。而一般金文的這個字形就跟甲骨文没有什麽區别了。所以説描繪輪廓其實也是一種簡化。

到南北朝時期俗字可以説是蔚爲大觀。《顔氏家訓·書證》就記載“亂旁爲舌（乱），揖下無耳，黿鼉從龜（黿鼉），奮奪從雚（奪），席中加帶（𢂥），惡上安西（恶），鼓外設皮（皷），鑿頭生毁（鑿），離則配禹（離），壑乃施豁（壑），巫混經旁（巫）”[①] 等等，都是顔之推所描寫的當時俗字。顔之推隨後説：“吾昔初看《説文》，蚩薄世字，從正則懼人不識，隨俗則意嫌其非。”[②] 從這句話當中就可以看到當時俗字的盛况，寫正字反而是不大被人認識的了，所以最後他也只好“更知通變，救前之執，將欲半焉”[③]，做一個妥協而已。

俗字在漢字發展中的影響很大，它不僅作爲個體參與文字群，還直接形成了漢字史上的完整字體。在與甲骨文基本同期、甚至比甲骨文還要晚的金文中，許多字形往往都要比甲骨文更加象形。所以，以裘錫圭先生爲代表的學者將甲骨文認定是商周時期的一種俗體文字，而金文則代表了當時的正字，裘錫圭在《文字學概要》中説“我們可以把甲骨文看做當時的一種比較特殊的俗體字，而金文大體上可以看做當時的正體字”，“在講漢字形體演變的時候，應該充分注意甲骨文作爲一種俗體的特點”[④]。

隸書就更是如此。隸書是在篆書的基礎上，解散篆體，經過減省之後形成

① 檀作文譯註《顔氏家訓》，第 289 頁。
② 同上。
③ 同上。
④ 裘錫圭《文字學概要》，第 48 頁。

的俗體字。但是隸書在漢字史上的作用又是非常重要的，它是古今文字的分水嶺。它改變了漢字的象形特徵，把原來的線條改成了筆畫，促成了古文字向今文字的轉變。所以唐蘭先生説："中國文字既以形體爲主，訛變是免不了的，由商周古文字到小篆，由小篆到隸書，由隸書到正書，新文字總就是舊文字的簡俗字。"① 可以説這個概括是非常精當的。

面對俗字"大軍"，從古代開始，就有人對俗字有一個比較開明的認識。比如像清代的范寅就説："今之雅，古之俗也；今之俗，後之雅也。"② 他就是看到了文字的這樣一種發展演變。李榮先生説："俗字最好不用。這是一種偏見……文字是記録語言的，研究文字必須排斥正俗的偏見，從文字的功用立論。"③ 他的看法就更具有先進性了。

俗字是新中國《漢字簡化方案》的重要來源，與現在通行簡化字的關係更是十分密切。

二、正、俗之變

以上是俗字的一個大概情況，下面我們進入第二部分：正、俗之變。看看正字和俗字之間的互相交流與溝通。

（一）以俗爲正

第一種情況是以俗爲正，就是俗字躋身到正字的一種情況。

比如説躳與躬這兩個字。《説文》當中的正體是從身從吕的躳，這是一個會意字，段玉裁注："從吕者，身以吕爲柱也。"④ 意即吕是脊柱的形狀。從身、弓聲的字是當時《説文》中記録的爲數不多的一個俗體字，段注本《説文》曰："躳，俗從弓身。"⑤

到了唐代，"躬"與"躳"一起成了當時通行的正字。《干禄字書·平聲》："躬、躳，竝正。"⑥ 可以看到這個變化。但是據張涌泉調查："事實上，自漢代

① 唐蘭《中國文字學》，上海：上海古籍出版社 1979 年版，第 8 頁。
② 見張涌泉《漢語俗字研究（增訂本）》，第 4 頁。
③ 李榮《文字問題（修訂本）》，北京：商務印書館 2012 年版，第 8 頁。
④ （清）段玉裁《説文解字注》，第 343 頁。
⑤ 同上。
⑥ （唐）顔元孫撰，（唐）顔真卿書《干禄字書》上册，第 18 頁。

以後，俗字‘躬’便佔了優勢，而‘躳’只出現在熱衷於復古的士大夫筆下。”① 如果要是這樣的話，我們就不排除《干禄字書》把這兩個都視作正字，是考慮到《説文》的影響，其實在當時躬字很可能已經佔據主導的地位。不僅如此，《説文》中的俗字躬還進入到我們現在的簡化字行列，成爲通行的正字。

另外，設與敢二字的情況，是李君龍老師在校稿的時候遇見的，我就去查了查。《經義述聞》曰：“所以補今文之缺，仍分篇者，不設亂今文之真。”我們的校樣就録成了“不敢亂今文之真”。

《説文・𠬪部》曰：“𠭥，進取也，從𠬪，古聲。設，籀文𠭥。㪘，古文𠭥。”②《説文》當中篆體的𠭥（的義符）是上面一個爪，下面一個爪，就是用手取的意思，所以是“進取也”。我們底本當中的設字是當時的一個籀文，另外還有一個古文作㪘。《經典文字辨證書》當中對形體進行了一個區分，曰：“𠭥，正，亦作設，同。敢，俗。”《説文》當中的𠭥是正，籀文跟它一樣也是正字。而我們今天所用的敢是俗字。《古今正俗字詁》當中就更詳細了，它説：“𠭥，𠭥（即敢字），進取也，從𠬪，古聲。設，籀文𠭥如此。今字又作敢，設之隸變也，於篆籀字形均相去遠矣。”③ 我們從《隸辨》當中可以看到敢的一些字形，《隸辨》的標目字是我們今天所通行的敢字，後面又列了很多的其他的字形（見圖一）。

如果我們要看字形演變的一個過程的話，可以倒着看。《隸辨》中與《説文》籀文設對應的字，在形體上稍微有一點變化，殳的上面類似於“几”的部分變成了コ。我們看它演變的過程，設左半中間的横有延長的趨勢，它延長之後，就把上半部分和下半部分作了一個切割，重新組合了一下，然後就變成了敢的左半。而設字右邊的殳，在俗字演變過程中和“攵”旁是不分别的，它們都是可以互相替換的，所以設就演變成了敢字。

“設”是收録於《説文》的正體。“敢”是解散原來字形，又經過“重組”之後的俗字。根據碑刻資料顯示，“敢”至遲在東漢時期就已經基本定型了。

在北宋初期的官修字書《廣韻》中，“敢”取代以“設”爲代表的《説文》字形，成爲新的正字。《廣韻・上聲・敢韻》：“敢，勇也，犯也，《説文》作‘𠭥’，進取也，古覽切，七。𠭥，上同。設，籀文。㪘，古文。”④ 《廣韻》中

① 張涌泉《漢語俗字研究（增訂本）》，第 5 頁。

② （東漢）許慎撰，（南唐）徐鉉校訂《説文解字》，北京：中華書局 2012 年版，第 84 頁。

③ 参“國學大師”：http：//yitizi. guoxuedashi. net/ytz. php? id＝a01733

④ （宋）陳彭年等撰《宋本廣韻》，南京：江蘇教育出版社 2017 年版，第 95 頁。

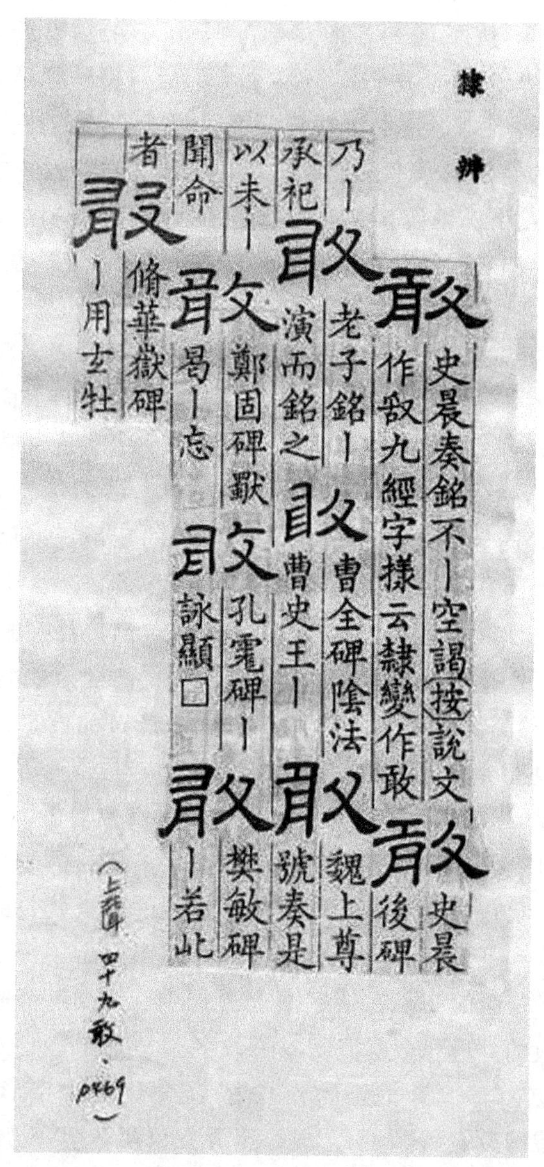

隸辨

乃丨承祀以未丨聞命者

敢 史晨奏銘不丨空謁按說文作叙九經字樣云隸變作敢

敢 史晨後碑

敢 老子銘丨演而銘之

敢 曹全碑陰法曹史王丨

敢 魏上尊號奏是

敢 鄭固碑歎昜丨忘

敢 孔耽碑丨詠顯□

敢 樊敏碑丨若此

敢 脩華嶽碑丨用玄牡

（上聲 四十九敢 · 0769）

圖一

《敢韻》的韻目字，它使用的就是“敢”，《敢韻》中記録的第一個字也是使用了“敢”的字形，而將《説文》當中的字形排在了後面。

但有趣的是，在比《廣韻》晚出的《集韻》中，現在通行的敢字又排在了叙字的後面，《集韻》的韻目字又變成了《説文》當中的叙。但這並不是意味着《説文》當中的叙字又一次上升到正字的地位，而是跟編撰《集韻》的群體所代表的北方保守派的利益是直接相關的。

根據日本學者平田昌司《文化制度和漢語史》的研究，結合《廣韻》《集韻》的編撰群體和當時的社會文化制度，他認爲："《廣韻》代表南方進士對中原舊家的反抗、宋制對唐制的挑戰、江南的詩賦傳統；《集韻》代表仁宗朝進士對真宗朝文人的批評，古文和經學的復興、北人對南人的反攻。"① 反映在《集韻》的文本當中，就是"形義尊重《説文解字》、音讀網羅《經典釋文》"，"帶有濃重的經學和復古的色彩"。② 所以敢取代了《説文》的叡，成爲一個正字。

（二）以正爲俗

第二種情況是以正爲俗，即正字淪爲俗字的案例。

比如説盜與盗二字，根據《説文》的記載，盜是一個會意字，從㳄從皿，㳄就是垂涎欲滴的樣子，想要這個器皿，表示盜。《隸辨》記載了㳄簡化成次的字形，《隸辨・去聲・號韻》引《景北海碑陰》盜寫作"盗"，曰："按，《説文》從㳄，碑譌從次。"《六書正譌・去聲・號韻》："盜，别作盗，非。"

但是《干禄字書・去聲》云："盗盜，上俗下正。"③《説文》當中的這個字形反而變成俗字了，而這個簡化之後的"盗"成了唐代通行的正字。可見從唐代開始，簡化的"盗"已經取代了以前的正字"盜"而成爲一個新的正字，今天仍然如此。

另外一個例子是踏與蹋。蹋是一個形聲字，《説文・足部》："踐也。從足，㒳聲。"段玉裁注："俗作踏。"④《集韻》介紹了三個字形，《集韻・入聲・合韻》云："踏蹹蹋：踐也，或作蹹、蹋。"⑤ 剛才我們談到，《集韻》是代表保守派的利益，有濃厚的復古色彩，但是在這裏仍然把俗字的"踏"放在了前面，把《説文》的"蹋"放在了後面，就可以看到俗字踏在當時已非常强勢地變成了正字。《龍龕手鏡・足部》："蹋，俗；踏，正。他合反，踏，着地也。"⑥ 可見在遼代的時候，蹋與踏的地位也發生了替换。

（三）正俗之亂

這個情況就比較麻煩，涉及俗字的演變與其他正字發生了形體上的混淆。

---

① ［日］平田昌司《文化制度和漢語史》，北京：北京大學出版社 2016 年，第 53 頁。

② 同上書，第 45 頁、49 頁。

③ （唐）顔元孫撰，（唐）顔真卿書《干禄字書》下册，第 29 頁。

④ （清）段玉裁《説文解字注》，第 82 頁。

⑤ （宋）丁度等撰《集韻》，早稻田大學藏本影印，第 60 頁。

⑥ （遼）釋行均《龍龕手鑑》（六），早稻田大學藏本影印，第 16 頁。

宋代的王觀國《學林》卷一〇“參”：“草書法，喿字與參字同形，故晉人書操字皆作摻，今法帖碑本中‘王操之書’皆作‘摻之’……徐鍇博學多識，時有修字官，凡字有從參者悉改從喿，鍇曰：‘非可以一例，如《漁陽參撾》“黄塵蕭蕭白日暗”，則從參者固不可改喿也。’衆皆服其説。”① 這是講了喿與參字形相混，有人要把凡從這兩個構件的字都進行替换的故事。《字林》在下文還舉了一些類推字，比如草書繰字作縿字、澡字作滲字、草書趮字作趻字，都是字形相混。

曾良先生在《俗字及古籍文字通例研究》一書當中，就介紹了因俗寫而導致的偏旁部首或文字混合的案例達八十一條②，比如“専”與“專”、“机”與“機”、“分”與“介”、“誶”與“訊”等字的混誤，都非常常見。

下面我們看一組前人没有提到過的字：謏與謖。謖，《説文》未收。《爾雅》：“謖、興，起也。”③ 就是站立起來的意思，《禮記・祭統》：“是故尸謖，君與卿四人餕。”陸德明《釋文》：“謖，所六反。”④ 尸謖的謖就是站立起來，陸德明對它進行了注音，即“所六反”。這本是一個入聲字，讀音到今天有一點變化。《碑別字新編》引《晉杜謖碑》“謖”作“謏”，亦見《中華字海》。又《集韻》作“謏”。謏和謏都是謖的俗字。

謏，《説文新附》篆文作“謏”，轉化爲楷體當作“諺”，隸變作“謏”，謏是“叜”隸作“叟”的類推。朱駿聲《説文通訓定聲》：“叜即搜之古文，從又持火屋下索物也，會意。”⑤ 徐灝《説文解字注箋》：“叜，今隸變作叟。”⑥

殘本《玉篇》當中，謏字的字頭卻寫作謖（謖），二字發生了混誤，但是正文當中卻没有問題，依然寫作謏（謏）。《玉篇》中的讀音就很有趣了，給謏字標注了兩個音，一個是所陸反，其音就是上面的所六反，這兩個讀音是一樣的，都讀 sù。蘇了反是讀 xiǎo，這個音才是謏字的讀音。《玉篇》中的謏字有兩個意思，一個是小，一個是誘。可以看到，這兩個字字形的相混，使得謏同時還具備了謖的讀音。

---

① （宋）王觀國《學林》，清刻武英殿聚珍版叢書本，第 7 頁。

② 曾良《俗字及古籍文字通例研究》，南昌：百花洲文藝出版社 2006 年版。

③ （清）阮元校勘《十三經注疏》，北京：中華書局 2009 年版，第 5615 頁。

④ 同上書，第 3481 頁。

⑤ （清）朱駿聲《説文通訓定聲》，清道光二十八年刻本，第 68 頁。

⑥ （清）徐灝《説文解字注箋》，《續修四庫全書》第 225 册，上海：上海古籍出版社 2002 年版，第 348 頁。

我們觀察到，後代的字書也是這樣的，比如《廣韻·上聲》“先鳥切”：“謏，誘爲善也；又小也。謏，同上。”① 又《入聲》“所六切”：“小也，又蘇了切。”②《廣韻》在“先鳥切”下，記録了謏的兩個字形和義項。同時，《入聲》下面所六切，是讀 sù，《廣韻》也解釋爲小的意義，可見《廣韻》這裏也是混誤的。《龍龕手鏡》亦是如此，其曰：“謏，正；謏，通。先了反，小也，誘爲善也。又蘇口、所六二反，俱訓同。”③ 這裏的所六，仍是 sù 的讀音。所以說，這是古人將這兩個字相混，又進一步導致了“音隨形變”的一個現象。

《正字通》對這個現象進行了説明：“謏，先了切，音小，《説文》‘小也，誘也’……《稗官小史》曰‘謏説’舊註音速，義同。誤以謏同‘謖’，不知謖非謏義，謏非速音也。”④ 這種説法是正確的。

三、古籍整理與辨識俗字

第三個部分是古籍整理與辨識俗字。我們剛才看到，由於正俗的混誤，導致了古籍當中文字的使用是非常複雜的，所以，裘錫圭先生在爲張涌泉先生的《漢語俗字研究》做的序言當中就指出：“不但治俗文字學和漢字學的人應該讀這本書，就是從事古籍整理和字典編纂工作的人也應該讀這本書。”⑤

其實俗字的研究跟文史哲多個學科都是有重要關係的，因爲正確釋讀文獻是一切涉古專業開展相關研究的基本前提。比如，羅振玉先生在《碑别字·序》中説：“故治經貴熟精六書，猶貴審辨別字。”⑥ 這裏所謂的别字就是我們剛才所説的俗字，他認爲審辨别字對於治經的作用跟精熟六書對治經的作用是一樣重要的。

我們看一個具體的情況，這是我在抽校《歷代名臣奏議》的時候遇到的一個小問題，涉及牽和掌兩個字。《歷代名臣奏議》的校樣中有一句“若欲挽牽取進”，點校者出了一條校記，説：“牽，原作掌，今據《魏書·高道悦傳》

---

① （宋）陳彭年等撰《宋本廣韻》，第 84 頁。

② 同上書，第 133 頁。

③ （遼）釋行均《龍龕手鑑》（一），第 27 頁。

④ 参“國學大師”：http：//yitizi. guoxuedashi. net/ytz. php? id=b04711

⑤ 裘錫圭《〈漢語俗字研究〉序》，見張涌泉《漢語俗字研究（增訂本）》，第 1 頁。

⑥ 羅振玉《〈增訂碑别字〉序》，載《雪堂類稿（乙）》，沈陽：遼寧教育出版社 2003 年版，第 115 頁。

改。”我去查了一下底本，發現底本這個字作□，我以前寫論文的時候遇到過這個字，所以我看到後覺得這其實就是一個牽字。《隷辨》當中就正好收録了這個字形，即“□”，這就是底本對應的字形，《隷辨》稱此“俗牽字”。這一字形又見於《敦煌俗字譜》《中華字海》等等。但它曾經使用的頻率似乎並不是太高，因爲在歷代的主要字書，甚至是正字書當中都没有見到。《干禄字書·平聲》：“□牽，上俗下正。”《五經文字·牛部》：“牽，從去者訛。”《龍龕手鏡·牛部》：“牽、□，啓堅反，引也，挽也。”比如《干禄字書》當中，所指出的俗字寫作□。《五經文字》當中也説“從去者訛”，則應該是跟《干禄字書》當中的字形一樣。《龍龕手鏡》指出的這個字形雖然不一樣，但是也不是《歷代名臣奏議》底本中出現的字形。

查閲《説文》，曰：“牽，引而前也。從牛，冂，象引牛之縻也。玄聲。”《説文》當中的這個正字，也是一個形聲字。牛是牽字的義符。冂，我們暫且讀作 jiǒng，它對應的是“引牛之縻”，就是牽牛的轡。玄則是牽的讀音。綜合前面提到的這幾個字，我們很難看出一個純粹的單一的演變線索。但是這個手應該是從牛變異過來的，結合語義，變異後的手在牽字當中還起到了一個義符的作用，可以看到這樣的演變還是有一點點原因的。

我又去查了相關的資料，然後就大概畫出了下圖（圖二）：

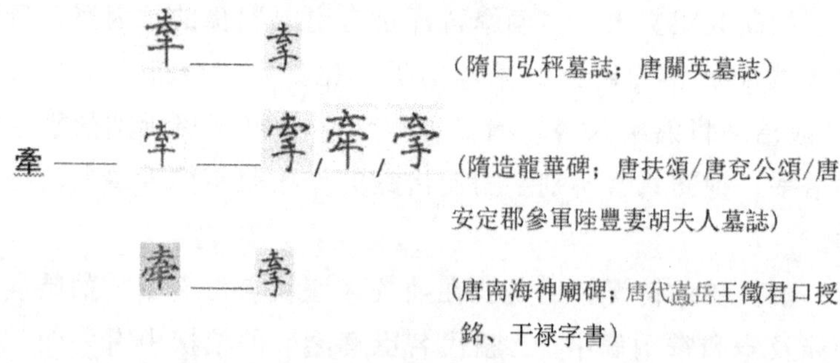

(圖二)

牽是正字，但牽字的結構本身就比較複雜，冂穿插在玄的中間，下面是牛。□字形的變化是把玄的兩個折筆變成了一個，只取了下面的折筆，然後把點和玄僅剩的折筆連成了一條線，下面這個牛也被拿去了一撇。□，就是我們剛才在底本當中見到的字形，□與□的上半部分是一樣的，但把□形變成了手，可見牛向手的演變過程當中，應該是經歷了一個□形這樣的階段。後面還有兩個跟牽相似的字形，比如牽，是把一部分拿到上面去，冂就不穿插在其中間了，而下面依然保留了牛；掌字形則是拿上面去之後，將牛變成了手。這是牽演變出的三個字形。牽字形正好出現在隋代的碑文當中，而後面的三個字形它們都出現在唐代，牽字應該是字形演變中的一個過渡階段。

牽字形是把冂兩邊的小翅膀給剪去了，牛上面的部分變成了去，而下面的牛也是被拿掉了撇畫。掌字形也是牛變成了手，上面部分則是一樣的，這與牽到掌應該是同樣的線索。

牽字形是把玄從冂中抽離上去，二者不再交叉了。拿上去之後，折筆的玄變成了直筆的去，玄這一構件就跟去相訛了，其下面依然保持着牛的形狀。掌字形則是上面變化之後，下面的牛變成了手。以上就是牽字大概的演變情況。

如果我們剛才在底本當中確定掌是牽的一個俗字的話，這個校記就可以删掉了。因爲原來所寫的字不是掌，而是牽的俗字，我們只需要把俗字規範成正字即可。

第二個例子是《玉篇》殘卷當中的一個文字現象。《玉篇·言部·讇》引《禮記》："立容欺卑無讇。"鄭玄曰："諂謂傾身以有（自）下也。"[①] 根據經文和注釋，這句話是不通的。阮元的校刻本當中欺卑作辨卑。宋版《玉篇》、《篆隸萬象名義》均不存此句，無從比較。黎庶昌的校本和胡吉宣先生的校本都根據阮元本給改了，改成辨别的辨。胡吉宣先生還説："原寫辨作欺，依黎校正。"[②]

據我們觀察，欺和辨無論是從字形上來看，還是從讀音上來看，都相差非常遠，似乎很難牽涉到一起。吕浩 2019 年出版《〈玉篇〉文獻考述》的附録《〈玉篇〉殘卷點校本》當中，就把這個欺改成了貶，我們認爲這是正確的。根據鄭玄注的線索，我們推斷欺應該是貶的形訛字，而辨是貶的通假字，即辨是假借字，貶是本字。

我們來具體看一下，貶從貝乏，與"欺"之構件"其""欠"分别相似，而貝和其在俗書當中是經常混誤的，是非常常見的現象。據《秦漢魏晉篆隸字形表》，"貶"下收《魏風孔羡碑》（三國魏）之"**貶**"、東漢《石門頌》（建和二年 148 年）之"**貶**"。又《漢語大字典》"欺"收了《老子乙前》一一四下的

① （南北朝）顧野王撰《玉篇（殘卷）》，《續修四庫全書》第 228 册，上海：上海古籍出版社 2002 年版，第 257 頁。

② 胡吉宣《玉篇校釋》第 2 册，上海：上海古籍出版社 1980 年版，第 1781 頁。

“[illegible]”和《子遊殘碑》的“欺”，二字隸變後的右旁“乏”“欠”已十分接近，比如説像乏的撇和捺之間的角度變大的話，跟欠的寫法就很相近了。這爲他們之間的混誤提供了一個契機。

“立容貶卑無讇”，鄭玄注曰：“辨讀爲貶，自貶卑爲磬折也。讇爲傾身以有下也。”孔穎達《正義》曰：“謂在軍中立之形容，常貶損卑退，磬折恭敬，不得驕敖忽略士卒。”① 我們從這個意義上來看，貶卑就是磬折之意。故而如果這裏作貶字的話，跟鄭注、孔疏的意思就非常契合了。《漢語大詞典》當中還收録了阮刻本當中的“辨卑”，解釋爲謙恭，和貶卑的意義也都是相通的。

最後給大家提供了一點參考書目。是俗文字研究中有時候會用到的。

1. 潘重規《敦煌俗字譜》，《中國西北文獻叢書續編·敦煌學文獻卷》（第二册），甘肅文化出版社，1999 年。這本書是比較早的工具書性質的俗字典。

2. 張涌泉《漢語俗字研究（增訂本）》，商務印書館，2010 年。這是我國较早系統的研究俗字的專著，要是學習的話就可以參看。

3. 張涌泉《敦煌俗字研究》，上海教育出版社，1996 年；《漢語俗字叢考》，中華書局，2000 年。這兩本是張先生在俗字研究方面的力作，較爲系統深入，更適合研究者參閲。

4. 曾良《俗字及古籍文字通例研究》，百花洲文藝出版社，2006 年；《明清小説俗字研究》，商務印書館，2017 年。其中第一本是從古籍整理的角度來看文字的俗字變化規律的，實用性很强。

5. 黄徵《敦煌俗字典》，上海教育出版社，2005 年。這是一部工具書，如果在日常研究中看到了哪些字怪怪的，就可以看這個字典當中有没有收録這些字形，看它對應的正字是哪一個。

以上就是我的匯報，請各位老師批評指正，謝謝。

主持人：閆翠科老師的講座涉及很多我們在《儒藏》看稿過程中遇到的問題，很實用，有指導性的意義。我想請問閆老師，古今字和正俗字是個什麼關係？

主講人：當時我在準備這個題目的時候，也在考慮要不要把古今字、異體

① （清）阮元校勘《十三經注疏》，第 3217 頁。

字、正俗字等概念之間的異同做一個介紹，但是考慮到講座主題和時間就把這個環節砍掉了。古今字、異體字、正俗字是從不同角度對漢字進行的分類，但内容互有交叉。從時間的角度來看，產生在前的是“古字”，在後的就是“今字”。而正俗字是就規範性而言的，正字的規範確立，而後產生的不符合規範的文字就稱“俗字”。異體字是强調“異同”，同一個字的不同形體之間互相構成異體關係。

沙志利老師：寫俗字的人知道自己寫的是俗字嗎？换言之，俗字和錯别字有什麽關係？有的時候，寫俗字的人知道自己寫的是俗字，比如現代書法家故意寫的不一致。漢及漢以後，有《説文》《干禄字書》等書來確定正俗字，那麽在漢以前，在没有這些書籍的時候，寫甲骨文的人知道自己寫的是個俗字嗎？還是只是個錯别字而已？

主講人：俗字是在正字的基礎上經過一定的改造或訛誤而形成的，從這個意義上來講，俗字其實也是一種錯别字，但俗字是具有一定社會性的，如果這種“錯誤”的寫法只是偶然出現了一次，那麽歸入“錯别字”的範疇更加合適。

在漢字發展初期，能不能起到記録語言的作用，或者説你寫了一個字，别人知不知道你表達的是什麽意思，這應該是當時的人關注的重點。没有文字規範的時代，也就没有所謂的“正”“俗”。但文字是記録語言的，必然不能隨意書寫，所以漢字發展到一定階段就會産生文字規範，正俗是從規範者或研究者的角度而論的，使用者應該不會關注這個問題。

沙志利老師：如果敦煌文獻中，一個字形只出現過一次，我們怎麽判斷這個字是俗字還是錯别字？

主講人：事實上，我們很難絶對地説某個字形在文獻中只出現過一次。俗字的訛誤或變異具有很强的特徵性，且具有類推性，如果真的在有限的資料中確實没有找到第二次用例，可以依據俗字變異的特徵來作判斷。

沙志利老師：就像我們剛剛説的，漢及漢以後有《説文》《干禄字書》等書來判定正俗字。那麽在漢以前，我們依據什麽去判斷一個字是俗字還是正字？仍要以《説文》爲根據嗎？

主講人：《説文》雖然是漢代才産生的，但所記録的並不是漢代的文字，而是春秋戰國時期的篆文、籀文等，所以東周以降、漢代以前的文字都可以參考《説文》判斷。時代更早的，可以結合漢字的構造理據來判斷。

魏常海老師：我們現在認定的繁體字的正字，是什麽時候確定的？

主講人：我國在 1965 年出臺過《印刷通用漢字字形表》，給出了簡化字對應的繁體字的標準字形，後來的《通用規範漢字表》在此基礎上有微調，但仍大致沿用。

（感謝鄭子翔博士録音整理）

儒家典籍與思想研究（第十四輯）
北京大學出版社，2022 年 8 月

禮、俗之嬗變與《吕氏鄉約》的誕生

孫　倩

主講人：北京大學《儒藏》編纂研究中心　孫倩博士後
主持人：北京大學《儒藏》編纂研究中心　張麗娟研究員
時間：2021 年 10 月 21 日
地點：北京大學紅二樓

主持人：接下來我們請孫倩老師作報告。孫老師的研究方向主要是禮學史、宋明理學等，她的講座題目是《禮、俗之嬗變與〈吕氏鄉約〉的誕生》，我們歡迎。

主講人：各位老師和同學下午好，很榮幸來做青年論壇的第一講下半場。上半場閆翠科老師以“正俗”爲題來講“正字”和“俗字”之間的關聯，我接下來想來講講禮與俗，“禮”“俗”之間的關係。我報告的内容分爲四個部分：一、禮、俗之嬗變，即“禮”之一字與“俗”之一字在概念上的嬗變。二、禮、俗之割裂：宋代禮制改革，討論禮、俗嬗變後産生的禮、俗割裂問題，以及宋人針對禮、俗割裂而進行的禮制改革。三、化禮成俗：《吕氏鄉約》，探討在宋代禮制改革背景下《吕氏鄉約》的誕生。四、結語。

一、禮、俗之嬗變

首先，我想先來説一下“俗”同“禮”的含義界定。柳詒徵先生曾表示：“禮俗之界，至難劃分”（《中國禮俗史發凡》）。禮與俗皆起源於原始宗教（儀式），柳先生的這句話是在表達禮與俗在最初誕生時的邊界模糊。因爲二者最基本的構成因子都是原始宗教儀式；如果單從“儀式”這一基礎元素來講，二者之間的含義確實難以劃分。隨着西周禮樂文明的興起，“禮”的内涵和外延都開始急速擴充，它與“俗”之間的差别也就逐漸明晰。但二者之間共同的要素“儀”，即“儀式”，自始至終都是存在的、未嘗改變。如清代學者孫希旦曾言：

“愚謂庶人非無禮也，以昏則緇幣五兩，以喪則四寸之棺，五寸之椁，以葬則懸棺而窆，不爲雨止，以祭則無廟而薦於寢。此亦庶人之禮也，而曰‘禮不下庶人’者，不爲庶人制禮也。制禮自士以上，《士冠》《士昏》《士相見》是也。庶人有事，假士禮以行之，而有所降殺焉。蓋以其質野則於節文或有所不能習，卑賤則於儀物或有所不能備也。”①

這裹説的“庶人非無禮也”的“禮”實際上指的就是作爲“儀”的俗，由此可見，“禮”與“俗”在“儀”上牽連極深。“禮”的概念隨着西周禮樂文明的興起，其内涵和外延都開始急速擴充，儒家對“禮”概念與功用的論述往往因具體語境的變化而分爲不同的層次，如錢玄先生在《三禮辭典·自序》中所説：

“今試以《儀禮》《周禮》以及大小戴《禮記》所涉及之内容觀之，則天子侯國建制、疆域劃分、政法文教、禮樂兵刑、賦役財用、冠昏喪祭、服飾膳食、宫室車馬、農商醫卜、天文律曆、工藝製作，可謂應有盡有，無所不包。其範圍之廣，與今日文化之概念相比，或有過之而不及。是以三禮之學，實即研究上古文化史之學。”②

從“天子侯國建制”到“工藝製作”，“應有盡有，無所不包”，“禮”的層次和内容都極爲豐富。“三禮之學，實即研究上古文化史之學”，錢先生的這個論斷對“禮”給與了一個極高的評價，他認爲中國上古文化實際上就是“禮”文化，他把“禮”文化的研究等同於了上古文化史的研究。再如，彭林先生把儒家在不同語境下的“禮”嘗試着進行了大致的劃分：第一，禮是區别人與禽獸的標誌；第二，禮是文明與野蠻的區别；第三，禮是自然法則在人類社會的體現；第四，禮是統治秩序；第五，禮是國家典章；第六，禮是社會準則；第七，禮是人際交往方式。③ 彭林先生認爲“禮”不僅是人際交往方式、社會準則、國家典章、統治秩序，更是文明與野蠻區别的標誌，人與禽獸區别的標

① （清）孫希旦撰，沈嘯寰、王星賢點校《禮記集解》，北京：中華書局1989年版，第81頁。

② 錢玄、錢興奇編著《三禮辭典·自序》，南京：鳳凰出版社2014年版，第3頁。

③ 彭林《中國古代禮儀文明》，北京：中華書局2004年版，第3—8頁。

誌。法國的汪德邁先生則在中西視域下進行了“禮”的對比和研究，他區别了中、西“禮”的不同。他説：

> “禮是治理社會的一種很特别的方法。除了中國以外，從來没有其他國家使用過類似禮治的辦法來調整社會關係，從而維持社會秩序。這並非説禮儀這種現象是中國獨有的，——此現象是很普遍的，任何文化都具有的——可是只有在中國傳統中各種各樣的禮儀被組織得異常嚴密完整，而成爲社會活動中人與人關係的規範系統。”①

由此可見，“禮”的内涵極爲豐富和深邃，並且覆蓋範圍極廣，它幾乎覆蓋中國傳統社會從政治體制到思想文化、從社會生活到精神領域之全部範圍。“禮”的英文單詞可以寫作“rite”或者“etiquette”；前者在“禮儀、禮節、禮數、規矩”等意義下使用，後者在“禮儀、典禮、儀式、習慣、慣例”等意義下使用。這些含義相對於中國的“禮”而言，無論内涵還是外延都顯得非常單一；並且相比之下，其含義更爲接近“儀”之一字。我們不能簡單代用“rite”或者“etiquette”來囊括中國禮樂文化的“禮”，由此可見“禮”之一字的獨一無二性。

在“儀”的意義或者功能上來説，“俗”跟“禮”難以劃分。上面是對西周禮樂文明興起後“禮”概念性變化的簡單説明，下面我們針對“俗”的概念演變進行討論，分析“俗”的内涵和概念性特點。

《説文解字》：“俗，習也。”許慎則將“俗”解作“習”。《周禮·大司徒》：“以俗教安，則民不愉。”鄭玄注曰：“俗謂土地所生習也。”鄭玄把“俗”解釋爲某片區域上産生的“習”，這就將“俗”這個概念與“空間”相聯繫，俗逐漸被框定在一個狹限空間内。《禮記·曲禮》中有“入國而問俗”，鄭玄注曰：“俗謂常所行與所惡也”。《漢書·地理志》將“所行所惡”解釋爲：“好惡取捨，動静無常，隨君上之情欲，謂之俗。”這就將“俗”與“時間”進行了聯繫，它被認知爲一個常變的量，其“動静無常”，具有十分顯著的時限性特點。從空間維度來看，禮是在較大範圍内施行的，俗是在較小地域範圍内施行的；從時間維度來講，禮具有常性，而俗無常，是時限較短的傳統。楊志剛教授認

---

① ［法］汪德邁（lion Vandermeersch）：《禮治與法治——中國傳統的禮儀制度與西方傳統的JUS（法權）制度之比較研究》，載《儒學國家學術討論會論文集》，濟南：齊魯書社1989年版。

爲“俗”具有地方性、變易性、多樣性的特點①，也就是説“俗”受到了時空的限制，它經常會因爲時間、空間的改變而變化。楊志剛教授認爲：“‘禮’定型爲一種‘理想形態’的行爲規範，並凝結成典章制度，就與俗有了明確的分野”②。葉國良先生也認爲，“禮往往經過國家的規範而成爲法律、制度，俗只在民間施行，不具强制性”③。由此可見，禮與俗分割的拐點在於“習”與“常”，俗是地域性的習慣，是在一定時期内而結成的風俗；當禮作爲國家典章制度，换言之禮制誕生時，就將禮的外延與俗徹底相區分開來。

二、禮、俗之割裂：宋代禮制改革

自“俗”與“禮”概念外延完全相區分後，隨著禮制的不斷建設和完善，禮與俗之間的割裂就越來越大。《大明集禮》有“漢晉以來，士禮廢而不講，至於唐宋，乃有士庶通禮”一句，由漢至唐，禮、俗分割幾百年，這種徹底分割的禮制，也逐漸積累了相當程度的社會矛盾和問題。尤其在唐宋社會變革之後，固有禮、俗矛盾久病不愈，佛、老又帶來了對傳統儒家禮俗的猛烈衝擊，這種矛盾到宋人那裏便達到了頂峰，成爲宋人不得不設法解决的時代問題。

> “禮則上之所以制民也，俗則上之所以因乎民也。無所制乎民，則政廢而家殊俗；無所因乎民，則民偷而禮不行也。故馭其民當以禮俗也。”④

王安石在《周官新義》中多次表達類似的觀點，他認爲以禮制民，民偷禮而不行；然而時俗流弊，長此以往，政廢而家殊俗，不可不治。所以他提出的辦法，即《周禮》中的辦法，要“禮”與“俗”相結合，以禮俗馭民。在禮、俗結合的思路下，如何進行禮與俗的融合以用於統御民衆，一直是宋代禮制改革的一個重要課題。

宋人的禮制改革是一套完整的從上至下、全方位的改革，之所以稱之爲由上至下的改革，皆因其是由宋廷——官宦之家——民間鄉黨，三個社會層面之間立體的、全方位的改革。這三個層面的禮制改革標誌分别是：朝廷層面：《政和五禮新儀》等官方禮典開始明確增設“庶人冠、昏、喪”等爲庶人所辟

① 楊志剛《中國禮儀制度研究》，上海：華東師範大學出版社 2001 年版，第 559 頁。

② 楊志剛《中國禮儀制度研究》，第 559 頁。

③ 葉國良《中國傳統生命禮俗》，臺北：五南圖書出版股份有限公司 2014 年版，第 3 頁。

④ （宋）王安石《周官新義》，上海：商務印書館 1937 年版，第 11 頁。

的條文章目，並引佛道二教之儀俗以入禮。官宦之家層面：家禮、家儀等私修禮典風潮的盛行。庶人層面：《吕氏鄉約》的誕生。所以楊志剛教授在《中國禮儀制度研究》一書中説道："宋代禮制已真正下達於庶人，完成了一個歷史性的折變。"

首先我們來看宋廷在禮俗融合方向進行的禮制改革：

宋太祖下令編撰的宋代開國禮典《開寶通禮》，至仁宗年間以歐陽脩爲核心編撰的《太常因革禮》，再到神宗朝的《熙寧儀禮》，北宋立國後數十年間，從未停止過禮制的建設和完善。神宗朝與王安石變法相互呼應的"元豐新禮"，是北宋年間頗具規模的一次禮制改革，雖未從根本上解決禮俗割裂之狀況，但卻在祭祀、官制等儀式上開始向庶人禮過渡[①]。正是這些改變牽動了徽宗朝的禮制改革，從官方禮典上徹底地改變了"禮不下庶人"的古制。《政和五禮新儀》是繼《五寶通禮》之後北宋第二部由官方編纂並正式頒佈的禮典；它是在唐《開元禮》的基礎之上編纂且正式頒佈的，而與唐《開元禮》最大的區别在於《政和五禮新儀》制定禮儀規範和制定針對的階層不同。《開元禮》以天子、皇室宗室親貴、品官作等級劃分，而《政和五禮新儀》則以皇室宗親、品官、庶人爲分野，例如：宗室親貴居所稱"府"，品官稱"宅"，庶人稱"家"。《政和五禮新儀》拉開了"庶人禮"登上官修禮典的序幕，《四庫全書總目提要》評論該書道：

> 前列局官隨時酌議科條，及逐事御筆只會。次列御制冠禮，蓋當時頒此十卷爲格式，故以冠諸篇。……升婚儀於冠儀前，徽宗所定也。次爲凶禮十四卷，惟官民之制特詳焉。[②]

《政和五禮新儀》是一部由上自下，由皇帝親自參與修訂的禮典，其增訂"庶人婚儀""庶人子冠儀""庶人喪儀"數條爲徽宗所欽定。徽宗要求"遇民庶之家，有冠婚喪葬之禮，即令指受新儀"[③]，並且命令通告各州縣"其不奉行者論罪"[④]。雖然《政和五禮新儀》因過於濃厚的"上意"和激進的推行方式，

① 張文昌《制禮以校天下——唐宋禮書與國家社會》，臺北：臺大出版中心 2012 年版，第 205 頁。

② （清）紀昀等《欽定四庫全書總目》卷八二《〈史部·政書類二·典禮〉》，北京：中華書局 1997 年版，第 1089 頁。

③ （清）徐松輯，劉琳等校點《宋會要輯稿》刑法二之七三，上海：上海古籍出版社 2014 年版，第 6532 頁。

④ 《宋史》卷九八《禮志》，第 2423 頁。

導致没有下達民情，十年後便被迫終止，但它仍開官方爲庶人制禮之先河，成爲了中國禮學史上的一個重要轉折點。

我們上面提到，宋人不僅面臨傳統禮俗割裂的問題，還面臨佛老二教對社會侵入帶來的禮俗問題，而宋廷在面對佛老對禮俗衝擊問題時，選擇的辦法就是融合。他們將佛道二教浸染後形成的“俗”融入禮制，開啓了新一輪的約俗成禮。宋廷自建國之始便開始對道教進行扶植，他們將皇室宗祖神御引入道觀祭祀，真宗時期更是引道教儀式入禮典，在祭祀儀式中加入風伯、雨師等道教神靈；與此同時，開始大規模興建道觀並由國家定立祭祀儀制，這些都被列入後來的《太常因革禮》中。而神宗時期更是直接在禮典中加入“齋醮”“金箓”等道教儀式，發展出了宋代獨特的祠禄制度。王志躍博士總結宋廷對佛教因子在禮制方面的利用主要體現在四個方面：第一，將寺廟當作禱告或者恭謝地點，例如宋統治者常在明堂、禘祫禮後增添親至寺廟行恭謝禮。第二，特殊時期在皇庭開啓道場。例如皇帝、太后等皇室核心成員的慶生場合。第三，同唐人一般，在寺廟加設宗祖神禦。第四，在寺廟設置喪鐘並且寫入禮典。①

宋廷面對“禮、俗分割之困境”所採取的應對之方，是對應此前所説宋人面臨之“頑疾”與“新傷”兩方面困境所採取的措施：其一是制作庶人禮，其二是約佛、道教之俗以入禮。我們再從下一個方面，即官宦之家層面來看宋人的禮制改革。這一個層面主要的措施就是在官方禮典之外，官宦之家興起了一股私修禮典的風潮，這種風潮出現在唐末，但在宋時達到高峰。北宋時期最具代表性的當屬司馬光的《温公書儀》,《書儀》延續了唐人士庶通禮的思路，從傳統“士禮”出發結合北宋社會的實際情況進行删修，創作出了一套以家族爲基礎的禮儀規範。雖然《書儀》最終並未在民間普及開來，但卻成爲《朱子家禮》誕生的基石。朱子繼承司馬光在“庶人禮”方向所作的嘗試，以《温公書儀》的框架和内容爲基礎，參照《儀禮》降殺，主記冠、婚、喪、祭諸禮而成《朱子家禮》。楊志剛在《中國禮儀制度研究》中寫道：“《家禮》體例完備而眉目清晰，内容詳略得當，且有開創性，特别是在傳世古禮和現世俗禮之間，做了比較允妥的取捨、折衷。”② 傳世古禮，即禮制；現世俗禮，即時俗。《家禮》的思路就是在傳世古禮和現世俗禮之間進行取捨、分割，讓傳世古禮更能適應當時的禮俗。這種思路針對的就是禮與俗的割裂，私家著禮之風的盛行，就是

① 王志躍《宋代禮制研究》，北京：人民出版社 2017 年版，第 228—229 頁。

② 楊志剛《中國禮儀制度研究》，第 207 頁。

對王文公“禮俗以馭民”的回應，是宋儒在看清禮、俗分割所導致的現實問題後，將二者融合的一次嘗試。而《朱子家禮》便是這次嘗試所取得的最終成果之一，宋儒這次禮俗交融的另一個果實，便是藍田吕氏兄弟的《吕氏鄉約》。

《政和五禮新儀》《朱子家禮》《吕氏鄉約》作爲宋代禮制改革標誌性成果，三者分别從宋廷、官宦之家和鄉黨之間對傳統禮制進行了革新，他們的共同目的都是力圖使“禮”滲透進庶人階層，用“禮”來約束民庶的言行舉止，使得儒家的價值觀深入人心，進而維持儒家價值秩序。從這一根本性目的上來説三者並無不同，都是對儒家傳統禮學的改造，其精神内涵也趨於一致，並且都從庶人階層開始展開，只是展開的方式以及範圍有所不同。下面我們重點聊一下《吕氏鄉約》，通過其來討論宋人在鄉黨層面的禮制改革。

三、化禮成俗:《吕氏鄉約》的誕生

(一) 藍田吕氏

《吕氏鄉約》爲北宋名門藍田吕氏一族所作。

> “吕博士通墓，在縣北五里。宋吕蕡，先汲郡人，任比部郎中。父通，太常博士……蕡過藍田，愛其山川風景，遂葬通於藍田，因家焉。”(《陝西通志》卷七〇《陵墓》)

> “考蕡，比部郎中，贈左諫議大夫。初，諫議學遊未仕，教子六人，後五人相繼登科，知名當世，其季賢而早死。縉紳士大夫傳其家聲，以爲美談。”(范育《吕和叔墓表》)

吕氏一族祖上並非在藍田、而在汲郡（今河南省汲縣），因吕通葬在藍田，這一支便被後人稱爲藍田吕氏。藍田吕氏一門在北宋曾盛極一時，吕蕡曾任比部郎中，贈左諫議大夫，其五子（吕大忠、吕大防、吕大鈞、吕大受，吕大臨）登科。吕大忠、吕大防衆所周知，是北宋名臣，尤其是吕大防曾官至宰相。大鈞、大臨在學術建設方面，成就匪淺，吕大臨不光是張載的得意門生，在張載去世後拜入二程門下，後成爲程門四先生之一。大忠、大防、大鈞、大臨四人又被合稱爲“藍田四吕”，在朝野間均有一定影響力，尤在關中地區爲甚。藍田吕氏一門，在禮學方面所作出的貢獻非常突出，文獻記載中吕氏兄弟相關的禮學著作有：吕大忠《吕氏鄉約》一卷、《鄉儀》一卷；吕大防與大臨合著《吕氏家祭禮》一卷；吕大鈞著有《藍田吕氏祭説》一卷。其中最具有代表性，也最具價值性的當屬《吕氏鄉約》《鄉儀》。

（二）《吕氏鄉約》作者考疑

《吕氏鄉約》作者疑難，是目前這部作品最大的疑問和未明點。陳俊民先生的《藍田吕氏遺著輯校》中收録《吕氏鄉約》一卷、《鄉儀》一卷，所録作者爲吕大鈞。但令人困惑生疑的是宋嘉定本《鄉儀》後記中有“大忠素病於此，且不能勉，願與鄉人共行斯道……熙寧九年十二月初五日，汲郡吕大忠白”一段，並且《吕氏鄉約鄉儀》最早署名其作者也爲吕氏長子吕大忠。現在普遍認爲《吕氏鄉約》爲吕大鈞所作，這種觀點多是受到朱子影響：

> “此篇舊傳吕公進伯所作，今乃載於其弟和叔文集，又有問答諸書，如此知爲和叔所定不疑。篇末著進伯名，意以其族黨之長而推之，使主斯約故爾。”（宋嘉定本《吕氏鄉約鄉儀》朱子淳熙二年序）

朱子認爲《吕氏鄉約》起初以吕進伯，即吕大忠的名義刊刻，是因“以其族黨之長而推之，使主斯約故爾”，但實際卻當爲吕大鈞所作。李如冰博士認爲，此書當由吕大鈞主持起草或主筆，吕大忠審定完成，並且最後以他（大忠）的名義刊刻。

但問題不止於此，在《宋史・吕大防傳》中又有一段吕大防曾參與《鄉約》編纂的記載：

> “大防身長七尺，眉目秀發，聲音如鐘。自少持重，無嗜好，過市不左右遊目，燕居如對賓客。每朝會，威儀翼如，神宗常目送之。與大忠及弟大臨同居，相切磋論道考禮，冠昏喪祭，一本於古，關中言《禮》學者推吕氏。嘗爲《鄉約》曰：‘凡同約者，德業相勸，過失相規，禮俗相交，患難相恤，有善則書於籍，有過若違約者亦書之，三犯而行罰，不悛者絶之。’”（《宋史・吕大防傳》）

“德業相勸”“過失相規”“禮俗相交”“患難相恤”是《吕氏鄉約》的四綱領。從此條來看，似乎《吕氏鄉約》的主要内容，甚至其綱領性的東西，都是吕大防來編定的。這就不免讓人産生疑問：《吕氏鄉約》的作者到底是吕大忠呢？吕大鈞？還是吕大防呢？如果是三者共同合著的話，爲什麽署名不是三人共同署名呢①？

---

① “吕大防、大臨《家祭儀》”（《宋史・藝文志》），吕大防與吕大臨合著之《吕氏家祭儀》同署二人之名。

明人王承裕對此提出了《吕氏鄉約》當爲“吕氏兄弟相與論定”的想法，筆者認爲此種説法較爲合理，並且“相與論定”的時間當是吕氏兄弟爲父服喪期間。吕父於“熙寧七年”去世，熙寧七年到九年的三年間，吕氏衆兄弟相繼返鄉歸家爲父持喪，吕大忠因軍務在身被奪情一年，但也於熙寧八年返鄉服喪於家中。吕大忠在《吕氏鄉約》後記中有“熙寧九年”四字，説明此書的成書時間點剛好與吕氏衆兄弟在家中爲父丁憂之時間段相合。吕父去世後，吕氏兄弟居父喪，哀、麻、葬、祭之事，一本於禮，凡流俗委巷浮屠煩鄙不經之事一概不用。也就是説在《吕氏鄉約》草創的時間範圍内，吕氏兄弟是在一起的。並且在此時間範圍内，他們針對其父的喪葬事宜“一本於禮”，都經過對古禮的考證，嚴格依照古禮而行。而在爲父持喪時，吕氏兄弟也經常一起切磋論道考禮。所以很可能吕氏兄弟在主持父喪期間，針對流俗委巷浮屠煩鄙不經之事，萌生了重新勘定古禮，正以流俗的想法。

就吕氏衆兄弟各自的情況來看，吕大防一甲進士出身，官居宰相，吕大臨此時已從學張載多年，其學識才能尤其是在禮學方面的建樹早爲世人所知。所以，即便《鄉約》是大鈞主筆，在衆兄弟齊聚藍田老家的情形下，很難想像大鈞不與大防、大臨等兄弟相商。如果吕氏兄弟均參與了《吕氏鄉約》的創作，那麼以吕大忠爲署名，就合乎常理了。大忠是吕氏嫡長、宗子，合吕氏一門之力完成的“吕氏”《鄉約》以吕大忠之名刊刻發行，在堅持“躬行禮教爲本”的藍田吕氏衆兄弟眼中此舉當是最爲契合“禮法”之事。故《吕氏鄉約》很可能是吕大鈞主筆，吕氏兄弟共同合力完成的作品，以吕氏嫡長吕大忠署名刊刻，後由吕大鈞主持推行。

(三)《吕氏鄉約》的主要内容

從《吕氏鄉約》的内容上來看，它主要從四個方面來要求同約之人，即“德業相勸”“過失相規”“禮俗相交”“患難相恤”，這也被稱爲《吕氏鄉約》的四條目。

德業相勸：“德業相勸”又被稱爲《吕氏鄉約》的總綱領，以揚善爲主基調。它宣揚德禮，强調父子、夫妻、長幼、朋友等倫常關係，其目的在於立教義，正人倫。

過失相規：“過失”在《鄉約》中共計十五種；“規”爲歸約、規定之義；這一部分主要以“抑惡”爲主基調；它相約共同遵守的規定以及違規之後相應的懲罰措施。吕氏兄弟認爲要求民庶理解禮義是十分困難且基本難以實現的事情，所以需要潛移默化使得百姓在日用而不自知的情況下進行道德内化，而内化的方法就在於賞罰之間。他們堅信賞罰分明可以教民以對錯之分，經久之下必可揚善去惡，從而内化儒家綱常倫理，達到化禮成俗的目的。

禮俗相交：這一部分主要針對婚喪嫁娶等傳統禮俗，並對同約人日常生活交往之諸多事宜進行規約。“凡行婚姻喪葬祭祀之禮，《禮經》具載，亦當講求。如未能遂行，且從家傳舊儀。甚不經者，當漸去之”，此爲“禮俗相交”之首句，亦是這一部分的綱領。它體現出來的是傳統儒家禮學在宋代民間的權變，是《吕氏鄉約》同儒家傳統禮儀的交匯之處，也是《吕氏鄉約》中唯一明確的可變量。可這綱領卻定得模糊不清，例如：“《禮經》具載，亦當講求。如未能遂行，……”什麽是應當遂行的？什麽當行？什麽不當行？《禮經》所載何種可行？何種必行？再如“甚不經者，當漸去之”一句中的“甚”字如何界定呢？這種模糊的規約在《吕氏鄉約》中頗爲常見，直接導致了民無所措手足，是《吕氏鄉約》在短時間内便失去生命力的原因之一。此後朱子對《吕氏鄉約》進行的改動，即《增損吕氏鄉約》中，“禮俗相交”這一部分的改動最大，其中朱子最爲用力之處也恰好在“《禮經》具載”四個字上。

吕氏兄弟在“禮俗相交”這一部分中對具體的禮儀規範並不明確，其筆墨幾乎都用在“用幣、帛、羊、酒、蠟燭、雉、兔、果實之類，計所直多少”上，他們在每一項都有一個非常嚴格的金錢約規。吕氏兄弟在金錢上做如此具體的約規，完全是針對當時的時俗流弊，現以昏禮爲例分析吕氏兄弟對北宋民間之時俗流弊所憚之狀。《吕氏鄉約》中規定至多不能超過三千文的婚儀器物，之所以對婚禮所用器物的價值規定如此嚴格，是吕氏兄弟針對北宋婚儀流俗之弊所進行的“矯正”，《鄉儀》中針對此點説道：

> 古之昏禮，其事至嚴。以酒食召鄉里，所以厚其别；親迎執摯，所以致其恭；不樂不賀，所以思其繼；同牢合巹，所以成其愛。豈有鄙褻之事相侮玩哉？近俗六禮多廢，貨財相交，婿或以花飾衣冠，婦或以聲樂迎導，猥儀鄙事，無所不爲，非所宜謹夫婦、嚴宗廟也。今雖未能悉變，如親迎同牢，豈可不語？流俗弊事，豈可不去？①

婚儀所用器物的鋪張奢靡以及婚禮所需嫁妝、聘禮的豐厚已經成爲了北宋時期一大“流俗弊事”。范仲淹爲義莊制定支出時，劃出三十貫錢（三萬文）

① （宋）吕大鈞《吕氏鄉約鄉儀》，載（宋）吕大臨等著，曹樹明點校整理《藍田吕氏集》，西安：西北大學出版社2015年版，第809頁。

爲嫁妝，二十貫錢（兩萬文）爲聘禮；但蘇軾卻曾經説過自己借出兩百貫錢（二十萬文）用來幫助他的一位親戚出嫁[①]。也就是説，此時宋人的婚嫁觀已完全偏離儒家“謹夫婦、嚴宗廟”的傳統，變成了無視宗廟、家族傳承，只注重嫁妝豐厚與否的“物化”婚姻觀。爲了求取豐厚的嫁妝，甚至出現了“夫虐其妻，求之不已。若不滿意，至有割男女之愛，輒相棄背”[②] 之流俗。吕氏兄弟認爲此陋俗對儒家傳統倫理綱常產生了根本性危害，他們希望通過移風易俗以正人倫，而非以古禮强加於民庶。他們目的是正風俗之不正，將民衆的價值觀導向儒家的價值秩序，所以他們在制訂《吕氏鄉約》《鄉儀》之時，並非將士禮降殺爲庶人禮，而是結合民間所行之風俗，有針對性的對流俗之弊提出抑制舉措。

患難相恤：這一部分主要内容是約定互助條款。狄百瑞先生曾説鄉約是一種社會群體成員因爲互惠互利而加入的契約，這種契約精神在“患難相恤”中體現的最爲突出，它是同約人在生老病死、貧困飢乏時約定的互助條件及義務事項。

吕氏鄉約基本由四個要素構成：其一，它所圈定的對象爲民庶，是地方上的民間自發組織；其二，它以條文的方式呈現，遵循的是契約精神；其三，它的内涵是儒家傳統的禮和儒家倫理綱常；其四，它的目的是爲了維護社會秩序。狄百瑞先生最終把它歸結爲“禮”的一種：

> “我們可以將朱一吕鄉約的要旨總結爲：借文教道德精英之領導而建設穩固的、自我規束管理的地方社群，它鼓勵自修、互敬、互助、自願和爲整個社群提供所需的禮。”[③]

也就是説《吕氏鄉約》是吕氏兄弟對傳統儒家禮學在禮下庶人方向所做的一次實踐，它以儒家的倫理綱常爲核心，並化爲具體的條文以簽訂契約的形式要求同約人相互督促、共同遵守，組成一個以實現鄉黨之間“化禮成俗”，進而自覺遵循儒家價值秩序爲目的的社群。

（四）《吕氏鄉約》的敗因

《吕氏鄉約》完成後，吕大忠、吕大防、吕大臨因身居官職相繼離鄉上任，

① 孫倩《朱熹〈家禮·昏禮〉中的夫妻倫理觀》，華僑大學 2015 年碩士論文。

② ［美］伊沛霞《内闈：宋代婦女的婚姻和生活》，胡志宏譯，南京：江蘇人民出版社 2010 年版，第 102 頁。

③ ［美］狄百瑞《亞洲價值與人權：儒家社群主義的視角》，尹鈦譯，任鋒校，北京：社會科學文獻出版社 2012 年版，第 55 頁。

從熙寧九年（1076）到元豐五年（1082），憑藉吕氏一族的影響力，吕大鈞一人在藍田地區推行《鄉約》，也曾使得“關中風俗爲之一變”，可惜五年半後吕大鈞卒於藍田，在大鈞去世後《鄉約》的推行便難以維繫。爲何《吕氏鄉約》在當時的生命力如此有限，短短五年便宣告流産呢？我們從吕氏鄉約内容出發，重點分析一下其敗因。

1. 約規條文具體内容模糊不清

關於此點在講“過失相規”這一部分中已有所提及，這裏再多舉一個更爲明顯的例子，“犯不修之過”中對“動作無儀”的界定範圍：

> “進退太疏野及不恭者；不當言而言，當言而不言者；衣冠太飾及全不完整者；不衣冠入街市者。”

除了“不衣冠入街市者”之外，其他三點處罰的條件都極爲曖昧，例如“進退太疏野”，這個“太”字如何界定？由此可以看出吕氏兄弟在規定“無儀”的範圍時則稍顯草率，没有給出清晰、明細標準，前面也已經説過這模糊曖昧不清的條約，很容易使得“民無所措手足”。

2. 處罰條例多且雜，無强大的執行力保障

與法規不同，《吕氏鄉約》是民間自發結成，由契約形式構成的鄉禮。因此，它同律法不同，没有國家暴力機關的保障，没有一個强而有力的執行單位來保證條約得以順利執行。另外一方面，《吕氏鄉約》的處罰條例尤顯冗雜。例如《吕氏鄉約》第四條目中“患難相恤”一項，“患難相恤”是同約者之間的約定互助條款，要求同約者在鄉鄰生病、喪葬、貧困之時都需及時互助。但由於第二條目“犯約之過”的存在，便使得這種互助成爲了强迫式的“約法”。再如“患難相恤”的第三條“疾病”：“小則遣人問之，稍甚則親爲慱訪醫藥。貧無資者，助其養疾之費。”也就是説，鄰里之間不幫忙的話就要罰款，這種要求對於下層民庶而言是非常苛刻的。

3. 罰金失衡，難以爲繼

當衆多罰款條例成爲强制性並且量化的約法之時，其爲民庶帶來的經濟負擔可想而知，且鄉約的性質是建立在鄉黨自治、共同約法的前提下，並無國家强制約束力，所以其可行性便大打折扣。吕氏兄弟站在鄉紳世族的角度來考量制定的《吕氏鄉約》，從内容來看，它是宋儒在憂患時俗意識下誕生的浪漫産物，但作爲一部鄉間自治條例來説，其懲罰力度不免過於嚴苛，極富儒生的政治浪漫色彩，非百姓日常可行之規範。這種不切實際的政治浪漫主義集中體現在“罰金”上。罰金是《吕氏鄉約》的主要處罰方式，其規定的罰金限額

在 100－500 文之間。100－500 文是什麼概念呢？前文中提到過，《吕氏鄉約》當在熙寧七年到熙寧九年之間完成。北宋熙寧元年的糧食價格在 70 文一斗上下[①]，熙寧七年初“都下米麥踴貴”，米價達到了每斗 150 文。朝廷慌忙調 200 多萬石糧食以期望可以平息物價，而後糧價有所回落，至每斗 100 文。當年四月朝廷又繼續詔令三司：“以上等粳米每石爲錢一千，於乾明寺米場聽民賒請，中等粳米每斗爲錢八十五文，零糶與貧民。”[②] 如果按照這一年的糧食價格换算的話，《吕氏鄉約》中規定的懲罰底線不足一斗米價。而就北宋熙寧間的糧食價格來看，除卻個别情況外，總體保持在 70－80 文上下，150 文一斗的價格超出當時平均糧價一倍有餘，所以朝廷當即開倉以平息糧價。至次年九月糧食價格恢復到同往年相仿的平均價格以内。“進呈罷運米，令市易俵放文字。餘曰：‘元初只見在京八十價糴了米，司農寺以一百價賒糴了米。’”[③] 吕氏兄弟規定的懲罰標準，基本上是按照北宋熙寧年間糧食平均價格所定，以斗米爲計，半石爲限。根據《夢溪筆談》的記述來看，宋代壯年男性大致每人每天需要進食兩升米，一個月則需要五斗米左右。[④] 按照《吕氏鄉約》規定的懲罰尺度，如犯“義之過”則需罰大致一月口糧，此等處罰之於如吕氏之等士紳之家來説無關痛癢，但對於鄉民農户來説卻是不小的負擔。且《吕氏鄉約》所呈懲罰條款稍顯雜亂、尺度模糊，禮儀規範對於尚未經歷過庶人約禮的下層民衆而言尚未適應，也就更易犯錯，加上以不菲的罰金爲主要處罰措施，對於常年處於西夏戰争邊界的陝西民庶而言，其造成的經濟壓力不言而喻。

4. 完全開放的進出制度

爲父守制結束後，吕氏兄弟三人相繼起復，留吕大鈞一人在藍田推行《吕氏鄉約》，此間吕氏兄弟往來信件中可見數條針對鄉約改進之言：

> 鄉約中有繩之稍急者，誠爲當已逐，施改更從寬。其來者亦不拒，去

① 熙寧元年（1068）前十五年間，即皇祐後期至治平年間的平均粮价爲：“貴價每斗七十五文，平價七十文，賤价六十文至六十二文，九十八陌。”即每斗六十——七十五文上下不等。詳見：《永樂大典》卷七五零七《仓》，引曾鞏《元豐類稿·奏論常平三等糶糴斛斗不便狀》，第 3370 頁。

② （宋）李燾《續資治通鑒長編》卷二五一、卷二五二，北京：中華書局 1986 年版，第 6137、6156 頁。

③ （宋）李燾《續資治通鑒長編》卷二六五，第 6489 頁。

④ 以《夢溪筆談》卷一一所載宋士卒作戰所需運粮計量，農夫每人背六斗米，六斗米兩人可食用十八天。折算一人之量，則六斗米可支撑一名士卒三十六天，固壯年男性大致月食米五斗。

者亦不追，固如來教。（吕大鈞：《答伯兄》）

吕大鈞接受其長兄吕大忠建議後，將進出鄉約的條件完全開放。《吕氏鄉約》是基於鄉民自願原則下簽訂的契約，它要求同約者在生活、經濟等方面共同承擔責任，但是卻在簽訂和退出上並没有加以嚴格要求，换言之它的進出制度是完全開放自由的，這種完全開放樣式的自由進出制度，根本不能保證“同約者”互惠互利的原則，此爲《吕氏鄉約》在推行上難以爲繼的一大弊端。

5. 國家基層權力的分散

若止取在上者之言爲然，則君子何必博學？所欲改爲家儀，雖意在遜避，而於意不安。蓋其間事是與鄉人相約之事，除是廢而不行，其間禮俗相成，患難相恤，在家人豈須言及之乎？（吕大防：《吕氏鄉約》）

吕大防認爲“鄉約”有可能會造成國家基層權力的分散，繼而恐被朝廷疑爲具有威脅的民間自治組織，所以吕大防規勸在藍田主持《鄉約》的大鈞改“鄉約”“鄉儀”爲“家儀”。但當時大鈞認爲若改爲“家儀”，恐背離教化民衆、移風正俗的初衷，所以甘願冒險一試。事實證明，吕大防多年浸淫在國家權力中心所培養之政治嗅覺異常靈敏，其所慮不無道理，造成《吕氏鄉約》流産的因素雖有諸多方面，但“國家意志”確爲其失敗的最主要原因。

（五）朱子《增損吕氏鄉約》

《吕氏鄉約》是藍田吕氏兄弟對張載“躬行禮教”思想的踐行，吕大忠在《鄉約》中寫道：

“人之所賴於鄉黨者，猶身有手足，家有兄弟，善惡利害皆與之同，不可一日而無之。不然，則秦越其視，何與於我哉！大忠素病於此，且不能勉，願與鄉人共行斯道。”

吕氏期望鄉黨之間可以通過簽訂共同的契約，互助互愛，以達到“民吾同胞”的大同願景。《吕氏鄉約》是我國歷史上的第一部鄉約，正由於它是首部帶有實驗意味的鄉間禮制改革，首次嘗試必然伴隨諸多缺陷，而這些缺陷導致其僅在藍田地區推行五年便無疾而終。直至南宋，朱子在《吕氏鄉約》的基礎上作了補訂，也就是後來的《朱子增損吕氏鄉約》，《吕氏鄉約》的價值才被充分發掘出來，並在民間逐漸推廣。《朱子增損吕氏鄉約》之所以取得成功，歸功於朱子切中《吕氏鄉約》失敗之命脈，恰到好處地針對其缺陷作出相應補訂：

同約之人各自省察，互相規戒，小則密規之，大則衆戒之。不聽則會集之日直月以告於約正，約正以義理誨之。謝過請改，則節於籍以俟。其争辯不服與終不能改者，皆聽其出約。(朱熹:《增損吕氏鄉約》)

業，謂居家則事父兄，教子弟，待妻妾。在外則事長上，接朋友，教後生，御僮僕。至於讀書治田，營家濟物，畏法令，謹租賦，如禮、樂、射、御、書、數之類，皆可爲之。非此之類，皆爲無益。(朱熹:《增損吕氏鄉約》)

不得輒道神怪邪僻悖亂之言，及私議朝廷州縣政事得失。(朱熹:《增損吕氏鄉約》)

朱子對《吕氏鄉約》的主要增損爲四個方面:

第一，朱子統改《吕氏鄉約》雜亂無章之條例。

第二，改罰金爲勸戒，用以加强對同約者的道德教化。

第三，改原《吕氏鄉約》進出條件，特設“請出”一項單立之，增設基本退出條件。

第四，增添“畏法令”“謹租賦”兩條例，既是對鄉約條文的補充，也是朱子與吕氏兄弟對“鄉約”性質的區分。

楊開道先生對朱子的增損評價道:“吕氏兄弟是以鄉民領袖的資格起草約文，朱子是以地方官吏的資格增損約文，無怪乎吕氏忘了法令租賦，而朱子偏又把他們提出來。”(《中國鄉約制度》)這一段話界定了“鄉民領袖”與“地方官吏”兩種身份，也表明了朱子對鄉約改革方向的規劃。朱子所修訂之處，切中《吕氏鄉約》病因命脈;楊開道先生認爲朱子對《吕氏鄉約》的主要貢獻在於對其進行的增修，他將朱子改動後的條文稱之爲“完美”，足以證明朱子改動之處對《吕氏鄉約》發展的重要性。總而言之，朱子對原《吕氏鄉約》懲罰條例的删修有兩個向度:一是針對基層民庶，對《吕氏鄉約》此前在内容上不切民庶實際所作的改動。二是針對上層國家意志，“定罪”與“懲罰”都是官府才能行使的權力，朱子對朝廷、法令、政教的强調，既是對吕氏兄弟所作約文的補充，使“鄉約”能以最爲完整的狀態得以保存，又是對國家意志的敬畏與遵從。從内容上看，朱子對《吕氏鄉約》改動尤以“禮俗相交”這一部分爲重，更爲重視“古禮”與“時俗”之交融，側重於《儀禮》冠、婚、喪、祭等儀式與時俗的結合，使之更爲圓融地在百姓日用而不自知的情況下，化禮成俗。

朱子删定《增損吕氏鄉約》後，其弟子、後學皆紛紛效仿其行，陽枋與友人宋壽卿“講明《吕氏鄉約》書，行之於鄉，從約之士八十餘人。”[①] 朱子門人致力於鄉約的推廣，現今可考者便有陽枋、胡泳、程永齊、潘柄等多位。他們以朱子的《增修吕氏鄉約鄉儀》爲範本，在南宋中、晚期承接吕氏之志，致力在鄉黨之間推廣鄉約，爲鄉約在明代的崛起做足鋪墊。假設没有朱子的整理和增訂，《吕氏鄉約》很可能亡佚於兩宋，而没有朱子後學在南宋晚期不遺餘力的推廣，就没有鄉約在明時的快速發展。明建國之初，太祖朱元璋就曾“表覃家禮及藍田吕氏鄉約，列於性理成書，頒行天下，使誦行焉”[②]，“解縉又於洪武二十一年向朱元璋建議將《藍田吕氏鄉約》與《義門鄭氏家範》頒佈天下，由世家大族率先實行”[③]。明人對《吕氏鄉約》的重視，不得不歸功於朱子的增修以及朱子後學的推廣。《吕氏鄉約》雖然受到自身以及當時社會歷史條件的限制，在短短五年間就宣告失敗。但它卻開創了一種新型態的踐禮之方。它自朱子增損後便一直受到儒者的推崇，明建國後更是得到了統治階層的青睞。没有《吕氏鄉約》，也就不會有爾後鄉約在明清之際的推廣和普及，禮學史上甚至很可能根本不會出現“鄉約”這一形式的踐禮之方。

四、結語

禮與俗是我國禮學史上一對非常重要的概念，二者須臾不離，早期原始宗教背景下“禮俗之界，至難劃分”；自禮樂文明始，“禮”的内涵及外延急速擴充，禮與俗逐漸分割，禮制最終成爲了禮與俗分割的拐點。隨著禮制的建立與完善，禮俗分割造成大量社會問題和矛盾，尤其在唐宋社會變革之後，一方面，其固有矛盾越積越深；另一方面，佛、老帶來的對傳統儒家禮俗的衝擊又幾乎達到頂峰。這些矛盾到宋人那裏，便成爲了不得不設法解決的問題。以禮制民，民偷禮而不行；然而時俗流弊，長此以往，政廢而家殊俗，不可不治，故當以禮俗馭民。由北宋時期起，如何進行禮與俗的融合成爲了宋代禮制改革的一個重要課題，《吕氏鄉約》便是藍田吕氏對王文公“禮俗以馭民”的回應，是宋儒在看清禮、俗分割所致“時俗流弊”後，將二者融合的一次嘗試，其開

① 陽枋《字溪集》卷一二，《影印四庫全書本》，臺北：商務印書館 1986 年版，第 434 頁。

② 董建輝《明清鄉約：理論演進與實踐發展》，厦門：厦門大學出版社 2008 年版，第 167 頁。

③ 湯傳剛《明代鄉約制度的發展——〈明實録〉爲中心》，《九江學院學報（社會科學版）》2016 年第 4 期，總期第 183 期。

“鄉約”這一基層民間政治自治制度之先河，爲“化禮成俗”提供了一條新的思路，成爲了儒家禮學發展史上一座重要豐碑。

以上是我的主要報告内容，請在座諸位老師批評指正！

主持人：孫老師講化禮成俗，宋代士人對古禮和今禮，古禮和俗禮的融合，是非常有趣的問題。大家有什麼看法可以討論。

沙志利老師：《鄉約》怎麼失敗的，如何認定？

主講人：《吕氏鄉約》有内容上的缺陷、有結構上的問題，如果只能説一個作爲決定性的失敗因素的話，國家權利層面因素最爲致命。吕大鈞的死亡則是界定其失敗的一個節點。

王豐先老師：《吕氏鄉約》推行，只是在吕氏家族内部，還是整個藍田地區？

主講人：整個藍田地區。發起人是吕氏，維繫《吕氏鄉約》推行的主要也是藍田吕氏一脈。吕氏三子都在朝廷任職，尤其吕大防曾任宰執，吕大忠曾任陝西路運轉副使，掌一方大權；吕大臨作爲張載得意門生，後爲程門四先生，學問功夫在當時學術界得到廣泛認同。所以在藍田地區世家鄉紳乃至鄉間民庶，吕氏家族都具有號召力和影響力。《吕氏鄉約》的推行方式是從鄉紳開始推行，再逐步下移。

甘祥滿老師：從概念上去分析的話，禮作爲普遍性的道德規範，具有法律性的道德規範，化成爲“俗”——民間的方式。在此基礎上産生問題：第一，爲什麼會出現鄉約、家禮這種形式的、禮儀性的法律規範？在中國從漢代以後，禮儀性的東西成爲具有普遍性的法，對整個中國是普遍性地具有約束力。既然普遍性的禮是適用的，爲什麼還會出現中間型的這種具有地域性、一定時間内的鄉約呢？第二個問題，兩個概念“禮”和“俗”，如何界定，“俗”有没有轉化成“禮”的時候，即有没有相互轉化的形式？

主講人：第一個問題，禮的概念實際上包含外延和内涵兩部分，化禮成俗的目的在於以内化的形式實現其精神内旨。第二個問題，我覺得一個好的回應是“禮不下庶人”。最開始，禮制有一個明確的界定，是不對民庶開放的，其結果就是俗逐漸演變爲混亂無序的地方性的風俗、民俗、時俗，時俗常變且演變形態豐富。一種普遍性的禮制如何去應對千變萬化的“俗”？禮制只有通過内在價值秩序的傳播，即對俗進行價值内化，使得人去自覺遵守，進而達到地區安定，再廣而擴之到維繫整個社會的安定。

劉斌博士生：朱子發揚《吕氏鄉約》，與《儀禮經傳通解》裏面鄉禮的部分，是什麽關係？朱子是怎麽處理這部分關係的？

主講人：《儀禮》的規定、禮文，在《鄉約》裏面完全没有的。朱子根據《儀禮》《周禮》等相對具體的禮文進行了補充，這是朱子對《吕氏鄉約》增損比較有意義的一部分。

主持人：最後請李老師給我們總結幾句。

李中華老師：我覺得年輕人在學術研究上在走向一個新的路子。她們能微觀地、具體地就一個事情來談問題，言之有物，將理論背後的材料依據抓取得很好，邏輯上也恰當，一層套一層，這是兩位的共同特點。説明我們《儒藏》隊伍裏的年輕人具有相當好的學養和研究能力。

主持人：謝謝李老師鼓勵，希望我們以後能多辦青年學者論壇，不僅是中心博士後，也包括我們的博士生同學，還有已經畢業的博士，都可以來這個平臺上展現風采。謝謝各位！

（感謝杜艷博士録音整理）

徵稿啓事

一、本集刊由北京大學《儒藏》編纂與研究中心主辦，北京大學出版社出版。暫擬每年出版一輯，每輯 30 萬字～40 萬字，當年 8 月 30 日截稿。

二、本集刊爲學術刊物，旨在貫徹百家争鳴原則，提供學術園地，面向海内外學界徵稿。

三、本集刊徵稿範圍主要爲儒家典籍與儒家思想研究方面的成果，包括專人、專書、專題和文獻整理研究以及有關的學術動態。

四、本集刊來稿均由《儒家典籍與思想研究》集刊編輯部進行初審；初審通過的稿件，再請相關領域的兩位專家匿名評審；編委會根據評審意見，討論決定是否採用。結果於收稿後三個月内回復稿件作者。未經採用的稿件除手稿外，一般恕不退還。

五、本集刊已加入《中國學術期刊網絡出版總庫》及 CNKI 系列數據庫。本刊録用的稿件，將一律由編輯部統一納入上述數據庫，進入光盤和因特網提供信息服務。凡投寄本刊的稿件不作特别説明者，均視爲作者已經同意將本刊刊發後的論文編入該數據庫，本刊不再尋求作者授權。作者著作權使用費與本刊稿酬一次性給付。

六、本集刊編輯部對已採用的稿件，作必要的編輯加工，一般不逕作内容修改，如需修改，提出意見，與作者溝通。

七、來稿如涉及版權問題，由作者負責。

八、來稿請遵守本集刊所登《撰稿體例》的要求。

九、本集刊歡迎電子稿，來稿請同時詳細提供作者的通信地址、郵編、電話，以便聯繫。電子稿郵件主題或打印稿信封正面請寫明“集刊投稿”字樣。

十、本集刊出版後 30 日内，編輯部將向作者支付稿酬並寄贈樣書 2 册、抽印本 5 份。

十一、《儒家典籍與思想研究》集刊編輯部通信信息如下：

郵寄地址：北京市海淀區北京大學《儒藏》編纂與研究中心曹建收（郵編 100871）

電話：86-10-62767810　傳真：86-10-62767811

E-mail：ruzang@pku. edu. cn

《儒家典籍與思想研究》編委會

撰稿體例

1. 手寫稿件需字體規範，工整清晰，繁體橫排；打印稿使用 A4 紙打印，繁體橫排，同時提供電子版；直接電郵投稿者，用 word 文件，繁體橫排。兩萬字以内爲宜，特殊稿件字數不限。稿件應提供三至五個關鍵詞及三百字以内的中文提要。
2. 作者姓名置於論文題目下，居中書寫。作者單位寫在文章末頁下端。
3. 使用新式標點符號。
4. 正文每段首行起首空二格；文中獨立段落的引文，首行另起空四格，回行空二格排齊。獨立段落的引文其首尾不必加引號。
5. 凡帝王年號或干支紀年，須附圓括號注明公元紀年，其首不必出“公元”二字，其末不必出“年”，例如：漢武帝元狩二年（前 121）。
6. 所有圖表必須清晰，並標明編號，例如：圖一、圖二或表一、表二；同時須在正文第一次提及時隨即列出，或注明圖表編號，如：（見圖一）、（見圖二）或（見表一）、（見表二）。圖内（表内）文字也用繁體。
7. 注釋採用當頁腳注的形式，注釋號碼用阿拉伯數字加圈表示，如①、②……正文中的注釋號碼，凡注各句者，置於各句標點符號之前；凡注引文者，如引文爲完整段落則置於引文的句號、下引號之後，如引文爲節引則置於下引號之後，句號或逗號之前。
8. 文中數字原則上使用漢字數字表示，阿拉伯數字僅限於公元年代和現代形式出版物的頁碼。
9. 各章節或内容層次的序號，一般依一、(一)、1、(1) ……等順序表示。
10. 著作引文出處除常見古籍可以在引文後用圓括號括注書名篇名以外，一律用腳註注明。行文格式如下：

    (1) 引用古籍，應標明著者朝代、著者姓名、書名、卷次、卷内頁碼、版本。例：

    （漢）毛亨、鄭玄注，（唐）孔穎達疏《毛詩注疏》卷三之二，第二頁，清嘉慶二十年南昌府學刻道光六年修補重印本。

    （清）王夫之《唐詩評選》卷二，第二十三頁，民國間《船山遺書》本。

    (2) 引用專著及新版古籍，應標明著者（清代及以前者加注朝代，朝代名用圓括號括注；國外者加注國別，國別用方括號括注）、書名（屬於叢書者再標明叢書書名，西文書名用斜體）、章節或卷次、出版地、出版者及版次年代、頁碼。例：

朱自清《詩言志辨・賦詩言志》，《朱自清全集》第六册，南京：江蘇教育出版社 1990 年版，第 144 頁。

任繼愈主編《中國佛教史》第三卷第一章第二節，北京：中國社會科學出版社 1988 年版，第 22—25 頁。

王叔岷《古籍虛字廣義》，北京：中華書局 2007 年版，第 430 頁。

（明）胡震亨《唐音癸籤》卷四，上海：上海古籍出版社 1981 年版，第 29 頁。

［德］加達默爾《真理與方法》，洪漢鼎譯，上海：上海譯文出版社 1999 年版，第 231 頁。

Joseph Needham, *Science and Civilization in China*, VolumeII, Cambridge: Cambridge University Press, 1956, pp. 10-13.

11. 引用專業期刊論文，除著者、論文名（西文論文名加雙引號）外，還應標明期刊名、年代卷次（輯刊或集刊一類出版物標出版地、出版者及版次年代）、頁碼。引用專著篇名仿此。例：

聞一多《東皇太一考》，《文學遺産》1980 年第 1 期，第 3 頁。

張岱年《中國古代哲學中關於德力、剛柔的論爭》，《國學研究》第一卷，北京：北京大學出版社 1993 年版，第 3 頁。

12. 引用報章論文，除著者、論文名外，還應標明報章名、發行日期和版面。例：

錢仲聯《清詩簡論》，《光明日報》1983 年 12 月 27 日，第 3 版。

13. 爲避免繁複，再次徵引同一文獻時可略去出版者和年代，只注出作者、書名篇名、頁碼。